Catarina von Wedemeyer
Offene Dialektik

Mimesis

―
Romanische Literaturen der Welt

Herausgegeben von
Ottmar Ette

Band 75

Catarina von Wedemeyer
Offene Dialektik

Poetische Form und Geschichtsdenken
im Werk von Octavio Paz

DE GRUYTER

ISBN 978-3-11-076601-1
e-ISBN (PDF) 978-3-11-063398-6
e-ISBN (EPUB) 978-3-11-063144-9
ISSN 0178-7489

Library of Congress Control Number: 2019937006

Bibliografische Information der Deutschen Nationalbibliothek
Die Deutsche Nationalbibliothek verzeichnet diese Publikation in der Deutschen Nationalbibliografie; detaillierte bibliografische Daten sind im Internet über http://dnb.dnb.de abrufbar.

© 2021 Walter de Gruyter GmbH, Berlin/Boston
Dieser Band ist text- und seitenidentisch mit der 2019 erschienenen gebundenen Ausgabe.
Satz/Datenkonvertierung: jürgen ullrich typosatz, Nördlingen
Druck und Bindung: CPI books GmbH, Leck

www.degruyter.com

Danksagung

Die vorliegende Studie basiert auf meiner Doktorarbeit, die 2018 vom Fachbereich Philosophie und Geisteswissenschaften der Freien Universität Berlin als Dissertation im Fach Romanische Literaturwissenschaft angenommen wurde. Hiermit möchte ich mich ganz herzlich bei allen bedanken, die mich während der Promotion begleitet haben.

Zunächst bedanke ich mich bei meiner Erstbetreuerin Prof. Dr. Susanne Zepp für ihre intellektuelle Großzügigkeit, die unschätzbaren Impulse und die akademischen Entwicklungsmöglichkeiten – in Berlin, Jerusalem und Mexiko.

Meinem Zweitbetreuer Prof. Dr. Joachim Küpper danke ich für wertvolle Anregungen, seine Unterstützung für alle akademischen Vorhaben sowie für die Zeit als Gastwissenschaftlerin an der Harvard University.

Den weiteren Mitgliedern meiner Kommission, Prof. Dr. Susanne Klengel, Prof. Dr. Uli Reich und Dr. Diana Gomes Ascenso danke ich für ihre aufmerksame Lektüre sowie für Fragen und Hinweise, die diese Publikation bereichert haben.

Mein Dank gilt außerdem Prof. Dr. Mariano Siskind von der Harvard University für die Gespräche seit 2015 über die Vielfalt der lateinamerikanischen Literaturen.

Ich danke dem DAAD für die Förderung meines Forschungsaufenthaltes an der *Universidad Nacional Autónoma de México* (UNAM) und am *Colegio de México* (Colmex) sowie sämtlichen Paz-Forscher*innen für die Gespräche, darunter vor allem Prof. Dr. Ignacio Sánchez Prado, Prof. Dr. Anthony Stanton, Fernando García Ramírez und Christopher Domínguez Michael.

Ich danke allen Teilnehmer*innen der Konferenz *Conocimiento y juicio histórico. La noción de la literatura en la obra de Octavio Paz*, die ich im November 2014 an der Freien Universität Berlin durchgeführt habe: Prof. Dr. Maya Schärer-Nussberger, Prof. Dr. Klaus Meyer-Minnemann, Prof. Dr. Hugo Verani, Prof. Dr. Rita Catrina Imboden, Román Cortázar Aranda, sowie Prof. Dr. Dante Salgado und Prof. Dr. Marta Piña Zentella, die so großzügig waren, mich 2018 für einen Eröffnungsvortrag einer Konferenz über Literatur und Geschichte an die *Universidad Autónoma de Baja California Sur* (UABCS) einzuladen.

Bei Prof. Dr. Ottmar Ette bedanke ich mich sehr herzlich für die Aufnahme des Bandes in die Reihe Mimesis.

Ein weiterer Dank gilt meinen Kolleg*innen der Freien Universität Berlin für ihren freundschaftlichen Beistand. Ebenfalls bedanken möchte ich mich bei meinen Studierenden für ihr ehrliches Interesse und viele anregende Diskussionen.

Meinen Freund*innen und meiner Familie danke ich für Nähe, Freiheit und Vertrauen. Ihnen ist diese Arbeit gewidmet.

Berlin, im Juni 2019

Inhaltsverzeichnis

1	**Einleitung** —— 1	
1.1	Octavio Paz: Verortungen in einem Jahrhundert der Extreme —— 6	
1.1.1	Historischer Kontext —— 9	
1.1.2	Biographische Konstellationen —— 12	
1.1.3	Das literarische Feld —— 22	
1.2	Forschungsstand, methodischer Zugriff und Gliederung der Arbeit —— 34	
2	**Ereignis und Gedicht: Das 20. Jahrhundert in den poetischen Texten von Octavio Paz** —— 42	
2.1	«¡No pasarán!» (1936) – Dichtung als politische Intervention —— 48	
2.2	«Entre la piedra y la flor» (1937) – Landarbeiter in Yucatán —— 69	
2.2.1	«Entre la piedra y la flor» (1940) – Die frühe Fassung —— 75	
2.2.2	«Entre la piedra y la flor» (1976) – Die späte Fassung —— 92	
2.3	«Intermitencias del oeste, México: Olimpiada de 1968» – Relektüren des Marxismus —— 108	
2.4	«Aunque es de noche» (1976–1988) – Unzeiten —— 130	
2.4.1	«Mientras yo leo en México» —— 133	
2.4.2	«Alma no tuvo Stalin» —— 142	
3	**Offene Dialektik** —— 154	
3.1	Freiheit und Gerechtigkeit —— 160	
3.1.1	«La dialéctica de la soledad» (1950) —— 160	
3.1.2	«Libertad bajo palabra» (1949) —— 173	
3.2	Kritik und Selbstkritik —— 182	
3.2.1	«El lugar de la prueba, Valencia 1937–1987» —— 182	
3.2.2	«Himno entre ruinas» (1948) —— 195	
3.3	Individuum und Gemeinschaft —— 224	
3.3.1	«Poesía de soledad y poesía de comunión» (1943) —— 224	
3.3.2	«Piedra de sol» (1957) —— 235	
4	**«La búsqueda del presente» (1990): Sprache, Geschichte, Begriff** —— 283	
5	**Literaturverzeichnis** —— 291	
5.1	Primärliteratur von Octavio Paz —— 291	
5.1.1	Zitierte Essays —— 292	

5.1.2	Zitierte Gedichte —— **294**	
5.1.3	Zitierte Übersetzungen —— **295**	
5.1.4	Zitierte Interviews —— **295**	
5.2	Primärliteratur anderer Autoren —— **296**	
5.3	Sekundärliteratur —— **301**	
5.3.1	Sekundärliteratur zu Octavio Paz —— **301**	
5.3.2	Sekundärliteratur zu anderen Autoren —— **306**	
5.3.3	Geschichte, Literaturtheorie —— **308**	
6	**Anhang —— 314**	
6.1	Gedichte von Octavio Paz —— **314**	
6.1.1	«La vida sencilla» (1945) —— **314**	
6.1.2	«La calle» (1946) —— **315**	
6.1.3	«Nocturno de San Ildefonso» (1975) Teil 3 —— **315**	
6.1.4	«Piedra de Sol» (1957) —— **318**	

Abkürzungen

BG	*Bhagavad Gita*
Colmex	Colegio de México
DRAE	*Diccionario de la Real Academia Española*
FCE	Fondo de Cultura Económica
FOP	Fundación Octavio Paz
INAH	Instituto Nacional de Antropología e Historia
LBP	*Libertad bajo palabra*
LS	*El laberinto de la soledad*
OC	*Obras Completas* (in diesem Fall die Ausgabe des FCE)
OP	Octavio Paz

1 Einleitung

Die vorliegende Arbeit deutet das poetische Werk des mexikanischen Nobelpreisträgers Octavio Paz vor dem Horizont der politischen und historischen Erfahrung des Autors als eine in der lyrischen Form ausgetragene offene Dialektik. Dass dies ein Modus ist, mit dem sich das Verhältnis von Kunst und Kritik bei Paz insgesamt fassen lässt, kam bislang nicht als übergreifende Perspektive auf das Werk zur Geltung. Die Erfahrung des Spanischen Bürgerkriegs und der Geschichte Mexikos (ein Land, das im 20. Jahrhundert Exilort zahlreicher internationaler Intellektueller war), sowie Aufenthalte des Autors als Diplomat in den USA, im Nachkriegseuropa und später in Asien haben das Werk markant geprägt. Hierzu sind zahlreiche einschlägige Studien entstanden, die für diese Arbeit wichtige Referenzen darstellen.[1]

Der Zugriff dieser Studie versteht die Spezifik des Werks von Paz vor allem als eine lateinamerikanische Reflexion der Geschichtserfahrung des Kalten Krieges.[2] Dass sich Octavio Paz dabei als dezidiert global denkender Schriftsteller erweist, der binäre Weltbilder wie Ost-West, aber auch Nord-Süd zu überwinden sucht, ist zugleich Beleg für die hier vertretene These einer offenen Dialektik, die das

---

[1] Vgl. beispielsweise folgende Studien:
Peter G. Earle: Octavio Paz: Poesía e Historia. In: *Nueva Revista de Filología Hispánica* T. 40, Nr. 2 (1992), S. 1101–1112.
Xavier Rodríguez Ledesma: *El pensamiento político de Octavio Paz*. Mexiko: UNAM 1996.
Javier Rico Moreno: *La historia y el laberinto. Hacia una estética del devenir en Octavio Paz*. Mexiko: Bonilla Artigas Editores 2013.
José Antonio Sánchez Zamorano: Historia y poesía en Octavio Paz. In: *Anales de literatura hispanoamericana* 28, 2 (1999), S. 1205–1221.
Vgl. außerdem Kap. 1.2 zum Forschungsstand. Dass sich diese Studien ebenso wie die vorliegende Arbeit auf die Einsichten des New Historicism stützen, wird hier und im Folgenden nicht weiter ausgeführt, sondern im Anschluss daran Geschichte als Text gelesen und Texte in ihrer geschichtlichen Einbettung analysiert. Vgl. Catherine Gallagher/Stephen Greenblatt: *Practicing New Historicism*. Chicago: University of Chicago Press 2000; bzw. Stephen Greenblatt: *Was ist Literaturgeschichte?* F.a.M.: Suhrkamp 2000.
Vgl. zudem: Walter Hinck: *Geschichtsdichtung*. Göttingen: Vandenhoeck & Ruprecht 1995; sowie: Jürgen Wilke: *Das Zeitgedicht*. Meisenheim am Glan: Anton Hain 1974.

[2] Paz erkennt dabei den Einfluss westlicher Philosophie und Historiographie an, fordert deren hegemonischen Status jedoch zugleich heraus. Vgl. dazu Hugo Moreno: Octavio Paz's Poetic Reply to Hegel's Philosophical Legacy. In: Oliver Kozlarek (Hg.): *Octavio Paz: Humanism and Critique*. Bielefeld: transcript 2009, S. 217–230, hier: S. 218: «Latin American and Western experience and thought cannot be conceived independently of one another because they have been formed in response to, and against, one another since the colonial moment.»

gesamte Œuvre prägt. Die beiden Hauptkapitel dieser Studie nehmen entsprechend Gedichte aus allen Schaffensphasen in den Blick. Die Formgeschichte der Dichtung spielt dabei eine wesentliche Rolle. Sie wird in den Analysekapiteln als ein Modus der Geschichtsreflexion diskutiert, denn Paz war der Überzeugung, dass Form und Inhalt ebenso eng zusammengehören wie Kunst und Kritik: «Forma y substancia son lo mismo.»[3]

Der Begriff der «offenen Dialektik» selbst ist dem Denken von Adorno entnommen.[4] Als Konzept findet er sich auch bei anderen Vertretern der Frankfurter Schule.[5] Dabei wird der Begriff für das Werk von Paz nicht etwa in dem Sinne veranschlagt, dass seine Texte diese Philosophie schlicht vergegenständlichten – im Gegenteil. Octavio Paz hat das Gedicht vielmehr selbst als eine eigene Form von Kritik verstanden, deren Potential in einer Dialektik liege, die aufgrund ihrer Historizität keine Synthese verlange:

> Un poema es [...] el producto de una historia y de una sociedad, pero su manera de ser histórico es contradictoria. El poema es una máquina que produce, incluso sin que el poeta se lo proponga, anti-historia. La operación poética consiste en una inversión y conversión del fluir temporal; el poema no detiene el tiempo: lo contradice y lo transfigura.[6]

Es ist vielfach gezeigt worden, dass Kategorien wie jene der *littérature engagée* oder der *poesía pura* das Werk von Paz nicht hinreichend beschreiben. Weder im

---

[3] Octavio Paz: «Poesía y poema», in: *El arco y la lira*, OC Bd. 1, S. 42. Im Folgenden wird Octavio Paz mit OP abgekürzt.
[4] Theodor W. Adorno: *Einführung in die Dialektik* [1958]. Berlin: Suhrkamp 2015, S. 36.
[5] Bei Walter Benjamin wird sogar der Strumpf zur Metapher für das dialektische Denken: «Nicht oft genug konnte ich so die Probe auf jene rätselhafte Wahrheit machen: daß Form und Inhalt, Hülle und Verhülltes, ‹Das Mitgebrachte› und die Tasche eines waren. Eines – und zwar ein Drittes: jener Strumpf, in den sie beide sich verwandelt hatten.» Walter Benjamin: Schränke». In: ders.: *Berliner Kindheit um 1900*. F.a.M.: Suhrkamp, 1950.
[6] Vgl. OP: *Los hijos del limo* (1974) OC Bd. 1, S. 325. Der Band erschien in dt. Übersetzung von Rudolf Wittkopf unter dem Titel: *Die andere Zeit in der Dichtung. Von der Romantik zur Avantgarde*. F.a.M.: Suhrkamp 1989. Vgl. auch: OP: «La consagración del instante», in: *El arco y la lira*, OC Bd. 1, S. 189–199, hier: 192f. «El conflicto no está en la historia sino en la entraña del poema y consiste en el doble movimiento de la operación poética: transmutación del tiempo histórico en arquetípico y encarnación de un arquetipo en un ahora determinado e histórico. Este doble movimiento constituye la manera propia y paradójica de ser de la poesía. Su modo de ser histórico es polémico. Afirmación de aquello mismo que niega: el tiempo y la sucesión. [...] El poema es unidad que sólo logra constituirse por la plena fusión de los contrarios. No son dos mundos extraños los que pelean en su interior: el poema está en lucha consigo mismo. Por eso está vivo. Y de esta continua querella – que se manifiesta como unidad superior, como lisa y compacta superficie – procede también lo que se ha llamado la peligrosidad de la poesía.»

Schreiben noch im Leben ließ sich Paz ideologisch vereinnahmen – doch nie enthielt er sich eines Urteils. Paz kritisierte die aus seiner Sicht verfehlte Politik Mexikos ebenso scharf wie jene anderer Länder, ohne jedoch dogmatische Lösungen zu propagieren. Auch seine formalästhetischen Entscheidungen lassen sich hierauf zurückführen: Der Essay, für den sich Octavio Paz immer wieder entschied, ist seit Montaigne eine im Wortsinne suchende Gattung, während das Gedicht seine Mehrdeutigkeit als Ressource ausstellt. Mit Adorno kann die Suchbewegung, die das Werk von Paz charakterisiert, auch in den poetischen Texten als eine Frage der Form verstanden werden. Dies wird in den beiden Hauptkapiteln an ausgewählten Textbeispielen paradigmatisch herausgearbeitet.

Der Begriff der offenen Dialektik soll im Kontext dieser Studie auch die Kontraste zum Denken von Hegel und Marx im Werk von Octavio Paz bezeichnen: Während Hegel auf eine geschichtsphilosophische Synthese hoffte, die in seiner Nachfolge Marx im politisch-ökonomischen Denken herbeizuführen suchte, finden sich bei Paz zwar durchaus säkularisierte Paradieshoffnungen, sie werden jedoch nur höchst zurückhaltend, und dann als Traumfragmente anzitiert.[7] An keiner Stelle treten sie als Manifest vor das Kunstwerk, welches aus Sicht von Paz damit seinen ästhetischen Wert einbüßen würde. Damit geht er einen Schritt weiter als der fast 25 Jahre in Mexiko-Stadt lehrende Erich Fromm, der das Marxsche «Reich der Freiheit» in den siebziger Jahren in seiner Gesellschaftstheorie als «Stadt des Seins» neu zeichnete und damit weiterhin die Hoffnung auf eine Synthese ausdrückte.[8]

Bei Paz fungieren poetische Bilder diesen Schlages eher als Tagträume im Freudschen Sinne: ohne sie ist Existenz nicht möglich.[9] Als Flucht vor der

---

[7] Vgl. zu den Unterschieden und Ähnlichkeiten der poetischen Dialektik von Paz und der philosophischen Dialektik Hegels auch: Hugo Moreno: Octavio Paz's Poetic Reply to Hegel's Philosophical Legacy. In: Oliver Kozlarek (Hg.): *Octavio Paz: Humanism and Critique*, S. 217–230. Moreno vertritt allerdings die These, Paz habe lediglich die Strategien des dialektischen Verfahrens transformiert, dem philosophischen Projekt als solchem aber nicht widersprochen.

[8] Erich Fromm: *Haben oder Sein* (Originaltitel: *To Have or to Be?* New York 1976). Übers. von Brigitte Stein. Überarbeitet von Rainer Funk, München, dtv, 40. Aufl., 2013, S. 178: «Die tiefste Sehnsucht der Menschheit scheint einer Konstellation zu gelten, in der beide Pole (Mütterlichkeit und Väterlichkeit, weiblich und männlich, Gnade und Gerechtigkeit, Fühlen und Denken, Natur und Intellekt) in einer Synthese vereinigt sind, in der beide Pole ihren Antagonismus verlieren und stattdessen einander färben.»

[9] Sigmund Freud: Der Dichter und das Phantasieren (1908). In: ders.: *Kleine Schriften I – Kapitel 12*. Projekt Gutenberg 2013.

harschen Realität erlauben sie höchstens eine momentane Verbindung mit dem Gegenüber, das zeitweise Aufgehen im Anderen. Die poetischen Visionen von Paz bleiben phantasmagorisch, eine Lösung wird nicht versprochen. Das Schreiben von Paz ist dabei aber weder indifferent noch ideologisch. Außer in der ephemeren Vereinigung von zwei Liebenden, oder in momenthaften Transzendenzerfahrungen in Revolution und Dichtung findet sein Werk keine Synthesen. Im Gegensatz etwa zu den Erzählwelten von Gabriel García Márquez werden Liebende bei Paz immer wieder von der Realität eingeholt. Letztlich kann das Werk nur in seiner nüchternen Haltung angesichts der Ereignisse des 20. Jahrhunderts gelesen werden, als Versuch, der Unvereinbarkeit von Hoffnung und Geschichte gerecht zu werden.

Kunst und Kritik sind dabei für Octavio Paz die wesentlichen Konsequenzen aus der Geschichte. In seinem Essay «Nihilismo y dialéctica» (1967) führt er Religionsgeschichte und Philosophiegeschichte eng und zieht eine Analogie zwischen Nietzsche und Marx. Während Ersterer den Tod Gottes proklamiert habe, bedeute der Marxismus das Ende der Philosophie; beide Theorien tendierten (bewusst oder unbewusst) zum Nihilismus.[10] Von der Religion bleibe in der Gegenwart nur noch die Kunst, von der Vernunft nur die Kritik: «El arte es lo que queda de la religión: la danza sobre el principio. ¿Y qué queda de la razón? La crítica de lo real y la exigencia de encontrar el punto de intersección entre el movimiento y la esencia.»[11] Das dichterische Werk von Octavio Paz ist die konsequente Umsetzung dieser Überlegung: mit Kunst und Kritik widersteht es den nihilistischen Tendenzen seiner Zeit. Sowohl im Gedicht als auch im Essay argumentiert Paz offen dialektisch, die poetische Form versteht er als Ort, an dem Gegensätze erfahrbar werden. Der poetologische Band *El arco y la lira* (1967) beginnt mit folgender, offen dialektischer Definition der Lyrik im ersten Kapitel «Poesía y poema»:

> La poesía es conocimiento, salvación, poder, abandono. Operación capaz de cambiar al mundo, la actividad poética es revolucionaria por naturaleza; ejercicio espiritual, es un método de liberación interior. La poesía revela este mundo; crea otro. Pan de los elegidos; alimento maldito. Aísla; une. Invitación al viaje; regreso a la tierra natal. [...] Hija del azar; fruto del cálculo. Arte de hablar en una forma superior; lenguaje primitivo. Obediencia a las reglas; creación de otras. [...] Voz del pueblo, lengua de los escogidos, palabra del solitario. Pura e impura, sagrada y maldita, popular y minoritaria, colectiva y personal [...][12]

---

10 OP: «Nihilismo y dialéctica», OC Bd. 10, S. 573–577, hier: 575. Zuerst publiziert in: ders.: *Corriente alterna*, Mexiko Siglo XXI 1967. Dt. Übers. in: OP: *Essays 1*. F.a.M.: Suhrkamp 1984.
11 OP: «Nihilismo y dialéctica», OC Bd. 10, S. 577.
12 OP: *El arco y la lira*, [1955], überarbeitete Version von 1967, in: OC Bd. 1, S. 33–320, hier: S. 41.

Dieser Dialektik entspricht die historische Konstellation, in der das Œuvre von Paz entstanden ist: das Gedicht wird zum Austragungsort von Geschichte, kollektiv und individuell, allumfassend und zugleich dem ganz spezifischen Moment gewidmet. In Zeiten dualistisch-antagonistischen Denkens verweist Paz immer wieder aufs Neue auf die Zusammengehörigkeit unterschiedlicher Positionen, auf den Widerspruch als sinnstiftendes Element.[13] Statt Dialektik als kommunistisches Dogma zu übernehmen, versteht Paz den Marxismus differenziert als einen in seinen Ursprüngen humanistischen Impuls, der im 20. Jahrhundert in sein Gegenteil verwandelt worden sei: «En menos de cincuenta años el marxismo, definido por Marx como un pensamiento crítico y revolucionario, se transformó en la escolástica de los verdugos (el estalinismo) y ahora en el catecismo primario de setecientos millones de seres humanos.»[14]

Dabei gelte sowohl für Idealisten als auch für Materialisten die grundlegende Überzeugung der Moderne, dass der Sinn der Welt im Menschen und der Sinn des Menschen in der Geschichte liege:

> Así, sea idealista o materialista, el pensamiento de la modernidad sostiene que el sentido reside en el hombre y el de éste en la historia. El puente mágico entre la palabra y las cosas [...] fue la historia. Hegel lo dijo con pasmosa claridad: la dialéctica es la cura de la escisión. La negación que es la afirmación cicatriza a la antigua herida.[15]

Das Zitat stammt aus dem Schlusswort von *El arco y la lira* (1967). Dieses trägt den Titel «La nueva analogía. Poesía y tecnología» und enthält die wichtigsten Argumente von Octavio Paz, die er auch in der Nobelpreisrede von 1990 noch einmal aufgreifen sollte.[16] Der Zusammenhang von poetischer Form, Kritik und Zeit-

---

13 Vgl. Adorno über das (unbemerkte) dialektische Wesen der Gegensatzpaare bei Kant, «den Widerspruch als ihr Sinnesimplikat». Theodor W. Adorno: *Negative Dialektik*. F.a.M.: Suhrkamp 1966, S. 135–205, hier: S. 138.
14 OP: «Nihilismo y dialéctica», OC Bd. 10, S. 574. Paz erinnert außerdem daran, dass der Sozialismus als Ergebnis am Ende der Entwicklung eines Landes stünde und nicht als Methode eingesetzt werden könne: «Las perversiones que ha sufrido el marxismo durante los últimos años me obligan a recordar que Marx y Engels concibieron siempre al socialismo como una consecuencia del desarrollo y no como un método para alcanzarlo.» In: OP: «Revuelta y resurrección» (1980) OC Bd. 9, S. 328.
15 OP: «La nueva analogía. Poesía y Tecnología» (1967), OC Bd. 1, S. 299–317, hier: S. 313. Vgl. dazu auch Kap. 4 der vorl. Arbeit.
16 Ebda. In den OC als Abschluss von *El arco y la lira* (1967). Versionen dieses Textes wurden publiziert unter dem Titel *Signos en rotación* (1964) und *El signo y el garabato* (1973), vgl. OC Bd. 1, S. 301 und 317. Vgl. zur Nobelpreisrede Kap. 4 der vorl. Arbeit.

geschichte wird hier evident: «El poeta dice lo que dice el tiempo, inclusive cuando lo contradice [...] Poesía es tiempo desvelado [...] El fundamento del tiempo es la crítica de sí mismo».[17] So ist die Dialektik bei Paz im ursprünglichen Sinne einer Lehre der Gegensätze zu verstehen, mit dem Unterschied, dass keine Synthese angestrebt wird. Während Hegel noch an die Heilung des Bruches, der Spaltung (escisión) glaubte, kann Paz im 20. Jahrhundert nur die «Wunde» sehen, die für immer eine «Narbe» hinterlassen wird.

Nach der folgenden zeitlichen Einordnung des Autors und seines Werkes im Hinblick auf das 20. Jahrhundert sowie einem kurzen historischen Abriss folgt eine Übersicht zum Forschungsstand, zum methodischen Zugriff und zur Gliederung der vorliegenden Studie. Der spezifisch relevante politische Kontext mit Verweisen auf die entsprechende Sekundärliteratur findet sich jeweils in den Unterkapiteln der beiden Hauptteile. Auf diese Weise sollen die Entstehungsbedingungen des jeweiligen Gedichts im konkreten historischen Zusammenhang deutlich werden.

1.1 Octavio Paz: Verortungen in einem Jahrhundert der Extreme

Zeit seines Lebens bewegte sich der Autor und Diplomat Octavio Paz zwischen verschiedenen Welten. Trotz seiner politischen Arbeit wurde er auch schon vor der Auszeichnung mit dem Literaturnobelpreis im Jahre 1990 vor allem als Dichter wahrgenommen. Seine Aufgabe als diplomatischer Vertreter Mexikos führte Paz in die Botschaften in Frankreich, Indien und Japan, wo er sich immer wieder auf neue Kulturen und Denkweisen einließ. Die Welt der Politik verband er jeweils mit seinem künstlerischen Interesse. In Frankreich setzte er sich mit dem Surrealismus auseinander, in Indien vertiefte er sich in die Erklärungsangebote der dort entstandenen Religionen; der Aufenthalt in Japan diente ihm als Inspiration für seine Arbeit mit unterschiedlichen Gedichtformen wie *Renga* und *Haiku*, mit denen er die traditionellen Gattungen der spanischen Dichtungssprache zu erweitern suchte. Auch innerhalb seiner künstlerischen Arbeit nutzte er unterschiedliche Gattungen: neben den Gedichten erschienen zahlreiche Bände essayistischer Prosa.[18] So zieht sich der Dialog zwischen kritischem Denken und poetischer Arbeit durch das gesamte Werk.

---

17 Ebda. OC Bd. 1, S. 301f.
18 Für eine Übersicht über das poetische und das essayistische Werk von Octavio Paz vgl. Kap. 5.1 im Literaturverzeichnis.

Die Biographie des Autors ist vielfältig: Paz hatte nicht nur mesoamerikanische, sondern auch europäische Vorfahren, und verfügte damit sowohl über einen Konnex zur präkolumbianischen Geschichte als auch zu jener der Konquistadoren. Er war Teil des traditionellen *México profundo* ebenso wie des *México imaginario*, das sich an Europa und Nordamerika orientierte.[19] Seine politische Erziehung erfolgte über eine doppelte Perspektive: Auf der einen Seite durch den Vater, einen linken Revolutionär und Zapatisten, auf der anderen durch seinen Großvater, einen Anhänger des konservativen Regimes von Porfirio Díaz.

Zu dieser Geschichtserfahrung des Landes kamen die globalen Erfahrungen des Spanischen Bürgerkriegs, des Zweiten Weltkriegs und des Kalten Kriegs. Während die Welt zunehmend als zweigeteilte wahrgenommen wurde – «El mundo ha vuelto a ser maniqueo»,[20] schrieb etwa Max Aub 1949 – versuchte sich Octavio Paz dieser dualistischen Logik zu entziehen. Wie der Historiker Dan Diner bemerkt hat, waren solche reduktionistischen Erklärungsmuster allgegenwärtig – aber auch seiner Meinung nach nicht immer zu Recht:

> In unterschiedlicher Ausformung durchzog der Dualismus das Jahrhundert: als Freiheit und Gleichheit, Bolschewismus und Antibolschewismus, Kapitalismus und Kommunismus, Ost und West. Seiner Universalität wegen bietet sich dieser Antagonismus als zentrale Deutungsachse des Saeculums an. Gleichwohl stellen sich an seiner durchgängigen Geltung Zweifel ein.[21]

Solch ein Bewusstsein für die Extreme des Jahrhunderts lässt sich ebenso wie der Zweifel an dualistischen Weltmodellen auch im Werk von Octavio Paz beobachten. Von Beginn an fand sich der Autor in Situationen wieder, in denen es galt, die eigene Position jeweils neu zu justieren. Zum Nachgedächtnis der Kolonialerfahrung in Mexiko, des rechten Regimes des Porfiriats und der linken Revolution von 1910 trat die Erfahrung der Herrschaft der Partei der Institutionalisierten Revolution (PRI, *Partido Revolucionario Institucional*, zu Beginn noch *Partido Revolucionario de México*).[22] Dabei waren Paz die internationalen Konflikte des

---

19 Guillermo Bonfil Batalla: *México profundo: Una civilización negada*. Mexiko: Grijalbo 1990.
20 Max Aub: El falso dilema (1949). In: ders.: *Hablo como hombre*. Gonzalo Sobejano (Hg.). Segorbe: Fundación Max Aub 2002, S. 89–102, hier: S. 91.
21 Dan Diner: *Das Jahrhundert verstehen*. F.a.M.: Fischer 2001, S. 10.
22 König übersetzt «Institutionelle Revolutionspartei» (Hans-Joachim König: *Kleine Geschichte Lateinamerikas*. Stuttgart: Reclam 2006, S. 627); Braig übersetzt «Partei der Institutionalisierten Revolution», vgl. Marianne Braig: Fragmentierte Gesellschaft und Grenzen sozialer Politik. In: Walter L. Bernecker/Marianne Braig u. a. (Hg.): *Mexiko heute. Politik, Wirtschaft und Kultur*. F.a.M.: Vervuert 2004, S. 271–308.

Zwanzigsten Jahrhunderts scharf bewusst. Im Spanischen Bürgerkrieg, während dessen erster Phase Paz sich in Spanien aufhielt, zeigten sich erstmals nicht nur die Fronten zwischen Kommunisten und Faschisten, sondern auch die inneren Spaltungen der Linken mit aller Konsequenz.[23] Während des Kalten Kriegs schien der Abgrund zwischen Ost und West unüberwindbar.[24] Paz reagierte auf diese Erfahrungen mit einem Werk, das sich formal zwischen engagierter Literatur und autonomer Kunst bewegt. In dem Essay: «Poesía de soledad y poesía de comunión» (1943) formulierte er seine Poetik schon früh auch auf theoretischer Ebene.[25] Die offene Dialektik vermeintlicher Gegensatzpaare wie Geschichte und Mythos, Individuum und Gegenüber (*yo y el otro*), Augenblick und Ewigkeit (*instante y eternidad*) ist ein wiederkehrendes Motiv sowohl im essayistischen wie auch im poetischen Werk von Octavio Paz.

Dieser kurze Blick auf die Geschichte Mexikos kann auch den differenzierten Revolutionsbegriff von Paz deutlich machen. Der Autor unterscheidet zwischen den Begriffen Revolte, Revolution, Rebellion, Aufstand und Erhebung (*revuelta, revolución, rebelión, resurrección* und *sublevación*).[26] Während Revolte mit Unruhestiftung assoziiert werde, stehe Rebellion für den Ungehorsam einer Minderheit gegen Autoritäten, und Revolution bedeute die Erhebung einer Mehrheit gegen Institutionen. In der Revolution vereine sich Spontaneität mit Reflexion: «La revuelta es la violencia del pueblo; la rebelión, la sublevación solitaria o minoritaria; ambas son espontáneas y ciegas. La revolución es reflexión y espontaneidad: una ciencia y un arte.»[27] Wenn Paz positiv formulierte, Revoluti-

---

23 Vgl. Walter Haubrich: Politischer Denker, poetischer Artist. Octavio Paz – zwischen den ideologischen Fronten. In: FAZ (06.10.1984).
24 Vgl. Heinrich August Winkler: *Geschichte des Westens* [3], *Vom Kalten Krieg zum Mauerfall*. München: C. H. Beck 2014.
25 Vgl. dazu Kap. 3.3.1 der vorl. Arbeit.
26 Vgl. OP: «Revuelta, revolución, rebelión» (Delhi, 1967, zuerst publiziert in: *Corriente Alterna*, Mexiko: Siglo XXI 1967), OC Bd. 10, S. 588–592. Vgl. dazu auch die Lektüre von Norman Manea: Revuelta, rebelión, revolución. In: *Letras Libres* (20.05.2014). Sowie OP: «Revuelta y resurrección» (1980) mit dem Unterkapitel: «La sublevación de los particularismos», OC Bd. 9, S. 327–341; bzw: «De la independencia a la revolución» (1950), in: OP: *El laberinto de la soledad*. Herausgegeben von Enrico Mario Santí. Madrid: Cátedra 2011, S. 259–294. Im Folgenden abgekürzt als LS (2011). Vgl. zum Begriff der Revolution in Mexiko und zu Octavio Paz im Verhältnis dazu: Enrique Krauze: *Octavio Paz. El poeta y la revolución*. Mexiko: Random House 2014. Vgl. zum Revolutionsbegriff in Mexiko außerdem das Buch von Zermeño Padilla, der Koselleck (2000) auf Mexiko anwendet: Guillermo Zermeño Padilla: *La cultura moderna de la historia. Una aproximación teórica e historiográfica*. Mexiko: Colmex 2010.
27 OP: «Revuelta, revolución, rebelión» (1967) S. 589. Zu dem Unterschied von Revolution und Revolte vgl. auch OP: «Revuelta y resurrección» (1980) S. 336.

on sei Kritik in Aktion, «crítica convertida en acto»,[28] dann verwies er damit weniger auf die Kubanische Revolution von 1959, sondern vielmehr auf die Französische Revolution von 1789, die Ursprünge der Revolutionen in Mexiko 1910, und das Ende der Diktatur von Porfirio Díaz. Ein weiterer durchaus positiv konnotierter Referenzpunkt ist die Februarrevolution 1917 in Russland, mit der Entmachtung des Zaren und der Enteignung der Oligarchen. Die ihre eigenen Ideale verzerrenden Nachgeschichten dieser Revolutionen hingegen kritisierte Paz ohne Zurückhaltung: dies gilt für den Putsch durch Lenin und Trotzki im Oktober 1917 ebenso wie für die unfreien Strukturen der Sowjetunion und insbesondere des Stalinismus, aber auch für die repressive Politik der mexikanischen Partei PRI.

1.1.1 Historischer Kontext

Octavio Paz hat sich in seinem Werk auf die gesamte Tiefe der lateinamerikanischen Geschichte bezogen und dabei immer wieder darauf aufmerksam gemacht, wie weit das Gedächtnis der mexikanischen Hochkulturen in die Vergangenheit ausgreift.[29] Toltekten, Mayas und Olmeken hatten die Gegend besiedelt, Städte gebaut und Handel getrieben. Wo heute Mexiko-Stadt steht, befand sich früher das historische Teotihuacán – die spanischen Kolonisatoren hatten nie eine größere Stadt gesehen. Gleichwohl gelang es ihnen in den Jahren 1519–1521 unter Hernán Cortés das Aztekenreich zu zerstören. Fast dreihundert Jahre lang beherrschten die Kolonisatoren Mexiko im Namen der spanischen Krone. Erst 1810 begann mit dem *Grito de Dolores,* einem Aufstand in dem Dorf Dolores, der Unabhängigkeitskrieg gegen das sogenannte Mutterland Spanien. Ein katholischer Pfarrer namens Miguel Hidalgo y Costilla initiierte den Aufstand und gilt manchem daher bis heute als «Vater der Mexikaner».[30] Agustín de Iturbide regierte danach nur wenige Monate als Kaiser von Mexiko (Mai 1822-März 1823). Darauf folgten zahlreiche Konflikte zwischen den USA und Mexiko. In den Jahren 1833–1855 regierte Antonio López de Santa Anna das Land während mehrerer Präsidentschaftsperioden als Diktator.[31]

---

28 OP: «Revuelta, revolución, rebelión» (1967) S. 589.
29 Für diesen Überblick beziehe ich mich auf: Hans-Joachim König: *Kleine Geschichte Lateinamerikas*; sowie auf: Walther L. Bernecker/Marianne Braig u. a. (Hg.): *Mexiko heute.*
30 Vgl. Hans-Joachim König: *Kleine Geschichte Lateinamerikas,* S. 252–268.
31 Ebda. Präsidentschaftsperioden Santa Annas: 1833-35, 1839, 1841-42, 1843, 1844, 1846-47, 1848, 1853-55

Mit den Gebieten des heutigen Arizona, Kalifornien, Colorado, Utah und Texas verfügte Mexiko vor zweihundert Jahren über eine etwa doppelt so große Fläche wie heute. Doch schon 1848 verlor Mexiko die nördlichen Gebiete an die Vereinigten Staaten und das Land erhielt seine heutigen Grenzen.[32] In den Jahren 1858–1872 regierte Benito Juárez, seine Amtszeit wurde jedoch von einer Französischen Intervention unterbrochen. Der Versuch Napoleons III., 1864 unter Maximilian von Österreich ein zweites mexikanisches Kaiserreich zu errichten, endete 1867 mit der Erschießung Maximilians. Noch einmal regierte Juárez die Republik, später folgte Sebastían Lerdo de Tejada.[33] Im Anschluss etablierte Porfirio Díaz eine Diktatur, die 35 Jahre währen sollte (1876–1911). Die Revolution gegen den repressiven Herrschaftsstil des konservativen Autokraten begann im Jahr 1910. General Victoriano Huerta führte die Latifundisten an, Revolutionsführer wie Francisco Madero, Venustiano Carranza, Álvaro Obregón und Plutarco Elías Calles zählten sich zu den sogenannten Konstitutionalisten. Den größten Ruhm erlangten zwei konventionistische Revolutionäre: Emiliano Zapata (EZLN), genannt «Átila del Sur», und Francisco (Pancho) Villa mit dem Kampfnamen «Centauro del Norte».[34]

Der Bürgerkrieg setzte sich bis 1924 fort. Zwei Jahre später begannen die Aufstände der *Cristeros* (1926–1929): Den katholischen Gläubigen war die Revolution mit der Durchsetzung säkularer Überzeugungen zu weit gegangen, sie reagierten mit grausamen Angriffen überall im Land und sorgten so dafür, dass die Unruhen des Bürgerkriegs insgesamt fast 30 Jahre währten. Erst danach konnte die Partei der Institutionalisierten Revolution eine gewisse Stabilität herstellen, Mexiko wurde zum Einparteienstaat: in den Jahren 1934–1990 herrschte die Einheitspartei ununterbrochen und wechselte lediglich die Präsidenten.[35] Der erste

---

32 Vgl. Hans-Joachim König: *Kleine Geschichte Lateinamerikas* S. 296–403. Texas Aufstand (1836) und Einmarsch mexikanischer Truppen unter dem diktatorisch regierenden Präsidenten Antonio López de Santa Anna. Danach versuchten verschiedene US-amerikanische Präsidenten der jeweiligen mexikanischen Regierung Gebiete wie Texas und Kalifornien abzukaufen. Als dies nicht gelang, befahl Präsident James K. Polk den Einmarsch amerikanischer Truppen in die seit 1829 umstrittenen Gebiete, dies war der Beginn des Mexikanisch-Amerikanischen Krieges (1846–48). 1853 verkaufte Santa Anna weitere Gebiete, darunter den Südteil Arizonas, an die USA.
33 Vgl. Hans-Joachim König: *Kleine Geschichte Lateinamerikas*, S. 439–446. Vgl. auch: Braig, Marianne: «Benito Juarez», in: Nikolaus Werz (Hg.): *Populisten, Revolutionäre, Staatsmänner. Politiker in Lateinamerika*. Madrid/F.a.M.: Iberoamericana/Vervuert 2010, S. 126–142.
34 Vgl. Hans Werner Tobler: Die Revolution und die Entwicklung Mexikos im 20. Jahrhundert. In: Walther L. Bernecker/Marianne Braig u. a. (Hg.): *Mexiko heute*, S. 65–85.
35 Vgl. Hans-Joachim König: *Kleine Geschichte Lateinamerikas*, S. 623–629. Sowie: Marianne Braig/Markus-Michael Müller: Das politische System Mexikos. In: Klaus Stüwe/Stefan Rinke

in der Reihe war Lázaro Cárdenas (1934–1940). Er setzte die in der Revolution versprochenen Agrarreformen durch, verstaatlichte die Ölindustrie und praktizierte eine großzügige Aufnahmepolitik für Geflüchtete aus verschiedenen Diktaturen des 20. Jahrhunderts. Intellektuelle aus Deutschland, Spanien, Chile, Argentinien, El Salvador, Guatemala und der UdSSR emigrierten nach Mexiko, so dass sich in der Hauptstadt ein blühendes kulturelles Leben entwickelte. Nach der Niederlage gegen Franco suchten viele spanische Republikaner in Mexiko Exil, darunter Max Aub, Luis Buñuel, León Felipe, Luis Cernuda und viele mehr.[36] Aus dem nationalsozialistischen Deutschland kamen Bauhausarchitekten wie Hannes Meyer und Schriftstellerinnen wie Anna Seghers. Auch Pablo Neruda, Tina Modotti, André Breton, Henri Cartier-Bresson, Sergeij Eisenstein, Jackson Pollock und nicht zuletzt Leo Trotzki fanden den Weg nach Mexiko.[37]

Nach Cárdenas übernahm Manuel Ávila Camacho das Amt des Präsidenten (1940–1946). Er handelte ebenfalls im Namen des PRI, initiierte ein Alphabetisierungsprogramm und unterstützte die Alliierten im 2. Weltkrieg. Mit dem Ausschluss der kommunistischen Partei von den Wahlen zeigten sich indes schon erste Tendenzen einer autoritären Herrschaftsweise. Die Partei etablierte ein Narrativ der Revolution, welches zunehmend mythologisierende Züge annahm und immer weniger Kritik zuließ. Das *Milagro mexicano*, das Wirtschaftswunder, das unter Präsident Miguel Alemán Valdés stattfand, unterstützte diese positivistische Lesart der Geschichte und verhüllte die Strategien einer Regierung, die inzwischen kaum weniger korrupt und repressiv arbeitete als die Diktatur von Porfirio Díaz. Als das Militär am 2. Oktober 1968 eine Studentenrevolte niederschoss, konnte der Mythos der Revolution, welcher die Regierung bis dahin legitimiert hatte, nicht mehr aufrechterhalten werden. Das Massaker von Tlatelolco ging in die Geschichte ein und offenbarte den skrupellosen Regierungsstil des PRI.[38] Die Partei hat sich dennoch gehalten: von 2012 bis 2018 war mit Enrique Peña Nieto wieder ein Vertreter des PRI an der Macht.[39]

(Hg.): *Die politischen Systeme in Nord- und Lateinamerika. Eine Einführung*. Wiesbaden: VS-Verlag 2008, S. 388–415.
36 Zum kommunistischen Exil in Mexiko: Philipp Graf: Ante el Holocausto. El exilio comunista germano-parlante en la Ciudad de México, 1941–1946. In: Michaela Peters/Giovanni di Stefano (Hg.): *México como punto de fuga real o imaginario de la cultura europea en la víspera de la Segunda Guerra Mundial*. München: Peter Lang 2011, S. 239–259.
37 Vgl. zu Trotzki und dem Kommunismus in Mexiko Kap. 2.4. der vorl. Studie.
38 Vgl. Kapitel 2.3 der vorl. Studie. Vgl. zudem: Vittoria Borsò: Mexiko 1910–1968: Der Mythos der Revolution. In: Michael Rössner (Hg.): *Lateinamerikanische Literaturgeschichte*. Stuttgart/Weimar: Metzler 1995, S. 263–283.
39 Wiederwahl am 07.06.2015. Verschiedene Lokalpolitiker hingegen wurden ermordet, vgl. Sandra Weiss: Tödlicher Wahlkampf in Mexiko. In: *Der Standard* (31.05.2015).

1.1.2 Biographische Konstellationen

Octavio Paz Lozano wurde am 31. März 1914 noch während der mexikanischen Revolution in Mexiko-Stadt geboren.[40] Der Vater vertrat die Zapatisten in den USA, nach der Ermordung Zapatas war ihm die Familie 1920 ins Exil nach Los Angeles gefolgt, wo Octavio Paz die Schullaufbahn begann. Sein Großvater Ireneo hatte hingegen unter Porfirio Díaz als General gedient und sich zugleich als Schriftsteller betätigt.[41] Das Leben von Octavio Paz war eng mit der Geschichte seines Landes verbunden: Der Autor reflektierte diesen Umstand einmal in einem autobiographischen Gedicht mit zwei parallelen Strophen, welche die unterschiedlichen politischen Ausrichtungen seines Großvaters und seines Vaters miteinander konfrontieren. Die dritte Strophe besteht lediglich aus zwei Versen, das Gedicht endet abrupt mit einem Interrogativ:

«Intermitencias del oeste II: Canción mexicana»[42]	«Unterbrechungen des Westens II: Mexikanisches Lied»
Mi abuelo, al tomar el café, Me hablaba de Juárez y de Porfirio, Los zuavos y los plateados. Y el mantel olía a pólvora.	Mein Großvater erzählte mir beim Kaffee von Juárez und von Porfirio, von den Zuaven und den Plateados.[43] Und die Tischdecke roch nach Schießpulver.
Mi padre, al tomar la copa, Me hablaba de Zapata y de Villa, Soto y Gama y los Flores Magón. Y el mantel olía a pólvora.	Mein Vater erzählte mir beim Wein von Zapata und von Villa, Soto y Gama und von den Flores Magón. Und die Tischdecke roch nach Schießpulver.
Yo me quedo callado: ¿De quién podría hablar?	Ich bleibe still: Von wem könnte ich sprechen?

---

40 Vgl. Christopher Domínguez Michael: *Octavio Paz en su siglo*. Mexiko: Aguilar 2014, S. 25.
41 Ireneo Paz hat Porfirio Díaz allerdings auch kritisiert und wurde dafür eine Zeitlang verhaftet, vgl. den Eintrag: «Octavio Paz» auf der Seite der *Academia Mexicana de la Lengua*. Vgl. zu den politischen Diskussionen im Hause Paz auch Guillermo Sheridan: *Poeta con paisaje: ensayos sobre la vida de Octavio Paz*. Mexiko: Ediciones Era 2004, S. 34.
42 OP: «Intermitencias del oeste II: Canción mexicana.» (*Ladera este*. Mexiko: Mortiz 1969), OC Bd. 11, S. 373.
43 Zuaven oder «chinacos» sind mexikanische Landherren, die während der Konflikte als Kavallerie eingesetzt wurden. Der Begriff «plateados» verweist auf die Silberknöpfe der Uniform. Vgl. Nicolás Romero: El chinaco. In: *El Informativo*, ohne Datum.

Mit Benito Juárez, Porfirio Díaz und der päpstlichen Infanterieeinheit der sogenannten Zuaven ist die politische Überzeugung des Großvaters deutlich gekennzeichnet. Der Vater wird im Gegensatz dazu mit der Erwähnung der Namen Emiliano Zapata und Pancho Villa als Revolutionär markiert. Auch der Anwalt und Politiker Antonio María Ildefonso Díaz Soto y Gama beteiligte sich an der Revolution, ebenso wie die drei Brüder Flores Magón, welche die Diktatur schriftlich kritisierten und als Wegbereiter der Revolution gelten. Wie in einem klassischen Sonett werden in zwei Quartetten zunächst These und Antithese entwickelt, jedoch ohne die dargestellten Gegensätze in den letzten Versen in eine Synthese aufzulösen. So zeigt sich schon in diesem autobiographischen Gedicht die poetische Umsetzung des Prinzips einer offenen Dialektik: Das Gedicht bricht ab, *muss* abbrechen, denn würde der lyrische Sprecher eine der beiden Parteien ergreifen, verleugnete er stets auch Anteile der eigenen Geschichte. Zugleich enthält das Gedicht mit dem Interrogativ im letzten Vers eine deutliche Kritik an der Politik des PRI: Der Text wurde 1969 publiziert, nur wenige Monate nach dem Massaker von Tlatelolco.[44] Die endgültige Erschütterung des Vertrauens in die Politik Mexikos spiegelt sich deutlich im Gedicht; anhand der Vergleiche wird der Kontrast offensichtlich.

Seit 1930 hatte Octavio Paz das *Colegio de San Ildefonso* in Mexiko-Stadt besucht, wo er unter anderem bei Samuel Ramos, Carlos Pellicer und José Gorostiza studierte. Von 1932 bis 1937 belegte er verschiedene Kurse in den Fächern Jura und Philosophie. In den Cafés lernte Paz von weiteren etablierten Schriftstellern und Intellektuellen wie Xavier Villaurrutia und Jorge Cuesta.[45] 1933 erschien mit *Luna Silvestre* der erste Gedichtband des damals Neunzehnjährigen.[46]

Das Werk von Octavio Paz ist, wie bereits erwähnt, von einer beständigen Anteilnahme an politischen Ereignissen geprägt.[47] Trotz seines Einsatzes im Bildungsangebot für die Landbevölkerung – 1930 hatte er gemeinsam mit José Bosch die Abendschule *Unión de Estudiantes Pro Obreros y Campesinos* gegründet – wehrte er sich gegen eine Instrumentalisierung durch die Kommunistische Partei

---

44 Vgl. dazu Kap. 2.3 der vorl. Arbeit.
45 Vgl. *Academia Mexicana de la Lengua*.
46 Vgl. Klaus Meyer-Minnemann: Octavio Paz in den dreißiger Jahren. Rekonstruktion einer mexikanischen Avantgarde. In: Karl Hölz (Hg.): *Literarische Vermittlungen. Geschichte und Identität in der mexikanischen Literatur*. Tübingen 1988, S. 121–136.
47 Vgl. dazu v. a. Enrique Krauze: *Octavio Paz. El poeta y la revolución*; sowie: Dante Salgado: *Camino de ecos. Introducción a las ideas políticas de Octavio Paz*. Mexiko: Praxis 2002.

Mexikos.[48] Laut Christopher Domínguez Michael war Paz in dieser Zeit sogar mehrmals verhaftet worden.[49] Als die kommunistische Partei ihn zu einer Lesung seines Werkes lud, lehnte der Autor mit der Begründung ab, seine Dichtung sei nicht in den Dienst einer Sache zu stellen.[50] Der mexikanische Schriftsteller Efraín Huerta blieb dennoch davon überzeugt, dass Paz die kommunistischen Grundeinstellungen teilte:

> Los comunistas no nos hemos aprovechado maliciosamente para decir que Paz es de nuestro Partido. Nosotros no intentamos que sea político. Es – ¿qué más podemos exigir? – un gran poeta que ha aceptado desde hace mucho tiempo los puntos más importantes, los fundamentales de nuestro programa de lucha. Está contra el movimiento fascista y contra su consecuencia: la guerra. No es un simpatizante común y corriente, puesto que ha dejado de pertenecer a las élites del fastidio y de la pedantería.[51]

Bis zum Hitler-Stalin-Pakt hatte der Dichter durchaus mit der kommunistischen Linken sympathisiert.[52] Durch Vermittlung von Pablo Neruda und in Anerkennung seines Engagements und seiner poetischen Texte wurde Paz 1937 zum Zweiten Internationalen Kongress Antifaschistischer Schriftsteller nach Valencia eingeladen.[53] Paz konnte sich bei dieser Gelegenheit ein sehr deutliches Bild der Verwerfungen des Bürgerkriegs in Spanien machen, später nahm er wahr, wie das Land zu einem frühen Schauplatz des Kalten Kriegs geworden war.[54] Es ent-

---

48 Vgl. Anthony Stanton: *El río reflexivo. Poesía y ensayo en Octavio Paz* (1931–1958). Mexiko: FCE 2015, S. 50. Mehr zu dieser Initiative in Kap. 2.2 der vorliegenden Arbeit zu «Entre la piedra y la flor» (1937).
49 Vgl. Christopher Domínguez Michael: *Octavio Paz en su siglo*, S. 51.
50 Vgl. Guillermo Sheridan: Octavio Paz en Yucatán. In: *Letras Libres* (31.01.2001): «Las *opiniones políticas* eran las del ‹corto periodo de simpatía› que tuvo Paz por ‹la izquierda radical›; los *gustos poéticos* los de una libertad cuya esencia era insubordinable al ‹realismo socialista›. Así pues, entre sus camaradas en los mítines estudiantiles y los poetas que admira, el joven Paz vive una dialéctica titubeante.»
51 Efraín Huerta zit.n. Guillermo Sheridan: Octavio Paz en Yucatán.
52 Vgl. Guillermo Sheridan: Octavio Paz en Yucatán.
53 Vor allem das 1936 angesichts der Nachrichten aus Spanien verfasste Gedicht «¡No pasarán!» (1936) spielte dabei eine große Rolle, vgl. dazu Kapitel 2.1 der vorl. Arbeit. Vgl. Anthony Stanton: *El río reflexivo*, S. 55 sowie S. 141f. Vgl. Manuel Aznar Soler (Hg.): *El segundo congreso internacional de escritores para la defensa de la cultura (Valencia, Madrid, Barcelona, Paris, Juli 1937)*. Valencia: Generalitat Valenciana 1987. Vgl. auch: Danubio Torres Fierro: *Octavio Paz en España, 1937*. Mexiko: FCE 2007.
54 Vgl. Bernd Stöver: *Der Kalte Krieg, 1947–1991. Geschichte eines radikalen Zeitalters*. München: Beck 2007.

standen die politisch geprägten Gedichte des Bandes *Bajo tu clara sombra y otros poemas sobre España* (1937), sowie der Band *Raíz del hombre* (1937). Gemeinsam mit seiner ersten Frau Elena Garro[55] bereiste Octavio Paz England, Spanien und Frankreich und vertiefte dabei seine Kenntnisse über internationale politische Zusammenhänge, die ihm als Grundlage für seine diplomatischen Aufgaben als Botschafter Mexikos in Frankreich, Japan und Indien dienen sollten.

Paz war immer auf der Suche und tarierte seine Position stets neu aus. Dass dies nie opportunistisch war, ist seinen konstanten Überzeugungen zu verdanken: Dazu zählen die scharfe Verurteilung von Frankismus und Faschismus, aber auch die ebenso deutliche Kritik am Stalinismus, über welcher die Freundschaft mit Neruda zerbrach. Besonders aufschlussreich für die politischen Stellungnahmen von Paz sind seine «Piezas de convicción»,[56] eine Sammlung politischer Essays, sowie der Essay *Polvos de aquellos lodos* (1974).[57] In den Unterkapiteln darin, etwa «Marxismo y Leninismo»[58] oder «La seducción totalitaria»,[59] unterschied Paz zwischen verschiedenen kommunistischen Gesellschaftsentwürfen und kritisierte unter anderem den Marxschen Autoritarismus als hegelianisches Relikt sowie im Allgemeinen die Bereitschaft zum Verzicht auf Demokratie, sei es im Rahmen einer übergangsweisen Diktatur des Proletariats oder eines dauerhaften repressiven Systems wie dem des Stalinismus:

> Más allá del leninismo está el marxismo. Aludo al marxismo original, el elaborado por Marx y Engels en sus años de madurez. Ese marxismo contiene igualmente gérmenes autoritarios – aunque en muchísimo menor grado que en Lenin y Trotski – y muchas de las críticas que le hizo Bakunin son todavía válidas. Pero los gérmenes de libertad que se hallan en los escritos de Marx y Engels no son menos fecundos y poderosos que la dogmática herencia hegeliana. Y todavía puede agregarse algo más: el proyecto socialista es esencialmente un proyecto prometeico de liberación de los hombres y los pueblos. Solamente desde esta perspectiva se puede (y se debe) hacer una crítica de las tendencias autoritarias del marxismo.[60]

---

55 Octavio Paz und Elena Garro heirateten kurz vor der Abreise und trennten sich 20 Jahre später (1937–1957). Vgl. Anthony Stanton: *El río reflexivo*, S. 48.
56 OC Bd. 9, S. 423–497: OP: «Piezas de convicción».
57 Ebda. S. 179–198.
58 Ebda. S. 186–190.
59 Ebda. S. 194–198.
60 Ebda. S. 196. Vgl. zu Paz' Demokratieverständnis: «La democracia: lo absoluto y lo relativo» (1991), ebda. S. 473–485.

Im Laufe seines Lebens beteiligte sich Octavio Paz an der Herausgabe verschiedener literaturkritischer Zeitschriften, darunter zunächst *Barandal* (1931–1932, 7 Ausgaben) und *Cuadernos del Valle de México* (1933–1934, 12 Ausgaben); nach seiner Rückkehr aus Europa erschienen *Taller* (1938–1941, 12 Ausgaben) und *El Hijo Pródigo* (1943–1946, 42 Ausgaben). Für *Taller* arbeitete Paz mit Efraín Huerta, Rafael Solana und Alberto Quintero Álvarez zusammen; viele Autoren der Gruppe der *Contemporáneos* verfassten ebenfalls Beiträge für die Zeitschrift.[61] *El Hijo pródigo* entstand aus der Zusammenarbeit mit seinen ehemaligen Lehrern Xavier Villaurrutia und Samuel Ramos.[62]

1942 erschien der Gedichtband *A la orilla del mundo*. Im Dezember 1943 reiste der Autor mithilfe eines Guggenheim-Stipendiums in die Vereinigten Staaten. In San Francisco erhielt Paz außerdem einen Arbeitsplatz im mexikanischen Konsulat, kurze Zeit später wurde er in den diplomatischen Dienst berufen und zog 1945 nach New York. Dies war der Beginn seiner Arbeit im Auswärtigen Dienst Mexikos, für den er durch Vermittlung von José Gorostiza zunächst als Staatssekretär nach Paris entsandt wurde, wo er bis 1952 blieb.[63] In Paris trat er in Kontakt mit den Surrealisten um André Breton und Benjamin Péret. Als Paz später einmal gefragt wurde, warum er sich selbst nicht als Surrealist definiere, führte er aus, dass der Surrealismus vor allem das poetische und das utopische Denken verschränke, während er selbst immer ein kritisches Element in die Dichtung habe einbringen wollen.[64] Die offene Dialektik des Autors war ebenso von dem Kontakt mit den surrealistischen Künstlern beeinflusst wie von seinen philophisch-politischen Lektüren. Sein doppeltes Interesse an Zeitkritik und Surrealismus führte Octavio Paz selbst dabei auf die gegenläufigen Strömungen von Aufklärung und Romantik zurück.[65]

---

61 Vgl. Anthony Stanton: *El río reflexivo*, S. 76–86.
62 Vgl. die Rezension von Pedro Provencio zu dem Buch von Nilo Palenzuela: El Hijo Pródigo y los exiliados españoles. In: *Letras libres* (31.03.2002).
63 Vgl. für die Aufenthalte von Paz in Frankreich: Fabienne Bradu/Philippe Ollé Laprune: *Una patria sin pasaporte. Octavio Paz y Francia*. Mexiko: FCE 2014.
64 Vgl. OP: «Poesía, revolución, historia» [06.01.1985], OC Bd. 9, S. 106–108. Vgl. zu André Breton auch: Susanne Klengel: *Amerika-Diskurse der Surrealisten. ‚Amerika' als Vision und als Feld heterogener Erfahrungen*. Berlin/Heidelberg: Metzler 1994. Vgl. darin v. a. das Kapitel III 3. «Dekonstruktion des utopischen Diskurses: Bretons ‹beauté convulsive› – eine offene Ästhetik?». Die Autorin zitiert Breton mit dem dialektischen Satz: «La beauté convulsive sera érotique-voilée, explosante-fixe, magique-circonstancielle ou ne sera pas.» André Breton: «La beauté sera convulsive», *Minotaure* 5, 1934, S. 9–16, hier: S. 16.
65 Dabei versteht er den Surrealismus als Weiterführung der romantischen Tradition und die aktuelle Zeitkritik als ein Erbe der Aufklärung. Vgl. OP: «Poesía, revolución, historia».

In Paris vollendete Paz außerdem den noch in den USA begonnenen Essayband *El laberinto de la soledad* (1950), den er 1969 mit dem Essay *Postdata* ergänzen sollte. Essays wie dieser bilden den Horizont, vor dem sich der politische Gehalt der Gedichte von Octavio Paz erschließen lässt.[66] Wie bereits erwähnt, bewegt sich das poetische Werk zwischen den Polen eines autonomen Kunstverständnisses auf der einen und der *littérature engagée* auf der anderen Seite. Schon vor der durch Jean-Paul Sartre angeregten Debatte um eine engagierte Literatur hatte Paz während des Spanischen Bürgerkriegs nach den politisch-historischen Möglichkeiten von Kunst gefragt.[67] 1949 erschien *Libertad bajo palabra*, ein Gedichtband, den Paz Zeit seines Lebens immer wieder neu überarbeitete und herausgab.[68] Kurze Zeit später veröffentlichte er verschiedene Prosatexte unter dem Titel *¿Águila o sol?* (1951), welche wie die anderen um diese Zeit entstandenen Publikationen als Teil der heterodoxen Auseinandersetzung des Autors mit dem Surrealismus gelesen werden können.[69]

Im gleichen Jahr, im Oktober 1951, erhielt der Autor die Anordnung sich nach Neu-Delhi zu begeben, um dort eine mexikanische Landesvertretung aufzubauen.[70] Paz verstand die Aufforderung als Strafe für seine Nähe zu den Surrealisten,

---

[66] Vgl. zum LS v. a. Kapitel 3.1.1 der vorl. Arbeit. Paz äußerte sich zu historischen Ereignissen weltweit, so zum Spanischen Bürgerkrieg (1936–1939), dem Zweiten Weltkrieg («La Conferencia de San Francisco» [1945]), dem Kalten Krieg sowie zur Sowjetunion («Los campos de concentración soviéticos» [1951]) oder dem Militärputsch Pinochets in Chile: «Los centurios de Santiago» (28.09.1973). Für eine Übersicht vgl. bspw.: OP: *Itinerario crítico. Antología de textos políticos de Octavio Paz*. Herausgegeben von Armando González Torres. Mexiko: Senado de la República [u. a.] 2014. Weitere Beispiele finden sich in den folgenden Kapiteln.
[67] Vgl. Jean-Paul Sartre: *Qu'est-ce que la littérature?* [1948] Paris: Gallimard 1980.
[68] Vgl. Anthony Stanton: *El río reflexivo*, S. 250 ff. Sowie OP: *Libertad bajo palabra*. Herausgegeben von Enrico Mario Santí: Madrid: Cátedra 1988 (Neuauflage von 2009). Im Folgenden abgekürzt mit LBP (1988).
[69] Vgl. Anthony Stanton: *El río reflexivo*, S. 311 ff. Vgl. zum Surrealismus im Werk von Paz u. a.:
Alain Bosquet: Octavio Paz ou le surréalisme tellurique. In: ders.: *Verbes et vertige*. Paris: Hachette 1961, S. 186–192.
Olivia Maciel Edelman: *Surrealismo en la Poesía de Xavier Villaurrutia, Octavio Paz, y Luis Cernuda. México 1926–1963*. Lewiston, New York: Edwin Mellen Press 2008.
Diego Martínez Torrón: El surrealismo de Octavio Paz. In: OP: *La búsqueda del comienzo. Escritos sobre el surrealismo*. Madrid: Colección Espiral 1980, S. 5–25.
Víctor Manuel Mendiola: *El surrealismo de ‹Piedra de Sol›, entre peras y manzanas*. Mexiko: FCE 2011.
Klaus Meyer-Minnemann: Octavio Paz y el Surrealismo. In: *Literatura Mexicana*, XXVII 2 (2016), S. 73–95.
Juan Carlos Rojas Fernández: Octavio Paz y el surrealismo: una mirada desde el psicoanálisis. In: *Revista Colombiana de Psiquiatría*. Vol. XXXIII, Nr. 4 (2004), S. 399–408.
[70] Vgl. Anthony Stanton: *El río reflexivo*, S. 445ff.

die in Mexiko nicht gern gesehen war. Ein Grund dafür kann laut Anthony Stanton der Film *Los olvidados* (1950) von Luis Buñuel gewesen sein, den verschiedene mexikanische Nationalisten als «denigrante»[71] (dt. herabwürdigend) verurteilt hatten, den Paz aber öffentlich verteidigte. Im Brennglas des Surrealismus erschienen die Verzerrungen zwischen Kommunismus und der Partei der Institutionalisierten Revolution allzu deutlich. Im November 1951 begab sich Paz als Zweiter Staatssekretär der Mexikanischen Botschaft nach Neu-Delhi und blieb dort zunächst bis Juni 1952. Anschließend verbrachte er sechs Monate als Vertreter der Handelsabteilung der Mexikanischen Botschaft in Japan.[72] Von 1953 bis 1958 lebte Paz erneut in Mexiko und vertrat dort einen Posten als Direktor des Ministeriums für Internationale Beziehungen. In Indien erlebte er die politischen Perspektiven eines der – neben Ägypten und Jugoslawien – wichtigsten blockfreien Staaten. Seit den Konferenzen von 1955 in Indonesien und 1961 in Belgrad verfolgte Indien die Strategie des NAM, des Nonaligned Movement.[73] Japan hingegen blickte auf eine protofaschistische Diktatur zurück, galt als Kolonisator Asiens und kooperierte zugleich eng mit den USA.[74] Mexiko gab sich offiziell weiterhin unabhängig und revolutionär, unterschrieb jedoch ebenfalls Verträge mit dem nordamerikanischen Nachbarn. So befand sich Paz inmitten der Spannungen des Kalten Kriegs; dennoch gelang es ihm, sich der «kollektiven Psychose»[75] zu entziehen.

Dies wird in seinen Gedichten offenbar, von denen jedes einzelne als Versuch gelesen werden kann, sich einen ideologiefreien, gedanklich kritischen Raum zurückzuerobern. Ein wichtiger Band poetischer Prosa entstand im Jahr 1956 mit *El arco y la lira*;[76] im gleichen Jahr verfasste Paz sein einziges Theaterstück unter dem Titel «La hija de Rappachini» (1956). Erfolgreicher war er nach wie vor mit Gedichten oder Essays, wie *Las peras del olmo* (1957). Mit dem Langgedicht «Piedra de sol» (1957) erschien schließlich ein Text, der wegen seines Einflusses auf die Literatur in Lateinamerika häufig mit «The Waste Land» (1922) von T. S. Eliot verglichen wird.[77]

---

71 So unter anderem der mexikanische Dichter und Funktionär Jaime Torres Bodet, der damals als Generaldirektor der UNESCO in Paris arbeitete. Vgl. Anthony Stanton: *El río reflexivo*, S. 446.
72 Paz verbrachte die Zeit zwischen dem 5. Juni und dem 29. Oktober 1952 in Japan. Vgl. Aurelio Asiain: Octavio Paz, diplomático en Japón. In: *Letras Libres* (07.10.2015). Vgl. auch das Buch von Aurelio Asiain: *Japón en Octavio Paz*. Mexiko: FCE 2014, in dem der Autor Briefe und Gedichte zusammenträgt, die Paz mithilfe japanischer Kollegen ins Spanische übersetzte.
73 Vgl. Bernd Stöver: *Der Kalte Krieg*, S. 40.
74 Vgl. ebda.
75 Gerd Koenen: *Was war der Kommunismus?* Göttingen: Vandenhoeck & Ruprecht 2010, S. 83.
76 Vgl. Anthony Stanton: *El río reflexivo*, S. 339ff.
77 Vgl. dazu Kap. 3.3.2 zu «Piedra de sol» (1957).

Von 1959 bis 1962 lebte Paz erneut in Paris, in den Jahren 1962–1968 begab er sich – diesmal für längere Zeit – nach Neu-Delhi, wo er sein Land nunmehr als Botschafter vertrat. Inzwischen lebte er mit seiner zweiten Ehefrau Marie-José Tramini zusammen. Es begann eine Phase großer literarischer Produktivität: Paz veröffentlichte nicht nur den Gedichtband *Salamandra* (1962), sondern auch diverse Prosatexte, darunter *Cuadrivio* (1965), *Puertas al Campo* (1966) und *Corriente Alterna* (1967); sowie die Biographien *Claude Lévi-Strauss o el nuevo festín de Esopo* (1967) und *Marcel Duchamp o el castillo de la pureza* (1968), die er 1973 mit dem Text *Aparencia Desnuda* ergänzte. Fast zehn Jahre später schrieb Octavio Paz einen Band, der in die gleiche Reihe biographischer Essays gehört, diesmal sollte jedoch eine Frau im Mittelpunkt stehen. Es handelt sich um die Biographie der mexikanischen Nonne und Schriftstellerin Sor Juana Inés de la Cruz, veröffentlicht unter dem Titel *Sor Juana Ines de la Cruz o las trampas de la fe* (1982). *Hombres en su siglo* (1984) ist eine weitere Publikation, die sich den Lebensgeschichten großer Zeitgenossen widmet, darunter Dostojewski, José Ortega y Gasset, Jean-Paul Sartre, José Revueltas, André Breton und Joan Miró, um nur einige zu nennen.

Die Erfahrungen in Indien und die Lektüren der kanonischen hinduistischen, buddhistischen und taoistischen Literatur schlugen sich vor allem in Gedichten wie «Viento entero» (1965) und «Blanco» (1967) nieder; auch in Gedichtbänden wie *Ladera Este* (1969) oder der poetischen Prosa von *El mono gramático* (1974) ist dieser Einfluss offensichtlich.[78] In der Privatbibliothek von Paz befanden sich unter anderem die *Veden*, die *Baghavad Gita* (auf Englisch) und der Band *Visnu-Narayana: Texte zur indischen Gottesmystik* (auf Deutsch).[79] Bis zu seinem Lebensende sollte die Zeit in Indien eine zentrale Rolle für den Dichter spielen; dies beweisen auch die Essays aus *Vislumbres de la India* (1995).[80]

Seine diplomatische Karriere beendete Paz 1968 abrupt, als er aus Protest gegen das Massaker an den auf der Plaza de Tlatelolco in Mexiko-Stadt demons-

---

[78] Zu Paz in Indien vgl. Anil Dhingra: La India en la obra de Octavio Paz. Algunas reflexiones. In: AIH Actas XIV Congreso. Vol. IV (2004), S. 161–168. Sowie: Domínguez Michael: Octavio Paz en la India, 2002. In: *Letras Libres* (31.01.2003); und Irma Leticia Cantú: *La escritura de viaje desde la perspectiva latinoamericana: Octavio Paz y el caso mexicano*. Austin: Univ. of Texas 2006.
[79] Erstaunlicherweise auf Deutsch, vgl. die Fotoreportage von Andrea Ruy Sánchez/Priscila Vanneuville: «Octavio Paz. Semblanzas, territorios y dominios», *Limulus*, Mexiko. Paz besaß auch Bücher von Hegel im dt. Original. Laut Domínguez Michael wollte er am Ende seines Lebens Deutsch lernen (Konversation März 2014).
[80] Vgl. zu diesen Zusammenhängen das Kap. 3.3.2 zu «Piedra de sol» (1957).

trierenden Studenten das Amt niederlegte.[81] Danach sprach sich der ehemalige Diplomat offen gegen den seit Jahrzehnten regierenden PRI aus. Seine Kritik ließ es an Deutlichkeit nicht mangeln, wie auch an der Nobelpreisrede zu sehen sein wird.[82] Nach der Niederlegung seines Amtes begab sich der Autor zunächst erneut nach Paris, ein Jahr später erschienen die Essays *Conjunciones y Disyunciones* (1969). Im Frühling des gleichen Jahres entstand in Zusammenarbeit mit den Schriftstellerkollegen Jacques Roubaud, Eduardo Sanguineti und Charles Tomlinson außerdem das viersprachige Kollektivgedicht *Renga* (1969).[83]

Anschließend arbeitete Paz als Hochschullehrer an verschiedenen Universitäten, darunter in Texas (Austin), Pittsburgh, an der University of Cambridge, und an der Harvard University (1968–1972).[84] Schon 1966 hatte er einige Zeit als *Writer-in-Residence* an der Cornell University verbracht.[85] Seit 1971 war sein Hauptwohnsitz wieder Mexiko-Stadt. Im gleichen Jahr gründete Paz die Zeitschrift *Plural* (1971–1976, 58 Ausgaben), die an die Redaktion der Zeitung *Excélsior* angeschlossen war. *Plural* konnte nur erscheinen bis der damalige Präsident Mexikos, Luis Echeverría, die Redaktion der *Excélsior* 1976 durch regimetreue Mitarbeiter ersetzte.[86] Im Zuge dieser Maßnahme entstanden viele neue Zeitschriften. Julio Scherer, der ehemalige Chefredakteur der *Excélsior*, gründete die Wochenzeitung *Proceso*, die bis heute existiert, und Paz die Zeitschrift *Vuelta*, die er bis zu seinem Tod herausgab (1976–1998, 261 Ausgaben). Deren Erbe übernahm die Redaktion der Monatszeitschrift *Letras Libres*, die seit 1999 unter der Chefredaktion von Enrique Krauze in Mexiko und Spanien erscheint.

---

81 Vgl. Kap. 2.3.
82 Vgl. Kap. 4.
83 Vgl.: Seiko Ota: Una consideración sobre RENGA de Octavio Paz. In: *Hispánica* Nr. 40 (1996), S. 195–211: «Lo escribieron durante cinco días desde el 30 de marzo al 3 de abril de 1969, en una cámara subterránea de un hotel en París.»
84 Vgl.: Luciano Concheiro: El camino de Cambridge. In: *Literal. Voces latinoamericanas*. Domínguez Michael erwähnt Aufenthalte von Paz in Harvard in den Jahren von 1972 bis 1977, Christopher Domínguez Michael: *Octavio Paz en su siglo*, S. 327 und 409.
85 Deborah Cohn: The Latin American Literary Boom and U. S. Nationalism During the Cold War. Nashville: Vanderbilt UP 2012, S. 99.
86 Schon bevor er 1970 zum Präsidenten gewählt wurde, hatte Echeverría das Massaker von Tlatelolco zu verantworten, Präsident war damals Gustavo Díaz Ordaz. Zur Geschichte der Zeitschrift *Excélsior* vgl. *Academia Mexicana de la Lengua*, an der u. a. Adolfo Castañón als Hg. fungiert.

Auch außerhalb seiner Zeitschriften stieß Paz regelmäßig politische Debatten unter Intellektuellen an und verfolgte literarische Entwicklungen.[87] So erschienen in den siebziger Jahren die Sammlung kunstkritischer Essays *El signo y el garabato* (1973) sowie der literaturgeschichtliche Überblick *Los hijos del limo* (1974) und die Essays aus *In/mediaciones* (1979). In seinem Buch *El ogro filantrópico* (1979) diskutierte Paz die politische Geschichte seines Landes, das mit Marxismus und Liberalismus experimentiere, und unterschied zwischen politischer Literatur, und Literatur, die sich in den Dienst einer Ideologie stellt.[88] Trotz dieser Arbeit blieb ihm Zeit, weiterhin poetische Texte zu verfassen, ein Beispiel dafür ist die Anthologie «Solo a dos voces» (1973), die in Zusammenarbeit mit Julián Ríos entstand. Der Paz-Biograph Christopher Domínguez Michael und der *Letras-Libres*-Redakteur Fernando García Ramírez sind sich einig, dass Gedichte wie «Nocturno de San Ildefonso» (1976) und «Pasado en claro» (1974) poetische Versionen von Paz' politischen Essaybänden *El ogro filantrópico* (1979) und *Polvos de aquellos lodos* (1974) darstellen.[89]

Paz war ein global denkender Intellektueller in einer Zeit nationaler Grenzziehungen. In seinem poetischen und essayistischen Werk unterlief er konsequent nationalistische Diskurse. Entsprechend wurde sein Werk weltweit anerkannt: 1975 wählte ihn die *American Academy of Arts and Sciences* zu einem ihrer Mitglieder, 1977 erhielt er den Jerusalempreis für die Freiheit des Individuums in der Gesellschaft. Im Jahre 1981 verlieh man Paz den *Premio Cervantes*, ein Jahr später eröffnete er gemeinsam mit dem damals Regierenden Bürgermeister von Berlin, Richard von Weizsäcker, das *Horizonte Festival der Weltkulturen* (1982) in West-Berlin. Im gleichen Jahr erhielt Paz den *Neustadt International Prize for Literature*, zwei Jahre später den Friedenspreis des Deutschen Buchhandels (1984). 1990 lud Paz Intellektuelle aus der ganzen Welt nach Mexiko ein um auf einer von *Vuelta* organisierten Tagung über die Zukunft Europas zu sprechen. Aus Deutschland war Peter Sloterdijk angereist. Der Zeitpunkt der Konferenz mit dem Titel «La experiencia de la libertad» (27.08 bis 02.09.1990), war gut gewählt: Im Jahr zuvor war die Mauer gefallen, im Jahr danach sollte sich die Sowjetunion auflösen.[90] Im selben

---

[87] Vgl. Armando González Torres: *Las guerras culturales de Octavio Paz*. Secretaría de Cultura del Gobierno del Estado de Puebla, 2002. Neuauflage Colmex 2014.
[88] Vgl. einen Artikel mit gleichem Titel, den Paz 1978 in *Vuelta* publizierte.
[89] Gespräche mit Domínguez Michael und García Ramírez, Mexiko 2014.
[90] Vgl. Domínguez Michael: Memorias del encuentro: ‹La experiencia de la libertad›. In: *Letras Libres* (30.11.2009); sowie: García Ramírez: La experiencia de la libertad. In: *Letras Libres* (31.12.2006). Fernando García Ramírez hat die Redebeiträge dieser Tagung in 7 Bänden herausgegeben: García Ramírez (Hg.): *La experiencia de la libertad*. Mexiko: Vuelta 1991.

Jahr wurde Octavio Paz schließlich mit dem Nobelpreis für Literatur ausgezeichnet. In jedem seiner Texte spürte er den Konturen seiner Zeit nach – der Titel seiner Nobelpreisrede bringt dieses ästhetische Verfahren auf den Punkt: «La búsqueda del presente» (1990).[91]

Unter den Universitäten, die ihn mit einem *doctor honoris causa* ehrten, waren unter anderem die Universidad Nacional Autónoma de México (1979), die Boston University (1973), die Harvard University (1980), die New York University (1985) und die Universidad de Murcia (1989).[92] In den achtziger Jahren entstanden weitere wegweisende Essays, darunter *Tiempo Nublado* (1983), *Sombras de obras: arte y literatura* (1983) sowie die Gedichte, die 1987 unter dem Titel *Árbol adentro* herausgegeben wurden. Im darauffolgenden Jahrzehnt erschienen eher historisch orientierte Werke, wie die Essaybände *Pequeña crónica de grandes días* (1990), *Convergencias* (1991) oder *Al Paso* (1992), aber auch der Gedichtband *La otra voz: poesía y fin de siglo* (1990). *La Llama Doble* (1993) ist ein letzter Band zum Thema Erotik. Der Band *Itinerario* von 1993, der mit Stanton als «una especie de autobiografía intelectual»[93] bezeichnet werden kann, und die schon erwähnten Essays aus *Vislumbres de la India* (1995) waren neben der Herausgabe seines Gesamtwerkes die letzten Buchpublikationen von Octavio Paz. Am 20. April 1998 starb der Autor in der Casa de Alvarado, im Stadtviertel Santa Catarina, Coyoacán, in Mexiko-Stadt.[94]

1.1.3 Das literarische Feld

Anthony Stanton hat einmal das Schreiben von Octavio Paz zwischen dem Werk von Pablo Neruda und Xavier Villaurrutia oder Luis Cernuda verortet.[95] Dieser Linie folgend, ließe sich die offene Dialektik von Paz im Zusammenhang der vorliegenden Studie als eine ästhetische Position verstehen, die zwischen den

---

91 Dass dies auch für seine ganz frühen (nicht in die OC mitaufgenommenen) Gedichte gilt, zeigt Evodio Escalante: «El tema del presente y de la presencia en la prehistoria poética de Octavio Paz», AIH Actas XI, 1992. Centro Virtual Cervantes. Zur Nobelpreisrede vgl. Kap. 4.
92 Vgl. *Academia Mexicana de la Lengua*.
93 Anthony Stanton: *El río reflexivo*, S. 47.
94 Inzwischen befindet sich hier die Fonoteca Nacional.
95 Vgl. Anthony Stanton: *El río reflexivo*, S. 61; vgl auch: Edelman, Olivia: Surrealismo en la Poesía de Xavier Villaurrutia, Octavio Paz, y Luis Cernuda. Für eine allgemeine Literaturgeschichte Mexikos vgl.: David William Foster: *Mexican Literature: A History*. Austin: University of Texas Press 1994.

Extremen der Werke von Neruda und Borges einzuordnen wäre. Anders als Jorge Luis Borges enthielt sich Paz in seiner Befassung mit historischen Ereignissen nie eines Urteils, ohne dabei jedoch eine eindeutige ideologische Position wie etwa Neruda zu beziehen. Sheridan teilt die hier vertretene Überzeugung, dass Paz den Kampf gegen den Faschismus als humanistische Verpflichtung verstand und den Weg von «Carlos Marx» durchaus als viabel erachtete, ein Beitritt in die Kommunistische Partei aber für ihn nicht infrage gekommen wäre.[96]

Octavio Paz und Pablo Neruda lernten sich zunächst 1937 in Paris kennen, bevor sie zum *Segundo Congreso Internacional de Escritores Antifascistas* aufbrachen.[97] Neruda hatte sich persönlich für die Einladung des jungen Kollegen eingesetzt. Zunächst war die Bewunderung gegenseitig: 1938 schrieb Paz eine Hommage mit dem Titel: «Pablo Neruda en el corazón»,[98] der Titel zitiert Nerudas kurz zuvor erschienenen Band *España en el corazón – Himno a las glorias del pueblo en la guerra* (1937). Doch schon in diesem Essay oszillierte Paz zwischen *poesía pura* und *poesía social*.[99]

Neruda schätzte Paz allerdings vor allem für eindeutig politisch positionierte Gedichte wie «¡No pasarán!» (1936) und verachtete alle «artepuristas»,[100] so dass die Freundschaft während Nerudas dreijährigem Aufenthalt als Generalkonsul Chiles in Mexiko (1940–1943) zerbrach. Dabei hatten sich beide zunächst sehr nahegestanden, Neruda hatte unter anderem zwei Beiträge für die von Paz herausgegebene Zeitschrift *Taller* (1938–1941) verfasst. Doch dann nahmen die politischen und poetologischen Uneinigkeiten in einem Maße zu, dass die Verbindung endete.[101] In einem Interview verurteilte Neruda Paz mit den Worten: «Especialmente en revistas poéticas, abundan estos ensayos que pretenden ser profundos y no llegan a ser otra cosa que una exhibición de narcisismo intolerab-

---

96 Vgl. Guillermo Sheridan: Octavio Paz en Yucatán.
97 Zu dem Verhältnis zwischen Paz und Neruda vgl. Enrico Mario Santí in: LBP (1988) S. 28f; sowie Kap. 4.1. und 5.2 in: Domínguez Michael, Christopher: Octavio Paz en su siglo; sowie: Anthony Stanton: *El río reflexivo*, S. 54–75; Eine frühere Version dieses Kapitels publizierte Stanton unter dem Titel: Pablo Neruda y Octavio Paz: encuentros y desencuentros. In: *escritural. Écritures d'Amérique latine*. Nr. 1 (März 2009). Vgl. zu dem Konflikt auch: Carlos Monsiváis: Octavio Paz y la izquierda. In: *Letras Libres* (30.04.1999).
98 OP: «Pablo Neruda en el corazón» (1938), OC Bd. 13, S. 268–276.
99 Anthony Stanton versteht den Essay als Versuch, eine Balance zwischen diesen beiden ästhetischen Entwürfen zu finden: «[U]n punto de equilibrio, una síntesis entre los dos polos: lo local debe volverse universal; el accidente histórico, esencia metafísica. Quiere una poesía eterna, pero hecho historia. Difícil equilibrio entre dos opuestos.» Anthony Stanton: *El río reflexivo*, S. 60f.
100 Vgl. Carlos Monsiváis: Octavio Paz y la izquierda.
101 Vgl. Anthony Stanton: *El río reflexivo*, S. 62. Vgl. auch die Perspektive von Paz in: «Poesía e historia: *Laurel* y nosotros», in: OC Galaxia Gutenberg, 2000.

le y de culteranismo vergonzante.»¹⁰² Mit «Respuesta a un cónsul» antwortete Paz im August 1943 öffentlich auf den Angriff. In dem Artikel beschreibt er Neruda unter anderem als eitel, tyrannisch und kritikunfähig: «[S]é de antemano que en el señor Neruda la vanidad es una pasión tiránica, que le prohíbe confesar sus errores o sus extravíos.»¹⁰³ Dies ist ein Aspekt, den Paz wiederholt, wenn er 1982 im Nachwort zu der Neuauflage der Anthologie *Laurel* erklärt, warum die Freundschaft für ihn auf Dauer nicht tragbar war:

> Neruda era generoso y su inmensa cordialidad no tenía más defecto que el de su mismo exceso; su afecto, a veces, aplastaba como una montaña. El peligro de la amistad con temperamentos de esta índole es que ellos, como ríos en perpetua crecida, se desbordan y derraman sobre los espacios libres; para hacer frente a esta continua inundación no tenemos más remedio que levantar diques y muros. Así la amistad se transforma insensiblemente en un sistema defensivo.¹⁰⁴

Auf politischer Ebene blieb die Kritik in den siebziger Jahren deutlich. So schrieb Paz in *Polvos de aquellos lodos* (1974) von dem «Schauder!», der ihn überkomme, wenn er die «Lügen» bestimmter stalinistischer Autoren lese:

> Cuando pienso en Aragon, Éluard, Neruda, Alberti y otros famosos poetas y escritores estalinistas, siento el calosfrío que me da la lectura de ciertos paisajes del *Infierno*. Empezaron de buena fe, sin duda. [...] Pero insensiblemente, de compromiso en compromiso, se vieron envueltos en una malla de mentiras, falsedades, engaños y perjurios hasta que perdieron el alma.¹⁰⁵

Der Konflikt zwischen den Autoren hatte 1939 mit dem Hitler-Stalin-Pakt begonnen und war 1943 eskaliert, danach klangen die meisten gegenseitigen Erwähnungen der Autoren wieder weniger kämpferisch. So erfuhr unter anderem auch die «Respuesta a un cónsul» keine Neuauflage, ein Umstand, den Stanton als versöhnliche Geste von Paz gegenüber Neruda wertet.¹⁰⁶ 1967 hatten sich die beiden Dichter zudem in London getroffen und ausgesprochen,

---

102 Pablo Neruda im Interview mit Alardo Prats: Un poeta levanta la voz. Visión poética del nuevo mundo. In: *Hoy*, Nr. 337 (07.08.1943), S. 24.
103 OP: Respuesta a un cónsul. In: *Letras de México*, VII, Nr. 8 (15.08.1943), S. 5.
104 OP (1982) zit. n. Anthony Stanton: *El río reflexivo*, S. 64. Vgl. *Laurel: Antología de la poesía moderna en lengua española*. Hg. von Xavier Villaurrutia, Emilio Prados, Juan Gil-Albert und Octavio Paz. Mexiko: Editorial Séneca 1941.
105 *Polvos de aquellos lodos* (zuerst publiziert in *Plural* Nr. 30, März 1974), OC Bd. 9, S. 197 f. Vgl. Carlos Monsiváis: Octavio Paz y la izquierda.
106 Vgl. Anthony Stanton: *El río reflexivo*, S. 69.

drei Jahre später erhielt Paz eine Ausgabe von *Las piedras del cielo* (1970) mit der Widmung: «Octavio, te abrazo y quiero saber de ti, Pablo.»[107] 1993, zwanzig Jahre nach Nerudas Tod schrieb Paz: «Musito el nombre de Pablo Neruda y me digo: ‹lo admiraste, lo quisiste y lo combatiste. Fue tu enemigo más querido›».[108]

Octavio Paz schrieb Gedichte in einer Zeit, in der die Prosa zu einem prominenten Genre für die Diskussion politischer Themen geworden war. Wenn sich Dichtung politischen Gegenständen zuwandte, dann oft in expliziter Art und Weise – ein extremes Beispiel ist Pablo Nerudas «Ode an Stalin» aus dem Jahr 1953.[109] Die Gedichte von Paz hingegen sind in Form und Gehalt anti-ideologisch, aber nicht unpolitisch. Dies zeigt etwa das Gedicht «La vida sencilla» (1945).[110] Der Text ist eine Wertschätzung des «einfachen Lebens»,[111] aber weniger im Sinne Nerudas oder des sozialistischen Realismus, sondern eher vergleichbar mit einer anderen Stimme aus Chile, die im Entstehungsjahr des Gedichts mit dem Nobelpreis ausgezeichnet wurde: Der Name Gabriela Mistrals war zu einem Symbol geworden – das Nobelpreiskomitee sah ihr Werk gar als Ikone der Hoffnung. In der Begründung hieß es, sie erhalte den Preis «for her lyric poetry which, inspired by powerful emotions, has made her name a symbol of the idealistic aspirations of the entire Latin American world».[112] Spuren dieser ‹idealistischen Hoffnung› sind auch bei Paz enthalten, doch gleichen seine Verse weder Gebeten (wie die von Mistral), noch rufen sie zum Kampf auf (wie jene von Neruda). Veranschaulichen lässt sich dies anhand des Brotes, einem Motiv, das in allen drei Werken für die Gemeinschaft der Menschen steht.[113] Das

---

107 Vgl. Christopher Domínguez Michael: *Octavio Paz en su siglo*, S. 121; sowie: Mario Amorós: *Neruda; el príncipe de los poetas*. Barcelona: B, Grupo Zeta 2015.
108 Vgl. Anthony Stanton: *El río reflexivo*, S. 76.
109 OP: «Oda a Stalin» (1953). In: Pablo Neruda: *Las uvas y el viento*. Santiago: Editorial Nascimento 1954.
110 OP: «La vida sencilla» (1945), OC Bd. 11, S. 84f. Das Gedicht befindet sich im Anhang unter 6.1.1.
111 Koenen erklärt anschaulich, weshalb die Idee eines «einfachen Lebens» als «Arbeiter» auf viele Menschen anziehend gewirkt hat, vgl. Gerd Koenen: *Was war der Kommunismus?*, S. 123.
112 OP: «The Nobel Prize in Literature 1945». Nobelprize.org. Nobel Media AB 2014. Vgl. zu Mistral: Susanne Klengel: ‚Algo sobre la particularidad': Gabriela Mistrals Beitrag zu einer kulturpolitischen Debatte im Kriegsjahr 1939/1940. In: David Schidlowsky/Olaf Gaudig u. a. (Hg.): *Zwischen Literatur und Philosophie. Suche nach dem Menschlichen. Festschrift zum 60. Geburtstag von Victor Farías*. Berlin: Wissenschaftlicher Verlag Berlin 2000, S. 207–220.
113 Gabriela Mistral nennt Orte in ganz Lateinamerika: «Se ha comido en todos los climas / el mismo pan en cien hermanos: / pan de Coquimbo, pan de Oaxaca, / pan de Santa Ana y de Santiago.» Gabriela Mistral: «Pan» (*Tala*, Buenos Aires: Sur 1938). In: *Poesías completas*. Madrid: Aguilar 1966, S. 441–443.

Gedicht «Pan» (1938) von Gabriela Mistral beschreibt zudem eine spirituelle Begegnung zwischen einer kinderlosen Frau (Sara) und dem Laib als Leib des Sohnes, als Bild für Christus:

> Después le olvidé, hasta este día
> en que los dos nos encontramos,
> yo con mi cuerpo de Sara vieja
> y él con el suyo de cinco años.

Ganz anders klingen die Verse von Neruda, für den das Brot zum Anlass wird, zum sozialistischen Kampf aufzurufen. Bei Neruda wird die aufgehende Hefe zur Metapher für den Aufstand, die Hoffnung auf Hilfe durch Gott negiert das lyrische Ich explizit. Die Dornenkrone wird zum kriegerischen Symbol, das Brot ist allein insofern «heilig», als dass Menschen für das Produkt gearbeitet haben:

> Pan, / con harina, / agua / y fuego / te levantas. [...] Pan, / qué fácil / y qué profundo eres: [...] y de pronto, / la ola / de la vida, / la conjunción del germen / y del fuego, / creces, creces, [...] Oh pan de cada boca, [...] de cada hombre, / en cada día, [...] pan, / no rezaremos, / pan, / no mendigaremos, / lucharemos por ti con otros hombres, / con todos los hambrientos, [...] iremos coronados / con espigas, / conquistando / tierra y pan para todos, [...] y así será el pan de mañana, / el pan de cada boca, / sagrado, / consagrado, / porque será el producto / de la más larga y dura / lucha humana. [...][114]

Die Verse von Paz verweisen in «La vida sencilla» (1945) auf beide Deutungsbereiche zugleich, sie enthalten sowohl die Konnotation einer religiösen Gemeinde als auch die einer sozialen Politik des Teilens: «saber partir el pan y repartirlo, / el pan de una verdad común a todos, / verdad de pan que a todos nos sustenta».[115] In seiner Hommage an Gabriela Mistral geht Paz unter anderem auf ihr Gedicht «Pan» ein und nimmt dies auch in den Titel seines Textes auf: «El pan, la sal y la piedra: Gabriela Mistral» [1988].[116] 1946 hatte Paz Mistral in Paris kennengelernt, später ließ er ihr seinen Gedichtband *Libertad bajo palabra* (1949) zukommen. Der daran anschließende Briefwechsel wird mit dem Nachlass Mistrals in der Biblioteca Nacional de Chile verwahrt.[117]

---

114 Pablo Neruda: «Oda al pan», in: *Odas elementales* (1954). Madrid: Cátedra 1988, S. 200–203.
115 OP: «La vida sencilla» (1945).
116 OP: «El pan, la sal y la piedra: Gabriela Mistral» [1988], OC Bd. 3, S. 172–176.
117 Vgl. Fabienne Bradu: Lazos de sol y sombra. Octavio Paz y Chile. In: *Literatura Mexicana*, XXV 2 (2014), S. 75–91: «Al igual que otros jóvenes poetas de Hispanoamérica, Octavio Paz había mandado a la Nobel su libro *Libertad bajo palabra* (1949) y, al igual que casi todos, había recibido, a vuelta de correo, unas líneas entusiastas y generosas. La había conocido en París, en 1946, y durante una conversación, ella lo previno sobre los peligros del cosmopolitismo. [...] Fuera de este

Als weitere wichtige Referenz für Paz wäre das Werk des peruanischen Avantgardisten César Vallejo (1892–1938) zu nennen. Vallejo hatte wie Paz und Neruda ein starkes Bewusstsein für die Ausbeutung der Landarbeiter. 1937 stellten Vallejo und Neruda gemeinsam das *Comité Iberoamericano para la Defensa de la República Española* zusammen und gaben die dazugehörige Zeitschrift *Nueva España* heraus. In diesem Rahmen schrieb Vallejo zahlreiche Gedichte zur Unterstützung der spanischen Republikaner.[118] Doch auch die avantgardistischen Wortneuschöpfungen, wie sie sich beispielsweise in dem Band *Trilce* (1922)[119] finden, haben Paz sicher über seine surrealistische Phase hinaus interessiert.

Zu dem Verhältnis zwischen Paz und Borges existiert bisher keine Aufarbeitung, die mit jener von Stanton (2015) oder Domínguez Michael (2014) über die Beziehung zwischen Paz und Neruda vergleichbar wäre.[120] Bekannt ist, dass Paz Borges' Nihilismus als Grund für dessen politischen Konservativismus durchaus kritisch betrachtete. In seinem Nachruf auf Borges ist dieser Vorwurf von Paz in der diplomatischen Formulierung aufgehoben, der argentinische Autor habe «in einer anderen Zeit»[121] gelebt. Dazu verweist Paz auf das Gedicht «Texas» von Borges über die Schlacht von Álamo (1836), bei der mexikanische Truppen eine von texanischen Soldaten belagerte spanische Missionsstation

---

texto que se antoja más justiciero que íntimo, no hay huella perceptible de una eventual influencia de Gabriela Mistral en la tonalidad paciana.» Ein Brief von Paz an Mistral (datiert auf Sept. 1950, Paris) findet sich in der Biblioteca Nacional de Chile. Vgl. zu Mistral: Susanne Klengel: Gabriela Mistral 1945 – Intellektuelle und Nobelpreisträgerin. In: dies.: *Die Rückeroberung der Kultur: lateinamerikanische Intellektuelle und das Europa der Nachkriegsjahre (1945–1952)*. Würzburg: Königshausen & Neumann 2011, S. 137–151.

118 Vgl. César Vallejo: «España aparta de mí este cáliz». In: *Obras Completas* Bd. 8, Barcelona: Editorial Laia 1977, S. 103–130.

119 César Vallejo: *Trilce*. Lima: Talleres de la Penitenciaría 1922.

120 Vereinzelte Studien vergleichen die Schriften von Paz und Borges. So wurde bspw. die Labyrinth-Metapher autobiographisch gelesen, vgl. Suzanne Nalbantian: Nin, Borges and Paz: Labyrinthine Passageways of Mind and Language. In: dies.: *Memory in Literature. From Rousseau to Neuroscience*. New York: Macmillan 2003, S. 117–134. Efrain Kristal kommentiert die Übersetzertätigkeit bei beiden Autoren: Efrain Kristal: Jorge Luis Borges y Octavio Paz: poéticas de la traducción y traducción poética. In: *Collana di testi e studi ispanici*, 2002, S. 261–270. Eine umfassende historische Studie steht noch aus.

121 OP: „En el laberinto del tiempo. Palabras de Octavio Paz en memoria de Borges" (1986). Auf Englisch war der Text wenige Monate nach dem Tod von Borges (1899–1986) in *The New Republic* publiziert worden: OP: In Time's Labyrinth. In: *The New Republic* (03.11. 1986). Übers. von Charles Lane. Die spanische Rückübersetzung dieses Artikels stammt von Héctor Tajonar.

zurückeroberten.¹²² Paz selbst interpretierte das Ereignis als Episode im texanischen Unabhängigkeitskampf, während Borges die Texaner unkritisch als Helden feierte:

> Muchos años después lo conocí finalmente en persona. Fue en Austin, en 1971. El encuentro fue respetuoso y reservado. Él no sabía qué pensar de mí y yo no lo había perdonado por aquel poema en el que [...] exaltó a los defensores del Álamo. Mi pasión patriótica no me permitió percibir el heroísmo de esos hombres. Él, por su parte, no percibió que el asedio del Álamo había sido un episodio de una guerra injusta. Borges no siempre fue capaz de diferenciar entre el verdadero heroísmo y la valentía. [...] Asimismo, para ese momento Borges ya no reconocía el tiempo que lo rodeaba. Él estaba en otro tiempo. [...] Borges nos confió su decisión de «ir a morir a algún otro lugar, probablemente Japón.»¹²³

Im poetischen Werk sieht Stanton in einigen Gedichten des Bandes *Libertad bajo palabra* (1960) Ähnlichkeiten zum Denken von Borges, zum Beispiel, wenn Paz den Verfolger in den Verfolgten verwandelt. Dies sei vergleichbar mit Inversionen, wie Borges sie in «Las ruinas circulares» beschreibt.¹²⁴ In dem Gedicht «La calle» (1936–1946)¹²⁵ von Paz wird zunächst der Andere zum Niemand, bevor dieser sich umdreht und das lyrische Ich einen Niemand nennt, um es damit in die Position des Anderen zu versetzen. Gerade dieser Text erinnert aber zugleich auch an das Gedicht «Yo no soy yo» von Juan Ramón Jiménez, dessen Werk Paz ebenfalls kannte.¹²⁶

Borges wurde immer wieder dafür kritisiert, dass er nicht eindeutig Stellung gegen den argentinischen Militärdiktator Videla bezog, sondern sich jedes Urteils enthielt – eine Haltung, die für sein Werk prägend wurde.¹²⁷ Dennoch veranlasste Paz eine Hommage an Borges, die 1981 im Rahmen des Programms «La poesía de nuestro tiempo» von Televisa ausgestrahlt wurde.¹²⁸ Betrachtet man das Werk

---

122 Jorge Luis Borges: «Texas». Vgl. auch das Gespräch mit Rodman, in: Selden Rodman: „Tongues of fallen angels: conversations with Jorge Luis Borges, Robert Frost, Ernest Hemingway, Pablo Neruda, Stanley Kunitz, Gabriel García Márquez, Octavio Paz, [...]". New York: New Directions Publ. Co. 1974, S. 158. Auslöser des Aufstands US-amerikanischer Texaner war unter anderem ein Gesetz zur Abschaffung der Versklavung durch den mexikanischen Präsidenten Santa Anna.
123 OP: „En el laberinto del tiempo" (1986).
124 Anthony Stanton: *El río reflexivo*, S. 280.
125 OC Bd. 11, S. 80.
126 Juan Ramón Jiménez: «Yo no soy yo». In: *Elegías* (1918). Madrid: Taurus Ediciones 1982. Vgl. zu der Jiménez-Lektüre von Paz: Francisco Moya Ávila: Octavio Paz y su Laurel: Lector de Rubén Darío y Juan Ramón Jiménez. In: *Philologia hispalensis*, 29 (3/4) (2015), S. 41–53.
127 Vgl. Susanne Zepp: *Jorge Luis Borges und die Skepsis*. Stuttgart: Steiner 2003, S. 7f.
128 Televisa Produktion, 26.8.1981. Talkshow, gemeinsam mit Salvador Elizondo.

von Borges als zeitlich paralleles Phänomen zum Schreiben von Paz, so wird schnell deutlich, dass der mexikanische Autor einen anderen ästhetischen Weg wählte: Urteilsenthaltung kam für ihn nie infrage. Für Octavio Paz galt eine fehlende politische Haltung als Form geistiger Kollaboration. Sein Werk ist in seiner offenen Dialektik der konsequente Versuch, eine künstlerische Form für diese Haltung zu finden, und zwar ohne argumentative Gegensätze aufzuheben und ohne Ideologiezwängen zu erliegen.

Octavio Paz erkundete auf diese Weise den Raum zwischen Ich und Du, zwischen Augenblick und Ewigkeit, zwischen Einsamkeit und Gemeinschaft, zwischen Verpflichtung für das Kollektiv und individueller Freiheit. Dieser tiefe Humanismus, der das Werk des Dichters prägt, ist häufig als Schwäche seiner Texte bemängelt worden – so werden viele seiner politischeren Essays als zu literarisch, zu vage, zu psychoanalytisch oder zu wenig ‹linientreu› kritisiert. Dabei war Paz die Ambivalenz durchaus bewusst, sie ‹passierte› ihm nicht, sie ist Verfahren. Dies bedeutet nicht nur den Verzicht auf hegelianische oder marxistische Synthesen, sondern auch auf messianische Erlösungshoffnungen etwa eines *hombre nuevo*, dessen Konturen zwar in dem Konzept des *hombre adánico* von Paz noch durchscheinen.[129] Doch Paz argumentiert historisch und ist deshalb kein utopischer Denker,[130] während etwa Che Guevara sein Projekt ganz auf die Zukunft ausgerichtet hatte:

> Para construir el comunismo, simultáneamente con la base material hay que hacer al hombre nuevo. [...] En este período de construcción del socialismo podemos ver el hombre nuevo que va naciendo. Su imagen no está todavía acabada; no podría estarlo nunca ya que el proceso marcha paralelo al desarrollo de formas económicas nuevas.[131]

Paz kritisierte solche messianischen Denkformen scharf, er konnte die Herausforderungen seiner Gegenwart nicht auf diese Weise beantworten. *Politisch* ist er daher vielleicht mit einem Begriff zu fassen, den Max Aub für sich selbst geprägt hatte, mit dem Begriff eines «liberalen Sozialismus».[132] Der Widerspruch ist dabei Programm. In *philosophischer* Hinsicht konvergiert das Denken von Paz mit der Kritischen Theorie.[133] Was schließlich die *religiösen* Bezüge betrifft, kann für Paz

---

129 OP: «Poesía mexicana moderna», OC Bd. 4, S. 66.
130 Dies widerspricht der Interpretation von Rubén Medina: *Autor, Autoridad y Autorización. Escritura y poética de Octavio Paz*. Mexiko: Colmex 1999.
131 Ernesto Che Guevara: El socialismo y el hombre en Cuba. In: *Marcha* (12.03.1965). Vgl. auch: Gerd Koenen: *Traumpfade der Weltrevolution. Das Guevara-Projekt*. KiWi, Köln 2008.
132 Max Aub: El falso dilema, S. 98.
133 Vgl. dazu Kap. 3 der vorl. Arbeit.

von einer Art säkularem synkretistischen Interesse gesprochen werden: In Mexiko war Paz durch einen Katholizismus geprägt worden, der sich in den mesoamerikanischen Kontext inkulturiert hatte.[134] Aus verschiedenen religiösen und kulturellen Vorstellungen entnahm der Autor Fragmente, stellte sie einander gegenüber und konstrastierte sie mit menschlichen Urbildern – all dies in der Absicht, ihre Gemeinsamkeiten sichtbar zu machen. Sein Interesse für mythologische Narrative und seine Kenntnis der strukturalen Anthropologie von Claude Lévi-Strauss setzte Paz konsequent als Kritik theologischer Lesarten von historischen Ereignissen um. Auch in Texten wie «Poesía de soledad y poesía de comunión» (1943) ging es ihm schließlich um eine Dichtung, die sich keinem Extrem unterwirft, sondern immer eine doppelte Gültigkeit anstrebt, sowohl für den Einzelnen als auch für das Kollektiv.[135]

Im Kontext der vorliegenden Arbeit sind zwei weitere Schriftsteller von Interesse: Sowohl José Ortega y Gasset als auch José Gaos übersetzten Literatur und philosophische Texte aus dem Deutschen und sorgten damit für die Wahrnehmung deutschsprachiger Autoren in hispanophonen Raum.[136] Dies wird für den zweiten Teil dieser Arbeit relevant und ist nur ein Beispiel für das Interesse von Octavio Paz an den Literaturen der Welt – welches ihm zugleich von antiwestlichen Linken zum Vorwurf gemacht wurde.[137] Doch nicht zuletzt aufgrund der Geschichte Mexikos äußerte sich Paz immer wieder und vor allem zu sozialisti-

---

134 Ein Beispiel wäre die Virgen Guadalupe, die sowohl mit der Jungfrau Maria als auch mit Tonantzin, der Mutter aller Götter Mesoamerikas, assoziiert wird.
135 Vgl. dazu Kap. 3.3.1. Sogar Stanton, der in seiner Werkschau (2015) immer wieder versucht, homophone Synthesen herauszuarbeiten, spricht von den (polyphonen) Stimmen des Dichters im Plural, vgl. das Kapitel: «La primeras voces del poeta», in: Anthony Stanton: *El río reflexivo*, S. 103.
136 José Gaos hatte zudem philosophischen Einfluss auf Paz, vgl. Christopher Domínguez Michael: *Octavio Paz en su siglo*, S. 182.
137 Dabei übersahen diese, dass Paz eben nicht so undifferenziert einzuordnen war. Ein Beispiel dafür ist die Rede zur Annahme des Friedenspreises des Deutschen Buchhandels, in der Paz Nicaragua und die USA gleichermaßen kritisierte und demokratische Wahlen forderte: «Estados Unidos no inventó ni la fragmentación, ni las oligarquías, ni los dictadores bufos y sanguinarios, pero se aprovechó de esta situación, fortificó las tiranías y contribuyó decisivamente a la corrupción de la vida política centroamericana», in: OP: «El diálogo y el ruido» (1984), OC Bd. 9, S. 458–466. Eine «selbsternannte Vertretung Lateinamerikas» verurteilte ihn bei der gleichen Veranstaltung als Repräsentant der westlichen Elite. Vgl. Francesc Arroyo: Octavio Paz aboga por la propuesta de Contadora como ‹única solución racional›. El escritor mexicano recibió en Francfort el Premio de la Paz que otorgan los libreros alemanes. In: *El País* (08.10.1984).

schen Staatsentwürfen, während die faschistischen Diktaturen weniger kommentiert blieben. Dies überließ Paz denjenigen, die diese Geschichte erfahren hatten: in seinen Zeitschriften *Plural* und *Vuelta* ließ Paz viele europäisch-jüdische Intellektuelle zu Wort kommen. Entsprechend finden sich in der Bibliothek der UNAM unter anderem ein in *Plural* publiziertes Interview mit Herbert Marcuse, ein Essay von Susan Sontag über Walter Benjamin, sowie eine Diskussion zweier Marxisten der Budapester Schule, Agnes Heller und Ferenç Fehér, über Dichtung nach dem Holocaust.[138] Domínguez Michael liest den Band *Itinerario* (1993) von Paz vor dem Hintergrund von dessen Benjamin-Lektüre, die Autoren verbindet das gleichzeitige Interesse für autonome Kunst und Marxismus. Laut Domínguez Michael wollte Paz am Ende seines Lebens sogar Deutsch lernen.[139] Auch mit Hans Magnus Enzensberger und Jürgen Habermas war Paz bekannt.[140] In seiner Rede zur Annahme des Friedenspreises des deutschen Buchhandels bezeichnete er zudem Siegfried Unseld als Freund.[141] Den Preis hatte Paz 1984 in Frankfurt verliehen bekommen, seine Rede mit dem Titel: «El diálogo y el ruido» erntete allerdings sehr unterschiedliche Reaktionen: das deutsche Publikum fühlte sich moralisch belehrt, und die mexikanische Regierung echauffierte sich darüber, dass der Dichter demokratische Wahlen für Nicaragua forderte.[142] Laut Salgado löste gerade diese Rede besonders viel Wut gegen den Autor aus, einige selbsternannte «Revolutionäre» verbrannten sogar ein Konterfei von Paz vor der Amerikanischen Botschaft in Mexiko-Stadt.[143]

---

138 Vgl. bspw. das Interview mit Herbert Marcuse von Brian Magee, übers. von Jorge Hernández Campos. In: *Vuelta*. Vol. III, Nr. 35 (Aug. 1979), S. 16–22; sowie: Susan Sontag: Walter Benjamin: el último intelectual. Übers. von Tomás Segovia. In: *Vuelta*, Nr. 30 (Mai 1979), S. 4–12; Ferenç Fehér/Agnes Heller: ¿Poesía después del Holocausto? Übers. von Aurelia Álvarez. In: *Vuelta*. Vol. XV, Nr. 171 (Feb. 1991), S. 48–51. Vgl. außerdem: Gershom Scholem: Israel: Los riesgos del mesianismo. Übers. von Enrique Krauze. In: *Vuelta*, Nr. 48 (Nov. 1980), S. 19–21; oder die Artikel von Ernst Jünger in den Ausgaben Nr. 3, 78 und 132 der Zeitschrift *Vuelta*. Vgl. für eine Übersicht der Ausgaben den Katalog des Archivs *Haroldo de Campos, Casa das Rosas*, São Paulo, Brasilien. Online: http://acervoharoldodecampos.phlnet.com.br (19.12.2017).
139 Gespräch mit Domínguez Michael (März 2014).
140 Von Habermas publizierte Paz den Essay: La modernidad inconclusa. Übers. von Luis Aguilar Villanueva. In: *Vuelta*, Nr. 54 (Mai 1981), S. 4–9. In einer weiteren Ausgabe der Zeitschrift *Vuelta* findet sich von Hans Magnus Enzensberger der Essay: Elogio de la normalidad. Übers. von Sara Graue. In: *Vuelta*, Nr. 88 (April 1984), S. 15–19.
141 Vgl. OP: «El diálogo y el ruido» (1984) OC Bd. 9, S. 458.
142 Ebda. Vgl. Gespräch mit Guillermo Zermeño (März 2014). Vgl. Francesc Arroyo: Octavio Paz aboga por la propuesta de Contadora como ‹única solución racional›; sowie: Armando González Torres: Octavio Paz en 1984: La querella del diálogo y el ruido. In: *Letras Libres* (05.10.2011).
143 Vgl. Dante Salgado: *Camino de ecos*, S. 45f.

An der Figur des Intellektuellen Octavio Paz schieden sich die Geister: «era querido y odiado», so fasst es Salgado zusammen.¹⁴⁴ Entsprechend kontrovers fiel die Rezeption seines Werkes aus.¹⁴⁵ Die politische Uneindeutigkeit wurde häufig als Opportunismus abgetan, Paz wurde beschuldigt, ein Doppelleben zu führen, weil er einerseits für das Proletariat und andererseits für die Elite schreibe.¹⁴⁶ Gerade für einen seiner erfolgreichsten Essays, *El laberinto de la soledad* (1950), wurde Paz nach der Publikation zunächst als «antirrevolucionario» beschimpft, heute steht das Werk als Pflichtlektüre auf den Lehrplänen mexikanischer Schulen.¹⁴⁷ In einem Interview mit Claude Fell (1975) erinnerte sich Paz wie folgt an die negative Rezeption des Essaybands: «Mucha gente se indignó; se pensó que era un libro en contra de México.»¹⁴⁸ Während der Dispute um seine politischen Stellungnahmen wurde Paz unter anderem als kosmopolitischer Vaterlandsverräter, Formalist, Trotzkist, oder Geheimdienstagent der USA beschimpft. Schon Gabriela Mistral hatte ihn vor den Gefahren des Kosmopolitismus gewarnt.¹⁴⁹ Paz führte solche Verleumdungen unter anderem auf Neruda zurück:

> Hice una recopilación y una selección de documentos y testimonios que probaban, sin lugar a dudas, la existencia en la URSS de un vasto sistema represivo, fundado en el trabajo forzado de millones de seres e integrado en la economía soviética [...] La reacción de los intelectuales «progresistas» fue el silencio. Nadie comentó el estudio pero se recrudeció la campaña de insinuaciones y alusiones torcidas comenzada unos años atrás

---

144 Ebda. S. 46.
145 Vgl. zu den Kontroversen um Octavio Paz z. B.: Enrique Mueller: Octavio Paz: ‹Nunca he elogiado ninguna dictadura›. In: *El País* (20.08.1984). Sowie: Clara Román-Odio: *Octavio Paz en los debates críticos y estéticos del Siglo XX*. Galicia: tresCtres 2006.
146 Vgl.: Christopher Domínguez Michael: *Octavio Paz en su siglo*, S. 71: «[S]u eterno perseguidor, Salazar Mallén, [lo] acusa de llevar una doble vida, por tener una poesía para proletarios y otra para exquisitos». Weitere Erinnerungen lateinamerikanischer Intellektueller an OP (z. B. von Max Aub) finden sich im *Archivo Octavio Paz*. Herausgegeben von Ángel Gilberto Adame, 2017. Vgl. auch: Enrico Mario Santí (Hg.): *Luz espejante: Octavio Paz ante la crítica*, Mexiko: UNAM/Era 2009.
147 Vgl. Mariana Elizabeth Reyna Chávez: *Erich Fromm en México. El psicoanálisis humanista y sus aportaciones a la cultura mexicana, 1949–1973*. Universidad Michoacana de San Nicolás de Hidalgo, Facultad de Historia 2010, S. 34: «Al año siguiente Paz regresó a México, para el tiempo en que Juan Hernández Luna – discípulo de Ramos – publicaba una reseña mordaz para refutarle, acusándolo de amargado y antirrevolucionario.»
148 OP: «Vuelta a el laberinto de la soledad: Conversación con Claude Fell» (1975), LS (2011), S. 419.
149 Vgl. OP: «El pan, la sal y la piedra: Gabriela Mistral» [1988]; sowie Fabienne Bradu: Lazos de sol y sombra.

por Neruda y sus amigos mexicanos. Una campaña que todavía hoy prosigue. Los adjetivos cambian, no el vituperio: he sido sucesivamente cosmopolita, formalista, trotskista, agente de la CIA, «intelectual liberal» y hasta: ¡«estructuralista al servicio de la burguesía»! [...] Mi comentario repetía la explicación usual: los campos de concentración soviéticos eran una tacha que desfiguraba al régimen ruso pero no constituía un rasgo inherente al sistema. Decir eso, en 1950 era un error político; repetirlo ahora en 1974, sería algo más que un error.[150]

Die Kontroversen um das Werk von Paz kommentierte Carlos Fuentes unter dem Titel «Mexico and Its Demons», einer Rezension zu dem Essay *Posdata* (1969), das Paz der Neuauflage des *Laberinto de la soledad* 1970 beifügte: Von nationalistischer Seite hieß es, es handele sich bei dem Buch von Paz um ein «anti-Mexican tract», die Linken kritisierten die anthropologische und psychologische Argumentationsweise.[151] Ein beständiger Kritiker von Paz war der mexikanische Journalist Carlos Monsiváis.[152] Entgegen des allgemein verbreiteten Bildes eines konservativen Octavio Paz hält der Literaturkritiker Domínguez Michael den Autor für «antiburgués, anticapitalista, antiliberal» und versichert, dass die politischen Überzeugungen des mexikanischen Autors auf Marx basieren.[153] Dem ist durchaus zuzustimmen, aber in einer anderen Weise, als dies Domínguez Michael akzentuiert hat: In der Tat ist das Œuvre von Paz von einer genauen Marx-Lektüre geprägt – aus Sicht dieser Arbeit ist der Autor jedoch kein Marxist im ideologischen Sinne.[154]

---

150 *Polvos de aquellos lodos* (1974), OC Bd. 9, S. 180.
151 Carlos Fuentes: Mexico and Its Demons. In: *The New York Review of Books* (20.09.1973). Rezension zu *Posdata* (1969).
152 Vgl. dazu bspw. den Artikel: La polémica Paz-Monsiváis. In: *Proceso* (27.06.2010). Sowie folgende Kapitel in: Christopher Domínguez Michael: *Octavio Paz en su siglo*: «La ruptura con la izquiera» S. 385–394, und: «La polémica con Carlos Monsiváis» S. 394–401.
153 Vgl. Christopher Domínguez Michael: *Octavio Paz en su siglo*. Domínguez Michael verweist dafür auf OP: *Los hijos del limo* (1974) (Gespräch in Mexiko, März 2014).
154 Vgl. dazu Yvon Grenier: Socialism in One Person: Specter of Marx in Octavio Paz's Political Thought. In: Oliver Kozlarek (Hg.): *Octavio Paz: Humanism and Critique*, S. 47–64, hier: S. 48: «If not a marxist *stricto sensu*, Paz vehemently refused to be called an ‹anti-marxist›»; sowie S. 58: «Paz embraced Marx's theory of revolution as an epochal phenomenon, a romantic and utopian vision that resonated with the ideals of the Enlightenment: liberty, equality, fraternity (or death...) But his overall position on revolution [...] is not Marxist *stricto sensu*.»

1.2 Forschungsstand, methodischer Zugriff und Gliederung der Arbeit

Aufgrund der Tatsache, dass Hugo Verani 1983 eine autoritative kritische Paz-Bibliographie veröffentlicht hat, die in ihrer aktualisierten Auflage von 2014 bis heute als Standardwerk gilt, konzentriert sich dieser Forschungsbericht im Folgenden auf die für die vorliegende Arbeit relevantesten Studien zum Werk von Octavio Paz.[155] Die bisher maßgebliche Referenz für die Biographie des Autors stammt von Guillermo Sheridan, einem ehemaligen Mitarbeiter von Paz, und trägt den Titel *Poeta con paisaje: ensayos sobre la vida de Octavio Paz* (2004).[156] Sie wurde von Christopher Domínguez Michael mit dem Band *Octavio Paz en su siglo* (2014) ergänzt. Eine kondensierte Übersicht bietet Alberto Ruy Sánchez.[157] Als Verwalter des intellektuellen Erbes von Paz sind die Autoren und Autorinnen der Literaturzeitschrift *Letras Libres* (seit 1999) zu nennen, welche sich als Fortsetzung der von Paz gegründeten Zeitschrift *Vuelta* (1976–1998) versteht. Dies sind vor allem der Chefredakteur Enrique Krauze, Autor der biographischen Studie *Octavio Paz. El poeta y la revolución* (2014), sowie Fernando García Ramírez, zweiter Mitbegründer der Zeitschrift.[158] Eine Einführung in die politischen Überzeugungen von Octavio Paz hatte Dante Salgado bereits 2002 vorgelegt.[159]

Als zentrale Autorität für das literarische Gesamtwerk gilt Enrico Mario Santí, der sowohl den Gedichtband *Libertad bajo palabra (1935–1957)* als auch den Essayband *El laberinto de la soledad* (1950) kritisch kommentiert und neu herausgegeben hat.[160] Beide Bände sind in mehrfacher Auflage bei Cátedra in Madrid erschienen. Sehr viel Material ist nur dank Santís Editionsarbeit zugänglich, der die Texte von Paz jeweils mit Begleitschriften kommentiert, die wesentlich sind, um sich dem Werk des mexikanischen Nobelpreisträgers anzunähern. Eine weitere kritische Ausgabe des *Laberinto de la soledad* (2008) stammt von Anthony Stanton.[161] Die Studie *El río reflexivo: poesía y ensayo en Octavio Paz (1931–1958)*,

---

155 Hugo J. Verani: *Octavio Paz: bibliografía crítica (1931–2013)*, 3 Bände. Mexiko: El Colegio Nacional 2014.
156 Guillermo Sheridan: *Poeta con paisaje*.
157 Alberto Ruy Sánchez: *Una introducción a Octavio Paz* [1990]. Mexiko: FCE 2003.
158 Enrique Krauze: *Octavio Paz. El poeta y la revolución*.
159 Dante Salgado: *Camino de ecos*.
160 Vgl. die Einleitungen Santís in LBP (1988), sowie in LS (2011). Angekündigt, noch nicht erschienen: *Rights of Poetry: An Intellectual Biography of Octavio Paz*.
161 OP: *El laberinto de la soledad*. Herausgegeben von Anthony Stanton. Manchester: Manchester UP 2008; Anthony Stanton (Hg.): *Octavio Paz: entre poética y política*. Mexiko: Colmex 2009.

die Stanton 2015 publizierte, bietet einen sehr guten Überblick und viele zusätzliche Daten zur ersten Hälfte von Leben und Werk des Autors.[162] Der Band enthält zahlreiche Details über die Entstehungsbedingungen der Texte, alle notwendigen biographischen Angaben und paradigmatische Lektüren von Gedichten und Essays. Stanton war außerdem Präsident der *Fundación Octavio Paz*, die 1998 gegründet und 2003 wieder aufgelöst wurde. Bis zu ihrem Tod verwaltete Marie-José Tramini, die Witwe von Octavio Paz, den Nachlass des Dichters.[163]

Wichtigster Übersetzer der Gedichte von Paz ins Englische ist Eliot Weinberger, für das Deutsche sollen an dieser Stelle Carl Heupel und Rudolf Wittkopf für die Essays, sowie Fritz Vogelgsang für die Gedichte erwähnt werden.[164]

Vor allem das essayistische Werk von Paz hat eine breite Rezeption erfahren und wurde sehr häufig auch aus historisch-politischer Perspektive diskutiert.[165]

---

[162] Anthony Stanton: *El río reflexivo*.

[163] Zur politischen Geschichte der FOP vgl. Héctor Tajonar: Fundación Octavio Paz: Lo que Limón se llevó. In: *Proceso* (05.05.2014); sowie: Gabriel Zaid: ¿Para las letras mexicanas? In: *Letras Libres* (29.04.2014). Laut Sheridan verkaufte Marie-José Tramini regelmäßig Teile des Archivs an Universitätsbibliotheken, vgl.: Huberto Batis: La Pax Octaviana. In: *El Universal* (19.02.2017).

[164] Übersetzungen:
OP: *Essays*. Aus dem Sp. von Carl Heupel und Rudolf Wittkopf. F.a.M.: Suhrkamp 1984. Zwei Bände.
OP: *Suche nach einer Mitte: die großen Gedichte*. Spanisch und Deutsch. Übers. von Fritz Vogelgsang. F.a.M.: Suhrkamp 1980.
OP: *Freiheit, die sich erfindet*. Übers. von Fritz Vogelgsang. Berlin, Neuwied: Luchterhand 1971.
OP: *The Poems of Octavio Paz*. Spanisch, Englisch. Übers. von Eliot Weinberger. New York: New Directions 2012.

[165] Dabei gilt das LS als meistgelesenes Werk, vgl. folgende Auswahl an Studien:
Héctor Jaimes: Octavio Paz: el mito y la historia en ‹El laberinto de la soledad›. In: *Revista Iberoamericana*. Vol. 67 (194) (06.08.2001), S. 267–280.
Thomas Mermall: Octavio Paz: ‹El laberinto de la soledad› y el psicoanálisis de la historia. In: *Cuadernos Americanos*. Vol. 27, (156) (1968), S. 97–114.
Javier Rico Moreno: *La historia y el laberinto*.
Dante Salgado: *Camino de ecos*, eine Übersicht über die Kapitel des LS findet sich darin auf den S. 53–106.
Anthony Stanton: Models of Discourse and Hermeneutics in Octavio Paz's ‹El laberinto de la soledad›. In: *Bulletin of Latin American Research*. Vol. 20, Nr. 2 (2001), S. 210–232.
Vgl. zum essayistischen Werk insgesamt (neben Anthony Stanton: *El río reflexivo*):
Héctor Jaimes (Hg.): *Octavio Paz: La dimensión estética del ensayo*. Mexiko: Siglo XXI 2004.
Jorge Aguilar Mora: *La divina pareja. Historia y mito en Octavio Paz*. Mexiko: Era 1991.
González Torres: Las guerras culturales de Octavio Paz. Den Autor interessiert v. a. die «literarische Politik» von OP, d. h. die durch Paz lancierten kulturellen Debatten, aber auch seine politische Haltung zu bestimmten historischen Ereignissen.

Das poetische Œuvre hingegen wird oft als unpolitische «rêverie»[166] gelesen, und wenn es doch einmal politisch kontextualisiert wird, dann erscheint Octavio Paz (auch in Studien neueren Datums) meist als Dichter von Synthesen.[167] Besonders lesenswert ist dabei die bisher einzige in deutscher Sprache vorliegende Monographie zum Werk von Octavio Paz von Maya Schärer-Nussberger mit dem Titel *Octavio Paz. Metaphern der Freiheit* (1991). Schärer-Nussberger beobachtet ein Aufbrechen der Strukturen und «gegensätzliche Strömungen»[168] im poetischen Werk von Paz, verzichtet aber auf die Erörterung eines eventuellen Konnex' zum geschichtlichen Hintergrund. Die vorliegende Arbeit bietet in Erkenntnisinteresse und Zugriff eine anders gelagerte Lesart: Ausgehend von den poetischen Texten und deren jeweiligen historischen Konstellationen wird das Werk als Ausdruck einer offenen Dialektik gelesen.

Zum dialektischen Denken von Paz sind bislang nur vereinzelt Studien publiziert worden. Eine Ausnahme bildet Ramón Xirau, der in seiner Studie *Octavio Paz: el sentido de la palabra* (1970) sowohl kurz auf die dialektischen Konturen von «Libertad bajo palabra», als auch von «Himno entre ruinas» eingeht, und Paz' Titel «Dialéctica de la soledad» für ein eigenes Kapitel verwendet.[169] Zu den

---

166 Hugo Moreno: Octavio Paz's Poetic Reply to Hegel's Philosophical Legacy. In: Oliver Kozlarek (Hg.): *Octavio Paz: Humanism and Critique*, S. 221.
167 Vgl. bspw. Karl Hölz: Lateinamerika und die Suche nach dem ‹Verlorenen Paradies›. Zur Theorie und Poetik eines Erlösungsmythos bei Octavio Paz. In: *Romanistisches Jahrbuch*. Vol. 33 (1984). Berlin: De Gruyter, S. 336–354. Hölz erkennt das Prinzip der offenen Dialektik – er nennt es «doppelte Bestimmung», «welthafte Widersprüchlichkeit» (S. 347) etc. – und schreibt über das Werk von Paz: «Kritik wird [...] zum Maßstab eines unabschließbaren Denkprozesses. Da kein Ziel gegeben ist, von dem aus die Kritik ansetzt, bleibt die Suche offen.» (S. 343) Dennoch beendet er seinen Artikel mit einem Statement zur «erkenntnistheoretischen Synthese» bei Paz und zu seiner «politischen Utopie»: «In seinem Denken will [Paz] kundtun, daß das mythische Vorbild des ‹Verlorenen Paradieses› zumindest als politische Utopie lebendig geblieben ist.»; Vgl. außerdem: Paul-Henri Giraud: *Octavio Paz hacia la transparencia*. Übers. aus dem Frz. von David Medina Portillo, Kommentar von Adolfo Castañón. Mexiko: Colmex 2014.
Javier González: *El cuerpo y la letra. La cosmología poética de Octavio Paz*. Mexiko: FCE 1990.
Isabelle Pouzet: ‚Barandal' (1931–1932): ¿una revista de vanguardia?. In: *Babel*, 26 (2012), S. 231–245. Pouzet deutet die Widersprüche im Werk von Paz als unpolitisches Renegatentum.
Diego Martínez Torrón: *Variables poéticas de Octavio Paz*. Madrid: Hiperion 1979, vgl. darin v. a. das Kapitel II.1.4.: «Síntesis de opuestos», S. 134–138.
168 Maya Schärer-Nussberger: *Octavio Paz. Metaphern der Freiheit*. Hamburg: Europ. Verlagsanstalt 1991, S. 9.
169 Ramón Xirau: *Octavio Paz: el sentido de la palabra*, Mexiko: Mortiz 1970. Darin: Kapitel zu: «Libertad bajo palabra» (S. 22–24); «Himno entre ruinas» (S. 44–52); «Dialéctica de la soledad» (S. 40–44).

auch in dieser Studie sehr deutlich gesehenen Konvergenzen zwischen den Hegel- und Marx-Lektüren von Octavio Paz und der Frankfurter Schule erschien bisher lediglich ein Sammelband, herausgegeben von Oliver Kozlarek unter dem Titel *Octavio Paz: Humanism and Critique* (2009), allerdings ohne übergreifende These im Hinblick auf das poetische Werk.[170] Folgende Beiträge aus diesem Band sind dennoch sehr lesenswert: Alfons Söllner vergleicht das essayistische Werk von Paz und Adorno sowie deren unterschiedliche Begriffe von Einsamkeit und erkennt als einen der Hauptunterschiede zwischen den Autoren die zeitliche Distanz zu den historischen Ereignissen, denen sie sich zuwandten: während Paz auf weiter zurückliegende historische Ereignisse Bezug nehme, hatte Adorno seine unmittelbare Gegenwart nur knapp überlebt.[171] Ein weiterer für den Kontext dieser Arbeit signifikanter Beitrag stammt von Hugo Moreno, der das poetische Werk von Paz als Antwort auf Hegels philosophisches Erbe liest, dabei aber die Meinung vertritt, Paz strebe mit seiner «poetischen Dialektik» eine Loslösung von der historischen Erfahrung an.[172] Der Band enthält ebenfalls eine englische Übersetzung eines Essays von Yvon Grenier, in dem der Autor feststellt, dass Paz an Marx weniger die politischen Überlegungen sondern vor allem das humanistische Denken interessierte.[173] Rolando Vázquez untersucht die Parallelen zwischen

---

170 Oliver Kozlarek (Hg.): *Octavio Paz: Humanism and Critique*, S. 10: «Thus, one of the objectives of this book is to show that it is, above all, the unity of this double principle that may be understood as a key to Paz's thought, and that it is this quality that makes it so relevant to many of our contemporary concerns.»

171 Alfons Söllner: Theodor W. Adorno and Octavio Paz – A Comparison of their Early Cultural-Philosophical Writings Published after the Second World War. In: Oliver Kozlarek (Hg.): *Octavio Paz: Humanism and Critique*, S. 19–30. LS [1950] und *Minima Moralia* [1951] wurden in der gleichen Zeit geschrieben, beide Autoren hielten sich Mitte der vierziger Jahre in Los Angeles auf, koinzidierten aber nicht (Paz 1943, Adorno von 1944–1947). Vgl. Söllner, ebda. S. 22. Söllner folgt allerdings der hier nicht geteilten aber weit verbreiteten Lesart des LS als Diskurs, der Konzepte wie Nation, *mexicanidad* und Identität konstituiere.

172 Hugo Moreno: Octavio Paz's Poetic Reply to Hegel's Philosophical Legacy. In: Oliver Kozlarek (Hg.): *Octavio Paz: Humanism and Critique*, S. 217–230.

173 Yvon Grenier: Socialism in One Person: Specter of Marx in Octavio Paz's Political Thought. In: Oliver Kozlarek (Hg.): *Octavio Paz: Humanism and Critique*, S. 47–64, vgl. ebda. S. 49: «Paz was not a philosopher, a political theorist or a political activist. [...] Paz's perspective was fundamentally *poetic*». Grenier ist außerdem Autor der Monographie: *From Art to Politics. Octavio Paz and the Pursuit of Freedom*. Lanham [u. a.]: Rowman and Littlefield 2001, sowie Herausgeber des Bandes: OP: *Sueño en libertad: escritos políticos*. Mexiko: Seix Barral 2001. Gemeinsam mit Maarten van Delden entstand desweiteren die Studie: *Gunshots at the Fiesta. Literature and Politics in Latin America*. Nashville: Vanderbilt UP 2009. Vgl. darin: Teil III, Kap. 5, S. 75–97, in dem die Autoren Paz' politische Haltung als «romantischen Liberalismus» beschreiben, und ebenfalls beobachten, dass Paz lehrt «not to be afraid of paradoxes», ebda. S. 97. Vgl. auch: Yvon

Octavio Paz und Walter Benjamin: beide Autoren schreiben über die Gefahren eines positivistischen Fortschrittsglaubens und beide verstehen das Kunstwerk als Ort einer Kritik der Moderne.[174] Der Band enthält zudem einen Beitrag von Liliana Weinberg, einer der führenden Forscherinnen des lateinamerikanischen Essayismus.[175]

Zu nennen wären des Weiteren die Monographien von Stefan Gandler, Luis Ignacio García, José Guilherme Merquior und nicht zuletzt Ignacio Sánchez Prado – diese Autoren haben sich auf die Rezeption des Marxismus und der Kritischen Theorie in Lateinamerika spezialisiert.[176] Die Studie von Bruno Bosteels mit dem Titel *Marx and Freud in Latin America. Politics, Psychoanalysis, and Religion in Times of Terror* (2012) enthält ein eigenes Kapitel zu der poetischen Reaktion von Octavio Paz auf das Massaker von Tlatelolco.[177] Auch Rubén Gallo

---

Grenier: *Political Modernity Revisited: The Skeptical Liberalism of Octavio Paz*. Vortrag an der LASA, Guadalajara, Mexiko 1997.

174 Rolando Vázquez: On Visual Modernity and Poetic Critique, between Octavio Paz and Walter Benjamin. In: Oliver Kozlarek (Hg.): *Octavio Paz: Humanism and Critique*, S. 99–110. Erwähnenswert ist außerdem das kurze Kapitel von Sebastian Neumeister, der die hier vertretene These, dass in der Fortschrittskritik von Paz die Dialektik Adornos aufscheine, teilt (S. 173). Neumeister erkennt auch die Offenheit in der Zeitkonzeption von Paz – «Die Absolutheit des Zeitendes weicht einer Offenheit, die nunmehr sich selbst zum Gegenstand hat» (S. 166) –, trotzdem rekurriert er auf den Hegelschen Begriff der Aufhebung (S. 169 und 173). Sebastian Neumeister: Die Selbstaufhebung der Moderne. Fortschritt und Gegenwart im Denken des mexikanischen Dichters Octavio Paz (*Los hijos del limo*, 1974), in: ders.: *Europa in Amerika. Annäherungen und Perspektiven*. Berlin: Walter Frey 1998, S. 163–174.

175 Liliana Weinberg: Luz inteligente: The Anthropological Dimension in Octavio Paz's First Essays. In: Oliver Kozlarek (Hg.): *Octavio Paz: Humanism and Critique*, S. 179–214.

176 Zur Frankfurter Schule in Lateinamerika vgl.:

Stefan Gandler: *Peripherer Marxismus. Kritische Theorie in Mexiko*. Hamburg/Berlin: Argument-Verlag 1999.

Luis Ignacio García: Escuela de Frankfurt en Sur. Condiciones y derivaciones de un incidente editorial. In: *Revista Sociedad*, Buenos Aires: Facultad de Ciencias Sociales (UBA) y Editorial Prometeo (2008), S. 153–173.

José Guilherme Merquior: *Arte e Sociedade em Marcuse, Adorno e Benjamin. Ensaio crítico sobre a escola neohegeliana de Frankfurt*. Rio de Janeiro: Tempo Brasileiro 1969.

Ignacio M. Sánchez Prado: Reading Benjamin in Mexico. Bolívar Echeverría and the Tasks of Latin American Philosophy. In: *Discourse*, 32.1 (2010), S. 37–65. Ignacio Sánchez Prado habe ich viele Kontakte zu Paz-Forschern zu verdanken.

Eine allgemeinere Studie zur Rezeption dt. Philosophen in Mexiko bietet: Heinz Krumpel: *Die deutsche Philosophie in Mexiko. Ein Beitrag zur interkulturellen Verständigung seit Alexander von Humboldt*. F.a.M.: Peter Lang 1999, vgl. zu Paz S. 240ff.

177 Bruno Bosteels: *Marx and Freud in Latin America. Politics, Psychoanalysis, and Religion in Times of Terror*. London/New York: Verso 2012, S. 179–193.

widmet Paz ein Kapitel seines Buchs *Freud's Mexico. Into the Wilds of Psychoanalysis* (2010).[178]

Die philosophischen Untersuchungen des Werkes von Octavio Paz haben jedoch gemeinsam, dass sie die Dichtung in den Hintergrund geraten lassen. Wenn im Folgenden auf entsprechende Studien rekurriert wird, geschieht dies stets, um die Lektüre der poetischen Texte zu ergänzen. Die Originaltexte von Paz werden, soweit nicht anders vermerkt, aus dem im mexikanischen Verlag Fondo de Cultura Económica (FCE) erschienenen Gesamtwerk zitiert. Paz hatte die Bände noch zu Lebzeiten selbst herausgegeben, daher entschied sich auch Hugo Verani für seine Studie *El poema como caminata* (2013) mit dieser Edition zu arbeiten.[179] Das im spanischen Verlag Galaxía Gutenberg erschienene Gesamtwerk des Autors wurde für zusätzliche Kommentare ebenfalls genutzt.[180]

In der vorliegenden Studie wird offene Dialektik als erkenntnisleitend für das Gesamtwerk des mexikanischen Nobelpreisträgers verstanden. Dies soll nicht heißen, dass das Œuvre von Paz mit diesem Zugriff vollständig neu zu deuten wäre. Aber es wird der verbreiteten Lesart von Octavio Paz als einem ‹Dichter von Synthesen› eine alternative Deutung gegenübergestellt. Dabei wird selbstverständlich nicht ausgeblendet, dass Paz' politisches Denken im Laufe seines Lebens unterschiedliche Schwerpunkte gesetzt hat – im Gegenteil. Der Begriff der offenen Dialektik vermag vielmehr eben dies als eigenen, dezidiert kritischen Modus politischen Denkens herauszustellen.

---

[178] Rubén Gallo: *Freud en México. Historia de un delirio*. Übers. von Pablo Duarte. Mexiko: FCE 2013. *El laberinto de la soledad* (1950) war nach der Lektüre von Freuds letztem Buch entstanden: *Der Mann Moses und die monotheistische Religion* (1939). Gallo kommentiert in seinem Buch die Ähnlichkeiten und Unterschiede der beiden Studien, Freud habe z. B. mit Moses eine männliche Figur in den Mittelpunkt gestellt, während Paz die Geschichte Mexikos um die Figur der Doña Marina zentrierte.
Vgl. zu Paz und Jung: Richard J. Callan: Some Parallels between Octavio Paz and Carl Jung. In: *Hispania*. Vol. 60, Nr. 4 (Dez. 1977), S. 916–926.
Vgl. für eine Analyse des Surrealismus von Paz aus psychoanalytischer Perspektive: Juan Carlos Rojas Fernández: Octavio Paz y el surrealismo: una mirada desde el psicoanálisis.
Vgl. für eine Psychoanalyse des LS: Thomas Mermall: Octavio Paz: ‹El laberinto de la soledad› y el psicoanálisis de la historia.
[179] Hugo Verani: *Octavio Paz: el poema como caminata*. Mexiko, D.F: FCE 2013. OP: *Obras completas*. Mexiko: FCE, 15 Bände, im Folgenden abgekürzt mit OC und der Nummer des Bandes. Für eine Übersicht siehe Kap. 5.1 im Literaturverzeichnis.
[180] OP: *Obras completas*. Herausgegeben von Nicanor Vélez. Barcelona: Galaxia Gutenberg u. a. 8 Bände, 1999–2005. Die Titel der einzelnen Bände wurden von der ersten Herausgabe der OC des FCE übernommen.

Der erste Teil der Arbeit – Kapitel 2 «Ereignis und Gedicht: Das 20. Jahrhundert in den poetischen Texten von Octavio Paz» – widmet sich exemplarischen Gedichten aus jeder Schaffensphase, die sich jeweils konkret auf ein historisches Ereignis beziehen. Dabei reflektieren die Gedichte nicht nur Geschehnisse in Mexiko, wie die Lage der Landarbeiter in Yucatán (Kapitel 2.2 «Entre la piedra y la flor» (1937) – *Landarbeiter in Yucatán*) oder das Massaker von Tlatelolco 1968 (Kapitel 2.3 «Intermitencias del oeste, México: Olimpiada de 1968» – *Relektüren des Marxismus*), sondern auch den Spanischen Bürgerkrieg (Kapitel 2.1 «¡No pasarán!» (1936) – *Dichtung als politische Intervention*) und in den siebziger Jahren den Stalinismus (Kapitel 2.4 «Aunque es de noche» (1976–1988) – *Unzeiten*).

Im zweiten Teil der Arbeit – Kapitel 3 «Offene Dialektik» – geht es um Form als «sedimentierte Geschichte»,[181] also um den Niederschlag der in den Essays ausformulierten Historizität in der poetischen Form. Das umfassende essayistische Werk von Octavio Paz beleuchtet dabei sein poetisches Schaffen und *vice versa*, so dass an dieser Stelle je ein Essay exemplarisch mit einem Gedicht unter einem spezifischen Aspekt betrachtet wird. Kapitel 3.1 vertritt die These, dass der Einsamkeitsbegriff von Paz mit dem dialektischen Freiheitsbegriff der Kritischen Theorie konvergiert. Das Argument wird ausgehend vom Essay «La dialéctica de la soledad» (1950) und dem Prosagedicht «Libertad bajo palabra» (1949) entfaltet, in dem Paz einen Chiasmus vom Bewusstsein der Einsamkeit und der Einsamkeit des Bewusstseins einführt. Kapitel 3.2 fokussiert die Verortung zwischen dem Eigenen und dem Anderen: der Essay «El lugar de la prueba, Valencia 1937–1987» bezieht sich auf Kritik und Selbstkritik in der Geschichte. Das Gedicht «Himno entre ruinas» (1948) fokussiert die Dialektik von Schöpfung und Zerstörung und wird auf ein Geschichtsbild hin gelesen, welches sich bei Paz stets zugleich als linear und zyklisch konzeptualisiert findet. Die Dialektik von individueller Freiheit und sozialer Verantwortung wird in Kapitel 3.3 anhand des Essays «Poesía de soledad y poesía de comunión» (1943) zum Thema gemacht, bevor die Arbeit mit einer Diskussion des Langgedichts «Piedra de sol» (1957) als «geschichtsphilosophischer Sonnenuhr»[182] und einem Kapitel über die Nobelpreisrede 1990 schließt. Dieses letzte Kapitel mit dem Titel «La búsqueda del presente» (1990) – *Sprache, Geschichte, Begriff* kommentiert die Nobelpreisrede im Hinblick auf die Ergebnisse der Arbeit insgesamt.

---

181 Theodor W. Adorno: Der Essay als Form [1958]. In: *Noten zur Literatur I*, F.a.M.: Suhrkamp 1994, S. 9–33, hier: S. 19.
182 Theodor W. Adorno: Rede über Lyrik und Gesellschaft [1958], in: ders.: *Noten zur Literatur I*, S. 49–68, hier: S. 60: «[...] Gedicht als geschichtsphilosophische Sonnenuhr».

Der Zugriff dieser Arbeit ist der Überzeugung Käte Hamburgers verpflichtet, die das Verhältnis von Dichtung und Wirklichkeit 1957 in ihrer Habilitationsschrift *Die Logik der Dichtung* als ein dialektisches beschrieb. Mit Hamburger besagt die Begriffsbildung «ein Doppeltes: daß Dichtung etwas Anderes ist als Wirklichkeit, aber auch das scheinbar Entgegengesetzte, daß die Wirklichkeit der Stoff der Dichtung ist. Denn nur scheinbar ist dieser Widerspruch, da nur darum Dichtung von anderer Art ist als Wirklichkeit, weil diese ihr Stoff ist.»[183]

---

[183] Käte Hamburger: *Die Logik der Dichtung* [1957]. Stuttgart: Klett 1968, S. 6. Vgl. dazu den Vortrag von Hans-Jürgen Schings: «Käte Hamburger: ‹Die Logik der Dichtung› oder die andere Mimesis». (FUB, 20.06.2017).

2 Ereignis und Gedicht: Das 20. Jahrhundert in den poetischen Texten von Octavio Paz

In diesem Kapitel werden vier Gedichte in den Blick genommen, die sich explizit auf politische und historische Ereignisse des 20. Jahrhunderts beziehen, um auf diese Weise das Verhältnis von Autonomie und Engagement im Werk von Octavio Paz herauszuarbeiten. Damit soll sich der komplexen Frage nach der geschichtsphilosophischen Verortung des Werks angenähert werden, die für die vorliegende Arbeit erkenntnisleitend ist. Im Einleitungskapitel sind bereits die Unterschiede von Octavio Paz' Poetik zur skeptizistischen Ästhetik von Borges und zur politischen Dichtung Nerudas erwähnt worden. Die folgenden Gedichtanalysen sollen dazu dienen, den politischen Gehalt des lyrischen Werks von Paz präziser zu bestimmen als dies bislang unternommen wurde. Dabei kommt der Frage nach dem Verhältnis von Individuum und Kollektiv eine grundlegende Bedeutung zu.

Im Jahr 1993 fand Paz eine Formulierung für den Realitätsbezug seines dichterischen Werkes, die bereits in ihrer sprachlichen Verfasstheit seine ästhetische Position zu erhellen vermag: «Aunque no me considero un ‹poeta comprometido› – expresión confusa – no he sido ajeno a los asuntos públicos.»[1] Die Abwehr des Titels eines engagierten Dichters sei keine Abwehr von Engagement, so Paz, denn er habe sich politischen Fragen nie verschlossen. Diese Bilanz – Paz ist zum Zeitpunkt seiner Aussage 79 Jahre alt – markiert die wesentliche Herausforderung, mit der sich diese Studie befasst. Paz war stets darauf bedacht, die gesellschaftliche Relevanz seiner Texte zu betonen, war dabei aber zugleich außerordentlich zurückhaltend, was eindeutige Parteinahmen betrifft. Dies ist ihm, wie schon in der Einleitung erwähnt, immer wieder zum Vorwurf gemacht worden.[2] Nimmt man jedoch die dialektische Formulierung von Paz über das eigene Werk ernst und betrachtet vor diesem Horizont seine politisch explizite

---

[1] OP: «Preliminar» (1993), OC Bd. 13, S. 29.
[2] Vgl. zu den Kontroversen um seinen Namen auch: Enrique Mueller: Octavio Paz: ‹Nunca he elogiado ninguna dictadura›. Paz hatte bspw. die Diktatur von Fidel Castro mit der von Pinochet verglichen und wurde deswegen als Reaktionär bezeichnet. Andererseits gilt er weiterhin als «Guerrillero» und Marxist: vgl. ebda.: «Casi, casi, un guerrillero del lenguaje. [...] A pesar de su ruptura con el comunismo de la URSS y de sus críticas al régimen cubano, Octavio Paz sigue creyendo en lo que él llama uno de los ingredientes fundamentales de ‹la levadura-histórica›: el socialismo. ‹El marxismo es la última tentativa del pensamiento occidental por reconciliar razón e historia›, escribió en su libro *El arco y la lira*, pero también mencionó que cualquier nuevo pensamiento revolucionario tendría que incluir dos tradiciones no mencionadas por el filósofo alemán ni por sus herederos: la libertaria y la poética.» Auch Sheridan nennt ihn einen «guerrillero de poesía», vgl. Christopher Domínguez Michael: *Octavio Paz en su siglo*, S. 44.

Dichtung, werden diese als Konturen seiner gesamten poetischen Arbeit erkennbar. Dazu gehört ein immer wieder zum Ausdruck gebrachtes Geschichtsbewusstsein, das indes keine ideologische Aufladung erfährt. Dass dies bereits für seine ersten Gedichte gilt, wird im Folgenden zu zeigen sein.

1987 war Octavio Paz geladen, die Festveranstaltung zur Erinnerung an den Schriftstellerkongress von 1937 in Valencia mit einer Rede zu eröffnen. Auch dieser Text kann durchaus als programmatisch verstanden werden, denn Paz nutzte die Erinnerung an die großen Leistungen der Schriftstellerinnen und Schriftsteller im Kampf gegen den Faschismus auch als Gelegenheit, die Untiefen der Ideologie jener Zeit auszustellen:

> El congreso de 1937 fue un acto de solidaridad con unos hombres empeñados en una lucha mortal contra un enemigo mejor armado, y sostenido por poderes injustos y malignos. Unos hombres abandonados por aquellos que deberían haber sido sus aliados y defensores; las democracias de Occidente. El congreso estaba movido por una ola inmensa de generosidad y de auténtica fraternidad; entre los escritores participantes muchos eran combatantes, algunos habían sido heridos y otros morirían con las armas en la mano. Todo esto – el amor, la lealtad, el valor, el sacrificio – es inolvidable, y en esto reside la grandeza moral del congreso.³

Die moralische Größe des Schriftstellerkongresses sei der mutige und solidarische Protest der Teilnehmer gegen die kampflose Aufgabe der westlichen Demokratie gewesen. Octavio Paz gibt dabei seinem großen Respekt für die Bereitschaft Einiger Ausdruck, diesen Widerstand auch mit der Waffe in der Hand fortzuführen. In seiner Rückschau fragte Paz 1987 auch nach den negativen Seiten des Kongresses:

> ¿Y su flaqueza? En la perversión del espíritu revolucionario. Olvidamos que la Revolución había nacido del pensamiento crítico; no vimos o no quisimos ver que ese pensamiento se había degradado en dogma y que por una transposición moral y política que fue también una regresión histórica, al amparo de las ideas revolucionarias se amordazaba a los opositores, se asesinaba a los revolucionarios y a los disidentes, se restauraba el culto supersticioso a la letra de la doctrina y se lisonjeaba de manera extravagante a un autócrata.⁴

Paz deutet die Forderung nach einem linientreuen Gehorsam in den Vorträgen des Kongresses als dessen größte Schwäche. Er erinnert an den Ausschluss kritischer Kommunisten und liberaler Schriftsteller vom Kongress und spricht

---

3 OP: «El lugar de la prueba, Valencia 1937–1987» (1987), OC Bd. 9, S. 438–446, hier: S. 443. Vgl. dazu Kap. 3.2.1 der vorliegenden Studie.
4 Ebda. S. 443f.

dabei von einem historischen Rückschritt, den sich die Dogmatiker in blinder Befolgung der Doktrin selbst auferlegt hätten. Dass Paz dies als Pervertierung des revolutionären Geistes beschreibt, macht deutlich, dass es ihm nicht um eine ideelle Distanzierung geht, sondern um eine Markierung dogmatischer Ideologie als fatale Fehlleistung.

Octavio Paz ist für Positionsnahmen dieser Art immer wieder harsch angegriffen worden, da er weder den Reaktionären seiner Zeit das Wort sprach noch sich als Parteikommunist vereinnahmen ließ. Während des Kalten Krieges mochte man solch eine Haltung als unentschieden missverstehen. Aus heutiger Sicht werden jedoch die Parallelen zu anderen sich dem Dogma enthaltenden Kunstauffassungen des 20. Jahrhunderts deutlich. Dies gilt etwa für Adornos Wahrnehmung von Dichtung als widerständigem Genre, weil sie sich eben dem Druck des Kollektivs zu entziehen vermöge:

> Das Ich, das in der Lyrik laut wird, ist eines, das sich als dem Kollektiv, der Objektivität entgegengesetztes bestimmt und ausdrückt; mit der Natur, auf die sein Ausdruck sich bezieht, ist es nicht unvermittelt eins. Es hat sie gleichsam verloren und trachtet, sie durch Beseelung, durch Versenkung ins Ich selber, wiederherzustellen.[5]

Octavio Paz steht mit seinem dichterischen Werk dem Lyrikbegriff Adornos sehr viel näher als es die geographische Distanz zwischen Frankfurt am Main und Mexiko-Stadt vermuten ließe. In Lateinamerika war solch eine Haltung in einem vom Kalten Krieg markierten Diskursgefüge durchaus kontrovers. Als Paz 1987 sein differenziertes Urteil über Licht und Schatten der Veranstaltung von 1937 fällte, hatte er bereits jahrzehntelang die politischen Kämpfe zwischen den Ideologien von rechts und links beobachtet und immer wieder um den eigenen, vom Dogma unabhängigen Ort gerungen. Seine Dichtung ist von diesem Ringen um die Würde des Individuums gekennzeichnet, ohne dass gesellschaftliche Verantwortung dabei preisgegeben wird.

In seinem Vorwort für das Buch *Tristeza de la verdad: André Gide regresa de Rusia* (1991) von Alberto Ruy Sánchez erinnerte Octavio Paz an den französischen Autor und Politiker André Malraux, der den von Parteikommunisten scharf kritisierten André Gide als einer der einzigen Intellektuellen seiner Zeit in Schutz genommen hatte. Gides kritische und klare Bestandsaufnahme dessen, was er bei seiner Reise in den dreißiger Jahren als unmenschlich und ungerecht in der Sowjetunion erlebt habe, so Paz, sei der Kern politischen Engagements: der Titel des Vorworts – «La verdad frente al compromiso» (1991)[6] – gibt dieser These

---

5 Theodor W. Adorno: Rede über Lyrik und Gesellschaft, S. 53.
6 OP: «La verdad frente al compromiso» (1991), OC Bd. 9, S. 447–451.

konzise Ausdruck. Der blinde Gehorsam der Parteikommunisten sei Paz stets in einer Weise quasi-religiös erschienen, die ihn abgestoßen habe, weil so jeder Widerspruch eingeebnet werde.

In gewisser Weise ist dieses Vorwort, in dem der Wert unterschiedlicher Meinungen unterstrichen wird, auch auf die Poetik von Octavio Paz zu beziehen, denn vor diesem Hintergrund wird deutlich, warum es dem mexikanischen Dichter stets um das Zugleich verschiedener, zuweilen auch einander widersprechender Perspektiven in seinen lyrischen Texten gegangen ist. Dass dies immer auch für Paz' Texte mit ausdrücklichem historischen Bezug gilt, ist ein für diese Arbeit wesentlicher Befund. Der Paz-Forscher Anthony Stanton nennt diese Spezifik des Werkes «subversiv».[7] Diese Charakterisierung ist durchaus zutreffend, aber nur nachzuvollziehen, wenn sie mit dem Diskursgeflecht jener Zeit und der dogmatischen Ästhetik kontrastiert wird.

An den im Folgenden diskutierten Gedichten wird zu sehen sein, wie Paz politische Themen direkt adressiert, ohne sich dabei einer bestimmten Ideologie zu verpflichten. Dies geht mit der Absage an eine skeptische Urteilsenthaltung einher. Schon 1931 veröffentlichte Paz einen Essay über die ethische Verpflichtung des Künstlers in der Zeitschrift *Barandal*, die Paz selbst herausgab. In diesem Text stellte sich der Autor den soeben diskutierten Zusammenhängen und markierte bereits als 17-Jähriger die für sein späteres Werk wesentliche Suche nach einem Ausgleich zwischen uneingeschränkt engagierter Literatur und reiner Autonomieästhetik:

> Se refiere, precisamente, a los problemas que no son puramente artísticos, pero que la tradición nos enseña, a despecho de la doctrina del arte puro, que influyen profundamente en la creación y le dan al arte un valor testimonial e histórico parejo a su calidad de belleza. ¿El artista debe tener una doctrina completa – religiosa, política, etc. –, dentro de la que debe enmarcar su obra?, ¿o debe, simplemente, sujetarse a las leyes de creación estética, desatendiéndose de cualquier otro problema? ¿Arte de tesis o arte puro?[8]

Am Ende seines Artikels beantwortet Paz die Frage mit einem Plädoyer für eine Kunst, die den historischen Kontext zum Thema macht: «Es indudable que para la futura realización de una cultura en América hemos de optar valerosamente por [el arte de tesis]».[9] Dass die Waagschale stärker zur engagierten Literatur neigt, wenn Paz über die künftige Ausrichtung der lateinamerikanischen Künste spricht,

---

7 Vgl. Anthony Stanton: *El río reflexivo*, S. 15.
8 OP: „Ética del artista" [*Barandal*, t. 2, Nr 5 (05.12.1931)], OC Bd. 13, S. 185–188, hier: S. 185.
9 Ebda. S. 187.

scheint nur auf den ersten Blick überraschend.[10] Denn die Gedichte des mexikanischen Autors sind gerade, so die These dieser Arbeit, aufgrund ihrer offenen Dialektik stets dem eingreifenden Denken verpflichtet. So endet das Zitat mit dem Satz: «Es indispensable pensar que formamos parte de un continente cuya historia la hemos de hacer nosotros.»[11] Diese Spezifik des poetischen Werks von Octavio Paz – in dem der Fortschrittsglaube problematisiert, und das Individuum dem Kollektiv vorgezogen wird – beschrieb Carlos Fuentes mit den folgenden Worten:

> La poesía en Paz es la perfecta conjunción de un tiempo y un espacio escritos; y esa escritura es la constante renovación de las fundaciones del hombre: es profundamente histórica, no en el sentido de consagrar una abstracción lineal y absoluta por encima de las cabezas de los hombres vivientes, sino precisamente porque niega toda ilusión mecánicamente optimista de progreso.[12]

Der kritische Geist der Schriftstellerkonferenz sollte Paz sein Leben lang begleiten. 1937 war er Zeuge der von Arturo Serrano Plaja vorgetragenen «Ponencia colectiva» geworden, in der sich die unterzeichnenden Autoren gegen simplifizierende Propaganda-Formen des sozialistischen Realismus aussprachen, ohne dabei auf eine revolutionäre Kunst verzichten zu wollen:

> De ahí nuestra actitud ante el arte de propaganda. No lo negamos, pero nos parece, por sí solo, insuficiente. En tanto que la propaganda vale para propagar algo que nos importa, nos importa la propaganda. En tanto que es camino para llegar al fin que ambicionamos, nos importa el camino, pero como camino. Sin olvidar en ningún momento que el fin no es, ni puede ser, el camino que conduce a él. Lo demás, todo cuanto sea defender la propaganda como un valor absoluto de creación, nos parece tan demagógico y tan falto de sentido como pudiera ser, por ejemplo, defender el arte por el arte o la valentía por la valentía. Y nosotros queremos un arte por y para el hombre y una valentía miedosa, que sólo es valentía en tanto que tiene un motivo para serlo, en tanto que tiene un comienzo esforzado, para llegar a un fin victorioso. El valiente de otra manera, corre el peligro de la chabacana valentía sin objeto, de la valentía profesional.[13]

---

10 Dies widerspricht dem Artikel von Isabelle Pouzet über die Geschichte der Zeitschrift *Barandal*, wenn sie eine Diskrepanz zwischen den in «Ética del artista» zu findenden Äußerungen und den poetischen Publikationen von Paz ausmachen will, weil diese vor allem Liebe und Schönheit thematisierten. Ihre Position entspricht dabei durchaus einem Forschungszweig, der die Widersprüche im Werk von Paz als unpolitisches Renegatentum deutet. Vgl. Isabelle Pouzet: Barandal.
11 OP: «Ética del artista» (1931) OC Bd. 13, S. 187.
12 Carlos Fuentes: El tiempo de Octavio Paz. Vorwort zu OP: *Los signos en rotación y otros ensayos*. Madrid: Alianza 1971, S. 7–13.
13 Arturo Serrano Plaja: Ponencia colectiva (10.07.1937). In: Manuel Aznar Soler/Luis Mario Schneider (Hg.): *II Congreso Internacional de Escritores Antifascistas (1937): Ponencias, documentos, testimonios*. Barcelona: Laia 1979, S. 185–195, hier: S. 192.

Noch in «Literatura política» (1978),[14] dem Prolog zu *El ogro filantrópico*, meint man den Einfluss solcher Passagen aus der «Ponencia colectiva» wahrzunehmen, wenn Paz sich deutlich von Sartres Konzept engagierter Kunst distanziert. Er betont, dass er sich mit der Kritik an «el arte comprometido» vor allem auf den sozialistischen Realismus beziehe, da diese Art der Kunst sich der jeweiligen Ideologie beuge und zu Propagandazwecken missbrauchen lasse. Ähnlich wie schon die Autoren um Serrano Plaja, konstatierte Paz außerdem wiederholt, dass Literatur *per se* politisch sei, da sie immer eine kritische Gegenstimme aus den Grenzbereichen der Gesellschaft darstelle, und dass lyrische Texte umso subversiver seien, je weniger sie fixen Ideologien verbunden sind.[15] «[N]o es extraño que nuestros poemas y novelas hayan sido más intensa y plenamente subversivos cuanto menos ideológicos»,[16] so argumentiert Paz. Wirklich politische Kunst sei das Gegenteil von Kunst, die sich in den Dienst einer Sache stelle.[17]

Im Zusammenhang mit dem Ausschluss von Gide[18] wird die Bedeutung von Themen wie Tapferkeit und Überwindung von Feigheit auch im übertragenen Sinne deutlich: die Fronten verlaufen nicht nur auf den Schlachtfeldern, sondern auch in ideologischer Hinsicht. Paz wird in seinen Gedichten zum Stalinismus sowie in «Nocturno de San Ildefonso» (1976) und seiner Rede zur Erinnerung an den Schriftstellerkongress («El lugar de la prueba» 1987) immer wieder auf diese Überlegungen zurückkommen und Schlüsselbegriffe der aktuellen politischen Diskurse hinterfragen. In den im Folgenden zu besprechenden Gedichten spielen verschiedene marxistische Konzepte eine zentrale Rolle, im Vordergrund steht für Paz dabei jedoch stets der individuelle Blick auf die in den Texten angesprochenen Zusammenhänge.

Selbst das Gedicht «¡No pasarán!» aus dem Jahre 1936, welches in der Rezeption vornehmlich als linientreues Kampfgedicht wahrgenommen wurde, das entstanden sei, bevor der Autor den Marxismus (vermeintlich) hinter sich gelassen habe, hat Paz, so soll gezeigt werden, in einer Weise komponiert, die

---

14 OP: «Literatura política» (1978), Prolog zu *El ogro filantrópico* (1979), OC Bd. 9, S. 425–432. *El ogro filantrópico* ist sowohl Buchtitel (1979) als auch Essaytitel (1978).
15 Ebda. 425f.
16 Ebda. 426.
17 Ebda.
18 Nachdem André Gide die diktatorischen Züge des Regime Stalins 1937 in seinem Buch *Retouches á mon retour de l'URSS* (Paris: Gallimard 1937) kritisierte, wurde der Autor von kommunistischen Intellektuellen weltweit angegriffen und vom *Segundo Congreso Internacional de Escritores Antifascistas* ausgeschlossen. Nur wenige wagten es, ihn zu verteidigen. Vgl. dazu auch: Alberto Ruy Sánchez: *Tristeza de la verdad: André Gide regresa de Rusia* (1991), Penguin Random House Grupo Editorial México, 2017.

durchaus mehrere Deutungen gestattet. Deshalb steht die Lektüre dieses prominenten Textes am Anfang dieses Kapitels.

2.1 «¡No pasarán!» (1936) – Dichtung als politische Intervention

In dem berühmt gewordenen Gedicht «¡No pasarán!» (1936) erwähnte Paz seine politische Haltung zunächst ganz ausdrücklich. Noch in Mexiko übernahm der Schriftsteller den im Rahmen des Spanischen Bürgerkriegs entstandenen Duktus des Akuten für seine Sprache. Aus den Gedichten, die er ein Jahr später vor Ort in Spanien verfasste, spricht wie bei den weiteren eigens angereisten Autoren wie Gustav Regler, Georges Bernanos oder Arthur Koestler eine Dringlichkeit, die ein sofortiges Eingreifen auch im tatsächlichen politischen Raum verlangt.[19] Der Terminus des *Eingreifenden Schreibens* geht zurück auf Bertolt Brechts Konzept des *Eingreifenden Denkens*[20] und soll im Folgenden den Unterschied zwischen dem spanischen Phänomen und dem erst später in Frankreich aufkommenden Engagement der Existenzialisten markieren. «¡No pasarán!» gilt dabei als Versuch eines interventionistischen Textes, der sich deutlich gegen die spanischen Nationalisten und die von ihnen verübte Gewalt positioniert. In diesem Text finden sich vergleichsweise konkrete politische Äußerungen zur Unterstützung der Republikaner, sowie die Beschwörung einer brüderlichen Gemeinschaft, die während des Volksaufstands und angesichts der Gewalt als klassenlose erlebt wird. Noch hegt das lyrische Ich die Hoffnung auf eine bevorstehende Blütezeit nach dem Ende des Bürgerkriegs, erste Brüche verhindern jedoch die mögliche Ausgestaltung einer Synthese.

Kurz nach dem Putsch der spanisch-nationalistischen Militärs am 18. Juli 1936 publizierte Octavio Paz in Mexiko sein Gedicht «¡No pasarán!» (1936).[21] Das Gedicht erschien als Broschüre zuerst am 30. September 1936 im mexikanischen

---

[19] Vgl. Hans Ulrich Gumbrecht: *Eine Geschichte der spanischen Literatur*. F.a.M.: Suhrkamp 1990, S. 883; sowie die Werke von: Ernest Hemingway, Georges Orwell, André Malraux, Egon Erwin Kisch uvm.

[20] Vgl. Bertolt Brecht: Über eingreifendes Denken. In: *Schriften zur Politik und Gesellschaft*. F.a.M.: Suhrkamp 1967 (Gesammelte Werke, Bd. 20), S. 158–178. Vgl. a.: Ingrid Gilcher-Holtey: *Eingreifendes Denken: die Wirkungschancen von Intellektuellen*. Weilerswist: Velbrück 2007, S. 86–124.

[21] Zitiert wird im Folgenden aus: OP: «¡No pasarán!» [1936], OC Bd. 13, S. 114–116. Bei den dt. Übersetzungen der Gedichte handelt es sich hier und im Folgenden jeweils um Entwürfe der Verfasserin.

Verlag *Simbad*, und wurde mit dem Epigraphen «España es la realidad y la conciencia del mundo»[22] von Élie Faure sowie mit folgendem Kommentar ausdrücklich an das historische Ereignis gebunden:

> Esta edición, que consta de tres mil quinientos ejemplares, terminada en los Talleres Gráficos de la Nación, fue cedida al Frende Popular Español, en México, en prenda de simpatía y adhesión para el pueblo de España, en lucha desigual y heroica que actualmente sostiene.[23]

Bei dem Text handelt es sich um einen Aufruf zum Kampf gegen die Putschisten in dichterischer Form. Auch aus diesem Grund wurde Pablo Neruda auf den jungen Autor aufmerksam und setzte sich dafür ein, dass Paz 1937 im Alter von nur 23 Jahren über die *Liga de Escritores y Artistas Revolucionarios* (LEAR) als Repräsentant Mexikos zum *Segundo Congreso Internacional de Escritores Antifascistas* nach Spanien eingeladen wurde.[24] Die Monate Juli bis September 1937 verbrachte Octavio Paz in den republikanischen Gebieten der Iberischen Halbinsel, wo er weitere Gedichte zur spanischen Situation verfasste, so unter anderem die beiden «Cantos españoles»: *Elegía a un compañero muerto en el frente de Aragón* (1937), und *Oda a España* (1937).[25]

Die Parole *¡No pasarán!*, «sie werden nicht durchkommen», wurde während des Spanischen Bürgerkriegs von Dolores Ibárruri (1895–1989) geprägt.[26] Die spätere Vorsitzende des *Partido Comunista de España* (PCE) war aufgrund ihres Engagements und ihrer rhetorischen Fähigkeiten unter dem Pseudonym *La Pasionaria* bekannt geworden. Schon seit Beginn der zwanziger Jahre hatte sie mit diesem Namen Artikel gezeichnet, in denen sie sich für die Bewegung der Minenarbeiter einsetzte.[27] In den dreißiger Jahren war sie Vorsitzende der Frauenkommission der PCE und als Abgeordnete der KP Asturiens im Abgeordnetenhaus in Madrid. Paz zitiert Ibárruri nicht nur im Titel des Gedichts, sondern wiederholt ihre Parole wie einen Refrain in jeder Strophe des Textes.

---

22 Vgl. Anthony Stanton: *El río reflexivo*, S. 138f.
23 Vgl. Anthony Stanton: *El río reflexivo*, ebda.
24 Vgl. Ángel Gilberto Adame: Itinerario periodístico: Octavio Paz en España (1937). In: *Letras Libres* (22.12.2014). Zu der Freundschaft und dem späteren Streit vgl. Anthony Stanton: *El río reflexivo*, S. 54–75.
25 Zum Aufenthalt von Paz in Spanien vgl. Enrico Mario Santí in: LBP (1988) S. 25.
26 Vgl. Dolores Ibárruri: No pasarán. Rede vom 19.07.1936.
27 Vgl. Dolores Ibárruri: *El único camino*. Herausgegeben von María Carmen García-Nieto París. Madrid: Ed. Castalia [u. a.] 1992. S. 35: Ab 1918 schreibt sie Artikel für *La lucha de las clases* und *El Minero Vizcaíno*, die sie mit «Pasionaria» unterzeichnet.

Die dramatischen Geschehnisse des Bürgerkriegs veranlassten zahlreiche Schriftsteller mit je unterschiedlicher Akzentsetzung zum eingreifenden Schreiben: Während Miguel Hernández soldatische Kampflieder verfasste, wandte sich Antonio Machado in seinen Texten gegen die Überschreibung des traditionellen Spaniens durch das Narrativ der Faschisten; und während Max Aub mit Dramen wie «¿Qué has hecho hoy para ganar la guerra?»[28] die individuellen Interventionsmöglichkeiten betonte, besang Neruda das spanische Volk als antifaschistisches Kollektiv.[29] Zum Zeitpunkt seines Aufenthaltes in Spanien glaubte auch Paz noch an einen Sieg der Republikaner gegen die Nationalisten und verteidigte die demokratischen Ideale der Zweiten Republik gegen die Angriffe der aus marokkanischen Söldnern und der Fremdenlegion bestehenden Armee der Putschisten. Nach dem Unfalltod von General Sanjurjo am 20. Juli 1936 übernahm Francisco Franco die Führung dieser Armee erst gemeinsam mit Emilio Mola und Queipo de Llano, bevor er sich ab Oktober 1936 als alleiniger Befehlshaber der Nationalisten durchsetzte.[30]

Das Movens einer Verteidigung der demokratischen Werte findet sich in den meisten Texten der aus aller Welt nach Spanien reisenden Schriftsteller. Die in Spanien entstandenen Gedichte von Octavio Paz sind ein eindrückliches Beispiel für die eingreifende Ästhetik im Frühwerk des Autors. Im Gegensatz zu vielen Schriftstellerkollegen findet sich jedoch auch in diesen Texten von Anfang an ein nostalgisches Momentum, welches sich unter anderem aus dem Umstand ergibt, dass er sich zum Zeitpunkt des Verfassens von «¡No pasarán!» selbst noch gar nicht am Ort des Kampfes befand. Hauptmotivation seines Textes war zunächst die Sympathie für die Repräsentanten der Zweiten Republik. So argumentiert das Gedicht für Lebendigkeit, Gerechtigkeit und Brüderlichkeit, die zwar an die historische Bedrohung durch den Putsch gebunden sind, den Text jedoch schon zum Zeitpunkt der Publikation für die Lektüre auf einer zweiten, allgemeingültigen Ebene öffnen, auf der ethische Fragen und der Einsatz für die gerechte Sache im Vordergrund stehen. Dies wird auch aus dem Essay «Americanidad de España»[31] (datiert auf 1938, publiziert im Januar 1939) deutlich, in dem Octavio Paz für die lateinamerikanische Leserschaft von den Ereignissen in Spanien berichtet und versucht, das Verhältnis zwischen den Ländern neu zu denken: Der revolutionäre Geist, auf den sich die Regierungen Mexikos seit 1910 bezogen, solle sich nicht

---

28 Vgl. Max Aub: *Teatro completo*. Mexiko: Aguilar 1968.
29 Pablo Neruda: *España en el corazón. Himno a las glorias del pueblo en la guerra (1936–1937)*. Santiago de Chile: Ediciones Ercilla 1937.
30 Vgl. dazu Walther L. Bernecker: *Krieg in Spanien 1936–1939*. Darmstadt: Wiss. Buchgesellschaft 1991, S. 29f. Vgl. auch: Pierre Broué/Émile Témime: *Revolution und Krieg in Spanien. Geschichte des spanischen Bürgerkrieges*. F.a.M.: Suhrkamp 1975.
31 OP: «Americanidad de España», OC Bd. 13, S. 193–196.

2.1 «¡No pasarán!» (1936) – Dichtung als politische Intervention — 51

pauschal gegen Spanien als Kolonialmacht richten, sondern gegen konservative Mächte im Allgemeinen, unter deren Gewalt die spanischen Arbeiter ebenso litten wie die mexikanischen. Solch ein anderes, marxistisch-internationalistisches statt nationalistisches Verständnis von *Hispanismo* könne den Zusammenhalt all jener Gruppen stärken, die sich für demokratische Regierungsformen jenseits von kolonialer Abhängigkeit, diktatorischen Regimes und der Institutionalisierten Revolution einsetzten. Paz versteht den Spanischen Bürgerkrieg als Kampf für den Erhalt der Demokratie und sieht darin seine universelle Relevanz: «La democracia es una idea universal, un hecho mundial.»[32] Für diese Werte gelte es auch außerhalb Europas zu kämpfen: «¡Luchemos en el Frente Americano por la victoria del Pueblo Español!»[33]

Formal besteht das Gedicht «¡No pasarán!» aus zehn ungleich langen Strophen. Die freien Verse sind in Elfsilber gefasst, immer wieder finden sich auch *pies quebrados* mit nur sieben oder vier Silben. Die ersten beiden Strophen sind jeweils in einer als Inversion markierten Vergleichsstruktur komponiert. Mit der Anapher *como* vergleicht der Text das fiebrige Pulsieren des Blutes zunächst mit Vögeln und zitternden Flügeln:

«¡No pasarán!» (1936)	«Sie werden nicht durchkommen!» (1936)
Octavio Paz	Octavio Paz
Como pájaros ciegos, prisioneros	Wie blinde, gefangene Vögel,
como temblantes alas detenidas	wie zitternde, verhaftete Flügel
o cánticos sujetos,	oder unterworfene Gesänge,
suben amargamente	steigen bitter
5 hasta la luz aguda de los ojos	bis zum blendenden Licht der Augen
y el desgarrado gesto de la boca,	und der zerrissenen Geste des Mundes,
los latidos febriles de la sangre,	das fiebrige Pulsieren des Blutes,
petrificada ya, e irrevocable:	versteinert schon, und unwiderruflich:
No pasarán.	Sie werden nicht durchkommen.

Die Strophe verortet den Kampfruf der *Pasionaria* «No pasarán» in dem Pulsieren des Blutes, so dass die kämpferische Überzeugung den ganzen Menschen zu durchdringen scheint. Durch die Parallelen in den ersten drei Versen wird die Motivation der Rufenden nicht nur mit einem Gesang, sondern auch mit einem Vogel und mit Flügeln verglichen. Dabei bilden die Worte *prisioneros, detenidos*

---

32 Ebda. S. 195.
33 Ebda. S. 196.

und *sujetos* in ihrer Positionierung jeweils am Ende des Verses eine inhaltliche Epipher und erzeugen zugleich das Gefühl einer zu überwindenden Einengung.

Die Überzeugung, der durch die Putschisten symbolisierten Gewalt Einhalt gebieten zu müssen, sowie die Hoffnung auf einen Sieg der demokratischen Werte der Zweiten Republik findet sich in Vers 3 in dem Wort *cánticos*, mit dem all jene Gedichte, Lieder und Texte angesprochen werden, die diesem Wunsch wie das vorliegende Gedicht selbst Ausdruck geben. Gemeinsam mit dem Puls des Blutes, so fährt das Gedicht fort, steigen die Gesänge voller Bitterkeit bis in die Sprachlichkeit, in die «zerrissene Geste» des Mundes, welche man als Bild für die zum Kampfruf «No pasarán» aufgerissenen Münder verstehen kann. Denn insgesamt münden alle Verse dieser Strophe in die Exklamation: «No pasarán», welche zu diesem Zeitpunkt der gemeinsame Slogan aller linker Gruppierungen war, die sich den frankistischen Truppen entgegenstellten.

In der nächsten Strophe wird dieser Ruf weiter charakterisiert und dabei sogar mit der Stille vor einem Revolverschuss oder einer Geburt verglichen. Indem Geburt und Tod (angedeutet durch den Revolver) an dieser Stelle parallel gesetzt werden, veranschaulicht das Gedicht die kontrastierenden Realitäten des Krieges. Der Schrei «wohnt in den Eingeweiden» und durchdringt wie schon in der vorangegangenen Strophe (*ojos, boca, sangre*) den ganzen Körper (*entrañas, pulso, venas, labios*):

10	Como la seca espera de un revólver	Wie das trockene Warten eines Revolvers
	o el silencio que precede los partos	oder die Stille, die den Geburten vorausgeht
	escuchamos el grito;	hören wir den Schrei
	habita en las entrañas	er wohnt in den Eingeweiden
	se detiene en el pulso,	hält sich im Pulsschlag zurück,
15	asciende de las velas a las manos:	steigt von den Totenwachen in die Hände:
	No pasarán.	Sie werden nicht durchkommen.

Die Struktur des invertierten Simils wird noch einmal aufgegriffen, dieses Mal stammen die Vergleiche aus Isotopien des Kriegs. Wieder mündet die Strophe in den Refrain: «No pasarán». Wo vorher vor allem der visuelle Sinn betont wurde, ist es nun der auditive. Entscheidend ist dabei nicht nur die Darstellung der Rufenden, sondern auch der Appell an den Leser, der auf allen Sinnesebenen zur Solidarisierung aufgefordert wird. In Vers 12 tritt zum ersten Mal das lyrische Ich hervor. Durch die Verwendung der ersten Person Plural positioniert es sich von Anfang an als Sprecher für eine größere Gemeinschaft, die schon mit dem Titel des Gedichts eindeutig als die republikanische Linke gekennzeichnet ist. Mit dem passiven «Wir hören» inkludiert es auch den Leser in seine Position, er darf sich so, trotz der textbedingten Distanz, nicht nur zu den zur politischen Aktion aufgeforderten Kameraden, sondern sogar zur Gemeinschaft der Rufenden dazugehörig fühlen.

In der dritten Strophe tritt das lyrische Ich zwar als Individuum auf, stellt sich jedoch erneut als Medium zur Verfügung. Das «Yo veo», das beide Sätze der Strophe eröffnet, lässt in seiner Beobachterposition Raum für die Perspektive des Lesers und lenkt dessen Blick auf das Geschehen des Bürgerkriegs:

Yo veo las manos frutos	Ich sehe die Hände (als) Früchte
y los vientres feraces	und die fruchtbaren Bäuche
oponiendo a las balas	sich den Kugeln entgegenstellen
20 su ternura caliente y su ceguera.	ihre heiße Zärtlichkeit und ihre Verblendung.
Yo veo los cuellos naves	Ich sehe die Hälse (als) Boote
y los pechos océanos	und die Brüste (als) Ozeane
naciendo de las plazas y los campos	geboren aus den Plätzen und Feldern
en reflujos de sangre respirada,	in Ebben aus geatmetem Blut,
25 en poderosos vahos,	in mächtigem Atem
chocando ante las cruces y el destino	gegen die Kreuze und das Schicksal schlagend
en marejadas lentas y terribles:	in langsamen und schrecklichen Wellen:
No pasarán.	Sie werden nicht durchkommen.

In den Bildern der Bleikugeln und der schwangeren Bäuche stehen sich Leben und Tod nun direkt gegenüber, zugleich wird mit den Isotopien der Weiblichkeit auf die zahlreichen Frauen aufmerksam gemacht, die sich – der kommunistischen Überzeugung der Gleichberechtigung folgend – am Kampf beteiligten.[34] Im ersten Teil der Strophe werden die Hände als Früchte beschrieben, im zweiten Teil dominiert eine Wassermetaphorik. Beschreibungen der Hälse als Schiffe und der Brüste als Ozeane konnotieren nicht nur Lebendigkeit, sondern sprechen den Rufenden auch die Kraft einer Naturgewalt zu. Die Wassermetaphorik wird mit dem «hohen Seegang» bis Vers 27 fortgesetzt, die Adjektive «langsam und schrecklich» verweisen auf das kriegerische Potential des rufenden Volkes. Das feindliche Gegenüber bleibt abstrakt und ist lediglich in Symbolen wie Kugeln und Kreuzen präsent, so dass die rufenden Republikaner vor dieser Kontrastfolie umso menschlicher erscheinen. Sowohl Kugel als auch Kreuz verweisen auf die mörderische Grausamkeit des Feindes, wobei letzteres nicht nur als todbringendes Folterinstrument gelesen werden kann, sondern eventuell auch die konservative Einstellung der Frankisten konnotiert sowie die Unterstützung derselben von Seiten der katholischen Kirche.[35] Die kommunistischen und anarcho-syndikalistischen Gruppierungen, die auf Seiten der Linken kämpften, vertraten, was die Religion betrifft, dezidiert atheistische Positionen.

---

34 Vgl. dazu den sehr gelungenen Band von Renée Lugschitz: *Spanienkämpferinnen. Ausländische Frauen im spanischen Bürgerkrieg 1936–1939*. Münster: Lit Verlag 2012.
35 Vgl. Walther L. Bernecker: Die ideologische Dimension: Kirche und Kultur, in: ders.: *Krieg in Spanien 1936–1939*, S. 187–209.

In der nächsten Strophe fokussiert das lyrische Ich den Blick auf die Details des kriegerischen Konflikts:

Hay una joven mano contraída,	Da ist eine junge geballte Hand,
30 un latir de paloma endurecido	der verhärtete Flügelschlag einer Taube
y labios implacables	und unerbittliche Lippen
cerrados a los besos;	den Küssen verschlossen;
un son de muerte invade toda España	ein Ton des Todes überrollt ganz Spanien
y llora en toda España	und weint in ganz Spanien
35 un llanto interminable.	ein unendliches Weinen.

Die junge geballte Hand deutet in einer *Pars-pro-toto*-Synekdoche auf einen Kämpfer, der verhärtete Flügelschlag der Taube kann als Symbol für den nicht vorhandenen Frieden gelesen werden, und die unerbittlichen Lippen, die sich den Küssen verschließen, evozieren liebevolle Gesten, die nun wegen des im Krieg dominierenden Hasses vernachlässigt werden müssen. Zum ersten Mal wird der Tod direkt angesprochen (V33), das Land Spanien wird gleich zweimal namentlich genannt, beide Male in Zusammenhang mit dem Weinen, dem Klang des Todes. Die Formulierung «toda España» verweist auf alle Regionen des Landes, unabhängig davon, ob sie noch unter republikanischer Kontrolle stehen oder schon von den Nationalisten besetzt sind. Damit referiert das Gedicht nicht nur auf die Zusammengehörigkeit der Bevölkerung, sondern auch auf ein Konzept von Nation, das sich insofern von jenem der Nationalisten unterscheidet, als dass es inklusiv statt exklusiv gedacht ist, und das sich über das gemeinsame Schicksal definiert, statt über konservative Machtstrukturen. Nicht umsonst verwendet Paz immer nur den Begriff «pueblo», Volk, den Bloch einmal wie folgt gefasst hat: «Das Volk sind diejenigen, die gemeinsam Not leiden».[36]

Ab der fünften Strophe wendet sich der Sprecher mit der vertraulichen Anrede «camaradas» an einen im Plural angesprochenen lyrischen Adressaten; der Refrain wird zur Aufforderung umformuliert (V38 und V46):

En Badajoz, los muertos, camaradas,	In Badajoz, rufen euch die Toten zu, Genossen,
revueltos en las sombras de sus sollozos,	eingewickelt in die Schatten ihrer Schluchzer,
os gritan que no pasen;	dass sie nicht durchkommen;
de toda Extremadura,	aus ganz Extremadura,
40 de las plazas de toros andaluzas	von den andalusischen Stierkampfarenen
la sangre encadenada,	das angekettete Blut,
de Irún, árbol sin brazos,	aus Irún, Baum ohne Arme,

---

36 Ernst Bloch: Über Ungleichzeitigkeit, Provinz und Propaganda [*Kursbuch* 39, 1974]. In: ders.: *Tendenz – Latenz – Utopie*. F.a.M.: Suhrkamp 1978, S. 209–220, hier: S. 217.

silencioso, insepulto, calcinado;	still, unbeerdigt, abgebrannt;
de toda España, carne, rama y piedra,	aus ganz Spanien, Fleisch, Zweig und Stein;
45 un viento funeral, un largo grito,	ein Wind des Begräbnisses, ein langer Schrei,
os piden que no pasen.	bitten euch, dass sie nicht durchkommen.

Durch die Nennung der Ortsreferenzen Badajoz, Extremadura, Andalusien und Irún, wird die Situation weiter konkretisiert, an all diesen Orten fanden im Sommer 1936 Schlachten und Massaker statt.[37] Allein während des Massakers vom 14. August 1936 wurden in Badajoz massenweise Vergewaltigungen verübt und tausende Republikaner in der Stierkampfarena erschossen.[38] Da es sich bei den erwähnten Schauplätzen um Regionen aus allen vier Himmelsrichtungen handelt, können sie als Variation der Verse 33f. sowie 44 gelesen werden, in denen ausdrücklich von «ganz Spanien» die Rede ist. Die Bitte, den Feind nicht durchkommen zu lassen, endet nicht mit der Erwähnung der Gefallenen und der verschiedenen Städte, sondern wird auf das Land selbst ausgeweitet. Regionen, Plätze und Bäume werden als bittende Subjekte personifiziert, die Strophe kulminiert in der Akkumulation in den Versen 44 und 45, in denen Fleisch, Zweig und Stein gemeinsam mit dem Wind und dem Schrei genannt werden, bevor die Bitte in Vers 46 als Variation des Refrains wiederholt wird. Der personifizierte Baum «ohne Arme» gehört, ebenso wie die Schatten, das Blut und die Toten, in eine Isotopie der Dunkelheit und der destruktiven Macht des Kriegs (*muertos, sombras, sangre encadenada, árbol sin brazos, insepulto, carne, viento funeral, largo grito*). Wie schon Vers 37 («los muertos [...] / revueltos en las sombras de sus sollozos») erinnert auch das Asyndeton in Vers 43 («silencioso, insepulto, calcinado») daran, dass den Toten eine angemessene Beerdigung zustünde, und verweist auf die Soldaten, die in anonyme Massengräber geworfen wurden.[39] Auch in Vers 44 erscheinen der Mensch (*carne*) und die Landschaft (*piedra*), samt Flora (*rama*) und Fauna als Opfer des Kriegs, alle sind gleichermaßen betroffen. Diese Zusammenführung von Mensch und Natur hat den Effekt, dass die Kämpfer der Linken mit dem Land wie verwachsen scheinen, und somit implizit als rechtmäßige

---

[37] Vgl. Walther L. Bernecker: «Die militärische Dimension: Kriegsphasen und Operationen, Milizen und Heere», in: ders.: *Krieg in Spanien 1936–1939*, S. 29ff: Badajoz (14.08.1936). Irún (Anfang August bis Anfang September 1936).

[38] Vgl. ebda. sowie: Rafael Tenorio: Las matanzas de Badajoz. In: *Tiempo de Historia*, Nr. 56 (Juli 1979).

[39] Vgl. Walther L. Bernecker/Horst Pietschmann: *Geschichte Spaniens: von der frühen Neuzeit bis zur Gegenwart*. Stuttgart [u. a.]: Kohlhammer 1993. S. 324: Bernecker spricht hier von 500.000 bis 600.000 Toten insgesamt zwischen den Jahren 1936–1944, inklusive der Justizmorde Francos. Vgl. auch: Walther L. Bernecker: *Krieg in Spanien 1936–1939*, S. 211f; sowie die Arbeit der *Asociación para la recuperación de la memoria histórica* (ARMH).

Besitzer gezeichnet werden. Der eigentliche Feind, den es zu bekämpfen gilt, ist der Krieg selbst, verkörpert wird der Kontrahent in dieser konkreten historischen Situation allerdings durch die nationalistischen Militärs. Indem der Angriff der Truppen, deren Führung General Franco zum Zeitpunkt der Entstehung des Gedichts übernommen hatte, nicht nur als Bedrohung für die republikanischen Arbeiter, sondern für das Land selbst samt seiner Landschaft und seinen spezifischen Traditionen (enthalten in den *plazas de toros*) gezeichnet wird, ergreift das lyrische Ich die Partei der Republikaner und spricht ihnen die Pflicht zu, nicht nur sich selbst, sondern auch ihr Land zu verteidigen.

In der sechsten Strophe werden weitere Kriegsgräuel aufgezählt, wieder fallen die Kombinationen von natürlichen Elementen mit personifizierenden Verben und Adjektiven auf:

	Hay inválidos campos	Es gibt gelähmte Felder
	y cuerpos mutilados;	und verkrüppelte Körper;
	vidas secas y cenizas dispersas;	trockene Leben und verstreute Aschen;
50	cielos duros llorando	harte Himmel beweinen
	los huesos olvidados;	die vergessenen Knochen;
	hay un terrible grito en toda España,	es gibt einen schrecklichen Schrei in ganz Spanien
	un ademán, un puño insobornable,	eine Haltung, eine unbestechliche Faust,
	gritando que no pasen.	rufend, dass sie nicht durchkommen sollen.
55	No pasarán. No, jamás podrán pasar.	Sie werden nicht durchkommen. Nein, niemals werden sie durchkommen können.

Der Aufschrei, der ganz Spanien durchdringt (V52), scheint die einzige Möglichkeit zu sein, Haltung in dieser Realität zu bewahren. Das Gedicht führt in dieser Strophe gleich zwei seiner möglichen Wirkungen auf: einerseits appelliert es an die Haltung der Besitzer jener «unbestechlichen Fäuste», gleichzeitig bewahrt es die «Knochen» allein dadurch vor dem Vergessen, dass es sie erwähnt und in Verse bindet. Die beschwörende Bekräftigung erreicht das lyrische Ich formal durch die dreimalig variierte Formulierung des Refrains. Die Formel «No pasarán» klingt durch das der dritten Variation vorangestellte «Nein» nahezu wie mündliche Sprache und gewinnt dadurch an Direktheit und Eindringlichkeit. Gerade in diesem Vers wirkt es, als sei das Gedicht für den mündlichen Vortrag konzipiert worden: in den letzten drei, jeweils auf der letzten Silbe betonten Worten «jamás podrán pasar» hört der Rezipient ein deutliches jambisches Metrum: ᴗ– ᴗ– ᴗ–.

Durch die zunehmend verwendete direkte Anrede der spanischen Kämpfer gewinnt das Gedicht an Eindringlichkeit:

2.1 «¡No pasarán!» (1936) – Dichtung als politische Intervention — 57

	De todas las orillas del planeta,	Von allen Ufern des Planeten,
	en todos los idiomas de los hombres,	in allen Sprachen der Menschen,
	un tenso cinturón de voluntades	bittet euch ein enger Gürtel von Willen,
	os pide que no pasen.	dass sie nicht durchkommen.
60	En todas las ciudades,	In allen Städten,
	coléricos y tiernos,	cholerisch und zart,
	los hombres gritan, lloran por vosotros.	schreien die Menschen, weinen um euch.

Mit dem Parallelismus von Planet, Sprachen und Städten sowie der dreimaligen Betonung auf *todos/todas* wird auf den schon existierenden internationalen Zusammenhalt verwiesen und die für den gemeinsamen Kampf notwendige Brüderlichkeit gestärkt. Die nächste Strophe beginnt sogar mit dem Refrain, die Beschwörung erscheint dadurch sowie durch die Anaphern auf *que* zunehmend intensiv:

	No pasarán.	Sie werden nicht durchkommen.
	Amigos, camaradas,	Freunde, Kameraden,
65	que no roce la muerte en otros labios,	möge der Tod keine weiteren Lippen berühren,
	que otros árboles dulces no se sequen,	mögen keine weiteren süßen Bäume austrocknen,
	que otros tiernos latidos no se apaguen,	mögen keine weiteren zarten Pulsschläge erlöschen,
	que no pasen, hermanos.	mögen sie nicht durchkommen, Brüder.

Wie in den Proömien der antiken Epen wird in einer Apostrophe um Hilfe gebeten, die Anrufung gilt an dieser Stelle jedoch nicht den Göttern, sondern Freunden und Kameraden, die schließlich sogar als Brüder angesprochen werden. So gewinnt die Sprache zunehmend an Verbindlichkeit. Die bisherigen Bilder werden nun noch einmal in der Negation wiederholt, auf diese Weise erinnert das Gedicht an die Gründe, die den Rezipienten dazu bewegen sollen, dem Feind Einhalt zu gebieten. Mit Vers 69 folgen in Strophe 9 Vorschläge, die nahezu konkrete Handlungsaufforderungen beinhalten:

	Detened a la muerte.	Gebietet dem Tod Einhalt.
70	A esos muros siniestros, sanguinarios,	Diesen verhängnisvollen blutigen Mauern,
	oponed otros muros;	stellt andere Mauern gegenüber;
	reconquistad la vida detenida,	erobert das verhaftete Leben zurück,
	el correr de los ríos paralizados,	das Strömen der erstarrten Flüsse,
	el crecer de los campos prisioneros,	das Wachsen der gefangenen Felder,
75	reconquistad a España de la muerte.	erobert Spanien vom Tode zurück.

Das passive Festgehaltenwerden (*vida detenida*) gilt es nun durch ein aktives Festhalten (*detened*) zu ersetzen. Die vielen Imperative (*detened, oponed, reconquistad*) sowie die Aufzählung dessen, was zurückerobert werden muss, tragen maßgeblich zum akuten Duktus dieser poetischen Sprache bei. Erneut wird die

Landschaft mit dem Leben gleichgesetzt und der Feind in abstrahierter Version als der Tod selbst dargestellt. So scheint es nur natürlich, diesem Einhalt gebieten zu müssen.

In Strophe 10 wird das Leitmotiv, die Beschwörungsformel der spanischen Republikaner, wie schon in Strophe 8 noch einmal an den Anfang gestellt:

No pasarán.	Sie werden nicht durchkommen.
¡Cómo llena ese grito todo el aire	Wie dieser Schrei die ganze Luft erfüllt
y lo vuelve una eléctrica muralla!	und sie in eine elektrische Mauer verwandelt!
Detened el terror y las mazmorras,	Gebietet dem Terror Einhalt, und den Verliesen,
para que crezca, joven, en España,	damit jung in Spanien wachse,
la vida verdadera,	das wahre Leben,
la sangre jubilosa,	das jubelnde Blut,
la ternura feroz del mundo libre.	die wilde Lieblichkeit der freien Welt.
¡Detened a la muerte, camaradas!	Haltet den Tod auf, Kameraden!

(80)

Schon der Titel ließ durch die darin enthaltenen Ausrufungszeichen eine Steigerung erahnen. Erst in der letzten Strophe wird auch im Gedichttext selbst eine die Botschaft intensivierende Interpunktion verwendet. Ein Sprecher, der dieses Gedicht mündlich vortrüge, würde das inhaltliche Crescendo auch klanglich umsetzen. Die dominierende Emotion ist in der ersten Exklamation das Staunen. Auf den erneut aufgegriffenen Imperativ in Vers 79 folgen nun erstmalig positiv konnotierte Vokabeln. Wachstum, Jugend und Spanien werden durch die gemeinsame Erwähnung einander zugehörig erklärt; der poetische Text besingt das Leben und den Frieden mit vielen Adjektiven für jugendliche Lebendigkeit.

Dies ist ein Hauptmotiv auch in der «Carta a la juventud española», die Octavio Paz am 9. September 1937 in *El Mono Azul* publizierte, einem Blatt der Allianz Antifaschistischer Intellektueller zur Verteidigung der Kultur, für das unter anderem Rafael Alberti und Miguel Hernández sowie weitere Autoren der sogenannten *Generación del 27* als Herausgeber fungierten. Paz wiederholte in diesem Brief die im Gedicht formulierten Überzeugungen und äußerte deutlich politische Sympathien mit den Arbeitern der Sowjetunion:

> Como joven y como joven mejicano [sic], algo me ha sorprendido y maravillado en España sobre todas las cosas: su juventud. España, la vieja España, es ahora uno de los países de más juvenil aliento, escenario y ámbito de la actividad y del heroísmo de una juventud. [...] La Aviación, las brigadas motorizadas, los cuadros todos del Ejército, son cuadros juveniles. A este precio, el precio de su sangre, la juventud española impulsa y salva a España.
> Quizá en ningún país de la tierra dura ahora tan poco la juventud como en España. Cuando yo pienso en esto recuerdo a la Unión Soviética, el otro país en donde la juventud lo es realmente, el otro viejo país rejuvenecido por los trabajadores. Allí, la juventud me decía un

compañero, dura más que en cualquier parte. Que eso se cumpla aquí en España que la vida humana joven y creadora dure cada vez más, que el hombre sea sin cesar cada vez más íntegramente joven y más ardientemente hombre es lo que pretende y por lo que lucha el pueblo español. Por esto da la vida España y este es el sentido hondo de su combate. Yo estoy cierto de que lo logrará y de que la lucha no es inútil. El vivo y hermoso ejemplo de los trabajadores soviéticos nos dice que lo que esperamos y soñamos es una realidad, un hecho que ellos nos muestran.

En nombre de los jóvenes mejicanos antifascistas y especialmente en el de mis compañeros de las Juventudes Socialistas Unificadas, saludo a los jóvenes héroes de la libertad, que luchan por todos nosotros, y les aseguro que su triunfo cierto, su victoria definitiva.[40]

Auch im Gedicht sind Jugendlichkeit und Menschlichkeit, das «junge und kreative menschliche Leben», die Werte, für die gekämpft werden soll; die finale Exklamation fordert eindeutig dazu auf. Die letzte Strophe bildet zudem einen Rahmen mit dem Beginn des Gedichts, in dem der Widerstand ebenfalls in positiven Bildern beschworen wurde. Diese Bilder stehen im Kontrast zum übrigen Text, in dem der Tod allgegenwärtig ist, auch wenn er häufig nur symbolisch oder in Periphrasen erwähnt wird. Das letzte Wort des Gedichts lautet jedoch «Kameraden», so dass wieder deutlich auf den Zusammenhalt rekurriert wird. Die zentrale Botschaft des Gedichts ist die Überzeugung, dass die Menschen als Gemeinschaft in der Lage sind, den Feind aufzuhalten; es geht um den Aspekt des Gemeinsamen. Im Gegensatz zu den Texten einiger Zeitgenossen fordert «¡No pasarán!» nicht zum Kampf um des Kampfes willen auf. In keinem Satz ist eine direkte Aufforderung zum Töten enthalten, im Gegenteil: es ist der Tod, der verhindert werden soll. Die eigentliche Motivation des vorliegenden Appells ist die Wiederherstellung des Friedens.

Dennoch steht fest, dass es sich bei dem Feind um die von General Francisco Franco angeführten Truppen handelt; dies ist der Parole Dolores Ibárruris und den durch die Ortsnamen evozierten Schlachten zu entnehmen. So machen nicht nur die in fast jeder Strophe wiederholte konkrete Formel, sondern auch die eindringlichen Bilder und die besondere, die Leserschaft aktivierende Sprache dieses Gedicht zu einem Dokument seiner Zeit. Es ist einer der wenigen Texte von Octavio Paz, die eine sehr entschiedene Parteinahme kommunizieren. Die Rede ist explizit von einem Kollektiv, das einen Feind zu bekämpfen hat, so dass der Abgrund zwischen Freund und Feind, einem Wir und einem Anderen aufgemacht

---

40 OP: Carta a la juventud española. In: Alianza de Intelectuales Antifascistas para la Defensa de la Cultura (Hg.): *El Mono Azul,* Nr 32 (09.09.1937). Vgl. Manuel Aznar Soler: *República literaria y Revolución, 1920–1939.* Prolog von José-Carlos Mainer. Sevilla: Renacimiento 2010, S. 638f Fn 144. Für einen Überblick der während des Spanischen Bürgerkriegs publizierten Äußerungen von Octavio Paz vgl. Ángel Gilberto Adame: Itinerario periodístico: Octavio Paz en España (1937).

wird. Anthony Stanton beschreibt «¡No pasarán!» daher als «Lucha dramática, definitiva y apocalíptica entre contrarios»,[41] wobei er die Gegensätze zwischen dynamischer Bewegung, Freiheit und Leben einerseits und tödlicher Paralyse, Fessel und Tod andererseits herausstellt.[42] Den «maniqueísmo de esta forma de invocar los contrarios en oposición binaria»[43] kritisiert Stanton als ästhetischen Defekt, den er darauf zurückführt, dass der Text für mündliche Lesungen gedacht war und wohl einem didaktischen Anspruch gerecht werden sollte.

Im Nachhinein scheint Paz das harsche Urteil Stantons geteilt zu haben. Dies würde den Umstand erklären, warum der Autor das Gedicht nach der Erstveröffentlichung 1936 in dem Verlag Simbad sowie zwei Nachdrucken in den Tageszeitungen *El Nacional* vom 04.10.1936 und *Repertorio Americano* vom 31.10.1936[44] und einer Ausgabe von Manuel Altolaguirre aus dem Jahr 1937 über Jahrzehnte in keine Anthologie aufnahm. Erst in den *Obras completas* ist «¡No pasarán!» wieder enthalten, allerdings auch hier nur in dem weniger prestigereichen Band 13 mit dem Titel: «Miscelánea I. Primeros escritos», der jene Texte enthält, die der Autor selbst als «esbozos, intentos» (dt. Entwürfe, Versuche) bezeichnet.[45] Anthony Stanton referiert in eindrücklicher Weise die Rezeptionsgeschichte dieses Textes, der zunächst sehr euphorisch gefeiert wurde, dann aber auch feindliche Reaktionen hervorrief, als bekannt wurde, dass Paz zum Schriftstellerkongress eingeladen worden war.[46] Es ist jedoch kaum anzunehmen, dass er das Gedicht aus strategischen Gründen geschrieben hätte; wahrscheinlicher ist die Einschätzung von Klaus Müller-Bergh, der diesen Zusammenhang wie folgt beurteilt:

> Aún los poemas que tocan temas políticos del momento, revelan el difícil equilibrio entre una actitud puramente esteticista [...] y una postura ideológica militante y comprometida. Tal vez esta posición precaria le haya valido a Paz numerosas enemistades en una edad conflictiva de polarizaciones inevitables que exigen una obediencia ciega a doctrinas políticas ortodoxas. El ideario de los jóvenes de *Taller poético* y la trayectoria vital de Paz demuestran que

---

41 Anthony Stanton: *El río reflexivo*, S. 145.
42 Ebda. S. 145: «oposición entre movimiento dinámico y parálisis mortal, entre libertad y encadenamiento, entre vida y muerte».
43 Ebda. S. 146.
44 Ebda. S. 139 Fn.
45 Vgl. OC Bd. 13, S. 116. Sowie: OP: *Bajo tu clara sombra y otros poemas sobre España*. Herausgegeben von Manuel Altolaguirre. Valencia: Nueva Colección Héroe 1937. Vgl. zu dieser Beobachtung auch: Anthony Stanton: La poesía de Octavio Paz durante la Guerra Civil de España. In: AIH Actas XIV Congreso. Vol. IV (2004), S. 649–657.
46 Vgl. die Kapitel: «Poesía pura y poesía social: encuentros y desencuentros con Pablo Neruda», in: Anthony Stanton: *El río reflexivo*, S. 54–75; sowie: «El poeta social y el poeta erótico 1936–1938», ebda. S. 137–146 mit der Lektüre von «¡No pasarán!», die Stanton zuvor als Artikel publiziert hatte: Anthony Stanton: La poesía de Octavio Paz durante la Guerra Civil de España.

esta postura no corresponde a una neutralidad estéril, sino más bien a una honda intuición poética que va más allá de una poesía concebida únicamente como arma de combate.⁴⁷

«¡No pasarán!» war für den bestimmten historischen Moment gedacht und verwendet eine entsprechend aufgeheizte Rhetorik. Anders als Neruda tritt Paz jedoch keiner politischen Partei bei und distanziert sich bald von dem kommunistischen Projekt. Statt sich seiner Distanz zur Partei aber zu rühmen, schließt sich der mexikanische Autor nicht aus, wenn er in der Retrospektive von 1987 «El lugar de la prueba», anlässlich des 50-jährigen Jubiläums des Schriftstellerkongresses von Valencia 1937, mit dem Stillschweigen ins Gericht geht, das damals geherrscht hatte, als anhand der feindlichen Reaktionen auf die bereits erwähnte Publikation von André Gide offensichtlich wurde, dass die Kommunistische Partei begonnen hatte, ein rigoroses Kritikverbot durchzusetzen.⁴⁸

Der Unmut über das damals fehlende Bewusstsein für die sich abzeichnenden totalitären Strukturen der KP und die deutlich zum Ausdruck gebrachten Sympathien mit der Sowjetunion während seiner Zeit in Spanien erklären, warum der Autor selbst dafür sorgte, dass seine während des Spanischen Bürgerkriegs entstandenen, eindeutig politischen Gedichte bis auf «Elegía a un compañero muerto en el frente de Aragón» (1937) keinen Eingang in spätere Anthologien fanden.⁴⁹ Sie sind jedoch insofern von großem Interesse für den hier unternommenen Zugriff auf sein Œuvre, als Octavio Paz in Spanien zentrale Erfahrungen machte, die sein Weltbild und damit auch sein späteres Werk maßgeblich beeinflussten. Im Kapitel «El Pachuco y otros extremos» seines Essaybandes *El Laberinto de la soledad* (1950) machte er diesen Umstand explizit:

---

47 Klaus Müller-Bergh: La Poesía de Octavio Paz en los Años Treinta. In: *Revista Iberoamericana*. Vol. XXXVII, Nr. 74, Universidad de Pittsburgh, Pennsylvania (Jan-März 1971), S. 117–133, hier: S. 132.
48 OP: «El lugar de la prueba», S. 438–446. Einen Tag nach dem Vortrag publizierte *El País* die Rede unter folgendem Titel: OP: Ganaron la guerra la democracia y la monarquía constitucional. In: *El País* (16.06.1987). Ohne Pag. Engl. Übersetzung mit dem Titel: The Barricades and Beyond: Who Won the Spanish Civil War? In: *The New Republic*. Vol. 197, 19 (09.11.1987), S. 26. Vgl. zu der Rede Kap. 3.2.1.
49 OP: «Los viejos» (1937), OC Bd. 11, S. 95–96. Vgl. dazu Müller-Bergh: La Poesía de Octavio Paz en los Años Treinta. Vgl. auch das Interview mit Héctor Tajonar und Luis Mario Schneider: «La Guerra Civil desde América: Un testimonio de Octavio Paz» im Archiv der Casa América. Darin zitiert Paz die Kritik von Jorge Cuesta und Bernardo Ortíz de Montellano und sagt: «[M]e di cuenta de que había confundido la emoción con la creación y la elocuencia con la poesía.» Vgl. auch *Pasión crítica* (1985) S. 147. (Vgl. Brief von Maya Schärer-Nussberger, 02.02.2015).

> Recuerdo que en España, durante la guerra, tuve la revelación de «otro hombre» y de otra clase de soledad: ni cerrada, ni maquinal, sino abierta a la trascendencia. Sin duda la cercanía de la muerte y la fraternidad de las armas producen, en todos los tiempos y en todos los países una atmósfera propicia a lo extraordinario, a todo aquello que sobrepasa la condición humana y rompe el círculo de soledad que rodea a cada hombre. Pero en aquellos rostros – rostros obtusos y obstinados, brutales y groseros, semejantes a los que, sin complacencia y con un realismo, acaso encarnizado, nos ha dejado la pintura española – había algo como una desesperación esperanzada, algo muy concreto y al mismo tiempo muy universal. No he visto después rostros parecidos.[50]

Die Formulierungen «desesperación esperanzada», und «algo muy concreto y al mismo tiempo muy universal» klingen paradox, aber eben diese Dialektik, diese Spannung ist es, die Paz zum Zeitpunkt des Verfassens von «¡No pasarán!» noch auszublenden suchte, die aber in dem gesamten späteren Werk eine umso größere Rolle spielen würden. Um jene Offenheit zu erreichen, die Paz in den Gesichtern der republikanischen Soldaten sah, müssen die Extreme nicht verschmelzen, wie es nach der Lektüre von «¡No pasarán!» noch vermutbar wäre, vielmehr geht es um das differenzierte aber unmittelbare Erlebnis der Gleichzeitigkeit der Extreme, so vermitteln es seine späteren Texte. Aus diesem Grund lässt sich bei der von Paz beschriebenen idealen Gemeinschaft «anderer Menschen» nicht von einem synthetischen Moment sprechen. Das Ideal besteht gerade in der Heterogenität dieser Menschen (Paz zitiert Antonio Machado mit dem Gedanken einer «esencial heterogeneidad del ser»).[51] Widersprüche, wie jener zwischen «Grobheit» und «Offenheit» der Gesichter, werden dabei nicht aufgelöst. Um diese offene Balance zu wahren, muss sich der Mensch immer wieder aufs Neue zwischen den Extremen verorten: Zwischen Hoffnungslosigkeit und Hoffnung, Konkretem und Universellem, Zeitgebundenheit und Allgemeingültigkeit («algo como una desesperación esperanzada, algo muy concreto y al mismo tiempo muy universal»).[52] Im bewaffneten Konflikt entladen sich all jene Spannungen, und die Gleichzeitigkeit der Extreme tritt auf gewaltvolle Weise in das Blickfeld.

Wie lange das Erlebnis des Spanischen Bürgerkriegs für Paz virulent blieb, zeigt sich an dem bereits erwähnten Text über Antonio Machado, den Paz im April 1951 auf einer Veranstaltung an der Sorbonne vortrug.[53] Darin beschreibt er ihn als Dichter der Zeit: «Poeta del tiempo, Machado aspira a crear un lenguaje

---

50 OP: «El Pachuco y otros extremos», LS (2011), S. 162f.
51 OP: «Antonio Machado», OC Bd. 3, S. 339–344, hier: S. 342. Publiziert in: *Sur*, Buenos Aires 1952, S. 47–51. Und in: *Las peras del olmo* 1957. Dt. Übersetzung: «Antonio Machado – Der Dichter der Zeit», in: OP: *Essays 2*. Heupel und Wittkopf (1984), S. 201–209.
52 OP: «El Pachuco y otros extremos», in: LS (2011) S. 162f.
53 OP: «Antonio Machado», OC Bd. 3, S. 339–344.

temporal que sea palabra viva en el tiempo.»⁵⁴ Der spanische Autor arbeite viel mit der Alltagssprache seines Volkes und schaffe einen «culto al presente»,⁵⁵ so Paz. Viele der Sätze, die er über Machado schreibt, scheinen ebenso viel über den schreibenden wie über den beschriebenen Dichter zu sagen: «El poeta está a solas con el tiempo, frente al tiempo.»⁵⁶ Die Reflexion über die Zeit, heißt es weiter bei Paz, führe den Dichter zu Gedanken über den Tod. Dieser enthalte für den Menschen die Möglichkeit, sich selbst zu verwirklichen, da er den Einzelnen von seiner Definition innerhalb der Zeit befreie. Als Beispiel zur Veranschaulichung dieses Gedankens wählte Machado den Spanischen Bürgerkrieg: er schrieb von einem «Verschwinden» des kleinbürgerlichen *señorito*, welches in den Gesichtern der Milizangehörigen durch ein ebenso plötzliches Erscheinen von heldenhaftem *señorío* ersetzt werde, sobald sie dem Tod ins Auge sähen.⁵⁷ Diese Dialektik einer Selbstverwirklichung im Akt der Selbstaufgabe sieht Paz auch in dem Liebesverständnis Machados. Schließlich beschreibt er bei dem spanischen Autor die gleiche Erkenntnis, die er selbst in seinem *Laberinto de la soledad* (1950) kommuniziert hatte, und beendet damit den Essay:

> Por una operación de dialéctica amorosa, el hombre de Machado sólo se encuentra cuando se entrega. Hay un momento en que el tú del amor se convierte en el nosotros. En 1936, a la luz del incendio de las iglesias, el poeta pudo contemplar por primera vez la aparición de ese nosotros en el cual todas las contradicciones se resuelven. Bajo las llamas purificadoras, el rostro del pueblo español no era diverso al del amor y al de la muerte. La libertad había encarnado.⁵⁸

Neben der an die brennenden Kirchen anschließenden christlichen Metaphorik (Liebe und Tod, reinigende Flammen, Inkarnation der Freiheit), fällt die Idee der «dialéctica amorosa» auf, zumal Paz im gleichen Essay Machados «desconfianza frente a la dialéctica hegeliana»⁵⁹ erwähnt. Auch diese Idee einer anderen Dialektik ist unter Umständen weniger auf Machado als auf Paz zurückzuführen, welchem der holistische Ansatz Hegels suspekt schien.⁶⁰ Die Dialektik wird indes

---

54 Ebda. S. 341.
55 Ebda.
56 Ebda.
57 Ebda. S. 342.
58 Ebda. S. 343f.
59 Ebda. S. 343.
60 So kritisierte Paz einmal die Erklärungsversuche des Marxismus und Hegels als Prinzipien «que pretenden ser llaves del universo», in: OP: «Pan, eros, psique» (1993), OC Bd. 10, S. 50.

nicht *per se* als Methode abgelehnt, sondern es geht um eine andere Form derselben, eine «dialéctica amorosa», oder eben eine offene Dialektik.[61]

Das «Wir, in dem alle Gegensätze sich auflösen» klingt deutlich nach jener Synthese, die Paz mit seiner Betonung der Brüderlichkeit und dem Moment der klassenlosen *comunión* immer wieder zu beschwören scheint. Zugleich enthält die von Paz bei Machado beobachtete Dialektik der Selbstverwirklichung in der Selbstaufgabe das Problem, dass selbst der Wunsch danach paradox wird. Das synthetische Wir-Gefühl kann nur im unmittelbaren Kontext des bewaffneten Kampfes eintreten und wird damit zu einer Situation, die sowohl die gewollte Herbeiführung als auch die dauerhafte Etablierung verbietet. Unabhängig davon, wie er Machado liest, sprechen zwei weitere Argumente gegen Paz als einen unkritischen Freund harmonischer Synthesen: erstens vermitteln all seine Publikationen zum Spanischen Bürgerkrieg das deutliche Bewusstsein, dass es sich um eine Extremsituation handelte, die vorübergehen musste, ebenso wie das momentane Gefühl der Verschmelzung mit den Mitkämpfern wieder verschwindet, sobald sich das Individuum aus der Situation löst.[62] Zweitens scheint Paz den Bürgerkrieg im Nachhinein erneut nostalgisch zu stilisieren, ebenso wie er es auch im Vorhinein im Gedicht «¡No pasarán!» tat. So gilt ihm die Unterstützung mit den «jóvenes héroes de la libertad»[63] als Ehrensache, als Einsatz für Werte, die während des Spanischen Bürgerkriegs auf einmal greifbar schienen, aber schon wenige Jahre später nicht mehr in den damals so eindeutig wirkenden Oppositionen denkbar waren. Auf einer Veranstaltung spanischer Republikaner in Paris, zu der Paz gemeinsam mit Albert Camus eingeladen worden war, fasste der mexikanische Autor diesen Umstand einmal in Worte: am 19.07.1951 hielt er eine Rede, die auf den Jahrestag des Militärputsches (19.07.1936) verwies, der in Katalonien am heroischen Widerstand der Republikaner scheiterte. Der Text wurde zehn Tage

---

61 Vgl. dazu Kap. 3 dieser Arbeit; sowie Paz' Ideen von Liebe als Dialog, bzw. Liebe als Vereinigung von Widersprüchlichkeiten, in: OP: *La llama doble*, OC Bd. 10, S. 301: «¿No hay salida? Sí la hay: en algunos momentos el tiempo se entreabre y nos deja ver *el otro lado*. Estos instantes son experiencias de la conjunción del sujeto y del objeto, del yo soy y el tú eres, de ahora y el siempre, de allá y el aquí.» Paz versteht Hegels Vorstellung einer Synthese als Übersetzung dessen jugendlichen Glaubens an die Überwindung der Spaltung (*escisión*) in der Liebe (ebda.), d.h. Synthese als Überwindung von Entfremdung.
62 Vgl. die Beschreibung von Gefühlsansteckung in der Masse als primitive Form von Einsfühlung in: Max Scheler: *Wesen und Formen der Sympathie* [1913]. In: Manfred Frings (Hg): *Die deutsche Philosophie der Gegenwart*. 6., durchges. Aufl. von «Phänomenologie und Theorie der Sympathiegefühle». Bern/München: Francke 1973, S. 26f und S. 30.
63 OP: «Carta a la juventud española» (1937), in: Manuel Aznar Soler: *República literaria y Revolución*, S. 638f Fn 144.

später unter dem Titel «Aniversario Español»[64] in der *Solidaridad Obrera* publiziert, einer Zeitschrift der in Frankreich exilierten anarchosyndikalistischen Gewerkschaft *Confederación Nacional de Trabajo* (CNT). Folgender Ausschnitt gibt einen Einblick in den Zusammenhang zwischen historischem Ereignis, Anteilnahme und Wahl der Begrifflichkeiten auch auf poetologischer Ebene:

> En aquella época todo nos parecía claro y neto. No era difícil escoger. Bastaba con abrir los ojos: de un lado, el viejo mundo de la violencia y la mentira con sus símbolos: el Casco, la Cruz, el Paraguas; del otro, un rostro de hombre, alucinante a fuerza de esculpida verdad, un pecho desnudo y sin insignias. Un rostro, miles de rostros de pechos y puños. El 19 de julio de 1936, el pueblo español apareció en la historia como una milagrosa explosión de salud. La imagen no podía ser más pura: El pueblo en armas y todavía sin uniforme. [...] Durante unos meses vertiginosos las palabras, gangrenadas desde hacía siglos, volvieron a brillar, intactas, duras, sin dobleces. Los viejos vocablos –bien y mal, justo e injusto, traición y lealtad– habían arrojado al fin sus disfraces históricos. Sabíamos cuál era el significado de cada uno. Tanta era nuestra certidumbre que casi podíamos palpar el contenido, hoy inasible, de palabras como *libertad y pueblo, esperanza y revolución*. El 19 de julio de 1936 los obreros y campesinos españoles devolvieron al mundo el sabor solar de la palabra *fraternidad*.[65]

Paz erinnert hier an den (schon zum Zeitpunkt der Rede undenkbar gewordenen) Eindruck, die Welt sei in binäre Strukturen aufzuteilen. Während des Spanischen Bürgerkriegs schienen die Wörter wieder einen Sinn zu haben, Paz erwähnt die Gegensatzpaare gut/böse, gerecht/ungerecht, Verrat/Loyalität. Doch der Aufstand des Volks selbst habe bewiesen, dass die Realität immer komplexer sei als die Vorstellungskraft. Das Volk habe es nicht zugelassen, dass Andere in seinem Namen Geschichte schrieben, so Paz, also griff es selbst zu den Waffen und bewies damit die Existenz jener Möglichkeiten, die in den abstrakten Kriegstheorien nicht mitgedacht würden:

> En unas cuantas horas [...] mostraron su verdadera faz todas esas teorías, más o menos maquiavélicas y jesuíticas, acerca ‹de la técnica del golpe de estado› y la ‹ciencia de la Revolución›. De nuevo la historia reveló que poseía más imaginación y recursos que las filosofías que pretenden encerrarla en sus prisiones dialécticas.[66]

Die «Gefängnisse der Dialektik» sind dabei als ablehnende Referenzen auf Hegel und Marx sowie auf das Missverständnis ihrer Werke im 20. Jahrhundert zu verstehen. Die Worte von Paz verweisen auf die Komplexität der möglichen Kon-

---

64 OP: «Aniversario Español», in: CNT (Hg.): *Solidaridad Obrera*, Paris, 29.07.1951. Erneute Publikation in: *El ogro filantrópico* (1979). OC Bd. 9, S. 433–437.
65 OP: «Aniversario Español» OC Bd. 9, S. 433.
66 Ebda. S. 434.

stellationen politischer Interessen und historischer Fügungen jenseits der binären Strukturen von These und Antithese der Philosophen einerseits und der politischen Ideologien von rechts und links andererseits. Als Beispiel diente Paz im gleichen Kontext später einmal die parlamentarisch-monarchistische Regierungsform Spaniens, die bis zum Wahlsieg der *Unión de Centro Democtrático* (UCD) 1977 mit Adolfo Suárez (als erstem demokratischen Ministerpräsidenten seit 1936) unvorstellbar erschienen war.[67] In der zitierten Rede «Aniversario Español» (1951) erinnert Paz ausgehend von den Autonomen Gemeinschaften Baskenland und Katalonien, deren Sprachen und Traditionen unter Franco verboten worden waren, an die Notwendigkeit von Diversität zur Bildung jeder Kultur: «la verdadera cultura se alimenta de la fatal y necesaria diversidad de pueblos y regiones»;[68] «Pero la vida es diversidad»;[69] «[N]o hay una sola idea del hombre [...] El hombre es *los hombres*.»[70] Erneut stehen Austausch und Dialog im Zentrum seiner Argumentation: «Las grandes épocas son épocas de diálogo. Grecia fue el coloquio.»[71]

Mit jeder schriftlichen Rückwendung von Paz zum Erlebnis des Bürgerkriegs wird zunehmend deutlich, dass die Erfahrung der brüderlichen Gemeinschaft unter den Kämpfern nur positiv gewertet werden kann, wenn auch die individuellen Rechte garantiert sind. Dies ist einer der Aspekte, die Octavio Paz auch in seinem Essay zur «Poesía de soledad y poesía de comunión» (1943) erläutert, wenn er die Dichtung als Weg zu einer Gemeinschaft von Individuen beschreibt.[72] Wichtig ist für Paz dabei die Kombination beider Elemente: Anteilnahme (*comunión*) und distanzierte Reflektion (*soledad*), soziales Denken und Kritik. Dabei kann das Gefühl der Zusammengehörigkeit immer nur im Nachhinein beschrieben werden, denn während des Erlebnisses selbst befindet sich der Schriftsteller noch in einem Zustand teilnehmender Verschmelzung – in den *Cantos españoles* wird dieser Umstand durch die Parteinahme mit den republikanischen Arbeitern deutlich. Max Scheler würde von einem «Einsfühlen» sprechen, das sich ergibt, wenn das Individuum in der Masse aufgeht. Der Philosoph unterscheidet es von Miteinanderfühlen, Mitgefühl, Gefühlsansteckung und Nachfühlen, und betont vor allem die Rolle des letzteren für die Verschriftlichung emotionaler Erlebnisse: «Der Historiker von Bedeutung, der Romanschriftsteller, der dramatische Künstler müssen die Gabe des ‹Nacherlebens› in hohem Maße besitzen; aber ‹Mitgefühl›

---

67 OP: «El lugar de la prueba», S. 438–446.
68 OP: «Aniversario Español», S. 435.
69 Ebda.
70 Ebda. S. 436.
71 Ebda. S. 435.
72 Vgl. Kap 3.3.1 der vorl. Arbeit. Vgl. Anthony Stanton: *El río reflexivo*, S. 86–102.

brauchen sie nicht im mindesten mit ihren Gegenständen und Personen zu haben.»[73] Einsfühlen ist laut Scheler hingegen konstitutiv für die spätere Verschriftlichung, bzw. ein späteres Auflebenlassen desselben emotionalen Zustands in anderen Kontexten: «Einsfühlung fundiert Nachfühlung».[74] Paz scheint sich dieser emotionalen Schichtungen bewusst zu sein, wenn er auf die für ihn so zentralen Erlebnisse in Spanien referiert.[75] Dabei bleibt *Brüderlichkeit* auch später ein Schlüsselwort für den Dichter: In «El lugar de la prueba» (1987) schreibt er über das Gemeinschaftserlebnis im Haus einer spanischen Bauernfamilie: «Con ellos y por ellos aprendí que la palabra fraternidad no es menos preciosa que la palabra libertad: es el pan de los hombres, el pan compartido.»[76] Und in dem Langgedicht «Nocturno de San Ildefonso» (1976) definiert das lyrische Ich die Dichtung als «Hängebrücke zwischen Geschichte und Wahrheit» und die Wahrheit als Wissen über den Schwebezustand, der die Menschen «brüderlich» über der Leere vereine: «La verdad: / sabernos, / desde el origen, / suspendidos. / Fraternidad sobre el vacío.»[77]

Alle Situationen, in denen eine Verschmelzung möglich scheint, sind bei Paz indes als flüchtig konturiert, so dass sich aus seinen Äußerungen einerseits weder auf konkrete Pläne für das utopische Projekt einer «anderen» Gesellschaft schließen ließe, noch andererseits auf eine Weltflucht in lyrischer Sprache. Die Synthese ist lediglich als nostalgisches Momentum gedacht, nicht als wirklich zu realisierendes Ideal. Dies schließt nicht aus, dass die Verschmelzung nicht trotzdem für kurze Augenblicke erlebt werden könnte, sei es in den Monaten des Spanischen Bürgerkriegs und der Zugehörigkeit zu diesem revolutionären Kollektiv, oder in der Dichtung, die Paz Anfang der vierziger Jahre in seinem Essay «Poesía de soledad y poesía de comunión» als subversive, anarchistische Parallele zum Wunsch nach einer religiösen Synthese mit metaphysischen Energien fasst. Dass Paz Ähnlichkeiten zwischen den Phänomenen Religion, Dichtung, Liebe und Revolution sieht, wird deutlich, wenn er über den Surrealismus einmal sagt: «Para la mayoría del grupo, amor, poesía y revolución eran tres sinónimos ardientes.»[78] Der Spanische Bürgerkrieg steht in diesem Verständnis für eine solche Möglichkeit größter Selbstverwirklichung in der Selbstaufgabe. In dem

---

73 Vgl. Max Scheler: *Wesen und Formen der Sympathie* S. 20.
74 Ebda. S. 105.
75 Dass Paz Scheler rezipierte, wird an mehreren Stellen seines Werkes deutlich. Vgl.: OP: «Ética del artista» (1931), OC Bd. 13, S. 188.
76 OP: «El lugar de la prueba», S. 446.
77 OP: «Nocturno de San Ildefonso» (1976), OC Bd. 12, S. 62–71.
78 OP: «Poesía mexicana moderna», OC Bd. 4, S. 67.

Gedicht «Piedra de sol» (1957)[79] offenbart sich dieser Zusammenhang, wenn in perfekten Elfsilbern an zentraler Stelle zunächst der Bürgerkrieg als Idealbild einer Revolution für die gerechte Sache erwähnt wird, direkt darauf aber die Schilderung einer Liebesszene folgt, welche auf die biblische Formulierung «ein Fleisch werden»[80] anspielt und in eine religiös anmutende Apostrophe mündet.

Madrid, 1937,	Madrid, 1937,
290 en la Plaza del Ángel las mujeres	auf der Plaza del Ángel nähten die Frauen
cosían y cantaban con sus hijos,	und sangen mit ihren Kindern,
después sonó la alarma y hubo gritos,	dann schrillte die Sirene und klangen Schreie,
casas arrodilladas en el polvo,	Häuser, kniend im Staub,
torres hendidas, frentes esculpidas	gespaltene Türme, verformte Fassaden
y el huracán de los motores, fijo:	und der Orkan der Triebwerke, starr:
295 los dos se desnudaron y se amaron	die zwei entkleideten und liebten sich
por defender nuestra porción eterna,	um unsere Portion Ewigkeit zu verteidigen,
nuestra ración de tiempo y paraíso,	unsere Ration von Zeit und Paradies,
tocar nuestra raíz y recobrarnos,	unsere Wurzel zu berühren und uns wiederzufinden,
recobrar nuestra herencia arrebatada	um unser seit tausend Jahrhunderten
por ladrones de vida hace mil siglos,	von Lebensdieben gestohlenes Erbe wiederherzustellen,
300 los dos se desnudaron y besaron	die zwei entkleideten und küssten sich
porque las desnudeces enlazadas	denn die verschlungenen Nacktheiten
saltan el tiempo y son invulnerables,	springen aus der Zeit und sind unverletzlich,
nada las toca, vuelven al principio,	nichts berührt sie, sie kehren zum Ursprung zurück,
no hay tú ni yo, mañana, ayer ni nombres,	es gibt weder du noch ich, morgen, gestern nicht einmal Namen,
verdad de dos en sólo un cuerpo y alma,	Wahrheit von Zweien in nur einem Körper und einer Seele,
305 oh ser total...	oh vollkommenes volles Sein....

Die Revolution scheint, ebenso wie die Liebe, für Paz einen Weg zu bieten, um eine solche «porción eterna», einen Ewigkeitsmoment jenseits des Stroms der alltäglichen Zeit zu erleben.[81] Einen ähnlichen Moment evoziert die poetische Sprache selbst durch ihre künstlerische Gemachtheit: Die Form ermöglicht die

---

[79] Vgl. dazu Kap. 3.3.2 der vorliegenden Arbeit.
[80] Vgl. Matthäus 19, 5–6: «Er antwortete aber und sprach zu ihnen: Habt ihr nicht gelesen, daß, der im Anfang den Menschen gemacht hat, der machte, daß ein Mann und ein Weib sein sollte und sprach: ‹Darum wird ein Mensch Vater und Mutter verlassen und an seinem Weibe hangen, und werden die zwei ein Fleisch sein›? So sind sie nun nicht zwei, sondern ein Fleisch. Was nun Gott zusammengefügt hat, das soll der Mensch nicht scheiden.»

Unabhängigkeit des Textes vom konkreten Moment und garantiert seine potentielle Aktualisierung in späteren Epochen. Dabei bleiben Texte wie «Piedra de sol» (1957), auch ohne dem Sartre'schen Programm der *littérature engagée* zu entsprechen, immer zeitgebunden. Das Gedicht ist durchdrungen von einem «geschichtlichen Stundenschlag».[82]

In «¡No pasarán!» wird dieser Stundenschlag aufgrund der 1936 noch möglich scheinenden Intervention sehr eindeutig vermittelt. Zugleich repräsentiert das Gedicht keine der beiden Positionen der poetologischen Debatte um den politischen Gehalt von Literatur ausschließlich, vielmehr vertritt es Dimensionen beider: Es ist politisch, und daher strikt an den historischen und geographischen Kontext gebunden. Gleichzeitig, und dank seiner künstlerischen Verfasstheit, kann der Text in zeitloser Weise rezipiert werden. Es stellt die Synthese als erstrebenswert dar, verspricht sie aber nicht.

2.2 «Entre la piedra y la flor» (1937) – Landarbeiter in Yucatán

Das Gedicht «Entre la piedra y la flor» hat in zwei Versionen, datiert auf 1940 und 1976, Eingang in das Gesamtwerk gefunden.[83] Der – in beiden Fassungen – sehr ausführliche lyrische Text evoziert als literarische Folie das Genre der Arbeiterdichtung, das nach dem Ersten Weltkrieg in Europa sehr verbreitet war. Literaturhistorisch ist die Form mit der Geschichte der fortschreitenden Industrialisierung im 19. Jahrhundert verbunden: schon in der Romantik entstanden Texte, die sich mit den Erfahrungen der Arbeiter befassten.[84] In diesem Zusammenhang wäre etwa José de Espronceda (1808–1842) zu nennen, der mit einem Text wie «Al Dos de Mayo» (1840) nicht nur auf ein konkretes historisches Ereignis verwies, sondern gleich im ersten Vers auch die Rolle der Bevölkerung als Impuls für den politischen Wandel hervorhob. Der Volksaufstand vom 2. Mai 1808 sollte der Auftakt für den spanischen Unabhängigkeitskrieg gegen Napoleon werden.

---

81 Vgl. das vorliegende Gedicht, ebenso wie: OP: «Poesía mexicana moderna», OC Bd. 4, S. 60–68.
82 Theodor W. Adorno: Rede über Lyrik und Gesellschaft, S. 60: «[N]ur Kraft solcher Durchdringung hält eigentlich das lyrische Gedicht in seinen Grenzen den geschichtlichen Stundenschlag fest.»
83 OP: «Entre la piedra y la flor» (1940), OC Bd. 13, S. 106–113; OP: «Entre la piedra y la flor» (1937/1976), OC Bd. 11, S. 86–92.
84 Die Gegenwart gewinnt ab Mitte des 18. Jahrhunderts an Bedeutung. Vgl. Susanne Zantop: *Zeitbilder: Geschichte und Literatur bei Heinrich Heine und Mariano José de Larra*. Bonn: Bouvier 1988.

In der gleichen Zeit hatte sich auch Heinrich Heine (1797–1856) in seiner Dichtung der Erfahrung der Arbeiter zugewandt, indes mit der Agenda, das von Hegel und Ranke geprägte Geschichtsmodell in Deutschland aufzubrechen, während das Arbeiterthema im Werk spanischer Dichter, zum Beispiel bei Mariano José de Larra (1809–1837), einen historiographischen Zusammenhang überhaupt erst schaffen wollte. Die Industrialisierung in Spanien war im Vergleich zu Deutschland in einem völlig anderen Stadium.

Doch man rezipierte Heinrich Heines Weberlied auch in Spanien. Das Gedicht war am 10. Juni 1844 in der von Karl Marx in Paris herausgegebenen Zeitschrift *Vorwärts! Pariser deutsche Zeitschrift* (Nr. 55) unter dem Titel «Die armen Weber»[85] in Reaktion auf den Weberaufstand vom 3. Juni 1844 erschienen. Trotz des sofortigen Verbots nach dem Erstdruck wurde das Weberlied in einer Auflage von 50.000 Stück als Flugblatt in den Aufstandsgebieten verteilt und hatte einen direkten Einfluss auf das politische Selbstbewusstsein der Arbeiter des Vormärz. Während das lyrische Ich von Espronceda von außen auf «el pueblo»[86] blickte, suchte Heine nach Ausdrucksformen für ein lyrisches Kollektiv. Der Refrain «Wir weben, wir weben!» veranschaulicht durch die Wiederholung am Ende jeder Strophe die Unausweichlichkeit des Arbeiteralltags, in dem sich die Sprecher weder Klagen noch Hoffnungen leisten können.

Auch Octavio Paz erkundete in seinem Gedicht «Entre la piedra y la flor» lyrische Ausdrucksformen zwischen individueller und kollektiver Erfahrung. «Entre la piedra y la flor» ist ein zutiefst politischer Text.[87] Er entnimmt Heines

---

85 Heinrich Heine: «Die schlesischen Weber». In: Hermann Püttmann (Hg.): *Album. Originalpoesien*. Borna 1847 [eig. Bremen/Brüssel 1846], S. 145f.: «Im düstern Auge keine Thräne, / Sie sitzen am Webstuhl und fletschen die Zähne; / Alt-Deutschland wir weben dein Leichentuch, / Wir weben hinein den dreifachen Fluch. / Wir weben, wir weben! / Ein Fluch dem Gotte, dem blinden, dem tauben, / Zu dem wir gebetet mit kindlichem Glauben / Wir haben vergeblich gehofft und geharrt, / Er hat uns geäfft und gefoppt und genarrt. / Wir weben, wir weben! / Ein Fluch dem König, dem König der Reichen, / Den unser Elend nicht konnte erweichen, / Der uns den letzten Groschen erpreßt / Und uns wie die Hunde erschießen lässt. / Wir weben, wir weben! / Ein Fluch dem falschen Vaterlande, / Wo nur gedeihen Schmach und Schande, / Wo nur Verwesung und Todtengeruch; / Alt-Deutschland, wir weben dein Leichentuch, / Wir weben, wir weben!»

86 Die ersten beiden Strophen von Esproncedas «Al Dos de Mayo» lauten wie folgt: «¡Oh! ¡Es el pueblo! ¡Es el pueblo! Cual las olas / Del hondo mar alboratado brama; / Las esplendentes glorias españolas, / Su antigua prez, su independencia aclama, / Hombres, mujeres vuelan al combate; / El volcán de sus iras estalló: / Sin armas van; pero en sus pechos late / Un corazón colérico español.» José de Espronceda: *Obras poéticas* I. Madrid: Espasa-Calpe 1952, S. 145–150.

87 Domínguez Michael hat im Gegensatz hierzu das Gedicht «Entre la piedra y la flor» als «Kopfschmerzen» des Autors («uno de sus grandes dolores de cabeza») bezeichnet und von einer «idealización del campesino» gesprochen: Christopher Domínguez Michael: *Octavio Paz en su siglo*, S. 73. Der Biograph ergänzte seine Einschätzung durch die Überlegung, dass Paz in dem

Dichtung die existentielle Erfahrung der lyrischen Subjekte – sowohl die schlesischen Weber als auch die yukatekischen Agavenbauern hatten keine Möglichkeit, sich der Ausbeutung zu entziehen, sie wären schlicht verhungert. Dass sich Paz eher auf Heines als auf andere, etwa dem Sozialistischen Realismus verpflichtete Arbeiterdarstellungen bezog, ist in mehrfacher Hinsicht bedeutsam. Paz, so meine These, überprüfte in lyrischer Form Schlüsselbegriffe marxistischer Ästhetik angesichts der Realität des postrevolutionären Mexiko. In einem Land, das zunächst durch die Kolonialherren, dann durch das diktatorische Regime von Porfirio Díaz und schließlich durch die korrupte Partei der Institutionalisierten Revolution (PRI) ausgebeutet wurde, konnten Bauern und Arbeiter kaum Hoffnungen auf ein «Reich der Freiheit» oder die Verwandlung in eine Gesellschaft «neuer Menschen» entfalten.[88] 1957, zwanzig Jahre nach der Erstfassung des Gedichts, gab Paz seiner Enttäuschung über die gescheiterten Versuche marxistischer Politik in Mexiko und anderswo mit folgenden Worten Ausdruck: «Es triste reconocer que no es para mañana el reinado del hombre.»[89] Erst angesichts der Ereignisse des Mai 1968 sollte seine Hoffnung auf die Möglichkeit einer neuen Gesellschaft wieder aufblühen. Im Rückblick formulierte er dies wie folgt:

> Durante esas semanas sentí que mis esperanzas juveniles renacían: si los obreros y los estudiantes se unían, asistiríamos a la primera verdadera revolución socialista. Tal vez Marx no se había equivocado: la revolución estallaría en un país avanzado, con un proletariado madurado y educado en las tradiciones demoráticas. Esa revolución se extendería a todo el mundo desarrollado, acabería con el capitalismo y también con los regímenes totalitarios que habían usurpado el nombre del socialismo en Rusia, China, Cuba y otros países.[90]

Weitere zwanzig Jahre später erinnerte Paz in seiner Rede zum Jahrestag des Schriftstellerkongresses von 1937 mit folgenden Worten an die damalige Hoffnung: «Pensé entonces – y lo sigo pensando – que en aquellos hombres amanecía ‹otro hombre›. El sueño español [...] fue luego roto y manchado [...] Pero su recuerdo no me abandona. Quien ha visto la Esperanza, no la olvida.»[91] Seine Vision eines «anderen Menschen» ist aber nicht deckungsgleich mit dem marxis-

---

lyrischen Adressaten seinen eigenen Vater sehe, der mit Zapatas Agrarpolitik übereinstimmte. (Ebda. S. 74).
88 Vgl. Detlef Kühn: Der neue Mensch. Zur trügerischen Vision menschlicher Vollkommenheit. (16.12.2014). In: Bundeszentrale für politische Bildung (Hg.): *Aus Politik und Zeitgeschichte*, Jahresband 2014. Die in der Landschaft gespiegelte Resignation erinnert an die Kurzgeschichten aus Juan Rulfos *El llano en llamas* (1953).
89 OP: «Poesía mexicana moderna», OC Bd. 4, S. 67.
90 OP: Vgl. «Vislumbres de la India» (1995), OC Bd. 10, S. 483.
91 OP: «El lugar de la prueba», S. 438–446.

tischen Geschichtsbild, dessen aus seiner Sicht zu wenig reflektierte Ausbreitung über «die fünf Kontinente»[92] er scharf kritisierte.

In «Entre la piedra y la flor» machte Paz deutlich, dass die Vorstellung einer von ihrer Tätigkeit entfremdeten Arbeitskraft nicht auf die Erfahrungswelt der mexikanischen Bauern übertragen werden konnte. Mexiko war Ende der dreißiger Jahre von Industrialisierung weit entfernt, von entfremdeter Arbeit im Sinne des 19. und frühen 20. Jahrhunderts in Europa kann gar nicht die Rede sein, ebenso wenig von einem Idealzustand nicht industrialisierter Arbeit oder einer vermeintlich idyllischen Verbundenheit des Arbeiters mit der Natur. Durch die lyrische Thematisierung der drastischen Lebensbedingungen der Bauern, die Paz in Yucatán beobachtet hatte, stellt das Gedicht, so die hier zu verfolgende These, infrage, ob der Marxismus wirklich einen Schlüssel zur Änderung der Verhältnisse in Mexiko darstellen konnte.

Damit nahm der mexikanische Autor in gewisser Weise die Forderungen der schon erwähnten von Arturo Serrano Plaja vorgetragenen «Ponencia colectiva» vorweg, die er einige Monate nach seinem Aufenthalt in Mérida auf dem Schriftstellerkongress von 1937 in Valencia hören würde.[93] In diesem unter anderen von Miguel Hernández firmierten «kollektiven Vortrag» wurde zunächst von der Spannung zwischen individueller künstlerischer Freiheit und gemeinsamer Überzeugung im Kampf gegen den Faschismus berichtet. Um den Vorgaben des sozialistischen Realismus zu entgehen, ohne in ihrer Kunst ganz auf den politischen Ausdruck verzichten zu müssen, plädierten die Vortragenden für literarische Darstellungen, in denen Arbeiter nicht als abstrakte Symbole einer einzigen weltweiten kommunistischen Revolution, sondern als menschliche Individuen in einem konkreten historischen und geographischen Kontext erscheinen:

> No queremos – aunque lo admitamos en cuanto a las necesidades inmediatas que para nada subestimamos, ya que de ellas dependen todas – una pintura, una literatura, en las que, tomando el rábano por las hojas, se crea que todo consiste en pintar o en describir, etcétera, a los obreros buenos, a los trabajadores sonrientes, etcétera, haciendo de la clase trabajadora, la realidad más potente hoy por hoy, un débil símbolo decorativo. No. Los obreros son algo más que buenos, fuertes. Son hombres con pasiones, con sufrimientos, con alegrías mucho más complejas que las que esas fáciles interpretaciones mecánicas desearían.[94]

---

92 OP: ¿Y qué América Latina? [*Vuelta*, Nr 79, Juni 1983], OC Bd. 14, S. 368. Dort heißt es: «El totalitarismo nació en Europa, como la democracia. Nació dos veces, una en Alemania y otra en Rusia. La versión nazi fue derrotada pero en Rusia el totalitarismo se afianzó, creció y se ha extendido por los cinco continentes. Es ya un imperio.»
93 Serrano Plaja: Ponencia colectiva (10.07.1937).
94 Ebda. S. 190.

2.2 «Entre la piedra y la flor» (1937) – Landarbeiter in Yucatán

Die Reflexion in Europa entstandener weltanschaulicher Modelle ist bei Paz Anlass zur Erkundung alternativer Wege, wie die mexikanischen Bauern ihrer rechtlosen Position entgehen können.

Ausgangspunkt des Gedichts «Entre la piedra y la flor»[95] ist die Stadt Mérida auf der Halbinsel Yucatán. Dieser Ort ist auf eine biografische Erfahrung zu beziehen: Im Jahr 1937 verbrachte Octavio Paz zwei Monate in Mérida, wo er an der Einrichtung einer Schule beteiligt war, in der er die Kinder von Landarbeitern im Fach «Spanische Literatur» unterrichtete.[96] Nachdem er sich schon 1930–31 im Rahmen der *Unión Estudiantil pro-Obrero y Campesino* (UEPOC) für die Erziehung als revolutionäre Praxis eingesetzt hatte, beteiligte sich Paz in dieser Zeit an der Gründung des *Comité pro-Democracia Española*.[97] Zugleich machte er deutlich, dass er sich nicht von einer Partei vereinnahmen lassen wollte, indem er es 1936 ablehnte, auf einem Treffen des PCM aus dem eigenen Werk vorzulesen. In diesem Rahmen beschrieb er seine dichterische Arbeit wie folgt: «no como una actividad al servicio de la revolución sino como la expresión de la perpetua subversión humana».[98]

Gemeinsam mit einigen kommunistischen Autoren reiste Paz 1937 auf die Halbinsel Yucatán, die seit jeher Schauplatz wirtschaftlicher Ausbeutung war. Sheridan verglich diesen Lebensabschnitt von Paz mit den Erfahrungen anderer Schriftsteller im Spanischen Bürgerkrieg. In Mérida hätten sich für Paz jene Fronten zwischen konservativen Strukturen und demokratischen Gesellschaftsentwürfen gezeigt, um die zeitgleich in Spanien gekämpft wurde:

> Yucatán es la política agraria de Cárdenas, el escenario de la ancestral injusticia contra indios y campesinos a manos del capital, y un sitio especial en la imaginación juvenil de la izquierda desde el Congreso Nacional de Estudiantes. [...] Yucatán era su ‹frente de Aragón›; las viejas familias criollas eran su Franco y sus fascistas; los henequeneros sus milicianos muertos. Y el pizarrón y el gis sus fusiles y trincheras.[99]

---

95 In den OC des FCE finden sich die Version von 1937/1940 (OC Bd. 13, S. 106–113) und die Version von 1937/1976 (OC Bd. 11, S. 86–92). Das vorliegende Kapitel arbeitet mit beiden Versionen, die Übersetzungen sind eigene. Gewidmet ist das Gedicht dem Dichter und Kardiologen Teodoro Cesarman. Vgl. Juan García Ponce: La poesía de Octavio Paz. In: Enrique Ángel Flores (Hg.): *Aproximaciones a Octavio Paz*. Mexiko: Mortiz 1974, S. 23.
96 Guillermo Sheridan: Octavio Paz en Yucatán.
97 Vgl. Paz über Bosch: «Elegía a un compañero muerto en el frente de Aragón» (1937). In: LBP (1988) S. 357–364. (Hier der Titel des Essays zu Bosch, sonst als Gedichttitel verwendet).
98 Zit. n. Guillermo Sheridan: Octavio Paz en Yucatán, ohne Pag.
99 Ebda.

Noch im gleichen Jahr nahm Paz die Arbeit an der ersten Version seines Gedichts «Entre la piedra y la flor» auf, das erst 1941 mit damals 242 Versen publiziert wurde und immer wieder überarbeitet werden sollte.[100] Das Gedicht thematisiert die harte körperliche Arbeit der mexikanischen Bauern. Im Kommentar, den Paz der überarbeiteten Version von 1976 voranstellte, hielt er fest, wie sehr ihn das Elend der autochthonen Bevölkerung berührt hatte, deren Leben an die Agavenzüchtung und den weltweiten Handel mit der Sisalfaser gebunden war:

> En 1937 abandoné, al mismo tiempo, la casa familiar, los estudios universitarios y la ciudad de México. Fue mi primera salida. Viví durante algunos meses en Mérida (Yucatán) y allá escribí la primera versión de «Entre la piedra y la flor». Me impresionó mucho la miseria de los campesinos mayas, atados al cultivo del henequén y a las vicisitudes del comercio mundial del sisal. Cierto, el Gobierno había repartido la tierra entre los trabajadores pero la condición de éstos no había mejorado: por una parte, eran (y son) las víctimas de la burocracia gremial y gubernamental que ha substituido a los antiguos latifundistas; por la otra, seguían dependiendo de las oscilaciones del mercado internacional.[101]

1917, nach der mexikanischen Revolution, waren die ehemaligen Hacienda-Ländereien, d. h. der noch aus der Kolonialzeit stammende Großgrundbesitz, in sogenannte *Ejidos*, selbstverwaltete Gemeindeländer, aufgeteilt worden.[102] Unter Cárdenas wurden 1935 noch einmal etwa 18 Millionen Hektar, darunter auch fruchtbarere Anbauflächen, unter den Bauern verteilt.[103] In Yucatán wurden die Felder dabei wie in dem Baumwollanbaugebiet La Laguna in gemeinschaftlichen Allmenden organisiert.[104] Trotz dieser prinzipiell sozialistischen Struktur blieben die Arbeiter Opfer einer willkürlichen Bürokratie, die Paz deutlich kritisierte: sie habe die Tyrannei der kolonialen Haciendabesitzer lediglich «ersetzt».[105] Fest steht, dass die Bauern selbst kaum von dem Ertrag profitierten; nicht einmal das sogenannte *Milagro mexicano*, das mexikanische Wirtschaftswunder der vierziger Jahre, sollte die Bevölkerung auf dem Land erreichen.[106] Aus diesen Gründen

---

100 Vgl. OP: «Entre la piedra y la flor». In: ders.: *Nueva Voz*. Mexiko 1941, S. 1. Vgl. Anthony Stanton: *El río reflexivo*, S. 163; sowie: Enrico Mario Santí in: LBP (1988) S. 25 und 149.
101 Der Kommentar findet sich in: LBP (1988) S. 149f. Vgl. zur Sisalfaser auch: «La península de Yucatán», in: *México. Cultura, Ciudades, Naturaleza*. Guías TresD. Madrid: Anaya 2007, S. 199–250, hier: S. 201.
102 Vgl. Lorenzo Meyer: El movimiento campesino. In: *Historia general de México*. Mexiko: Colmex 1976, S. 132ff.
103 Ebda. S. 140.
104 Ebda. S. 177.
105 Vgl.: LBP (1988) S. 149f.
106 Vgl. Solon L. Barraclough: The Legacy of Latin American Land Reform. In: NACLA (North American Congress on Latin America) (Hg.): *Report on the Americas*. Vol. 28, Iss. 3, New York:

wird die Wirtschaftspolitik in poetischen Bildern evoziert, die sie, wie im Folgenden am Gedicht gezeigt werden soll, wie einen fremden «Mechanismus» wirken lassen, der kaum mit dem Alltag der autochthonen Bevölkerung in Einklang gebracht werden kann. In seinem Kommentar von 1976 machte Paz auf diese lyrische Anklage aufmerksam:

> Quise mostrar la relación que, como un verdadero nudo estrangulador, ataba la vida concreta de los campesinos a la estructura impersonal, abstracta, de la economía capitalista. Una comunidad de hombres y mujeres dedicada a la satisfacción de necesidades materiales básicas y al cumplimiento de ritos y preceptos tradicionales, sometida a un remoto mecanismo. Ese mecanismo los trituraba pero ellos ignoraban no sólo su funcionamiento sino su existencia misma.[107]

Vor diesem Hintergrund lässt sich das Gedicht «Entre la piedra y la flor» wie eine Würdigung der Landarbeiter lesen, die sich sowohl den widrigen klimatischen wie auch den unvorteilhaften wirtschaftlichen Bedingungen ausgesetzt sahen.

2.2.1 «Entre la piedra y la flor» (1940) – Die frühe Fassung

Band 13 der *Obras Completas* von Octavio Paz enthält «Entre la piedra y la flor» in der Version von 1940, die aus insgesamt 220 Versen besteht und an dieser Stelle zuerst besprochen werden soll.[108] Die Verse sind in fünf ungleich lange Abschnitte aufgeteilt, bei denen zunächst die Landschaft und die Agave genauer beschrieben werden (Teil I und II), bevor in Teil III der Alltag der Landarbeiter in den Blick genommen wird. Teil IV und V beschwören die Widerstandskraft gegen die extremen Bedingungen der realen Geographie auf der einen und der metaphori-

---

Routledge 1994: «Distribution during the Cárdenas years of 45 million acres of land to some 800,000 peasant families organized in communally held ejidos helped to consolidate the virtually uncontested power of Cárdenas' Institutional Revolutionary Party (PRI) for the next half century. The Cárdenas reforms seemed to some to fulfil many of the peasant revolutionaries' goals even though some states – such as Chiapas – were hardly touched by reform, and over half the good irrigated land remained in the hands of large commercial private owners. After 1940, however, power gradually shifted to favor large and medium farm entrepreneurs urban industrial and commercial interests, and the land developers associated with the PRI.» Vgl. auch: Rulfo, Juan: *El Llano en llamas* (1953) Madrid: Cátedra 1985, und *Pedro Páramo* (1955) Mexiko: FCE 1964.
107 LBP (1988) S. 150.
108 OP: «Entre la piedra y la flor» (1937/1940), OC Bd. 13, S. 106–113. Escalante nennt diese erste Version des Gedichts «la versión nerudiana», Evodio Escalante: *Las sendas perdidas de Octavio Paz*. Mexiko: UAM/Ediciones Sin Nombre 2013, S. 122.

schen Landschaft des Kapitalismus auf der anderen Seite.¹⁰⁹ Das Gedicht setzt mit dem Tagesanbruch ein, so dass eine Parallelisierung von Text und Tag nahegelegt wird:

I En el alba de callados venenos amanecemos serpientes. Amanecemos piedras, raíces obstinadas, 5 sed descarnada, labios minerales.	I Im Morgenlicht schweigsamer Gifte erwachen wir als Schlangen. Erwachen wir als Steine, hartnäckige Wurzeln fleischloser Durst, mineralische Lippen.

Durch die Verse 2 und 3, in denen das lyrische Ich gewissermaßen die Perspektive der Wüstenfauna einnimmt, sowie durch Personifikationen der Wüste («sed descarnada, labios minerales» V5; «labio del desprecio» V7; «rencorosas púas» V9) entsteht der Eindruck enger Verbundenheit zwischen der Landschaft und der menschlichen Stimme.¹¹⁰ Neben der Wüste spielt vor allem die personifizierte Agave im Laufe des Gedichts eine zunehmend wichtige Rolle – und zwar ebenso in ihrer Funktion für die Herstellung der Sisal-Faser, wie auch als Verbildlichung der Lebensumstände der yukatekischen Bauern.¹¹¹ Wie zentral die Pflanze für ihr Leben ist, wird auch aus einem Artikel deutlich, den Paz im Mai 1937 in der Zeitung *El Nacional* publizierte. Darin wird die Agave sowohl im ersten wie auch im letzten Satz genannt und mit Leben und Tod selbst gleichgesetzt:

> Hay una palabra que dice por sí sola todo lo que es Yucatán: henequén. [...] Mérida, la ciudad moderna, dulce y clara, es el henequén. [...] la vida toda, es el henequén. La vida. La muerte de los campesinos. Se cumple aquí, como en todo régimen capitalista, aquello de que el hombre vive de la muerte del hombre. A veces, en la noche, uno se despierta como sobre escombros y sangre. El henequén, invisible y diario, preside el despertar.¹¹²

---

109 Vgl. das Kapitel «Yucatán, entre la piedra y el dinero». In: Christopher Domínguez Michael: *Octavio Paz en su siglo*, S. 67–75. Die metaphorische Darstellung gewann ein Jahr später an biographischer Konkretion: Domínguez Michael berichtet, dass Paz 1938 in einer Bank arbeitete, seine Aufgabe sei es gewesen, Geld zu zählen und zu vernichten. Ebda. S. 73f.
110 Vgl. auch die Verse 6–11. Aus Platzgründen ist das Gedicht an dieser Stelle nicht vollständig abgedruckt.
111 Meine Lektüre widerspricht dabei jener von Stanton, der die Darstellung der Pflanze mit einer «Ankündigung des Todes» gleichsetzt: «su sostén fálico es anuncio de muerte». Er widmet dem Gedicht sein Kapitel «Hacia la síntesis (1939–1942): Entre la piedra y la flor (1941)». In: Anthony Stanton: *El río reflexivo*, S. 160–169, hier: S. 165.
112 OP: Notas. [*El Nacional* (08.05.1937), S. 1–3], OC Bd. 13, S. 192.

2.2 «Entre la piedra y la flor» (1937) – Landarbeiter in Yucatán

Dabei ging es Paz auch um eine konkrete Wahrnehmung der Spezifik jener Menschen, welche in dieser Realität leben. Mit dem abwertenden Adjektiv «zutiefst antidialektisch» kritisierte der Autor die Abstraktion in den Diskursen über sogenannte «unterdrückte» Nationen, in welchen die Besonderheiten der diversen Bevölkerungsgruppen ausgeblendet werden:

> [M]e parece profundamente antidialéctico plantear, de una manera abstracta, la cuestión de las «nacionalidades oprimidas». La única originalidad verdadera, la única riqueza expresiva, con valor y alcance humano y nacional (típico, digamos, para emplear la palabra) es la que imprime lo maya a la población. [...] Y lo maya es, justamente, aquello que con mayor horror rechazan los grandes explotadores feudales.

Jenseits des nivellierenden Konzepts von Nation gab Paz den Maya mit seinem Gedicht einen Raum, in dem das Leben der autochthonen Bevölkerung in seiner Vielschichtigkeit gewürdigt wird. Sein Gedicht repräsentiert dabei auch insofern eine dialektische Herangehensweise, als dass es den Menschen weder idealisiert noch geringschätzt, sondern mitsamt seinen Widersprüchen ernstnimmt. In den folgenden Versen symbolisiert die Pflanze den emotionalen Zustand des lyrischen Wir:

	Bajo esta luz de llanto congelado el henequén, inmóvil y rabioso, en sus índices verdes	Unter diesem Licht gefrorenen Jammers die Agave, unbeweglich und wütend, in ihren grünen Zeigern
15	hace visible lo que nos remueve, el callado furor que nos devora.	macht sie sichtbar was uns bewegt, den schweigenden Zorn der uns verschlingt.

Je nach Bodenbeschaffenheit und klimatischen Bedingungen blüht die Agave etwa alle 25 Jahre, ihr englischer Name lautet daher «Century Plant».[113] Ihre Blüte kann bis zu sechs Meter hoch werden, die Blätter messen ein bis zwei Meter und ähneln Schwertern. In der Beschreibung des lyrischen Ichs wird die Pflanze zu einer Geste des Widerstands:

	En su cólera quieta, en su tenaz verdor ensimismado, la muerte en que crecemos se hace espada	In ihrer stillen Wut, in sich versunken in ihrem ausdauernden Grün wird der Tod, in dem wir wachsen, zum Schwert,
20	y lo que crece y vive y muere se hace lenta venganza de lo inmóvil.	und das, was wächst und lebt und stirbt wird zur langsamen Rache des Unbeweglichen.

---

113 Paz verwendet den geläufigen spanischen Namen *henequén*, eine weitere in Mexiko übliche Bezeichnung wäre Maguey. Der europäische Name Agave beruht auf der gr. Mythologie. Agave tötete ihren Sohn Pentheus. Vgl.: *Pierer's Universal-Lexikon*, Bd. 1. Altenburg 1857, S. 179.

Die Dauerhaftigkeit des Maguey als Symbol des Widerstands scheint mit der Gnadenlosigkeit der Arbeitsbedingungen zu korrelieren, mit der sich die Bauern konfrontiert sehen. Auf diese Weise bedeuten die Widrigkeiten zugleich eine Voraussetzung für die (erwünschte) Militanz der Arbeiter und erklären die vom lyrischen Ich auch in der Pflanze bewunderte Zähigkeit und Überlebensfähigkeit. Der Gewalt wird mit Gewalt begegnet. Vers 19 legt diese Lesart nahe, indem von einem Wachstum «im» Tod und von der Verwandlung des Todes in ein Schwert gesprochen wird. So eröffnet sich das Panorama einer von Extrembedingungen durchdrungenen Landschaft, der die Menschen und Pflanzen jedoch nicht erliegen, sondern an der sie wachsen und deren Kraft sie in einen eigenen Widerstand transformieren.

1930 hatte Paz «The Waste Land» von T.S. Eliot in der Übersetzung von Enrique Munguía unter dem Titel «El páramo» in der Zeitschrift *Contemporáneos* gelesen.[114] Der Dichter verweist selbst auf die Inspiration von «Entre la piedra y la flor» durch die Lektüre des Textes von T.S. Eliot:

> Inspirado por mi lectura de Eliot, se me ocurrió escribir un poema en el que la aridez de la planicie yucateca, una tierra reseca y cruel, apareciese como la imagen de lo que hacía el capitalismo – que para mí era el demonio de la abstracción – con el hombre y la naturaleza: chuparles la sangre, sorberles su sustancia, volverlos hueso y piedra.[115]

Sheridan sieht den Einfluss der Eliot-Lektüre in der Landschaftsbeschreibung folgender Verse:

Cuando la luz extiende su dominio	Wenn das Licht seine Herrschaft ausdehnt
e inundan blancas olas a la tierra,	und weiße Wellen die Erde überfluten,
blancas olas temblantes que nos ciegan,	weiße zitternde Wellen die uns blenden,
25 y el puño del calor nos niega labios,	und der Griff der Hitze uns Lippen verweigert,
un fuego verde cerca al henequén,	ein grünes Feuer neben der Agave,
muralla viva que devora y quema	lebende Mauer, die verschlingt und verbrennt
al otro fuego que en el aire habita.	das andere Feuer, das in der Luft wohnt.
Invisible cadena, mortal soplo	Unsichtbare Kette, tödlicher Hauch
30 que aniquila la sed de que renace.	der den Durst löscht, aus dem er neu gebiert.
Nada sino la luz. No hay nada, nada	Nichts als das Licht. Es gibt nichts, nichts
sino la luz contra la luz rabiosa,	als das Licht gegen das rasende Licht,

---

114 Vgl. Guillermo Sheridan: Octavio Paz en Yucatán; sowie Guillermo Sheridan: *Poeta con paisaje*, S. 227. Vgl. für eine weitere Gedichtanalyse von «Entre la piedra y la flor» vor dem Hintergrund der Eliot-Lektüre das Kapitel: «The Wasteland» in: Frances Chiles: *Octavio Paz. The Mythic Dimension*. New York: Peter Lang, S. 23–58.
115 In OP: *Por las sendas de la memoria*, S. 155. Zit.n. Evodio Escalante: *Las sendas perdidas de Octavio Paz*, S. 124.

| donde la luz se rompe, se desangra | wo das Licht bricht, blutet es aus |
| en oleaje estéril, sin espuma. | in unfruchtbare Wellen, ohne Schaum. |

Die Verse «Nada sino la luz. No hay nada, nada / sino la luz contra la luz rabiosa» (31f) sind zentral: in der überarbeiteten Version von 1976 eröffnen sie das Gedicht. Das «Feuer» der Wüste und das «grüne Feuer» der Agave (als Symbol des Widerstands) (V26) bestimmen die das gesamte Gedicht durchziehende Hitze-Isotopie. Der Kampf der Bauern bzw. der Pflanze gegen die Sonne wird als entflammter Konflikt gezeichnet, wenn es heißt, das Feuer des Widerstands verbrenne jenes «andere Feuer, das in der Luft wohnt» (V26f). Die Hitze wird häufig auch als Fieber bezeichnet, so dass die Wüste personifiziert als delirierender Patient erscheint: «Fiebre y jadeo de lentas horas áridas» (V10); «un párpado de fiebre, / unos labios sin sueño / que recorre sin término la sed» (V69f). Vers 94 («tanta fiebre acallada») bezieht sich wiederum auf die Agave – in diesem Fall steht die Metapher für die Wut, für einen «lodernden» Widerstand.

Die wirtschaftliche Ausbeutung wie sie vor allem in Teil IV des Gedichts dargestellt wird, bildet eine Parallele zu den in Teil I gezeichneten Bildern der unfruchtbaren Gegend. Solcherart Parallelen legen mögliche doppelte Lesarten schon an dieser Stelle nahe. So könnte der Wassermangel in der folgenden Strophe zugleich als Metapher für den Mangel an Geld, Fortschritt und Fruchtbarkeit verstanden werden:

35	El agua suena. Sueña.	Das Wasser schäumt. Träumt.
	El agua intocable en su tumba de piedra,	Das unberührbare Wasser in seinem Grab aus Stein,
	sin salida en su tumba de aire.	ohne Ausweg in seinem Grab aus Luft.
	El agua ahorcada,	Das erhängte Wasser,
	el agua subterránea,	das unterirdische Wasser,
40	de húmeda lengua humilde, encarcelada.	eingesperrt von einer feuchten, bescheidenen Zunge
	El agua secreta en su tumba de piedra	Das geheime Wasser in seinem Grab aus Stein
	sueña invisible en su tumba de agua.	träumt unsichtbar in seinem Grab aus Wasser.

Das Wasser fehlt hier sowohl im Rahmen der zuvor etablierten landwirtschaftlichen Isotopie, wie auch in seiner metaphorischen Übertragung als wirtschaftlicher Handlungsfreiraum. Gerade bei der Konzeptualisierung von Geld als Wasser handelt es sich um eine etablierte Metapher des ökonomischen Jargons, in dem Geld jeweils als flüssige Substanz konzeptualisiert wird. Diese Bildlichkeit ermöglicht sowohl auf Spanisch wie auf Deutsch geläufige Ausdrücke wie «Geldquelle», «Geldströme», oder Geld, das «zwischen den Fingern zerrinnt.» Um im gleichen

Bild zu bleiben: Für die Agrarpolitik der yukatekischen Bauern öffneten sich die «Geldhähne» nur selten. Daher ist in den vorliegenden Versen die Rede von Gräbern aus Stein, Luft und Wasser. Diese drei Elemente ergänzen das «grüne Feuer» und das «Feuer aus Luft» aus der vorangehenden Strophe. Umso deutlicher tritt die Absenz des Wassers hervor: es ist begraben unter der steinernen Erdoberfläche und gefangen in Wolken, die der Wind über die Wüste hinwegtreibt (vgl. V46). Das «Grab aus Wasser» könnte den Ozean paraphrasieren, an den die Wüste grenzt, der sie jedoch nicht befruchtet («como el mar a las lajas en las costas desiertas» V72).[116] Durch die Unantastbarkeit («el agua intocable» V36), erscheint das Wasser in jedem Fall unerreichbar. Die «steinernen Gräber» verweisen dabei auf die Spezifik der yukatekischen Landschaft mit den unterirdischen Seen, den sogenannten *Cenotes*.[117] Diese Unerreichbarkeit des Wassers ist für Sheridan erneut Anlass, an Eliots «The Waste Land» zu erinnern.[118] In der Tat zeichnet vor allem der fünfte Gesang «What the Thunder said»[119] das Bild eines existenziellen Durstes, ähnlich wie es sich in «Entre la piedra y la flor» ergibt: «sed descarnada, labios minerales» (V5); «labios sin sueño / que recorre sin término la sed» (V71f); «verdes, sedientas, innumerables muertes» (V127); «raíces heladas y sedientas» (V203). Während der Durst sich bei Eliot indes eher auf eine verlorengegangene Quelle geistigen Lebens richtet, handelt es sich in dem Gedicht von Paz um einen Durst nach Gerechtigkeit und schlicht um eine Metapher

---

116 Vgl. zum fehlenden Wasser auf der Halbinsel: Sebastian Ibarra Marquez: Yucatán, tierra de maravillas (10.10.2014): «(P)rácticamente no existe agua en la superficie. Las corrientes que contribuyen a variar la vegetación, faltan por completo. La porosa caliza, base del suelo de Yucatán, permite que rápidamente las aguas superficiales y las de las lluvias se cuelen bajo la superficie. El resultado es que aún durante la estación de lluvias la región continúa relativamente seca.»
117 Vgl. *Encyclopedia of the nations*.
118 Guillermo Sheridan: Octavio Paz en Yucatán.
119 T.S. Eliot: «The Waste Land» [1922]: «Here is no water but only rock / Rock and no water and the sandy road / The road winding above among the mountains / Which are mountains of rock without water / If there were water we should stop and drink / Amongst the rock one cannot stop or think / Sweat is dry and feet are in the sand / If there were only water amongst the rock / Dead mountain mouth of carious teeth that cannot spit / Here one can neither stand nor lie nor sit / There is not even silence in the mountains / But dry sterile thunder without rain / There is not even solitude in the mountains / But red sullen faces sneer and snarl / From doors of mud-cracked houses / If there were water / And no rock / If there were rock / And also water / And water / A spring / A pool among the rock / If there were the sound of water only / Not the cicada / And dry grass singing / But sound of water over a rock / Where the hermit-thrush sings in the pine trees / Drip drop drip drop drop drop drop / But there is no water».

für den Überlebenswillen.[120] In den auf die Wassermetaphorik folgenden Versen kommt das lyrische Ich erneut auf die widerständische Symbolik der Agave zurück:

El agua gime entre sus negros hierros.	Das Wasser stöhnt zwischen seinen schwarzen Eisen.
El hombre corre de la muerte al sueño.	Der Mensch flieht vom Tod in den Traum.
El henequén vigila cielo y tierra.	Die Agave wacht über Himmel und Erde.
Es la venganza de la tierra,	Es ist die Rache der Erde,
55 la mano de los hombres contra el cielo.	die Hand der Menschen gegen den Himmel.

Wie in Vers 21 («se hace lenta venganza de lo inmóvil») wird auch hier im Zusammenhang mit der Agave das Konzept der ‹Rache› evoziert. Oben wurde angedeutet, dass die militanten Charakteristika des Maguey sowohl die Gewalt der Unterdrückung, als auch die Gewalt des Kampfes gegen eben diese Unterdrückung repräsentieren. Das Konzept der Rache verdeutlicht diese dialektische Korrespondenz, indem es die Einheit zwischen dem verübten Verbrechen und seiner Sühne, zwischen Aktion und Reaktion, offensichtlich macht.

Der zweite Teil des Gedichts beschreibt vor allem die Wüste selbst. Es handelt sich um eine Passage voller Interrogative und Paradoxa (*kaltes Feuer, versteinerte Spucke, die einen Saft sammelt*), welche die Beschaffenheit dieser hostilen Landschaft in Szene setzen. Vor allem die Formulierung der «petrificada saliva persistente» (V61) erinnert an Eliots Personifikation der Berge: «Dead mountain mouth of carious teeth that cannot spit».[121] Im Unterschied zum Ödland von Eliot spricht das Gedicht von Paz jedoch von einem Eigensinn, «der langsam einen Saft sammelt», so dass es scheint, als sei die Möglichkeit des Widerstands noch nicht ganz verloren:

II	II
¿Qué tierra es ésta?,	Was ist das für eine Erde?
¿qué extraña violencia alimenta	welch fremde Gewalt nährt
en su cáscara pétrea?	in ihrer steinernen Schale?
¿qué fría obstinación,	welch kalter Eigensinn,
60 años de fuego frío,	Jahre kalten Feuers,
petrificada saliva persistente,	dauerhaft versteinerte Spucke,

---

120 Vgl. zur Verwendung dieser Metapher auch das Ende des Gedichtes «Petrificada petrificante» (1976): «Sobre el pecho de México / [...] jadeo sed rabia/pelea de ciegos bajo el mediodía / rabia sed jadeo / adentro hay un agua que bebemos / agua que amarga / agua que alarga más la sed / ¿Dónde está el agua otra?», OC Bd. 12, S. 46.
121 T.S. Eliot: «The Waste Land».

acumulando lentamente un jugo,	die langsam einen Saft sammelt,
una fibra, una púa?	eine Faser, einen Stachel?

Durch das urzeitliche Panorama, welches das lyrische Ich mit Versen wie 64f. zeichnet («Una región que existe / antes que sobre el mundo alzara el aire / su bandera de fuego [...] / una región de piedra / nacida antes del nacimiento mismo de la muerte»), wirkt es, als sei die von Paz beschriebene Welt seit jeher von den immer gleichen Gesetzmäßigkeiten durchdrungen:

	Una región que existe	Eine Gegend, die schon existierte
65	antes que sobre el mundo alzara el aire	bevor die Luft ihre Flagge aus Feuer über der
	su bandera de fuego y el agua sus cristales;	Welt anhob und ihr kristallenes Wasser;
	una región de piedra	eine Gegend aus Stein
	nacida antes del nacimiento mismo de la muerte,	geboren sogar vor der Geburt des Todes
	una región, un párpado de fiebre,	eine Gegend, ein Blinzeln des Fiebers,
	unos labios sin sueño	Lippen ohne Traum
70	que recorre sin término la sed,	durchzogen von endlosem Durst
	como el mar a las lajas en las costas desiertas.	wie das Meer die Steinplatten durchzieht an den einsamen Küsten.

So erscheint die Gewalt als ursprünglich und ewig, als mythische, gewissermaßen ontologische Eigenschaft dieser versteinerten Region. Die Versuche der wirtschaftlichen Ankurbelung, i.e. der Einführung eines linearen, «westlichen» Systems von Progressivität, Produktivität und einer «westlichen» Geschichtsvorstellung wären damit von vornherein zum Scheitern verurteilt.[122] In einer Art Negativ beschreibt das Gedicht von Paz die der Wirtschaftspolitik der sogenannten Ersten Welt entgegengesetzte Seite. Während Zeitungen von einer «blühenden Wirtschaft» schreiben, von Märkten, die «wie Dschungel» wachsen, und von einem negativ konnotierten «Wucher», sind diese Bilder in der Welt des lyrischen Ichs unbekannt. Hier ist die Natur ebenso unbarmherzig wie die Wirtschaft. Wo kein fruchtbarer Boden im übertragenen Sinne vorhanden ist, gibt es keine Entwicklung. Die Pflanzen sind das einzige Element, das sich dieser unbeweglichen Welt aus Stein und Hitze widersetzt. Mit dem Wachstum der Agave als einzigem Zeichen der Existenz von Bewegung, von Zeitlichkeit, kann in der Wüste kaum von einer Historizität gesprochen werden. Wenn das lyrische Ich

---

[122] Vgl. zur Einführung der Historizität in den Amerikas: Joachim Küpper: Tradierter Kosmos und Neue Welt. Die Entdeckungen und der Beginn der Geschichtlichkeit. In: Maria Moog-Grünewald (Hg.): *Das Neue. Eine Denkfigur der Moderne.* Heidelberg: Winter 2002, S. 185–207.

von «duras capas de olvido, donde el tiempo no existe» (V80)[123] spricht, dann referiert es auf den Begriff der geschichtlichen Zeit, so wie er in Europa eingeführt wurde; eine Historiographie, die lediglich jene Ereignisse berücksichtigt, welche die politischen und wirtschaftlichen Eliten betreffen. In der Wüste gibt es keine Geschichte in diesem Sinne, keine lineare Entwicklung, keinen wirtschaftlichen Fortschritt. Hier existiert keine Zeit, so wie sie in der westlichen, zukunftsorientierten (in der räumlichen Metaphorik: vorwärtsgerichteten) Welt der Städte und Börsen konzeptualisiert wird, hier herrscht allein der natürliche Zyklus. Die Bewertungskriterien der westlichen Hegemonie werden invertiert, und die historische Zeit entpuppt sich in ihrer Konstruiertheit, in ihrer Fiktionalität.[124]

Jedes temporäre Leben in der Wüste scheint ein Widerstand gegen die gleichbleibend (und damit zeitlos) extremen klimatischen Bedingungen zu sein. Deshalb wird die Lebenszeit der Agave in der nächsten Strophe nicht nur als «langsam» beschrieben, sondern auch als «wütend» («Furiosos años lentos» V81) und «rachsüchtig» imaginiert («Oh esplendor vengativo» V92).

Furiosos años lentos, concentrados,	Wütende langsame Jahre, konzentriert,
como no derramada, oculta lágrima,	wie eine unvergossene, verborgene Träne,
brotando al fin sombríos	endlich quillt sie schattig
en un verdor ensimismado,	in einer grünen Kraft, versunken in sich selbst,
85 rasgando el aire, pulpa, ahogo,	sie zerreißt Luft, Mark, Beklemmung,
blanda carne invisible y asfixiada.	weiches Fleisch, unsichtbar und erstickt.
Al cabo de veinticinco amargos años	Nach fünfundzwanzig bitteren Jahren
alza una flor sola, roja y quieta.	erhebt sich eine Blume, einsam, rot und ruhig.
Una vara sexual la levanta	Eine geschlechtliche Rute richtet sie auf,
90 y queda entre los aires, isla inmóvil,	und sie bleibt zwischen den Lüften, unbewegte Insel,
petrificada espuma silenciosa.	versteinerter stiller Schaum.

---

123 Vgl. V73–80: «La tierra sólo da su flor funesta, / su espada vegetal. / Su crecimiento rige / la vida de los hombres. / Por sus fibras crueles / corre una sed de arena / trepando desde sótanos ciegos, / duras capas de olvido donde el tiempo no existe.» (Dt: Die Erde allein gibt ihre verhängnisvolle Blüte, / ihr pflanzliches Schwert. / Ihr Wachstum bestimmt / das Leben der Menschen. / In ihren grausamen Adern / fließt ein sandiger Durst / aufsteigend aus blinden Kellern, / harte Schalen von Vergessen, wo die Zeit nicht existiert.)
124 Vgl. dazu: Yvon Grenier: Socialism in One Person: Specter of Marx in Octavio Paz's Political Thought. In: Oliver Kozlarek (Hg.): *Octavio Paz: Humanism and Critique*, S. 60f: «Paz attacked with gusto the pillars on which many modern Western philosophies (including Marxism) rest: the ideology of progress, the conception of history as linear evolution, historical determinism and the promise of a definitive solution to human problems.»

Im Kontrast zu dieser Stille («isla inmóvil, / petrificada espuma silenciosa» V90f) setzt der dritte Teil mit einer Exklamation ein, die den Wunsch des lyrischen Ichs ausdrückt, jenen Menschen zu besingen («¡Si yo pudiera [...] cantar al hombre!» V99–101), der in einem so trockenen Landstrich überlebt. Der gesamte Mittelteil des Gedichts ist der Würde des Menschen gewidmet:

III	III
¡Si yo pudiera,	Wenn ich doch nur
100 en esta orilla que la sed ilumina,	an diesem Ufer, das den Durst so deutlich macht,
cantar al hombre que la habita y la puebla,	den Menschen besingen könnte, der es bewohnt und bevölkert,
cantar al hombre que su sed aniquila!	den Menschen besingen, den sein Durst auslöscht!
Al hombre húmedo y persistente como lluvia,	Den Menschen, feucht und ausdauernd wie Regen,
al hombre como un árbol hermoso y ultrajado	den Menschen, wunderschön und gedemütigt wie ein Baum
105 que arranca su nacimiento al llanto,	der seine Geburt der Wehklage entreißt,
al hombre como un río entre las llamas,	den Menschen, wie ein Fluss in den Flammen,
como un pájaro semejante a un relámpago.	wie ein Vogel, der einem Blitz gleicht.
Al hombre entre sus fines y sus frutos.	Den Menschen zwischen seinen Absichten und seinen Früchten.

Indem das lyrische Ich den Gesang als Wunsch erwähnt, entsteht ein metapoetischer Moment: das Gedicht wird durch wiederkehrende rhetorische Figuren wie Anaphern und Parallelismen selbst zu ebendiesem Gesang. Das lyrische Ich «besingt» den Menschen, sein Schicksal findet eine Würdigung – wenn nicht in der Politik so doch zumindest in der rhythmisch strukturierten Sprache des Gedichts. Der melodische Klang der Sprache steht dabei im Kontrast zum Inhalt, der die harte physische Arbeit thematisiert. So kann das Salz in den folgenden Versen ganz prosaisch als Schweiß der Bauern verstanden werden:

Los frutos de la tierra son los fines del hombre.	Die Früchte der Erde sind die Ziele des Menschen.
110 Mezcla su sal henchida con las sales terrestres	Er mischt sein pralles Salz mit den irdischen Salzen
y esa sal es más tierna que la sal de los mares:	Und dieses Salz ist zarter als das Salz der Meere:
le dio Adán, con su sangre, su orgulloso castigo.	Adam gab ihm mit seinem Blut seine stolze Strafe.

2.2 «Entre la piedra y la flor» (1937) – Landarbeiter in Yucatán

Der Mensch rückt an dieser Stelle ins Zentrum des Gedichts.[125] Das lyrische Du bewegt sich «entre la piedra y la flor», zwischen Stein und Blume, Wüste und Agave, die beide als feindlich, als «tot» erlebt werden:

Entre el primer silencio y el postrero,	Zwischen der ersten und der letzten Stille,
entre la piedra y la flor,	zwischen dem Stein und der Blume,
tú, el círculo de ternura que alimenta la noche.	Du, der Kreis der Zärtlichkeit, der die Nacht ernährt.
125 Donde la tierra es muerte	Wo die Erde Tod ist
y de su muerte sólo brotan muertes,	und aus ihrem Tod nur Tote erwachsen,
verdes, sedientas, innumerables muertes,	grüne, durstige, unzählige Tote,
tú caminas. Te ciñe un pulso aéreo,	gehst Du. Dich umgibt ein luftiger Puls,
un silencio flotante,	eine fließende Stille
130 como fuga de sangre, como humo,	wie ein Blutvergießen, wie Rauch,
como agua que olvida.	wie Wasser, das vergisst.

Sowohl im Titelzitat in Vers 123 als auch in der «ersten und der letzten Stille» (V122) finden sich autoreferentielle Momente. Das Gedicht erscheint als eine Art Fenster in die Welt der mexikanischen Bauern, als symbolischer Raum für die Menschen, denen sonst kaum ein Ort zugestanden wird. Vor und nach dem Gedicht herrscht Schweigen und auch den Arbeiter umgibt «un silencio flotante», eine fließende Stille. Indem das Gedicht das Schweigen bricht und dem einfachen Menschen mit der vorliegenden Apostrophe einen Gesang widmet, ergänzt es die offizielle Geschichtsschreibung der Eliten. Dabei vermeidet der Text abstrakte Idealisierungen und beschreibt den Adressaten, anders als dies im sozialistischen Realismus oft der Fall ist, nicht als Symbol einer revolutionären Utopie, sondern als ganz diesseitigen Menschen, der schläft, träumt, trinkt und «herumhurt»:

Tú caminas. Tú duermes. Tú fornicas.	Du gehst. Du schläfst. Du hurst herum.
Tú danzas, bebes, sueñas.	Du tanzt, trinkst, träumst.
140 Sueñas en otros labios que prolonguen tu sueño.	Träumst von anderen Lippen, um deinen Schlaf zu verlängern.
Alguien te sueña, solo.	Jemand träumt dich, allein.
Tu nombre, polvo, piedra,	Dein Name, Staub, Stein,
en el polvo sediento precipita su ruina.	in den durstigen Staub regnet sein Verderben.

---

125 Vgl. zu diesem Vers Kap. 2.2.2.

Die letzte Strophe von Teil III verweist schon auf Teil IV.

Mas no es el ritmo oscuro del planeta,	Doch ist es nicht der dunkle Rhythmus des Planeten,
145 el renacer de cada día,	die neue Geburt eines jeden Tages,
el remorir de cada noche,	der neue Tod einer jeden Nacht,
lo que te mueve por la tierra.	der dich über die Erde bewegt.

Statt des natürlichen Rhythmus der Planeten, der zyklischen Zeit von Tag und Nacht, sei es – so argumentiert der Text – eine finanzielle Motivation, die den Menschen antreibe: Der vierte Teil beschreibt das «Rad des Geldes» und verstärkt den Eindruck eines destruktiven Kapitalismus.[126] So erscheint die Wüste auf einmal nicht mehr als Metapher, sondern als eigentliche Realität, als Verbildlichung des historischen Materialismus: auch hier wird die Gesellschaftsordnung durch die Produktion und den Warentausch begründet, das Leben der Bauern ist durch die Sisalfaser bestimmt. Paz scheint Engels' Argumentation zu folgen, dass eine Veränderung dieser Ordnung eher über ökonomische Neuerungen denn über philosophische zu versuchen wäre, wenn er die wirtschaftlichen Verhältnisse in seinem Gedicht so in den Vordergrund stellt.[127] Während Marx und Engels jedoch davon ausgehen, dass es notwendig sei, einen autoritären Staat zur Einführung des Kommunismus einzurichten, bevor die Gesellschaft klassenlos und wirklich frei werden könne, stehen bei Paz von vornherein die Rechte des Individuums im Vordergrund.

So findet sich im Gedicht an keiner Stelle ein Fortschrittsglaube, im Gegenteil: Durch das Präfix *re-* in *renacer* und *remorir*, sowie durch die Zeitlichkeit von Natur und Planeten verweist das Gedicht auf die zyklische Wiederkehr immer gleicher Schicksale. Statt diesen Bildern eine negativ bewertete lineare Zeit entgegenzuset-

---

126 Dies entspricht der Lesart Sheridans (Octavio Paz en Yucatán).Vgl. auch seine Interpretation des Gedichts als Antwort auf Fragen, die Eliot in «The Waste Land» stellt: «‹Entre la piedra y la flor› es una respuesta calculada de Paz a una de las preguntas centrales de Eliot en *El páramo*: ‹¿Quiénes son aquellas hordas encapuchadas que hormiguean sobre planicies infinitas, que tropiezan con las grietas de la tierra tan sólo circundada por el horizonte raso?› Son las hordas de los desposeídos, dice Paz; y las ‹planicies infinitas› son la rebaba que deja detrás de sí lo que Eliot llama ‹la maquinaria› y Paz llama ‹la rueda›: el capitalismo, ‹porque el dinero es infinito y crea desiertos infinitos›.»

127 Friedrich Engels: «Die materialistische Anschauung der Geschichte geht von dem Satz aus, daß die Produktion, und nächst der Produktion der Austausch ihrer Produkte, die Grundlage aller Gesellschaftsordnung ist; [...] Hiernach sind die letzten Ursachen aller gesellschaftlichen Veränderungen und politischen Umwälzungen zu suchen [...] nicht in der Philosophie, sondern in der Ökonomie der betreffenden Epoche.» In: ders.: Die Entwicklung des Sozialismus von der Utopie zur Wissenschaft. In: MEW Bd. 19, 4. Aufl. 1973, S. 210–228, hier: S. 210.

zen, evoziert Paz mit dem «Rad des Geldes» ein weiteres zyklisches Moment. Das Rad könnte in Kombination mit dem Verb «deshacer» sowohl mit dem Roulette assoziiert werden, als auch (durch das Verb «rozar») mit einem Mahlstein:

	IV	
150	¡Oh rueda del dinero, que ni te palpa ni te roza y te deshace cada día! Ángel de tierra y sueño, agua remota que se ignora,	Oh Rad des Geldes, das dich weder berührt noch streift, und dich jeden Tag zerstört! Engel der Erde und des Traumes, fernes, missachtetes Wasser,
155	oh condenado, oh inocente, oh bestia pura entre las horas del dinero, entre esas horas que no son nuestras nunca, por esos pasadizos de tedio devorante donde el tiempo se para y se desangra.	oh Verdammter, oh Unschuldiger, oh pure Bestie zwischen den Stunden des Geldes, zwischen diesen Stunden, die niemals unsere sind, auf diesen Pfaden verschlingender Langeweile, wo die Zeit stillsteht und ausblutet.

Auch in diesen Bildern wird die Zeit als «stillstehend» beschrieben. Zeit existiert als «Stunden des Geldes», doch werden diese wie die Tageszeiten in der Wüste weniger als prozessual, wegweisend oder zielführend imaginiert, sondern als gleichbleibend «gefräßig» und destruktiv. Es folgt eine Akkumulation paralleler Metaphern:

	¡El mágico dinero!	Das magische Geld!
160	Invisible y vacío, es la señal y el signo, la palabra y la sangre, el misterio y la cifra, la espada y el anillo.	Unsichtbar und leer, es ist das Signal und das Zeichen, das Wort und das Blut, das Geheimnis und die Zahl, das Schwert und der Ring.
165	Es el agua y el polvo, la lluvia, el sol amargo, la nube que crea el mar solitario y el fuego que consume los aires.	Es ist Wasser und Staub, der Regen, die bittere Sonne, die Wolke, die das einsame Meer erschafft und das Feuer, das die Lüfte verzehrt.
170	Es la noche y el día: la eternidad sola y adusta mordiéndose la cola.	Es ist die Nacht und der Tag: die einsame und unerbittliche Ewigkeit die sich in den Schwanz beißt.

Wenn das Gedicht das Geld mit Tag und Nacht vergleicht, so scheint hier erneut die ewige Wiederholung angesprochen zu werden, die schon in der Beschreibung der Wüste beobachtet wurde. Mit dem Symbol der «Ewigkeit, die sich in den eigenen Schwanz beißt», wird dieses Moment noch expliziter: Genauso wie es in der Wüste kein Entkommen aus der Hitze gibt, so scheint es auch aus der Welt der Finanzen keinen Ausweg zu geben. In den Metaphern wird deutlich, dass sowohl Symbole der Macht (Schwert und Ring), als auch die gesamte Natur, sowie allerpersönlichste Elemente (Blut und Wort) als von monetären Strukturen bestimmt und gelenkt konzeptualisiert werden. In anderen Gedichten von Paz erscheint die zirkuläre Wüste sogar als Motiv für die ganze Welt, so beispielsweise in den letzten Versen der *Elegía interrumpida* (1948): «Es un desierto circular el mundo, / el cielo está cerrado y el infierno vacío.» Die Welt wird in dieser Formulierung als ausweglos gezeichnet, nicht einmal Himmel oder Hölle bieten noch Zuflucht, keiner der Jenseitsorte ist noch zugänglich. Der Mensch scheint gefangen in einem diesseitigen, materialistischen Teufelskreis der Ausbeutung.

Mit «Entre la piedra y la flor» (1940) setzt das lyrische Ich dem Vergessen und der Resignation etwas entgegen. Der poetische Text verweist auf die Vergangenheit, und ermöglicht es somit implizit, die mexikanischen Landarbeiter als würdevolle Nachfahren der präkolumbianischen Zivilisationen zu sehen.[128]

>   El hermoso dinero da el olvido,   Das schöne Geld gibt Vergessen,
>   abre las puertas de la música,   öffnet die Türen der Musik,
>   cierra las puertas al deseo.   schließt die Türen dem Wunsch.
> 175 La muerte no es la muerte: es una sombra,   Der Tod ist nicht der Tod: er ist ein Schatten,
>   un sueño que el dinero no sueña.   ein Traum, den das Geld nicht träumt.

Es folgt eine Personifizierung des Kapitalismus, wenn beschrieben wird, wie sich das Geld über menschlichen Knochen «erhebt», wie ein Wesen, das über Leichen geht, oder wie eine erbarmungslose Sonne:

>   ¡El mágico dinero!   Das magische Geld!
>   Sobre los huesos se levanta,   Über den Knochen erhebt es sich,
>   sobre los huesos de los hombres se   über den Knochen der Menschen erhebt es
>   levanta.   sich.

Dieses Bild evoziert genau das Gegenteil dessen was Benjamin beschreibt, wenn dieser vom «Himmel der Geschichte»[129] spricht, an dem eine Sonne aufgeht, die

---

[128] Das Museum der Belgischen Nationalbank beherbergt eine Ausstellung über Kakaobohnen, die Währung der Maya. Vgl. zu präkolumbianischen Motiven im poetischen Werk von Paz zudem: Anthony Stanton: Huellas precolombinas en ‹Semillas para un himno› de Octavio Paz. In: AIH, Actas XI, 1992, S. 11–20.
[129] Walter Benjamin: *Über den Begriff der Geschichte* IV. Stuttgart: Reclam 1992, S. 143.

in seiner Metaphorik als Sieg der Arbeiterklasse verstanden werden kann: Das Licht dieser Sonne erhellt laut Benjamin retrospektiv die Geschichte und führt die Menschheit mittels einer «feinen und spirituellen» Kultur in Richtung dessen, was der Philosoph mit einem Hegelzitat als das «Reich Gottes»[130] versteht. Bei Paz hingegen scheint es, als habe ein falsch verstandener Materialismus die Menschen den Klassenkampf mit einer monetären Verheißung verwechseln lassen, die nun alles verbrennt, vertrocknet und «tötet»:

180	Pasas como una flor por este infierno estéril,	Du gehst wie eine Blume durch diese unfruchtbare Hölle,
	sin llamas ni pecados,	ohne Flammen oder Sünden,
	hecho sólo del tiempo encadenado,	gemacht allein aus verketteter Zeit,
	carrera maquinal, rueda vacía	mechanischer Wettlauf, Straße, leeres Rad,
	que nos exprime y deshabita,	das uns auspresst und uns entvölkert,
185	y nos seca la sangre,	und unser Blut trocknet
	y el lugar de las lágrimas nos mata.	und den Ort der Tränen in uns tötet.
	Porque el dinero es infinito y crea desiertos infinitos.	Weil das Geld unendlich ist und unendliche Wüsten erschafft.

Im fünften und letzten Teil klingt das Gedicht erneut wie ein Gesang, der dieser «unendlichen Wüste», dieser «unfruchtbaren Hölle» entgegengesetzt wird. Das kalte Schwert der Agave («Dame, espada fría, / tu persistente cólera» (V188)) steht dabei in direktem Gegensatz zur «glühenden Wüste» (ab V194).[131]

	V	
	Dame, llama invisible, espada fría,	Gib mir, unsichtbare Flamme, kaltes Schwert,
	tu persistente cólera,	deine durchdringende Wut,
190	para acabar con todo,	um mit allem abzuschließen,
	oh mundo seco,	oh trockene Welt,
	oh mundo desangrado,	oh verblutete Welt,
	para acabar con todo.	um mit allem abzuschließen.

---

[130] Vgl. ebda.: Benjamin zitiert Hegel (aus einem Brief Hegels an Karl Ludwig Knebel, vom 30.08.1807, vgl. *Knebels literarischer Nachlass und Briefwechsel*. Herausgegeben von K. A. Varnhagen von Ense und Th. Mundt. Bd. 2. Leipzig 1840, S. 446) mit dem Satz: «Trachtet am ersten nach Nahrung und Kleidung, so wird euch das Reich Gottes von selbst zufallen.» Es handelt sich um eine Inversion von Matthäus 6, 33, wo die Spiritualität an erster Stelle steht: «Trachtet zuerst nach dem Reich Gottes und nach seiner Gerechtigkeit, so wird euch das alles zufallen.»
[131] Im Gedicht «El cántaro roto» (1955) spricht Paz ebenfalls von «rabia verde». Vgl.: OC Bd. 11, S. 213–216.

Arde, sombrío, arde sin llamas,   Sie glüht, düster, glüht ohne Flammen,
195 apagado y ardiente,   ausgelöscht und glühend,
ceniza y piedra viva,   Asche und lebender Stein,
desierto sin orillas.   Wüste ohne Ufer.

Arde en el vasto cielo, laja y nube,   Glüht in dem weiten Himmel, Steinplatte und Wolke,
bajo la ciega luz que se desploma   unter dem blinden Licht, das zwischen
200 entre estériles peñas.   unfruchtbaren Felsen das Bewusstsein verliert.

Arde en la soledad que nos deshace,   Glüht in der Einsamkeit die uns auflöst,
tierra de piedra ardiente,   Erde voll glühender Steine,
de raíces heladas y sedientas.   voller gefrorener, durstiger Wurzeln.

Wie schon zuvor zeigt sich das Ausmaß der Extreme vor allem in den Kontrasten (*düsteres Glühen, lebender Stein, glühende Steine und vereiste Wurzeln*), die ebenso frappierend sind wie der Umstand, dass in der unfruchtbaren Gegend überhaupt etwas wächst. In der letzten Strophe wird die im Laufe des Gedichts etablierte Isotopie des Feuers intensiviert. Mit dem Vorbild der Pflanze wird der Zorn, der widerständische Geist aufgefordert, weiter zu brennen. Die Verbform «arde», («sie glüht»), wird nun im letzten Abschnitt in ein Imperativ umgewandelt («arde» / «brenne») und in regelmäßigen Abständen wiederholt, so dass die lyrische Stimme zunehmend beschwörend klingt:

Arde, furor oculto,   Brenne, dunkler Zorn,
205 ceniza que enloquece,   Asche, die dich in den Wahnsinn treibt,
arde invisible, arde   brenne unsichtbar, brenne
como el mar impotente engendra nubes,   wie das ohnmächtige Meer Wolken erzeugt,
olas como el rencor y espumas pétreas.   Wellen wie Wut und steinerne Schäume.

Entre mis huesos delirantes, arde;   Zwischen meinen delirierenden Knochen, brenne;
210 arde dentro del aire hueco,   Brenne in der hohlen Luft,
horno invisible y puro;   unsichtbarer, reiner Ofen;
arde como arde el tiempo,   brenne wie die Zeit brennt,
como camina el tiempo entre la muerte,   wie die Zeit zwischen dem Tod geht,
con sus mismas pisadas y su aliento;   mit ihren gleichen Schritten und ihrem Atem;
215 arde como la soledad que te devora,   brenne wie die Einsamkeit, die dich verschlingt,
arde en ti mismo, ardor sin llama,   brenne in dir selbst, Brennen ohne Flamme,
soledad sin imagen, sed sin labios.   Einsamkeit ohne Bild, Durst ohne Lippen.

Para acabar con todo,   Um mit allem abzuschließen,
oh mundo seco,   oh trockene Welt,
220 para acabar con todo.   um mit allem abzuschließen.

Yucatán, 1937/México, 1940.   Yucatán, 1937/Mexiko, 1940.

Mit dem letzten Vers: «para acabar con todo» begibt sich das lyrische Ich zurück auf die metapoetische Ebene, aus der das Gedicht begann, als es mit dem Tagesanbruch einsetzte. An dieser Stelle endet der Text, an dieser Stelle soll auch die «trockene Welt» enden.

Anders als Eliot, so könnte man argumentieren, hat die Sprache des Gedichts von Paz in ihrer Schlichtheit einen sozialen Aspekt: während Eliot mit zahlreichen Anspielungen, Intertexten und mehrsprachigen Zitaten einen gebildeten Leser adressiert, werden die Bauern bei Paz als Rezipienten inkludiert.[132] Durch die Vielschichtigkeit der Metaphorik handelt es sich bei dem zunächst einfach wirkenden Text dennoch um einen ernstzunehmenden wirtschaftspolitischen Kommentar, der durchaus auch verantwortliche Funktionäre adressieren könnte.

Nach der Lektüre des vorliegenden Gedichts kann die Wüste nicht nur als Metapher der damaligen Missstände verstanden werden, sondern als eine Art suprahistorische und suprahumane Realität, die in ihrer ewigen Unbeweglichkeit sämtliche Bewegung einschließt. In diesem Sinne wäre die Wüste weniger Metapher einer historischen Situation, sondern mehr eine Art figurative Beschreibung jenes Rahmens, in dem sich die Menschheitsgeschichte abspielt bevor sie dem Vergessen und der Indifferenz der mineralischen Elemente anheimfällt. Das Gedicht beschreibt die *conditio humana* als Sisyphusarbeit, als vergeblichen Versuch, aus dem repetitiven Zyklus der natürlichen Zeit von Tag und Nacht auszubrechen.[133]

Mit Hannah Arendt, deren Texte Paz auf Empfehlung von Camus auf Englisch rezipiert und die er 1972 in New York kennengelernt hatte,[134] könnten die verschiedenen im Gedicht angesprochenen Implikationen der Arbeit wie folgt aufgeschlüsselt werden:[135] Während die Landarbeiter auf der Ebene des *animal laborans* (Labor/Arbeit) an den Kreislauf der Jahreszeiten gebunden sind, würdigt das Gedicht die Dimension des Herstellens (Work/Herstellen) des *homo faber*, der

---

132 Sheridan geht sogar noch weiter und liest das Gedicht als eine deutliche Hoffnung auf die Möglichkeiten des Kommunismus, die der Resignation von Eliots «The Waste Land» widerspricht: «Lo interesante, en todo caso, es la similitud de emociones para referirse a dos circunstancias diferentes: el sinsentido de la historia en Eliot y la certeza que tiene Paz de que, con el triunfo del comunismo, comenzará la historia.» Guillermo Sheridan: Octavio Paz en Yucatán.
133 Dies entspräche eher einer klassisch konservativen Position, so dass auch diese erste Fassung des Gedichts nicht ausschließlich als marxistisches Bekenntnis gelesen werden kann – dieser Meinung ist allerdings Evodio Escalante: *Las sendas perdidas de Octavio Paz*.
134 Vgl. Christopher Domínguez Michael: *Octavio Paz en su siglo*, S. 154, 157, 288, 347, 404. Vgl. Konversation mit Domínguez Michael, März 2014.
135 Hannah Arendt: *The human condition* (1958). Chicago: University of Chicago Press 1998. Vgl. zu Paz' Rezeption des Werkes von Hannah Arendt seinen Essay *Polvos de aquellos lodos* (1974) (OC Bd. 9, S. 179–198) in dem er sich auf die französische Übersetzung des dritten Bandes von *The Origins of Totalitarianism* (New York 1951) bezieht: *Le Système totalitaire* (Paris, 1972).

sich bemüht, den ewigen Zyklus zu durchbrechen, um Fortschritt einzuführen und eine dauerhafte Welt unabhängig von den Einflüssen der vergänglichen Natur zu schaffen. Zusätzlich zu dieser Dimension bietet das Gedicht einen Handlungsraum (Action/Handeln), in welchem der Mensch an seine Rechte erinnert und damit als *homo politicus* angesprochen wird. Ein solchermaßen durch das Gedicht ermöglichtes Freiheitspotential würde nicht nur Sartres Anforderungen der *littérature engagée* entsprechen, sondern auch mit Arendts Konzept der Natalität korrespondieren, in dem von der Kapazität des Menschen zu Neuanfängen gesprochen wird: «Beginning, before it becomes a historical event, is the supreme capacity of men; politically it is identical with man's freedom».[136] Diese Assoziation stimmt mit Sheridan überein, wenn dieser das Ende des Gedichts als einen Abschluss liest, der einen Neubeginn enthält:

> Un acabar que es un comenzar: una recreación del pacto elemental, la llegada del agua de la justicia contra la sed primordial, la sustitución de «la soledad que te devora» por la nueva comunión entre los hombres.[137]

Die Interpretation von Sheridan entspricht dem Geschichtsverständnis von Paz, der die christliche Teleologie mit einer marxistischen Hoffnung auf eine neue Gemeinschaft verband. Doch im Gegensatz zum lyrischen Ich von Eliot sieht jenes von Paz die Wüste nicht als Resultat der Geschichte, als welches «The Waste Land» verstanden werden kann; sondern verortet den Menschen vielmehr innerhalb der Wüste, die als Metapher für eine immerwährende zyklische Zeit gelesen werden kann, als fortdauernde Spannung zwischen These und Antithese ohne Aussicht auf eine Synthese. Ohne die Vision einer gemeinsamen Revolution gegen die Ausbeutung durch die Natur oder andere Menschen, zählt für Paz vor allem der in jedem menschlichen Schicksal wiederkehrende Versuch, mehr Freiheit zu erreichen und die Suche nach Gerechtigkeit und Begegnung (nicht nur in der Brüderlichkeit) nicht aufzugeben. Insofern bleiben die humanistischen Ideale zentral.

2.2.2 «Entre la piedra y la flor» (1976) – Die späte Fassung

Da die politischen Gedichte von Paz häufig mit dem Argument ausgeklammert werden, es handele sich bei ihnen um Texte, die aus jugendlichem Enthusiasmus

---

[136] Hannah Arendt: *The Origins of Totalitarianism*. Orlando: Harcourt 1973, S. 479. Arendt entwickelt diesen Gedanken anhand von Augustinus und zitiert den Satz: «Initium ut esset homo creatus est.» – *De civitate Dei*, Düsseldorf: Universitäts- und Landesbibliothek, 2011. Buch 12, Kap. 20.

[137] Guillermo Sheridan: Octavio Paz en Yucatán.

entstanden seien, soll die frühere Version des Gedichts an dieser Stelle mit der Überarbeitung von 1976 verglichen werden. Die Kontroversen in der Rezeption dieses Gedichtes bringt Domínguez wie folgt auf den Punkt:

> El retrato variado, una procesión de características viles y virtuosas propias de la humana inhumanidad de los explotados, agregada en 1976, no gusta a quienes añoran al poeta social que Paz dejó de ser. Y el tema de la abstracción funesta del dinero sobrevive, incólume durante décadas, y disgusta a los críticos ultraliberales del poeta, que los tiene, quienes consideran que Paz abjuró del comunismo sin renunciar a la mentalidad anticapitalista tan propia de su generación.[138]

Im Gegensatz zum ersten Textentwurf findet sich die überarbeitete Fassung an prominenter Stelle in Band XI *Obra poética* der *Obras completas*.[139] Statt über fünf Teile verfügt sie nur über vier, ist aber nicht wesentlich kürzer (199 Verse statt 220). Erneut beginnt der Text mit einer Naturbeschreibung, diesmal werden die Steine und das Licht an vorderster Stelle genannt. Doch auch die Agave und nicht zuletzt das «schweigende», abwesende Wasser werden als ausschlaggebende Elemente der Wüste gleich zu Beginn erwähnt. Mit Versen wie: «en su tumba calcárea» (V7f), und: «Planicie enorme, sin arrugas» (V15), wird explizit auf die Halbinsel Yucatán angespielt, in der es im Gegensatz zu der sonstigen Topographie Mexikos keine Berge gibt, sondern wo sich unterirdische Kalksteinhöhlen bilden, *Cenotes*, in denen sich das Wasser sammelt.[140]

Entre la piedra y la flor (1937/1976)	**Zwischen Stein und Blume (1937/1976)**
A Teodoro Cesarman	*Für Teodoro Cesarman*
I	I
Amanecemos piedras.	Wir erwachen als Steine.
Nada sino la luz. No hay nada sino la luz contra la luz.	Nichts als das Licht. Es gibt nichts als das Licht gegen das Licht.
La tierra: 5 palma de una mano de piedra.	Die Erde: Handfläche einer Hand aus Stein.
El agua callada en su tumba calcárea. El agua encarcelada,	Das schweigende Wasser in seinem kalkigen Grab. Das eingesperrte Wasser,

---

138 Christopher Domínguez Michael: *Octavio Paz en su siglo*, S. 74.
139 Vgl. OC Bd. 11, S. 86–92. Die Version von 1940 befindet sich in OC Bd. 13, S. 106–113.
140 Vgl. den Eintrag «Cenotes y aguadas», in: *Enciclopedia Yucatanense*. Edición oficial del Gobierno de Yucatán 1977. Vgl. auch: *México* (2007), S. 238.

húmeda lengua humilde	feuchte, bescheidene Zunge
10 que no dice nada.	die nichts sagt.
Alza la tierra un vaho.	Die Erde erhebt einen Dunst.
Vuelan pájaros pardos, barro alado.	Es fliegen braune Vögel, geflügelter Schlamm.
El horizonte:	Der Horizont:
unas cuantas nubes arrasadas.	einige zerrissene Wolken.
15 Planicie enorme, sin arrugas.	Enorme Ebene, ohne Falten.
El henequén, índice verde,	Die Agave, grüner Zeigefinger,
divide los espacios terrestres.	teilt die irdischen Räume.
Cielo ya sin orillas.	Himmel schon ohne Ufer.

Im zweiten Teil finden sich dieselben Vergleiche der Agavenblätter mit Waffen, die Isotopie von Gewalt und Militär wird jedoch um einiges detailreicher etabliert als in der früheren Version. Die Rede ist unter anderem von *violencias, banderas enemigas, plantaciones militares, ejército inmóvil, alfanjes vegetales, planta armada, hostil penacho*. Interessant ist die Imagination der Pflanze als «sichtbare Form eines unsichtbaren Durstes». Die Formulierung kann, wie schon oben angedeutet, auf den Zustand der Bauern übertragen werden, auf die fehlende Wirtschaftskraft, die unsichtbaren Gesetze, die sich sichtbar auf die prekären Lebensumstände der Maya auswirken. Auch das Gedicht selbst hat mit der Dimension der Bewusstmachung, bzw. des potentiellen Eingriffs in bestehende Verhältnisse, eine «unsichtbare» zweite Ebene.

II	II
¿Qué tierra es ésta?	Was ist das für eine Erde?
20 ¿Qué violencias germinan	Welche Gewalten keimen
bajo su pétrea cascara,	unter ihrer steinernen Schale,
qué obstinación de fuego ya frío,	welcher Eigensinn eines schon erkalteten Feuers,
años y años como saliva que se acumula	Jahre und Jahre wie Speichel, der sich
y se endurece y se aguza en púas?	ansammelt und verfestigt und zu scharfen Stacheln wird?
25	
Una región que existe	Eine Region die existiert
antes que el sol y el agua	bevor Sonne und Wasser
alzaran sus banderas enemigas,	ihre feindlichen Flaggen heben,
una región de piedra	eine Region aus Stein
30 creada antes del doble nacimiento	erschaffen vor der doppelten Geburt
de la vida y la muerte.	von Leben und Tod.
En la llanura la planta se implanta	In der Ebene wird die Pflanze eingepflanzt auf
en vastas plantaciones militares.	großflächigen militärischen Plantagen.
Ejército inmóvil	Unbewegliches Heer

frente al sol giratorio y las nubes nómadas.	im Angesicht der sich drehenden Sonne und der wandernden Wolken.
35 El henequén, verde y ensimismado, brota en pencas anchas y triangulares: es un surtidor de alfanjes vegetales. El henequén es una planta armada.	Die Agave, grün und gedankenverloren, keimt in breiten und dreieckigen Blättern: es ist eine Fontäne pflanzlicher Krummdegen. Die Agave ist eine bewaffnete Pflanze.
Por sus fibras sube una sed de arena. 40 Viene de los reinos de abajo, empuja hacia arriba y en pleno salto su chorro se detiene, convertido en un hostil penacho, verdor que acaba en puntas. 45 Forma visible de la sed invisible.	Durch ihre Fasern steigt ein sandiger Durst. Er kommt aus den Königreichen der Tiefe, strebt nach oben und in vollem Sprung stoppt sein Strahl, verwandelt in einen feindlichen Federbusch, grüne Kraft, die in Spitzen endet. Sichtbare Form des unsichtbaren Durstes.
El agave es verdaderamente *admirable*: su violencia es quietud, simetría su quietud.	Die Agave ist zutiefst *bewundernswert*: ihre Gewalt ist Stille, Symmetrie ihre Stille.
Su sed fabrica el licor que lo sacia: es un alambique que se destila a sí mismo.	Ihr Durst erschafft den Likör der sie stillt: es ist ein Destillierkolben der sich selbst destilliert.
50 Al cabo de veinticinco años alza una flor, roja y única. Una vara sexual la levanta, llama petrificada. Entonces muere.	Nach fünfundzwanzig Jahren treibt eine Blüte, rot und einzigartig. Eine erotische Rute hebt sie, versteinerte Flamme. Dann stirbt sie.

In Vers 46 ist das Wort *admirable* kursiv gesetzt, es entspricht der Bedeutung des griechischen Wortes *agaué*.[141] Vers 47 würde ohne Ellipse wie folgt lauten: «ihre Gewalt ist Stille, ihre Stille ist Symmetrie», so dass ein inhaltlicher Chiasmus vorliegt, in dem die Symmetrie nicht nur erwähnt, sondern auch auf sprachlicher Ebene nachvollziehbar wird. Wie schon in der ersten Version des Gedichts im Zusammenhang mit der Rache beobachtet, scheint die erwähnte Gewalt auch hier auf Gegenseitigkeit zu beruhen, wenn es heißt, der Durst erschaffe den Likör, der ihn stillt, und der Destillierkolben destilliere sich selbst (V48f). Dies evoziert Bilder eines Teufelskreises ohne Ausweg.

Teil III beginnt direkt mit dem schon in der ersten Version zentralen Vers: «Entre la piedra y la flor, el hombre». Der Mensch wird diesmal nicht als lyrisches Du angesprochen, dafür aber noch deutlicher in eine Parallele zur Agave gesetzt,

---

141 Vgl. LBP (1988), S. 152. Laut Duden eigentlich ‹die Edle›. Vgl. Duden: «Agave».

beide bilden jeweils für sich einen Vers («El hombre» V58; «El henequén» V64). Es folgt ein paradox klingender Chiasmus, der auf die Allgemeingültigkeit des Gedichts verweist: «el nacimiento que nos lleva a la muerte, / la muerte que nos lleva al nacimiento» (V56f). Der Mensch tritt hier nicht als losgelöstes Individuum auf, sondern im Kontext der ihm vorhergehenden und folgenden Generationen, so dass er als Repräsentant der gesamten Spezies fungiert. Die Spannung zwischen Geburt und Tod bestimmt dabei die dialektische Existenz jedes Einzelnen. Im Gegensatz zu elitären Weltanschauungen wird dieses Bild des Menschen ganz im Sinne der Arbeiterdichtung ausgehend von den Agavenbauern gezeichnet (welche sonst nicht als primäre Referenz für die Menschheit dienen):

	III	III
55	Entre la piedra y la flor, el hombre:	Zwischen Stein und Blume, der Mensch:
	el nacimiento que nos lleva a la muerte,	Die Geburt, die uns zum Tod führt,
	la muerte que nos lleva al nacimiento.	der Tod, der uns zur Geburt führt.
	El hombre,	Der Mensch,
	sobre la piedra lluvia persistente	auf dem Stein ein dauerhafter Regen
60	y río entre llamas	und Fluss zwischen Flammen
	y flor que vence al huracán	und Blume die den Sturm besiegt
	y pájaro semejante al breve relámpago:	und Vogel der dem kurzen Blitz gleicht:
	el hombre entre sus frutos y sus obras.	der Mensch zwischen seinen Früchten und seinen Werken.
65	El henequén,	Die Agave,
	verde lección de geometría	grüne Lektion der Geometrie
	sobre la tierra blanca y ocre.	auf der weißen und ockerfarbenen Erde.
	Agricultura, comercio, industria, lenguaje.	Landwirtschaft, Handel, Industrie, Sprache.
	Es una planta vivaz y es una fibra,	Es ist eine lebendige Pflanze, und eine Faser,
70	es una acción en la Bolsa y es un signo.	es ist eine Aktie an der Börse und ein Zeichen.
	Es tiempo humano,	Es ist menschliche Zeit,
	tiempo que se acumula,	Zeit die sich sammelt,
	tiempo que se dilapida.	Zeit die sich verschwendet.

Durch die Parallelisierung des Menschen mit der Agave entsteht die gleiche Zugehörigkeit zur Natur, die schon in der frühen Version betont wurde. In Vers 67 («Agricultura, comercio, industria, lenguaje») und Vers 69 («es una acción en la Bolsa y es un signo») werden die in der Version von 1940 nur angedeuteten wirtschaftlichen Verhältnisse nun explizit beim Namen genannt. Die letzten drei Verse können nicht mehr allein auf die Pflanze zurückgeführt werden, sie verweisen auf den weltweiten Handel mit der Sisalfaser, auf all jenes, was die Agave jenseits ihrer pflanzlichen Erscheinung und poetischen Metaphorik zusätzlich symbolisiert. Zwar verhilft sie dem Land zu einem eigenständigen Wirtschaftszweig; durch die Verse «tiempo que se acumula / tiempo que se dilapida» (V71f) wird jedoch deutlich, dass der Ertrag kaum zugunsten der Landarbeiter eingesetzt wird. Deren «menschliche Zeit» (V70) sammelt sich, wird jedoch verschwendet; die Mühen der Arbeiter, die *comédie humaine*, scheinen vergeblich angesichts der Widrigkeiten der wirtschaftlichen Organisation einerseits, sowie der landschaftlichen Indifferenz andererseits. So erscheinen die ‹modernen› wirtschaftlichen Verhältnisse schlicht als Weiterführung der aus der natürlichen Misere herrührenden Not, und das Gedicht bringt die Enttäuschung über die marxistische Hoffnung zum Ausdruck, der Mensch könne von der Abhängigkeit von anderen Menschen sowie von der Abhängigkeit von der Natur befreit werden.

Im Folgenden wird auch hier verstärkt auf den zeitlichen Aspekt verwiesen um den Sysiphos-Alltag der Arbeiter in Worte zu fassen. Dies wird vor allem durch die häufigen Wiederholungen deutlich: *siglos de siglos, vueltas y vueltas, de año en año, de sol a sol* (V76, V77, V80, V83). Die unterschiedlichen Qualitäten von Zeit werden explizit genannt, wenn das lyrische Ich in den Versen 81ff beobachtet, dass die mexikanischen Bauern eben nicht nach der «Uhr des Bankiers» oder jener des politischen Herrschers arbeiten: mit der Sonne verfügen sie über eine unumgängliche natürliche Zeitrechnung. Auf diese Weise adressiert das Gedicht die fast widersprüchlichen Realitäten verschiedener Bevölkerungsgruppen im gleichen Land, die «Gleichzeitigkeit des Ungleichzeitigen»,[142] bzw. jene Spaltung, welche Guillermo Bonfil Batalla später als *México profundo* und *México imaginario* bezeichnen würde.[143] Die koexistierenden Zivilisationen messen Zeit auf verschiedene Art und Weise: während die mesoamerikanischen Arbeiter auf die jahrhundertealte Tradition der Maya zurückgreifen, welche die Zeit zyklisch imaginierten und in Sonnen zählten, orientiert sich die Regierung an der linear ausgerichteten westlichen Welt, welche über die Greenwich Mean Time (GMT) koordiniert wird. Von jeher gilt der Kalender auch als Konsolidierung der politischen Machtverhältnisse, als Institutionalisierung einer bestimmten Herrschaft, und seine Änderung als revolutionärer Akt, als Bruch der Kontinuität.[144] Wenn nun in der im Gedicht beschriebenen Gegend nicht nach der vermeintlich globalen christlichen Zeitrech-

---

142 Der Begriff wurde geprägt von Karl Mannheim in ders.: *Wissenssoziologie*. Herausgegeben von Kurt H. Wolff. Berlin: Luchterhand 1964. Ernst Bloch wandte den Begriff auf die Entstehung des Faschismus an, vgl.: Ernst Bloch: *Erbschaft dieser Zeit*. F.a.M.: Suhrkamp 1979; sowie: Ernst Bloch: «Über Ungleichzeitigkeit, Provinz und Propaganda». Im Unterschied zu Bloch wertet Paz die zyklischen Zeitvorstellungen in den mexikanischen Provinzen allerdings positiv auf.
143 Guillermo Bonfil Batalla: *México profundo*.
144 Als Beispiele seien der Gregorianische Kalender oder die Monate August und Juli genannt, welche die gleichnamigen Kaiser jeweils als Zeichen ihrer Macht einrichten ließen. Vgl. dazu Kap. 2.3.

nung gelebt wird, so verweist der Text auf eine Welt, die sich der kapitalistischen Moderne entzieht. Anstatt diese jedoch als positive Alternative zu idealisieren, erscheint die Lebensrealität der Agavenbauern als grausam und archaisch.

	La sed y la planta,	Der Durst und die Pflanze,
	la planta y el hombre,	die Pflanze und der Mensch,
75	el hombre, sus trabajos y sus días.	der Mensch, seine Arbeiten und seine Tage.
	Desde hace siglos de siglos	Seit Jahrhunderten von Jahrhunderten
	tú das vueltas y vueltas	drehst du Runden und Runden
	con un trote obstinado de animal humano:	mit dem störrischen Trott eines menschlichen Tiers:
	tus días son largos como años	deine Tage sind lang wie Jahre
	y de año en año tus días marcan el paso;	und von Jahr zu Jahr bestimmen deine Tage den Schritt;
80	no el reloj del banquero ni el del líder:	weder die Uhr des Bankiers noch die des Führers:
	el sol es tu patrón,	die Sonne ist dein Herrscher,
	de sol a sol es tu jornada	von Sonne zu Sonne ist dein Tagewerk
	y tu jornal es el sudor,	und dein Tagelohn ist der Schweiß,
	rocío de cada día	täglicher Tau
85	que en tu calvario cotidiano	der in deinem täglichen Leidensweg
	se vuelve una corona transparente	zu einer durchsichtigen Krone wird
	– aunque tu cara no esté impresa	– auch wenn dein Gesicht nicht abgedruckt ist
	en ningún lienzo de Verónica	auf dem Leintuch der Veronika
	ni sea la de la foto	noch nicht mal auf dem Foto
90	del mandamás en turno	des grade angesagten Angebers
	que multiplican los carteles:	den die Plakate vervielfachen:
	tu cara es el sol gastado del centavo,	dein Gesicht ist die abgenutzte Sonne des Groschens,
	universal rostro borroso;	universales verwischtes Gesicht;
	tú hablas una lengua que no hablan	du sprichst eine Sprache die jene nicht sprechen
95	los que hablan de ti desde sus pulpitos	die von ihren Kanzeln aus über dich sprechen
	y juran por tu nombre en vano,	und umsonst auf deinen Namen schwören,
	los tutores de tu futuro,	die Tutoren deiner Zukunft,
	los albaceas de tus huesos:	die Testamentsvollstrecker deiner Knochen:

Diese Strophe verweist auf die katholische Religion, das lyrische Ich erwähnt den Leidensweg und die «durchsichtige Krone» sowie das Leintuch, mit dem Veronika Jesus auf dem Kreuzweg das Gesicht abgetupft haben soll.[145] Das Gedicht trans-

---

[145] Vgl. die Legende des Sudarium Christi.

2.2 «Entre la piedra y la flor» (1937) – Landarbeiter in Yucatán — 99

formiert die traditionellen Bedeutungsschichten dieser Bilder jedoch insofern, als dass es den Landarbeiter an die Stelle von Jesus Christus setzt. So spricht der Text statt von einer Dornenkrone von einer durchsichtigen Krone aus «täglichem Tau», der als Schweiß verstanden werden muss. Erneut steht hier die physische Anstrengung des Landarbeiters im Vordergrund. Wie die biblische Figur erfährt auch der lyrische Adressat keine Anerkennung auf seinem Leidensweg. Statt den Arbeiter jedoch als Märtyrer zu verherrlichen, nimmt das Gedicht ihn als Menschen ernst.

Dabei berücksichtigt der Text die lokalen Spezifika und wertet die vergessenen mesoamerikanischen Weisheiten und Sprachen (vgl. V95: «tú hablas una lengua que no hablan»; sowie V100f) in poetischen, surrealistisch anmutenden Bildern auf: Die Sprache wird als «Baum mit flüssigen Wurzeln» beschrieben; das «unterirdische Flusssystem des Geistes» scheint nicht nur auf die Topographie Yucatáns sondern auch auf eine dem lyrischen Ich verborgene Logik zu verweisen; und die Worte des Adressaten werden personifiziert, wenn sie «– barfuß, auf Zehenspitzen – / von einer Stille zur anderen Stille» (V102f) gehen. Nicht nur über das lyrische Ich und den in diesen Versen anaphorisch beschworenen autochthonen Arbeiter öffnet sich an dieser Stelle eine deutliche Opposition zwischen diesem auf der einen Seite und den Bürokraten, die an Schreibtischen über sein Schicksal urteilen (V96) auf der anderen Seite, sondern auch über die Sprache: Das Gedicht verbleibt im Spanischen und damit in der Sprache der herrschenden Klasse; die Beschreibung der indigenen Sprachen erfolgt lediglich über Metaphern. In Vers 106 scheint eine Verallgemeinerung vorzuliegen, wenn mit *Pinole* und *Atole* zwei Worte aus dem Nahuatl zitiert werden – statt aus dem in Yucatán gesprochenen Maya. Allerdings gehören gerade diese beiden Worte inzwischen fest in den Wortschatz des mexikanischen Spanisch, so dass es an dieser Stelle eventuell unabhängig vom verwendeten Vokabular um die Evokation eines indigenen, nicht unbedingt spezifisch yukatekischen Arbeiters geht. Dies ist der vorherrschende Effekt der folgenden Strophe: Der Adressat erscheint zunächst in eher mystischen Bildern (V104ff), wird im Laufe der Verse jedoch entzaubert und dank vieler Verweise auf typisch regionale Synkretismen und Traditionen (V116ff) zunehmend als mexikanischer Bauer erkennbar:

100 tu habla es árbol de raíces de agua,	deine Sprache ist ein Baum mit flüssigen Wurzeln,
subterráneo sistema fluvial del espíritu,	unterirdisches Flusssystem des Geistes,
y tus palabras van	und deine Worte gehen
– descalzas, de puntillas –	– barfuß, auf Zehenspitzen –
de un silencio a otro silencio;	von einer Stille zur anderen Stille;
tú eres frugal y resignado y vives,	du bist genügsam und ergeben und lebst,
105 como si fueras pájaro,	als wärst du ein Vogel,

de un puño de pinole[146]	eine Hand voll Pinole
en un jarro de atole;[147]	und ein Glas voll Atole;
tú caminas y tus pasos	du gehst und deine Schritte
son la llovizna en el polvo;	sind der Nieselregen im Staub;
tú eres aseado como un venado;	du bist anmutig wie ein Reh;
110 tú andas vestido de algodón	du gehst gekleidet in Baumwolle
y tu calzón y tu camisa remendados	und deine Hose und dein ausgebessertes Hemd
son más blancos que las nubes blancas;	sind weißer als die weißen Wolken;
tú te emborrachas con licores lunares	du betrinkst dich mit lunaren Likören
y subes hasta el grito como el cohete	und steigst bis zum Schrei wie ein Feuerwerk
115 y como él, quemado, te desplomas;	und wie jenes, sinkst du verbrannt in Ohnmacht;
tú recorres hincado las estaciones	du durchstreifst auf Knien die Jahreszeiten
y vas del atrio hasta el altar	und gehst vom Vorhof bis zum Altar
y del altar al atrio	und vom Altar bis zum Vorhof
con las rodillas ensangrentadas	mit blutenden Knien
120 y el cirio que llevas en la mano	und die Altarkerze, die du in der Hand trägst
gotea gotas de cera que te queman;	tropft Wachstropfen, die dich verbrennen;
tú eres cortés y ceremonioso y comedido	du bist höflich und feierlich und zurückhaltend
y un poco hipócrita como todos los devotos	und etwas heuchlerisch wie alle Frommen
y eres capaz de triturar con una piedra	und du bist fähig mit einem Stein zu zerstoßen
125 el cráneo del cismático y el del adúltero;	den Schädel des Dissidenten und den des Ehebrechers;
tú tiendes a tu mujer en la hamaca	Du legst deine Frau in die Hängematte
y la cubres con una manta de latidos;	und bedeckst sie mit einer Decke aus Schlägen;
tú, a las doce, por un instante,	Du unterbrichst, für einen Moment, um Zwölf,
suspendes el quehacer y la plática,	die Pflichten und das Gespräch,
para oír, repetida maravilla,	um zu lauschen, mit wiederholtem Staunen,
130 dar la hora al pájaro, reloj de alas;	wie der Vogel die Stunde schlägt, Flügeluhr;

Durch die in diesem Abschnitt auffällig häufigen Polysyndeta, sowie die Anaphern auf *y* und auf *tú* werden die Wiederholungen und das Gleichmaß eines solchen traditionellen ländlichen Lebens auch in der poetischen Form abgebildet.

---

146 DRAE: «(Del náhuatl *pinolli*). 1. m. Mezcla de polvos de vainilla y otras especias aromáticas, que venía de América y servía para echarla en el chocolate, al cual daba exquisito olor y sabor. 2. m. *Méx*. Harina de maíz tostado, a veces endulzada y mezclada con cacao, canela o anís.»
147 DRAE: «(Del náhuatl *atolli* ‹aguado›). 1. m. *Hond.* y *Méx.* Bebida caliente de harina de maíz disuelta en agua o leche, a la que se pueden agregar sabores edulcorantes.»

In dem darauffolgenden Abschnitt werden mit Mais, Hühnern, Heiligen, und zusätzlichem mexikanischen Vokabular weitere Requisiten und Details genannt, die wie oben schon auf einen mesoamerikanischen Arbeiter verweisen. Bei dem Wort *guajolote* (Truthahn, V137) handelt es sich erneut um eine im mexikanischen Spanisch alltägliche Bezeichnung aus dem Nahuatl (von: *uexolótotl*),[148] und nicht aus der Sprache der in Yucatán ansässigen Maya. *Copal* ist der Name einer Pflanze, aus der sowohl Harz als auch Asche gewonnen wird; der *día de copal* (V138) verweist auf die rituellen Feste der Maya.[149]

	tú eres justo y tierno y solícito con tus pollos, tus cerdos y tus hijos;	Du bist gerecht und sanft und hilfsbereit mit deinen Hühnern, deinen Schweinen und deinen Kindern;
135	como la mazorca de maíz tu dios está hecho de muchos santos y hay muchos siglos en tus años;	wie der Maiskolben ist dein Gott aus vielen Heiligen gemacht und es gibt viele Jahrhunderte in deinen Jahren;
	un guajolote era tu único orgullo y lo sacrificaste un día de copal y ensalmos;[150] tú llueves la lluvia de flores amarillas,	ein Truthahn war dein einziger Stolz und du hast ihn geopfert an einem Tag mit Weihrauch und Zauberformeln; Du regnest den Regen gelber Blüten,
140	gotas de sol, sobre el hoyo de tus muertos	Tropfen der Sonne, über dem Grab deiner Toten
	más no es el ritmo oscuro, el renacer de cada día y el remorir de cada noche, lo que te mueve por la tierra:	Doch ist es nicht der düstere Rhythmus, die erneute Geburt eines jeden Tages und der erneute Tod jeder Nacht, der dich über die Erde bewegt:

Die letzten vier Verse wurden kaum verändert aus der früheren Version des Gedichts übernommen, in beiden Versionen beenden sie den dritten Teil. Auf diese Weise intensiviert sich der Verweis auf das Geld als Movens des Lebens, wobei das Geld selbst erst im nächsten Vers beim Namen genannt wird.

Teil IV des Gedichts formuliert die antikapitalistische Kritik sehr viel ausdrücklicher als die Vorgängerversion. Auf die Akkumulation von Metaphern wird verzichtet, stattdessen wird das Geld an den Anfang jedes Verses gestellt. Die zuvor schon erahnbare ökonomische Metaphorik, in welcher Wirtschaft als Wachstum konzeptualisiert wurde, wird hier übernommen und ausgeführt. Die natürliche Zeit der Sonne («un sol giratorio» V34) kontrastierend, bestimmt nun

---

[148] Vgl. LBP (1988), S. 155.
[149] Ebda.
[150] DRAE: «ensalmo. (De *en-* y *salmo*). 1. m. Modo supersticioso de curar con oraciones y aplicación empírica de varias medicinas.»

die messbare Zeit der Uhr das Leben der Menschen und macht der Sonne den Platz im Zentrum des Universums streitig, wenn es heißt: «sus estaciones giran al compás del reloj» (V157).

	IV	IV
145	El dinero y su rueda,	Das Geld und sein Rad,
	el dinero y sus números huecos,	das Geld und seine leeren Nummern,
	el dinero y su rebaño de espectros.	das Geld und seine Herde von Gespenstern.
	El dinero es una fastuosa geografía:	Das Geld ist eine prunkvolle Geographie:
	montañas de oro y cobre,	Berge von Gold und Kupfer,
150	ríos de plata y níquel,	Flüsse voller Silber und Nickel,
	árboles de jade	Bäume aus Jade
	y la hojarasca del papel moneda.	und das Laub des Papiergeldes.
	Sus jardines son asépticos,	Seine Gärten sind aseptisch,
	su primavera perpetua está congelada,	sein ewiger Frühling ist vereist,
155	sus flores son piedras preciosas sin olor,	seine Blumen sind Edelsteine ohne Duft,
	sus pájaros vuelan en ascensor,	seine Vögel fliegen im Aufzug
	sus estaciones giran al compás del reloj.	seine Jahreszeiten drehen sich im Takt der Uhr.

In den nächsten Versen werden Planet, Mensch und Zeit in mehreren Parallelismen mit den quantifizierenden Elementen Geld und Zahlen in Relation gebracht. Das Geld wird in seiner Funktion als Maßstab für Menschlichkeit kritisiert und die biopolitische Grenze wird offenbar gemacht: In wenigen Worten fassen die Verse 164f den Wert des Menschen zusammen, der sich eigentlich aus der menschlichen Existenz selbst ergeben müsste, stattdessen aber aus dem jeweiligen Kapital errechnet wird:

	El planeta se vuelve dinero,	Der Planet wird zu Geld,
	el dinero se vuelve número,	das Geld wird zur Nummer,
160	el número se come al tiempo,	die Nummer frisst die Zeit,
	el tiempo se come al hombre,	die Zeit frisst den Menschen,
	el dinero se come al tiempo.	das Geld frisst die Zeit.
	La muerte es un sueño que no sueña el dinero.	Der Tod ist ein Traum, den das Geld nicht träumt.
	El dinero no dice tú eres:	Das Geld sagt nicht Du bist:
165	el dinero dice *cuánto*.	das Geld sagt *wieviel*.
	Más malo que no tener dinero	Schlimmer als kein Geld zu haben
	es tener mucho dinero.	ist es viel Geld zu haben.
	Saber contar no es saber cantar.	Zählen können heißt nicht, dass man auch singen kann.

Damit gesteht das Gedicht dem Geld die Fähigkeit zu, die grundlegenden Raum- und Zeitkategorien unserer Existenz negieren zu können (V148f und V158f). Dies erinnert an den marxschen Vergleich des Geldes mit Gott: «[Das Geld] ist die sichtbare Gottheit, die Verwandlung aller menschlichen und natürlichen Eigenschaften in ihr Gegenteil, die allgemeine Verwechslung und Verkehrung der Dinge.»[151]

Der letzte Vers – «Saber contar no es saber cantar» (V168) – verweist im Unterschied zu den Referenzen in der ersten Version des Gedichtes nicht auf zwei unterschiedliche Zählsysteme, sondern auf den Akt des Zählens an sich. Darüber hinaus kann dieser Vers als metapoetischer Kommentar gelesen werden, zumal die Paronomasie *contar/cantar* die Klanglichkeit des Gedichts, den Liedcharakter, zugleich inhaltlich und formal untermalt. Mit dem Text setzte Paz der finanzorientierten Welt bewusst etwas entgegen, das den Gesetzen des Marktes zuwiderläuft. Das lyrische Ich singt. Aufgrund des bei Paz *per se* als historisches Wesen verstandenen Menschen wird jeder Eskapismusgedanke als utopisch enttarnt. Erst das Gedicht bietet einen Raum, der sich zwischen beiden Qualitäten bewegt: Die rhythmische Sprache enthält sowohl klangliche (mythologische/ intensive) als auch messbare (historische/extensive) Elemente und erzeugt in dieser eigenen poetischen Zeitlichkeit eine Spannung zwischen den Bergsonschen Dichotomien.[152] So sucht das Gedicht die Zeit auf neue Weise zu messen und dem Menschen im Ganzen gerecht zu werden.

Der folgende Abschnitt des Gedichts führt mehrere Entitäten auf, die jenseits der westlichen Wirtschaft existieren und teilweise auf die menschliche Sehnsucht nach einem Jenseits verweisen. Dies trifft sowohl für die Pyramide als Kultort zu, als auch für das Götzenbild, den Zauberer, die christlichen Götter, für Glaube und

---

[151] Karl Marx: Das Geld. In: Karl-Ernst Jeismann (Hg.): *Wort und Sinn*. Paderborn: Schöningh 1973. S. 352–355, hier: S. 354. Marx verdeutlicht die Verwandlungskraft anhand von William Shakespeare: *The Life of Timon of Athens* [1623], III Scene: «Gold? yellow, glittering, precious gold? No, gods, / I am no idle votarist: roots, you clear heavens! / Thus much of this will make black white, foul fair, / Wrong right, base noble, old young, coward valiant. / Ha, you gods! why this? what this, you gods? Why, this / Will lug your priests and servants from your sides, / Pluck stout men's pillows from below their heads: / This yellow slave / Will knit and break religions, bless the accursed, / Make the hoar leprosy adored, place thieves / And give them title, knee and approbation / With senators on the bench: this is it / That makes the wappen'd widow wed again; / She, whom the spital-house and ulcerous sores / Would cast the gorge at, this embalms and spices / To the April day again. Come, damned earth, / Thou common whore of mankind, that put'st odds / Among the route of nations». Marx zitiert aus einer dt. Übersetzung, das engl. Original wird hier zitiert nach: Project Gutenberg, 2000.

[152] Henri Bergson: *Essai sur les données immédiates de la conscience* [1888]. Paris: Les Presses universitaires de France 1970.

Aberglaube. Statt diese Welten jedoch abzuwerten oder zu negieren (was die marxistische Position wäre), nimmt das Gedicht eine Neubewertung der herrschenden Kategorien vor. Dabei sind die Verse zur Alphabetisierung besonders provokant, schließlich gelten die Alphabetisierungskampagnen der *Secretaría de Educación Pública* (SEP) als starkes Argument der westlichen Politik und die Illiteralität als eine Art Beweis für die Unterlegenheit der traditionellen Landbevölkerung.[153] Allein die (archaisierende) Definition des Analphabetismus als Weisheit (V176f) kehrt diese Auffassung um und stellt bestehende Deutungsrahmen infrage. Das Gedicht von Paz verweist damit auf die ausgefeilte Zeitrechnung, die Historiographie und das Handelssystem der mesoamerikanischen Zivilisationen mit den einstmals weltgrößten Metropolen. In seinem Essay *Haben oder Sein* (1976), das im gleichen Jahr wie diese Version des Gedichtes erschien, hatte auch Erich Fromm behauptet, das Gedächtnis der Analphabeten in Mexiko sei jenem der Bürger der Industriestaaten weit überlegen.[154] Mit dem negativ besetzten Begriff des Analphabetismus, der jegliche nichtwestliche Bildung als irrelevant darstellt, werden die kulturellen und wirtschaftlichen Blütezeiten präkolumbianischer Gesellschaftsformen verkannt. Das Gedicht macht auf diese Abwertung aufmerksam und kombiniert Götzen, Zauberer und Heilige mit archaischen christlichen Bildern wie dem der Jungfrau mit dem Kinde, so dass der Wert dieser (synkretistischen) Glaubensinhalte der quasireligiösen Huldigung des Geldes im Kapitalismus entgegengestellt wird. Es steht Glaube gegen Kredit.

Alegría y pena	Freude und Leid
170 ni se compran ni se venden.	kann man weder kaufen noch verkaufen.
La pirámide niega al dinero,	Die Pyramide lehnt das Geld ab,
el ídolo niega al dinero,	das Götzenbild lehnt das Geld ab,
el brujo niega al dinero,	der Zauberer lehnt das Geld ab,
la Virgen, el Niño y el Santito	die Jungfrau, das Kind und der Heilige
175 niegan al dinero.	lehnen das Geld ab.
El analfabetismo es una sabiduría	Der Analphabetismus ist eine Weisheit
ignorada por el dinero.	die das Geld nicht kennt.
El dinero abre las puertas de la casa del rey,	Das Geld öffnet die Türen des Königshauses,
cierra las puertas del perdón.	es schließt die Türen der Vergebung.

---

153 Zur Rolle José Vasconcelos in den Alphabetisierungskampagnen der Secretaría de Educación Pública (SEP) vgl.: Adolfo Rodríguez Gallardo: *José Vasconcelos: alfabetización, bibliotecas, lectura y edición*. Mexiko: UNAM, Secretaría de Desarrollo Institucional 2015.
154 Vgl. Erich Fromm: *Haben oder Sein*, S. 49.

180 El dinero es el gran prestidigitador. Das Geld ist der große Gaukler.
    Evapora todo lo que toca: Es verdampft alles was es berührt:
    tu sangre y tu sudor, dein Blut und deinen Schweiß,
    tu lágrima y tu idea. deine Träne und deine Idee.
    El dinero te vuelve ninguno. Das Geld macht dich zum Niemand.

185 Entre todos construimos Gemeinsam konstruieren wir
    el palacio del dinero: den Palast des Geldes:
    el gran cero. die große Null.

Diese Verse erinnern an die von Marx angesprochene oben schon erwähnte «göttliche» Verwandlungskraft des Geldes. Doch in den siebziger Jahren, als Paz das Gedicht zu der vorliegenden Version überarbeitete, sympathisierte er lange nicht mehr so offen wie noch als junger Dichter mit dem Kommunismus. Die unbedarfte prästalinistische Hoffnung des jungen Paz hatte sich in den durchdachten Kommentar eines «sozialistischen Liberalen»[155] verwandelt, der in Zeiten des andauernden Kalten Kriegs eine Position jenseits schlichter Oppositionen bezog. Doch die Grundsätze, die Unabänderlichkeit körperlicher Arbeit und die Verurteilung einer Ausrichtung am Kapital, sind die gleichen geblieben. Sowohl in der frühen als auch in der späten Version fasst das Gedicht den Arbeiter als *Menschen* statt als entfremdete Arbeitskraft und erinnert damit an die Ausgangspunkte des Marxismus.[156] In seinem oben schon zitierten Kommentar distanziert sich Paz im gewohnten Bescheidenheitstopos vom Gedicht, bekennt sich aber zu seiner Treue zum Thema:

> «Entre la piedra y la flor» se editó varias veces. En 1976, al preparar esta edición, lo releí y percibí sus insuficiencias, ingenuidades y torpezas. Sentí la tentación de desecharlo; después de mucho pensarlo, más por fidelidad al tema que a mí mismo, decidí rehacer el texto enteramente. El resultado fue el poema que ahora presento – no sin dudas: tal vez habría sido mejor destruir un intento tantas veces fallido.[157]

In den letzten Versen werden Geld und Arbeit anhand verschiedener Doppelpunkte jeweils gespiegelt. Immer abwechselnd beschreibt das Gedicht die Arbeit als produktiv, beschützend, lebens- und schlafspendend, (V189, V191, V193); das

---

155 Vgl. Max Aub: El falso dilema, S. 98.
156 Vgl. Karl Marx: «Das Verhältnis (der Arbeit) ist das Verhältnis des Arbeiters zu seiner eignen Tätigkeit als einer fremden, ihm nicht angehörigen, die Tätigkeit als Leiden, die Kraft als Ohnmacht, die Zeugung als Entmannung, die eigne physische und geistige Energie des Arbeiters, sein persönliches Leben – denn was ist Leben anderes als Tätigkeit – als eine wider ihn selbst, gewendete, von ihm unabhängige, ihm nicht gehörige Tätigkeit.» In: *Ökonomisch-philosophische Manuskripte, Die entfremdete Arbeit*. MEW Bd. 40, 1968, S. 515.
157 LBP (1988), S. 150.

Geld hingegen als destruktive Strafe, Gift und Blutsauger (V188, V190, V192). Vers 196 klingt dank der Alliteration auf dem scharfen «s» wie die Klimax dieser Herleitung: «seca la sangre, sorbe el seso». Um Einiges pamphletischer als die frühe Version des Gedichts endet der Text von 1976 mit den folgenden Versen:

No el trabajo: el dinero es el castigo.	Nicht die Arbeit: das Geld ist die Strafe.
El trabajo nos da de comer y dormir:	Die Arbeit gibt uns Nahrung und Schlaf:
190 el dinero es la araña y el hombre la mosca!	das Geld ist die Spinne und der Mensch die Fliege!
El trabajo hace las cosas:	Die Arbeit macht die Dinge:
el dinero chupa la sangre de las cosas.	das Geld saugt das Blut aus den Dingen.
El trabajo es el techo, la mesa, la cama:	Die Arbeit ist das Dach, der Tisch, das Bett:
el dinero no tiene cuerpo ni cara ni alma.	das Geld hat weder Körper noch Gesicht noch Seele.
195 El dinero seca la sangre del mundo,	Das Geld trocknet das Blut der Welt,
sorbe el seso del hombre.	es schlürft das Gehirn des Menschen.
Escalera de horas y meses y años:	Leiter aus Stunden und Monaten und Jahren:
allá arriba encontramos a nadie.	dort oben finden wir niemanden.
Monumento que tu muerte levanta a la muerte.	Denkmal, das dein Tod dem Tod errichtet.

Die Leiter der Zeit, die in den vorletzten Versen imaginiert wird, («Escalera de horas y meses y años: / allá arriba encontramos a nadie» V197f) veranschaulicht die posthegelianische Überzeugung der Moderne, welche die Hoffnung auf ein Ende der Geschichte ablehnt. In seiner Nobelpreisrede von 1990 führte Paz aus, wie geschichtliche Ereignisse in jeder vergangenen Epoche jeweils mit der Vorstellung eines Jenseits oder eines Ziels ertragen wurden.[158] Für die Moderne gilt dies nicht mehr: Die Reihenfolge der aufgezählten Zeiteinheiten zeigt, dass die Leiter immer länger wird (Stunden, Monate, Jahre), ein Ende ist nicht in Sicht, und «oben» im Himmel erwartet den Aufsteiger weder Gott noch die Erlösung.

Nichtsdestotrotz bietet das Gedicht den Bauern auf einer metapoetischen Ebene (und im Gegensatz zum vertikalen Bild der unendlichen Leiter und dem endlosen Horizont der Wüste), einen Ort «entre la piedra y la flor». Es handelt sich bei dem Text nicht nur um eine resignierte Beschreibung der *condition humaine* des mexikanischen Bauern oder um die Erinnerung an eine mesoamerikanische Zivilisation, sondern es geht um den Menschen selbst. Der Mensch

---

[158] OP: «La búsqueda del presente», (1990).

bewegt sich zwischen zwei Abgründen, bzw. zwischen den Kontrasten von Dauer und Vergänglichkeit, die mit dem Stein und der Blume symbolisiert werden. Der Mensch überlebt die Agave, die steinige, zeitlose Wüste überlebt den Menschen. Die «Eigenzeit»[159] des Menschen verlangt nach einem eigenen Raum, und diesen Raum kann das Gedicht ihm bieten. Denn ebenso wie die Dichtung sich zwischen Sprache und Musik, zwischen prosaischen Phrasen und paradiesischem Gesang bewegt, lebt der Mensch zwischen Schwerkraft und Beweglichkeit, zwischen historischer Endlichkeit und dem Wunsch nach einer *durée*. Er lebt im Dazwischen, der offenen Dialektik ausgesetzt.

Auch Carlos Fuentes sah die «unerträgliche binäre Spannung, zwischen Polaritäten», die kein echtes Gleichgewicht darstelle, sondern eine «falsche» Synthese sei. 1969 schrieb er Paz einen Brief, in dem er wie folgt auf das vorliegende Gedicht referiert:

> «Entre la piedra y la flor»; recordé en Yucatán tu gran poema de juventud. Sí, la insoportable tensión binaria, de polaridades, que es México; pero quizás sea mejor que el aristocrático «in metus stat virtus»; aunque el Golden Mean es más humano y civilizado. Lo malo del equilibrio falso de México es que no es ni humano ni civilizado; es, estrictamente, la dorada mediocridad de unos cuantos: una mentira. En Acapulco, los banqueros cantan loas a la Revolución Mexicana («bendita revolución mexicana: nos has colmado de beneficios»: cita textual de Aníbal de Iturbide). Los campesinos de Yucatán ni siquiera saben que hubo revolución o que son mexicanos. Leí revolución y la arqueología: la táctica oficial consiste en arqueologizar a México y luego cobrar entrada. Tenemos, por lo menos, esa gran ventaja: todo lo que está vivo les aterroriza, desconocen tanto la imaginación como la crítica, no saben por dónde torearlas. Hay que escribir, escribir, con audacia, vulgaridad, belleza, terror y sueño: todo lo que afirma niega a este miserable fascismo.[160]

Schon der Titel des Gedichts beschreibt dessen Hauptargument des Raumes *zwischen* den Spannungspolen, zwischen denen der Mensch balanciert. Doch statt herkömmlichen dichotomischen Gegenüberstellungen wählte Paz natürliche Elemente, die symbolisch gedeutet werden können und dadurch eine Tragkraft über die mexikanische Frage hinaus bekommen. Die Spannungen zwischen Stein und Blume, Dauer und Vanitas können um jene zwischen Natur und Politik, zwischen dem planetarischen Zyklus und dem Rad des Geldes, der Zirkulation der Finanzen, ergänzt werden. So garantierte Paz auch hier eine offene Dialektik, die jeden Traum einer harmonischen Utopie als «Lüge» enttarnte – das kapitalistische Fortschrittsdenken ebenso wie die sozialistische Utopie.

---

159 Vgl. zu diesem Begriff das DFG-Schwerpunktprojekt 1688: *Ästhetische Eigenzeiten. Zeit und Darstellung in der polychronen Moderne.*
160 Brief von Carlos Fuentes an Octavio Paz, Mexiko, 20.05.1969. In: *Revista Iberoamericana.* Vol. XXXVII Nr. 74, Univ. Pittsburgh, Pennsylvania (Jan-März 1971), S. 25.

2.3 «Intermitencias del oeste, México: Olimpiada de 1968» – Relektüren des Marxismus[161]

Um kurz vor Beginn der Olympischen Spiele die seit Juli 1968 schwelenden, vom Streik an den Universitäten ausgehenden Unruhen im Land ein für alle Mal zu beenden, schlug die mexikanische Regierung am 2. Oktober 1968 eine friedliche Demonstration von Studierenden in Mexiko-Stadt mit brutaler Gewalt nieder. Erst Jahrzehnte später wurde das nach dem Tatort Tlatelolco benannte Massaker juristisch untersucht. Die Erinnerung an das, was tatsächlich auf der Plaza de Tlatelolco, dem Platz der drei Kulturen, geschehen war, sollte lange anstelle der tatsächlichen Aufarbeitung stehen:[162] Erst am 30. Juni 2006 verhaftete man den früheren Innenminister und späteren Präsidenten Luis Echeverría Álvarez als Hauptverantwortlichen für das Massaker und stellte ihn unter Hausarrest. Doch schon eine Woche später (als die kontroversen Präsidentschaftswahlen vorüber waren) wurde die Klage gegen ihn aufgehoben und das Verfahren wegen Verjährung eingestellt.[163]

---

161 Eine frühere Fassung von Teilen dieses Kapitels wurde auf Spanisch publiziert, vgl.: Catarina von Wedemeyer: Dis/continuidades históricas. Octavio Paz – Intermitencias del oeste III, México: Olimpiada de 1968. In: Marco Kunz/Rachel Bornet u. a. (Hg.): *Acontecimientos históricos y su productividad cultural en el mundo hispánico*. Zürich [u. a.]: Lit Verlag 2016, S. 85–99.
162 Vgl. zu dieser Literatur als Archiv im Sinne Foucaults: Irene Fenoglio-Limón: Reading Mexico 1968: Literature, Memory and Politics. In: Ingo Cornils/Sarah Waters (Hg.): *Memories of 1968: International Perspectives*. Oxford: Peter Lang 2010, S. 299–319.
163 Das Massaker war offiziell seit November 2005 verjährt, also nur wenige Monate vor der Anklage des früheren Präsidenten. 2005 hatte der Oberste Gerichtshof zwar entschieden, dass Genozide nicht verjähren können; doch Artikel 14 der Mexikanischen Verfassung verbietet den rückwirkenden Gesetzesvollzug und verhinderte damit erneut juristische Maßnahmen. Vgl. Alfredo Mendez Ortiz: «Giran orden de aprehensión contra Echeverría Alvarez por genocidio», *La Jornada* (30.11.2006). Francisco Gómez/Silvia Otero: Echeverría, bajo prisión preventiva domiciliaria. In: *El Universal* (01.07.2006). Echeverría wurde noch mehrmals angeklagt und freigesprochen. Vgl. Pablo Ordaz: El ex presidente Echeverría, absuelto de los cargos de genocidio por la matanza de Tlatelolco. In: *El País* (27.03.2009). Keiner der weiteren Verantwortlichen wurde je gerichtlich belangt. Der damalige Verteidigungsminister Marcelino García Barragán erklärte sich selbst als Hauptverantwortlicher des Massakers: «El comandante responsable soy yo. No se decretará el estado de sitio; México es un país donde la libertad impera y seguirá imperando. Hay militares y estudiantes muertos y heridos. Si aparecen más brotes de agitación actuaremos en la misma forma», in: Roberto Diego Ortega: 1968: El ambiente y los hechos. Una cronología. In: *Nexos* (01.09.1978). Als wäre nichts geschehen, begannen die Olympischen Spiele am 12.10.1968, zehn Tage nach dem Massaker. Hunderte Zivilisten waren erschossen worden, etwa 1500 wurden im Campo Militar Número uno gefangen gehalten. Vorgeworfen wurden ihnen unter anderem: «invitación a la rebelión, asociación delictuosa, sedición, daños en propiedad ajena, ataque a las vías generales de comunicación, robo, despojo, acopio de armas, homicidio y lesiones.» Laut

2.3 «Intermitencias III» (1968) – Relektüren des Marxismus 109

Octavio Paz gehörte zu den wichtigsten Mahnern der Aufarbeitung, er hatte unmittelbar nach den Ereignissen einen poetischen Text verfasst. Das Gedicht «Intermitencias del oeste (III) (México: Olimpiada de 1968)», welches im Folgenden besprochen werden soll, etabliert dabei gleich drei historische Bezüge: Neben dem Massaker von 1968 evoziert das Gedicht mit einem direkten Marx-Zitat die despotischen Regierungsformen Europas von 1843, sowie die nicht weniger gewalttätigen Regierungsformen des präkolumbianischen Tenochtitlán. Auch formal versucht der Text der Vielschichtigkeit der unterschiedlichen Interessen von regimetreuen und freidenkerischen Studierenden, Arbeitern und Politikern Ausdruck zu verleihen, die in der historischen Situation kurz vor der Olympiade von 1968 aufeinanderprallten. Mit Leerstellen und freien Versen wird der Verflechtung der unterschiedlichen historischen Ereignisse sprachlich Ausdruck verliehen. So stellte Paz bereits in der Form seines Gedichts die Frage nach einer angemessenen Repräsentation komplexer geschichtlicher Ereignisse. Seine vier Gedichte mit dem Titel «Intermitencias» bleiben somit nicht allein zeitgebunden, sondern sind, wie das prominente Marxzitat im Zentrum des dritten Gedichts, auf andere Epochen bezogen. Im Gegensatz zu früheren poetischen Texten des späteren mexikanischen Nobelpreisträgers ist dieses Gedicht auf allen Ebenen von einer offenen Dialektik gekennzeichnet, als sei eine Synthese angesichts der schockierenden Ereignisse unmöglich geworden.

Mit dem Gedicht «Intermitencias III» positionierte sich Paz weder im Sinne der sozialistischen Ideale der Regierungspartei PRI noch im Sinne einer liberalen Alternative, so dass er sich zahlreichen Anfeindungen von Zeitgenossen ausgesetzt sah, die sich entweder zu der einen oder zur anderen Seite bekannten.[164] Indem sein Text der Bemühung Ausdruck verlieh, differenzierte Perspektiven auf die Wirklichkeit aufzuzeigen, sollte er als diskursives Korrektiv einer dualistisch geprägten Epoche fungieren. Vor einer Verurteilung der Sozialisten schreckte Paz dabei ebenso wenig zurück wie vor einer Kritik der Nationalisten: Während des

---

Ortega (1978) war es unmöglich, juristische Verteidigung zu bekommen. Die Regierungsmitglieder stellten die Opfer als Kriminelle dar um selbst unangreifbar zu bleiben. Nur einen Tag nach dem Massaker publizierte der Senat ein Dokument, das die Legalität der militärischen Aktion bestätigte: «la actuación del Ejecutivo Federal se ha apegado a la Constitución Política del país y de las leyes vigentes». Zit.n.: Roberto Diego Ortega: 1968: El ambiente y los hechos. Vgl. außerdem zum Zusammenhang zwischen Literatur und Recht in diesem Kontext, bzw. zur Rolle von José Revueltas: José Manuel Mateo: «Realidad literaria y ficción jurídica. Sobre el proceso judicial contra José Revueltas por su participación en el movimiento estudiantil de 1968.» Publikation steht noch aus.
164 Vgl. zur Rezeption des Werks von Paz Kap. 1.1.3. Die Kontroversen um Paz' Entscheidung zum Rücktritt aus dem diplomatischen Dienst halten weiter an, vgl. bspw. den Artikel von Jacinto Rodríguez Munguía: La renuncia que nunca fue. La trampa de Octavio Paz. In: *emeequis* (05.04.2015); sowie Christopher Domínguez Michael: *Octavio Paz en su siglo*, S. 311.

Spanischen Bürgerkriegs hatte Octavio Paz mit seiner Dichtung dem Narrativ der Putschisten der Falange widersprochen; mit Gedichten wie jenem zum Massaker von Tlatelolco am 2. Oktober 1968 verhinderte der Autor das Verschweigen historischer Gräueltaten auch auf Seiten der repressiven Linken.[165] Paz war nicht der einzige mexikanische Intellektuelle, der sich in diesem Zusammenhang literarisch äußerte: Der sozialistische Autor Luis González de Alba, der selbst maßgeblich an der Studentenbewegung beteiligt war, verfasste den Roman *Los días y los años* (1971),[166] der die Aufarbeitung des Massakers scharf anprangerte. Eines der wichtigsten Gedichte zum Thema sollte «Tlatelolco 68» von Jaime Sabines werden, der in der zweiten Hälfte des 20. Jahrhunderts als bekanntester Dichter Mexikos galt.[167] Erwähnt werden muss zudem der dokumentarische Roman *La noche de Tlatelolco* (1971) von Elena Poniatowska.[168] Zahlreiche weitere Gedichte, darunter von Rosario Castellanos, José Emilio Pacheco, José Carlos Becerra, Juan Bañuelos und Eduardo Santos machten deutlich, wie weitreichend die Reaktionen auf das Ereignis waren.[169] Das Gedicht von Rosario Castellanos trägt den Titel: «Memorial de Tlatelolco» und endet mit den Versen: «Recuerdo, recordamos / hasta que la justicia se siente entre nosotros.» Tatsächlich verwiesen die Gedichte auf eine Gedächtnislücke in der offiziellen Geschichtsschreibung: Erst 25 Jahre nach dem Massaker installierte die mexikanische Regierung eine Erinnerungsplakette an der Plaza de Tlatelolco, die den Opfern von 1968 gewidmet war. 2008, 40 Jahre nach dem Massaker, ernannte der mexikanische Senat den 2. Oktober schließlich zu einem nationalen Trauertag.

---

165 Vgl. ein ähnliches Phänomen mit dem Gedicht von Jewgeni Jewtuschenko: «Babi Jar». In: *Literaturnaya Gazeta* (1961). Übers. von Paul Celan: *Gesammelte Werke*. Bd. 5. Übertragungen II. F.a.M.: Suhrkamp 2000, S. 288 ff. Ende September 1941 ermordete die Wehrmacht in Babi Jar nahe Kiew über 33.000 Juden.
166 Luis González de Alba: *Los días y los años*. Mexiko: Era 1971.
167 Vgl. Jaime Sabines: „Tlatelolco 68". In: *Recuento de poemas 1950/1993*. Mexiko: Mortiz 2014, S. 425–428.
168 González de Alba machte Poniatowska allerdings einen Plagiatsvorwurf: Vgl. Luis González de Alba: Para limpiar la memoria. In: *Nexos* (01.10.1997).
169 Elena Poniatowska: *La noche de Tlatelolco*. Mexiko: Biblioteca Era 1971. Auf S. 9 heißt es dort, alle oben genannten Dichter seien dem Beispiel von Octavio Paz gefolgt. Vgl. auch: Jaime Labastida: La poesía mexicana (1965–1976). In: *Revista de la universidad*. Mexiko: UNAM 1976, S. 1–9. Vgl. auch Christopher Domínguez Michael: *Octavio Paz en su siglo*, S. 305. Laut Carmen V. Vidaurre Arenas sind allein in den ersten zehn Jahren nach dem Massaker 50 Essays und 26 Romane zum Thema entstanden, s.: Carmen V. Vidaurre Arenas: *Tlatelolco 1968, en tres obras literarias mexicanas*. Morelia: Univ. Michoacana de San Nicolás de Hidalgo 2008. Vgl. auch: Juan Antonio Sánchez Fernández: Bolaño y Tlatelolco. In: *Études Romanes de Brno* 33, 2 (2012), S. 132–143. Vgl. für eine gute Übersicht: Dolly J.Young: Mexican Literary Reactions to Tlatelolco 1968. In: *Latin American Research Review*, 20, 2 (01.01.1985), ProQuest S. 71–85.

2.3 «Intermitencias III» (1968) – Relektüren des Marxismus ── 111

Der Plural des Wortes *Intermitencia* bezeichnet Unterbrechungen, Einbrüche, Einfälle oder Blitzlichter. Der Titel der vier Gedichte von Paz verweist also auf das Innehalten angesichts eines als katastrophisch empfundenen Ereignisses. Dass dies das Privileg des Gedichts als historischem Zeugen ist, darauf hat schon Walter Benjamin in seinem Essay *Über den Begriff der Geschichte* (1940) hingewiesen, als er über das Gedicht eines Augenzeugen der Juli-Revolution 1830 reflektierte.[170] Darin beschreibt das lyrische Ich, wie einige Revolutionäre unabhängig voneinander auf die Turmuhren schießen, um die neue Zeitrechnung auch symbolisch einzuläuten. Dies hat Benjamin als Ausdruck des Wunsches gedeutet, einen Tag zu beenden, an dem so viele Gräueltaten begangen worden sind. Die «Intermitencias del oeste» von Octavio Paz schließen bereits durch ihren Titel an diese von Benjamin herausgearbeitete Zeitdimension an. Der Titel, den der Autor seinen Gedichten angesichts der thematisierten Ereignisse gibt, ähnelt dem Wunsch der Revolutionäre nach einer Zäsur im Laufe der Geschichte.

Zwischen den vier Gedichten «Intermitencias del oeste», die in dem Band *Ladera Este* publiziert wurden, findet sich je ein Gedicht eingefügt, dem der nordindische Bundesstaat *Himachal Pradesh* den Titel gibt. Paz hielt sich zur Zeit der Entstehung der Texte als Botschafter Mexikos in Indien auf. Seine «Intermitencias del oeste» scheinen so auch als Einlassungen von der östlichen Seite der Welt formuliert zu sein. Von Indien aus wird die Zeitgeschichte im Westen in den Blick genommen, und im Vergleich mit den anderen Texten des Buches scheint es, als stelle der Dichter zwei verschiedene Zeitkonzepte einander gegenüber. Um die unmittelbare Gegenwart zu beschreiben, verwendete auch Benjamin das Wort «intermittierend», und es ist durchaus möglich, dass Paz seine poetischen Texte bewusst im Sinne Walter Benjamins als «Verdichtungen der Wirklichkeit» konzipierte. Im Passagen-Werk formulierte Benjamin eine Geschichtsvorstellung, in der alles Vergangene in der «intermittierenden Jetztzeit» hervorblitzt:

---

170 Walter Benjamin: *Über den Begriff der Geschichte* [1940]. In: ders: *Erzählen. Schriften zur Theorie der Narration und zur literarischen Prosa*. F.a.M.: Suhrkamp 2007, S. 137. Die auch bei Benjamin anonym zitierten Verse lauten: «Qui le croirait! on dit, qu'irrités contre l'heure / De nouveaux Josués au pied de chaque tour, / Tiraient sur les cadrans pour arrêter le jour.» Carlos Fuentes zitiert in diesem Zusammenhang ebenfalls Benjamin: Carlos Fuentes: Brief an Octavio Paz. Vgl. das gleiche Motiv in: W.G. Sebald: *Austerlitz*. München: Hanser 2001, S. 160: «Es war, als sei hier [in den zugemauerten Zimmern von Iver Grove] die Zeit, die sonst doch unwiderruflich verrinnt, stehengeblieben, als lägen die Jahre, die wir hinter uns gebracht haben, noch in der Zukunft»; S. 161: «und ehe er [Ashman] auch nur wußte, was er tat, habe er draußen auf dem hinteren Hof gestanden und mehrmals mit seiner Flinte auf das Uhrtürmchen der Remise geschossen, an dessen Zifferblatt man die Einschläge noch heute sehen könne.» Vgl. zu den frz. Versen bei Paz und Fuentes auch: Sebastian Neumeister: *Die Selbstaufhebung der Moderne*, S. 163f.

> Wieso dies Jetztsein (das nicht weniger als das Jetztsein der ‹Jetztzeit› – sondern ein stoßweises, intermittierendes – ist) an sich schon eine höhere Konkretion bedeutet – diese Frage kann die dialektische Methode freilich nicht in der Ideologie des Fortschritts sondern nur in einer, an allen Teilen diese überwindenden Geschichtsanschauung erfassen. In ihr wäre von der zunehmenden Verdichtung (Integration) der Wirklichkeit zu sprechen, in der alles Vergangene (zu seiner Zeit) einen höheren Aktualitätsgrad als im Augenblick seines Existierens erhalten kann.[171]

Bis auf die vier mit «Intermitencias» überschriebenen Texte widmen sich die Gedichte aus dem Band *Ladera Este* «östlichen» Themen und zitieren Orte und Gottheiten der Kulturen Indiens. Die «Intermitencias del oeste» stehen somit in direktem Dialog mit dem Titel des Bandes (dessen wörtliche Übersetzung wäre etwa «Ostseite»). Alle vier Texte widmen sich einschneidenden historischen Ereignissen in der westlichen Welt, die Untertitel deuten je auf eine bestimmte geographische Region hin: «Canción rusa», «Canción mexicana»,[172] «México: Olimpiada de 1968», und «Paris: Les aveugles lucides».[173] Die ersten beiden Texte beziehen sich auf die diktatorischen Regimes in Russland und Mexiko, der letzte Text ist der offenste der vier Gedichte, er adressiert die Studentenunruhen in Paris.[174] Die vier Texte lassen sich als Zeugnisse eines scharfen Bewusstseins für die historische Diskontinuität lesen und evozieren Benjamins Geschichtsessay in ihrem ausgeprägten Einschätzungsvermögen der historischen Zäsur, in der sich Paz befindet – Benjamin schrieb in diesem Zusammenhang von einer Sprengung des zeitlichen Kontinuums.[175] Die Gedichte des Bandes *Ladera Este* geben der Suche nach einem angemessenen Geschichtsurteil Ausdruck. Das hier im Mittelpunkt stehende Gedicht «Intermitencias III» verweist in seinem Untertitel auf das konkrete Ereignis des Massakers von Tlatelolco, das am 2. Oktober 1968 die Welt erschütterte.[176] Nicht wenige Intellektuelle verglichen die Geschehnisse und ihre

---

171 Walter Benjamin: *Das Passagen-Werk*. Hg. von Rolf Tiedemann. F.a.M.: Suhrkamp 1983, S. 494f.
172 Vgl. die Einleitung der vorliegenden Arbeit (Kap. 1.1.2), in der dieses Gedicht zitiert wird.
173 OP: «Intermitencias del este (3) (México: Olimpiada de 1968)», Delhi, 03.10.1968, OC Bd. 11, S. 374. Erste Publikation in der Zeitschrift *Siempre*, Nr. 801, 30.10.1968. Später in: *Ladera este* (1969).
174 Vgl. Bruno Bosteels: *Marx and Freud in Latin America*, S. 179f; sowie: Christopher Domínguez Michael: *Octavio Paz en su siglo*, S. 301.
175 Vgl. Walter Benjamin: *Das Passagen-Werk*, S. 137. Vgl. Nemo Klee: Kollektives Gedächtnis, Herrschaft und Befreiung. Theoretische und persönliche Überlegungen. In: *Grundrisse 16*, Wien (17.03.2006).
176 Vgl. Claire Brewster: A Crisis of National Identity. In: Ingo Cornils/Sarah Waters (Hg.): Memories of 1968: International Perspectives. Oxford: Peter Lang 2010, S. 149–178.

Folgen mit der Wucht der Niederschlagung des Prager Frühlings.[177] In Mexiko hatten die Studierenden friedlich auf der Plaza de Tlatelolco demonstriert, sie forderten einen politischen Dialog, das Recht auf Versammlung, die Freilassung politischer Gefangener und die Demokratisierung ihres Landes.[178] Ihnen schlossen sich Arbeiter und Angestellte an. Paz hat mehrfach unterstrichen, dass die Forderungen der mexikanischen Studierenden weit bescheidener waren als jene der europäischen Studierenden des Mai 1968. In einer Bittschrift vom 4. August 1968 hatten die Studierenden ihre Forderungen in sechs konkreten Punkten zusammengefasst, Elena Poniatowska hat sie in ihren dokumentarischen Roman *La noche de Tlatelolco* wie folgt wiedergegeben:[179]

1. Libertad de todos los presos políticos.
2. Derogación del artículo 145 del Código Penal Federal.[180]
3. Desaparición del cuerpo de granaderos.
4. Destitución de los jefes policíacos Luis Cueto, Raúl Mendiola y A. Frías.
5. Indemnización a los familiares de todos los muertos y heridos desde el inicio del conflicto.
6. Deslindamiento de responsabilidades de los funcionarios culpables de hechos sangrientos.

Um die Demonstrationen zu beenden und anlässlich der dem sportlichen Ereignis geschuldeten internationalen Aufmerksamkeit das Bild eines harmonischen Mexikos wiederherzustellen, hatte sich das Militär auf den von hohen Gebäuden umschlossenen Platz gedrängt und begonnen in die Menge zu schießen. Viele Militaristen hatten sich in Zivil unter die Demonstranten gemischt, Augenzeugen berichteten, dass die durch einen weißen Handschuh an der linken Hand gekennzeichneten Agenten das Militär provozierten und auf diese Weise für eine «Legitimation» der Schüsse sorgten.[181] Aus Helikoptern wurde bengalisches Feuer

---

177 Vgl. Christopher Domínguez Michael: *Octavio Paz en su siglo*, S. 296.
178 Vgl. zur Vorgeschichte und zum historischen Ablauf: Christopher Domínguez Michael: *Octavio Paz en su siglo*, Kapitel: El 2 de octubre, S. 295–313. Sowie: Robert Latorre: *Matanza de Tlatelolco*. Tomlinson-De Onis Productions for Discovery Channel Latin America/USH 2010.
179 Vgl. Elena Poniatowska: *La noche de Tlatelolco*, S. 59. Vgl. auch: Christopher Domínguez Michael: *Octavio Paz en su siglo*, S. 303f.
180 Artikel 145 des Strafgesetzbuchs verbat die «disolución social», die sog. soziale Auflösung, bzw. das Recht auf Versammlung. Olga Leticia Aguayo González: Disolución Social en México. In: *México: Enciclopedia Jurídica Online* (30.06.2015).
181 Kate Doyle: The Tlatelolco Massacre. U. S. Documents on Mexico and the Events of 1968. In: *National Security Archive of the George Washington University* (10.10.2003).

geworfen und Scharfschützen zielten aus den umliegenden Gebäuden mit Maschinengewehren auf die fliehenden unbewaffneten Studierenden.

Es ist bekannt, dass der Innenminister Luis Echeverría Álvarez den Präsidenten Gustavo Díaz Ordaz glauben ließ, es handele sich bei den Studentenprotesten um ein internationales Komplott.[182] Mit seiner unverhältnismäßigen Reaktion auf die Forderungen der Studierenden wollte Echeverría beweisen, dass nur er in der Lage sei, die Bedrohung zu bewältigen – für ihn handelte es sich um eine weitere Strategie, die ihn als Kandidat für das Präsidentenamt ins Spiel bringen sollte.[183] In einem Brief an Octavio Paz bezeichnete Carlos Fuentes das damalige Regime als «faschistisch» und verglich es mit dem Italien Mussolinis: «Como en Italia entonces, ahora en México la herida criminal no cicatriza, el régimen se endurece y adopta la fisonomía de un fascismo descarado, inepto, corrupto.»[184] Auch das

---

182 Vgl. z. B. Aidé Grijalva: Participación estudiantil y política nacional universitaria. La creación de la Escuela de Derecho de la Universidad Autónoma de Baja California. In: David Piñera Ramírez (Hg.): *La educación superior en el proceso histórico de México*, Bd. 3, Mexicali: UABC 2002, S. 444.

183 *Bureau of Intelligence and Research*, secret intelligence note: Mexican Student Riots Highly Embarrassing But Not a Threat to Stability (06.08.1968). Vgl. Korrespondenz mit Dante Salgado, 12.01.2015. Echeverría gewann die Wahlen 1970 und schien die Unabhängigkeit der Universitäten zunächst zu tolerieren, nur um am 10.07.1971 ein weiteres Massaker zu befehlen, das von einer Einsatzgruppe namens «Los halcones» begangen wurde, daher der Name «El halconazo». Die Mitglieder dieser «black operations army group» waren in den USA ausgebildet worden. Wieder gab es über 100 Tote. Vgl. Kate Doyle: «The Corpus Christi Massacre. Mexico's Attack on its Student Movement, 10.06.1971», *National Security Archive* 10.06. 2003.

184 Brief von Carlos Fuentes an OP (20.05.1969), S. 24 f. Fuentes gibt zunächst einen Eindruck der Situation, bevor er die damalige Regierung mit dem Italien Mussolinis vergleicht: «Pero México es una Gorgona con dos cabezas: la maravilla y el asco paralizan por igual. Regresa a la ciudad. Habla con las familias de muchachos asesinados en Tlatelolco, familias humildes de burócratas, obreros y comerciantes que no se atreven a protestar porque al día siguiente (el 3 de octubre) la policía llegó a decirles: ‹Si quieren que no haya más que un muertito en la familia, se callan la boca›. Habla con los muchachos a los que se les formó cuadro de ejecución cinco veces en una noche para obligarlos a confesar ‹conspiraciones› inexistentes. Habla con los muchachos a los que desnudaron en los separos de la judicial y les pasaron bisturís por los penes, amenazándolos con castrarlos. Octavio: aquel margen de tolerancia o de diálogo que había en tiempos de Ruiz Cortines o de López Mateos ha muerto. Díaz Ordaz es un sicópata vindicativo. [...] Ha habido un crímen nacional, como los de Porfirio Díaz en Cananea y Río Blanco, y la herida está abierta. A lo que esto se parece es a la Italia de tiempos del asesinato de Matteoti. Hasta ese momento, Mussolini había respetado cierta oposición en la prensa y el parlamento. Como en Italia entonces, ahora en México la herida criminal no cicatriza, el régimen se endurece y adopta la fisonomía de un fascismo descarado, inepto, corrupto. El saqueo público es gigantesco; la opulencia, el boato publicitario, las páginas a colores de fiestas y saraos. Y el 55 % de los mexicanos tiene menos de 25 años y muchos ya no quieren ser parte de esta sociedad podrida y de sus ridículos valores. Qué van a hacer? ¿Irán de masacre en masacre? ¿Doblarán las manos? ¿Qué salida hay? [...] ¿Qué hacer? Demostrar que a pesar de todo

offizielle Vokabular ähnelte dem Sprachgebrauch einer Diktatur: die vermissten Leichname galten als *desaparecidos* (dt. verschollen). Da die meisten Todesopfer noch in derselben Nacht abtransportiert wurden, lassen sich bis heute keine genauen Aussagen über die Zahl der Toten und Verletzten treffen. Entsprechend differieren die Angaben, man rechnet mit 100 bis 300 Todesopfern.[185]

Aus Protest gegen das Verhalten der Regierung trat Paz noch am selben Tag von seinem Posten als Botschafter Mexikos zurück und verlieh seiner Haltung auf diese Weise öffentlichen Ausdruck.[186] Zwei Jahre später ernannte eine Gruppe Studierender Paz zu ihrem «padrino», laut Brewster eine Art «substitute father, spiritual leader, friend», seine Verse wurden für die Demonstrationen auf Banner geschrieben und im Gefängnis gelesen.[187] Die fortdauernde Aktualität des Gedichts von Octavio Paz, verbunden mit seinem Rücktritt, zeigte sich im Oktober 2014 anlässlich des Massakers an den Studierenden von Ayotzinapa.[188] Das Gedicht wurde in allen Medien zitiert, Guillermo Sheridan erwähnte es am 28. Oktober 2014 in einem Kommentar mit dem Titel «De nuevo, la limpidez».[189]

Paz griff mit seinem Gedicht «Intermitencias III» jene politische Sprache auf, die er schon im Rahmen des Spanischen Bürgerkriegs für seine Texte verwendet hatte. Der Bürgerkrieg hatte Schriftsteller der ganzen Welt zu einer eingreifenden Schreibweise veranlasst, bei dem Massaker von Tlatelolco reagierten die mexikanischen Intellektuellen in ähnlicher Weise. Gewidmet ist sein Gedicht Dore und Adja Yunkers.[190] Letzterer ist mit surrealistischen und expressionistischen Gemäl-

---

esto, somos ciudadanos libres, y que el sistema no puede comprar o reprimir o adular a todos los mexicanos.»
185 Vgl. Kate Doyle: The Tlatelolco Massacre. Während sie von 300 Toten spricht, macht Christopher Domínguez Michael (*Octavio Paz en su siglo*, S. 308) darauf aufmerksam, dass die Anzahl mit den Jahren gesunken sei, inzwischen rechne man mit weniger als 100 Toten, wobei Paz zu einem Mythos beigetragen habe, der die Anzahl der Toten weitaus höher einschätze als es der Realität entspreche. Claire Brewster zeigt auf, wie uneinheitlich die Zahlen sind und spricht von offiziellen 43 bis vermuteten 500 Toten. Vgl. Claire Brewster: A Crisis of National Identity, S. 154.
186 Christopher Domínguez Michael: *Octavio Paz en su siglo*, S. 310 zeigt, dass Paz schon seit Beginn der Studentenunruhen in Mexiko über einen Rücktritt nachgedacht hatte. Dies tut der Symbolkraft seiner Entscheidung keinen Abbruch, kein anderer Funktionär folgte dem Beispiel von Paz. Krauze nannte dies «su hora mejor». Zit.n. Christopher Domínguez Michael: *Octavio Paz en su siglo*, S. 312.
187 Claire Brewster: A Crisis of National Identity, S. 156.
188 Vgl. Jan Martínez Ahrens: La pareja que bailaba entre los cadáveres. In: *El País* (12.10.2014); vgl. die entsprechenden Pressemeldungen auf *Spiegel Online* vom 10.10.2014 und vom 04.11.2014.
189 Vgl. Guillermo Sheridan: De nuevo, la limpidez. In: *El Universal* (28.10.2014).

den berühmt geworden, unterbrach seine künstlerische Karriere aber immer wieder zugunsten tatkräftigen politischen Engagements, das ihn von Russland nach Europa und schließlich nach Cuba und in die USA führte. Yunkers kämpfte von 1936 bis 1939 im Spanischen Bürgerkrieg auf Seiten der Republikaner an der Waffe, Paz lernte ihn später persönlich kennen. 1974 gestalteten die Künstler gemeinsam eine Ausgabe des Gedichts *Blanco*.[191] Indem Paz dem Freund ein eindeutig politisches Gedicht widmete, scheint er auf diese geteilten Erfahrungen und Überzeugungen anspielen zu wollen.

Der in der Widmung enthaltene behutsame Verweis auf die Erinnerung an den Spanischen Bürgerkrieg legt einen Vergleich mit den damals entstandenen Gedichten nahe, doch im Unterschied zu Paz' Texten aus den dreißiger Jahren klingt das vorliegende Gedicht weniger nach einer Antwort, als vielmehr nach den Fragen, die sich angesichts des bewaffneten Konflikts stellen.

«Intermitencias del oeste III»	«Unterbrechungen des Westens III»
(México: Olimpiada de 1968)	(Mexiko: Olympiade von 1968)

A Dore y Adja Yunkers	Für Dore y Adja Yunkers
La limpidez	Die Reinheit
(quizá valga la pena	(vielleicht lohnt es sich
escribirlo sobre la limpieza	es über die Sauberkeit
de esta hoja)	dieses Blattes zu schreiben)
5 no es límpida:	ist nicht rein:
es una rabia	es ist eine Wut
(amarilla y negra	(gelb und schwarz
acumulación de bilis en español)	Ansammlung von Galle auf Spanisch)
extendida sobre esta página.	ausgebreitet auf dieser Seite.
10 ¿Por qué?	Warum?
La vergüenza es ira	*Scham ist eine Art Zorn,*
vuelta contra uno mismo:	*der in sich gekehrte.*
si	*Und wenn*
una nación entera se avergüenza	*eine ganze Nation sich wirklich schämte,*
15 *es león que se agazapa*	*so wäre sie der Löwe, der sich*
para saltar.	*zum Sprunge in sich zurückzieht.*
(Los empleados	(Die städtischen

---

190 Zur Biographie von Adja Yunkers vgl. die Leitseite des Guggenheim Museums, New York. Bzw. das Interview mit Paul Cummings: Oral history interview with Adja Yunkers. In: *Archives of American Art*. Smithsonian Institution (09.12.1969).

191 OP: *Blanco. Illuminations by Adja Yunkers*. Übers. von Eliot Weinberger. New York: The Press 1974.

municipales lavan la sangre
en la Plaza de los Sacrificios.)
20   Mira ahora,
           manchada
antes de haber dicho algo
que valga la pena,
           la limpidez.
	Angestellten waschen das Blut
	auf dem Platz der Opfer.)
	Schau sie an,
	           befleckt
	noch bevor etwas gesagt wurde
	das sich lohnte,
	           die Reinheit.

«Intermitencias del oeste III» hat keine Strophen im traditionellen Sinne, kein erkennbares Reimschema und kein regelmäßiges Metrum; die Worte scheinen lose auf dem Papier verstreut. Insgesamt sind es 24 Verse, kontrastierende Schlüsselwörter wie *limpidez* und *manchada* (dt. Reinheit, befleckt) sind im Satz herausgestellt. Wenn man den kursiv gehaltenen Mittelteil mit dem Marx-Zitat (V11–16) als eigene Einheit ansieht, kann man das Gedicht in drei strophenähnliche Abschnitte unterscheiden, die mit 10, 6 und 8 Versen zwar unterschiedlich lang sind, aber dennoch jeweils für sich auch syntaktisch eine Einheit bilden. Die erste Einheit (V1–10) besteht aus einem Satz, der von zwei Parenthesen unterbrochen wird, gefolgt von dem Interrogativ: «¿Por qué?» Lässt man die Parenthesen zunächst außen vor, so besteht der Satz aus einem Paradoxon und einer Gleichung: «La limpidez no es límpida: es una rabia extendida sobre esta página.»

La limpidez
           (quizá valga la pena
escribirlo sobre la limpieza
de esta hoja)
5   no es límpida:
es una rabia
           (amarilla y negra
acumulación de bilis en español)
extendida sobre esta página.
10   ¿Por qué?
	Die Reinheit
	           (vielleicht lohnt es sich
	es über die Sauberkeit
	dieses Blattes zu schreiben)
	           ist nicht rein:
	es ist eine Wut
	           (gelb und schwarz
	Ansammlung von Galle auf Spanisch)
	ausgebreitet auf dieser Seite.
	Warum?

Dabei wird der Reinheit zunächst das sie ausmachende Merkmal «rein» abgesprochen, bevor sie mit einer Emotion gleichgesetzt wird, die sich auf dem Papier zu materialisieren scheint. In einem Polyptoton spielt das lyrische Ich mit dem Wort *limpidez* (dt. Reinheit, Klarheit), variiert es zu *limpieza* (dt. Sauberkeit) und schließlich zu dem ungebräuchlichen, künstlich anmutenden Adjektiv *límpida* (dt. rein, sauber).[192] Durch den Untertitel und den Verweis auf das Massaker von

---

[192] Vgl. Bruno Bosteels: *Marx and Freud in Latin America*, S. 189. Er macht darauf aufmerksam, dass das Adjektiv auch von den Sprechern des Schweigemarschs am 13. September 1968 ver-

Tlatelolco erscheint der Begriff der Reinheit nicht mehr neutral. Die Erfahrungen des 20. Jahrhunderts lassen diesen Terminus als grausamen Euphemismus erscheinen, diverse Gewaltherrschaften verwendeten Isotopien der Sauberkeit/Säuberung, um Zwangsumsiedelungen und Massenerschießungen nicht beim Namen zu nennen. Jahre bevor der Begriff in den neunziger Jahren öffentlich problematisiert wurde, adressierte Paz die Frage nach dem sprachlichen Umgang mit historischen Ereignissen. Statt im Gedicht direkt auf das politische Framing einzugehen, überträgt das lyrische Ich den Gedanken der Reinheit schon in der ersten Klammer auf das Papier, und lenkt die Aufmerksamkeit somit auf eine metapoetische Ebene und die eigene Tätigkeit. Der Begriff *Reinheit* kann sich nun sowohl – im Jargon der Gewaltherrscher – auf die Tat, als auch auf das un/reine Gewissen, als auch auf das zu Beginn des Schreibprozesses noch leere, weiße Papier beziehen. Die Einschübe suggerieren Unsicherheit und Unvollständigkeit, die mit dem Ausdruck des Zweifelns, mit dem die erste Klammer einsetzt, noch verstärkt werden. In Vers 4 und 9 wird das Schreiben durch den wiederholten Verweis auf das vorliegende Papier («sobre la limpieza de esta hoja», «sobre esta página»), scheinbar mit der Verunreinigung und Destruktion gleichgesetzt, der im analogen Bildfeld das Blutvergießen entspräche. Das Schreiben wendet die Wut jedoch deutlich gegen die begangenen Erschießungen. So setzt der Schriftsteller dem Massaker mit seinen Mitteln etwas entgegen; die auf den ersten Blick vagen Worte werden durch ihre Gegenüberstellung mit dem blutigen Massaker zu einem deutlichen Ausdruck des Widerstands gegen die Ideologien der «limpieza».

Dies wird auch in der zweiten Parenthese deutlich, wenn von der Galle die Rede ist. In Kombination mit den Farben Gelb und Schwarz verweist diese Metapher auf das antike Verständnis der Weltordnung: Die gelbe Galle entsprach dem Element des Feuers und damit dem cholerischen Charakter, während die schwarze Galle mit dem Melancholiker und der Erde assoziiert wurde.[193] Die «Ansammlung der Galle», von der im Gedicht die Rede ist, findet explizit «en español» statt – erneut handelt es sich somit um einen zugleich metaphorischen und metapoetischen Verweis auf den inneren Zustand des schreibenden lyrischen Ichs. Ebenso wie auf Deutsch bedeutet Galle auch in der spanischen Sprache im übertragenen

---

wendet wurde: «Esta marcha del silencio es la respuesta a la injusticia. [...] Hemos comenzado la tarea de hacer un México justo, porque la libertad la estamos ganando todos los días. Esta página es limpia y clara.» Zit. n. Sergio Zermeño: *México, una democracia utópica: el movimiento estudiantil del 68*. [1978] Mexiko: Siglo XXI 2003. S. 136f.

193 Vgl. zu dieser Metapher für Melancholie auch die Interpretation von Bruno Bosteels: *Marx and Freud in Latin America*, S. 188. Sowie Noga Arikha: *Passions and Tempers: A History of the Humours*. New York: Ecco 2007.

Sinne *disgusto* oder *desgracia*, Abscheu oder Unheil.[194] Den Zusammenhang von Tinte und Galle, also von der Notwendigkeit angesichts der unheilvollen historischen Zusammenhänge und der dazugehörigen Empfindungen von Wut und Trauer (Galle) einen angemessenen Ton für das Schreiben darüber (Tinte) zu finden, adressierte Paz auch in seinem Essay «Archipiélago de tinta y de bilis» (1974).[195]

Nach der Problemstellung, der *elaboratio* der Thematik, stellt sich im Gedicht nun die Frage nach dem Warum. Und zwar nicht nur nach dem Warum des Massakers, sondern auch nach dem Warum des Schreibens. Paz kannte die Diskussion um die Möglichkeit oder Unmöglichkeit von Literatur nach Ausschwitz, er war sich der Fehlbarkeit von Worten angesichts eines menschenverachtenden Verbrechens sehr wohl bewusst. Die Metapher, die er wählte, und mit der er die zunächst formulierte These in einer bildlichen *variatio* ergänzte, stammt aus einem Brief von Karl Marx an Arnold Ruge im März 1843:[196]

La vergüenza es ira	*Scham ist eine Art Zorn,*
vuelta contra uno mismo:	*der in sich gekehrte.*
si	*Und wenn*
una nación entera se avergüenza	*eine ganze Nation sich wirklich schämte,*
15 *es león que se agazapa*	*so wäre sie der Löwe, der sich*
para saltar.	*zum Sprunge in sich zurückzieht.*

Ebenso wie in dem Brief von Marx scheint auch im Entstehungsmoment des Gedichts der «Prunkmantel» des Systems gefallen und der «widerwärtigste Despotismus steht in seiner ganzen Nacktheit vor aller Welt Augen.»[197] Mit diesem

---

194 Das *Diccionario de la Real Academia Española* (DRAE) gibt einen Einblick in die umgangssprachliche Verwendung dieses Begriffs, in der sich der Zusammenhang zwischen Galle und Abscheu bis heute spiegelt: vgl. DRAE: «bilis».
195 OC Bd. 9, S. 182–186. Dieses Teilkapitel des Essays *Polvos de aquellos lodos* (1974) widmet sich den Kontroversen um Solschenizyns Publikationen über die Erfahrungen im Gulag.
196 Karl Marx: *Deutsch Französische Jahrbücher*, Februar 1844. In: MEW Bd. 1, 1976, S. 337–338. Im Brief an Ruge heißt es: «Ich versichere Sie, wenn man auch nichts weniger als Nationalstolz fühlt, so fühlt man doch Nationalscham, sogar in Holland. [...] Der Prunkmantel des Liberalismus ist gefallen, und der widerwärtigste Despotismus steht in seiner ganzen Nacktheit vor aller Welt Augen. [...] Sie sehen mich lächelnd an und fragen: Was ist damit gewonnen? Aus Scham macht man keine Revolution. Ich antworte: Die Scham ist schon eine Revolution [...]. Scham ist eine Art Zorn, der in sich gekehrte. Und wenn eine ganze Nation sich wirklich schämte, so wäre sie der Löwe, der sich zum Sprunge in sich zurückzieht». Vgl. dazu auch Bosteels, der 1999 zum ersten Mal auf dieses Zitat hinweist: Bruno Bosteels: ¿Marx o Paz? In: *Letras Libres* (30.06.1999), sowie: Guillermo Sheridan: De nuevo, la limpidez.
197 Karl Marx: Deutsch Französische Jahrbücher.

Zitat eines Philosophen, auf dessen Schriften sich 1968 verschiedene repressive Regimes bezogen, verweist das Gedicht auf die Ausgangspunkte sozialistischer Ideen, die sich drastisch von den Umsetzungsversuchen in Mexiko und in der Sowjetunion unterschieden. In der dritten Strophe wird die Diskrepanz zwischen Freiheitsversprechen und Autoritarismus noch deutlicher.[198] Durch die Erwähnung der «Plaza de los Sacrificios» wird zusätzlich zu den despotischen Modellen des 20. Jahrhunderts auch auf repressive Systeme präkolumbianischer Epochen angespielt. Ausgehend von dem konkreten Ereignis erinnert das Gedicht mit dem aus der Nahua-Sprache stammenden Namen *Tlatelolco* an vergangene Kulturen und an andere Massaker, die am gleichen Ort stattfanden.[199]

Als Marx über die «Nation» sprach, meinte er Deutschland. Im Kontext des Gedichts wird seine Kritik auf den Staat Mexiko und dessen Bevölkerung übertragen. Mexiko wurde Ende der sechziger Jahre von der Partei der Institutionalisierten Revolution regiert, deren Funktionäre ihre revolutionären Ideale längst hinter sich gelassen hatten und inzwischen nahezu ebenso korrupt und willkürlich herrschten wie ihre Vorgänger in der Diktatur unter Porfirio Díaz. Schon in dem «si», das Paz in die Mitte dieses Abschnitts und damit auch in die symbolträchtige Mitte des Gedichts setzte, zeigt sich die Ambivalenz der Haltung der Nation, die danach in dem Sprachbild des zum Sprung geduckten Löwen ausgeführt wird. Allein in dem kurzen Wort «si» – wenn – findet die geballte Fatalität der Situation Ausdruck. Durch die exponierte Positionierung als einziges Wort in Vers 13 wirkt es wie ein Omen, schließlich suggeriert das Konditional die Möglichkeit, dass sich ein Volk *nicht* für seine Taten schämt. In seiner Analyse des Textes von Paz erwog der Marxismusforscher Bosteels zusätzlich zu den beiden genannten Interpretationsmöglichkeiten dieses Motivs (als Scham der Regierung über das begangene Massaker; oder als Scham des Dichters über die eigene Hilflosigkeit), eine dritte Interpretation der Verse als möglichen Vorwurf von Paz an die Studierenden, nicht «demütig» genug gewesen zu sein.[200] Doch Bosteels wählte den Titel «Revolutionary Shame»[201] weil er die Scham als Garant für eine funktionierende neue Gesellschaftsstruktur versteht, und das Gedicht von Paz dementsprechend als einen auf Marx basierten philosophischen Entwurf dieser noch

---

[198] Vgl. dazu OP: «La democracia: lo absoluto y lo relativo», S. 196; bzw. Kap. 1.1.2 der vorliegenden Arbeit.
[199] Vgl. *Centro Cultural Universitario Tlatelolco*.
[200] Vgl. Bruno Bosteels: *Marx and Freud in Latin America*, S. 179. Bosteels zitiert in diesem Zusammenhang aus OP: «Nocturno de San Ildefonso»; vgl. zu der Interpretation dieses Gedichts als Gewissensprüfung auch Kap. 2.4.2 der vorl. Arbeit.
[201] Vgl. Bruno Bosteels: *Marx and Freud in Latin America*: «Revolutionary Shame» S. 174–193.

zu verwirklichenden Regierungsform. Laut Bosteels kann das für die politische Balance so notwendige Machtvakuum nur freigehalten werden, wenn sich die Gesellschaft schämt, das heißt, wenn sie über ein historisches Bewusstsein verfügt:

> The lion should never take the leap, but this does not keep him from roaring. With the aim of keeping the place of power necessarily inoperative or empty, it calls radical what is only the crouching, the withdrawal, or the insuperable end of politics. [...] This is not rage accumulated before the counterattack: it is shame as the rage of defeat put at the service of a new philosophical lucidity, foreign to all subjective wagers except the interminable critique of its own specters.[202]

Briefe von Paz aus dieser Zeit scheinen die von Bosteels formulierte Ambivalenz der Scham zu bestätigen. Schon Wochen vor dem Massaker überlegte Paz angesichts der aggressiven Haltung der Regierung gegenüber den Studentenunruhen aus dem diplomatischen Dienst auszutreten. In einem Brief vom 6. September 1968 an seinen Vorgesetzten schrieb Paz: «el problema me preocupa y me angustia»[203] – und gab damit jener bitteren Sorge Ausdruck, die im Gedicht metaphorisch mit dem Sprachbild der Galle umschrieben wird. Am 27. September 1968 schrieb Paz an Tomlinson: «Todo esto me tiene apenado, avergonzado y furioso – con los otros y, sobre todo, conmigo mismo.»[204] Die Trias Schmerz, Scham und Wut findet sich auch im Gedicht (ira/rabia, vergüenza, pena). Der eindeutigen Interpretation Bosteels' muss dabei jedoch insofern widersprochen werden, als dass Paz an keiner Stelle zur revolutionären Aktion auffordert. Er verurteilt politische Gewalt jeglicher Art, sowohl die präkolumbianische, als auch die (spanisch-)faschistische, sowie die (mexikanisch-)sozialistische. Daher ist das Gedicht implizit auch als Plädoyer gegen kommunistische Gewalt zu lesen – die Parallelen zu Berlin, Budapest, Prag liegen auf der Hand – und damit auch als Verweigerung einer vorbehaltlosen Solidarisierung mit den Studierenden.

Im Vergleich zu den persönlichen Stellungnahmen ist das Gedicht auffällig nüchtern gehalten. In der dritten Parenthese, die Domínguez «el paréntesis más celebre de nuestra poesía»[205] nannte, wird notiert, dass die städtischen Angestellten den Platz von Blut reinigen müssen. Durch die Verwendung des Verbs *lavar* erinnert das Bild wiederum an eine Waschung, in der sowohl der Ort als auch das Gewissen der Verantwortlichen reingewaschen werden soll. Damit wird, wie auch

---

202 Ebda. S. 187f.
203 Christopher Domínguez Michael: *Octavio Paz en su siglo*, S. 308.
204 Zit. n. Sheridan in: Christopher Domínguez Michael: *Octavio Paz en su siglo*, S. 309. Vgl. auch: OP: Cartas alrededor del 68. In: *Itinerario crítico* (2014), S. 89–104.
205 Christopher Domínguez Michael: *Octavio Paz en su siglo*, S. 310.

mit den Begriffen *Reinheit* und *Un/befleckheit*, eine biblische Konnotation erreicht. Während auf histoire-Ebene jedoch von einer Reinigung (des Platzes / der Moral) die Rede ist, findet durch das zugleich thematisierte Schreiben des Gedichts die gegenläufige Bewegung der Verunreinigung des weißen Papiers statt.[206] Auf diese Weise stellt das lyrische Ich die Möglichkeit einer Reinwaschung grundsätzlich infrage und spielt zugleich mit der symbolischen Bedeutung der Farbe Weiß, die gewöhnlich mit Reinheit und Unschuld assoziiert wird. Dies zeigt sich auf formaler Ebene durch die vielen *blancs*, die freigelassenen *pies quebrados*, welche die Worte des Gedichts in eine verunsichernde Zusammenhangslosigkeit bringen und die Lektüre stocken lassen. So ist die Schwierigkeit der Wortfindung angesichts des Verbrechens auch auf diese Weise – wortlos, in den weißen Stellen zwischen den Worten – im Gedicht enthalten.

Die Assoziation mit dem Massaker von Tlatelolco ergab sich bisher lediglich aus dem Paratext, in dem sich eine vage Ortsangabe, ein Ereignis und eine konkrete Jahreszahl finden. Diese drei Hinweise lassen deutlich auf das Massaker schließen, obwohl der Platz bei keinem seiner beiden Namen genannt wird: Das lyrische Ich spricht ganz allgemein von einem «Platz der Opfer» statt von der *Plaza de Tlatelolco* oder der *Plaza de las Tres Culturas* (gemeint sind mit den Drei Kulturen: die Ruinen der Hochkultur von Tlatelolco, die Kathedrale aus der Kolonialzeit, sowie die sozialistisch anmutenden Bauten, die in den sechziger Jahren unter der Regierung des PRI entstanden waren). Auf diese Weise erscheinen die im Gedicht geäußerten Anklagen ausgehend von einem konkreten Verbrechen auch für weitere Gräueltaten gültig, und das Gedicht schließt Betroffene anderer Massaker mit ein.

(Los empleados municipales lavan la sangre en la Plaza de los Sacrificios.)
20   Mira ahora,
         manchada
antes de haber dicho algo
que valga la pena,
         la limpidez.
	(Die städtischen Angestellten waschen das Blut auf dem Platz der Opfer.)
	Schau sie an,
	         befleckt
	noch bevor etwas gesagt wurde
	das sich lohnte,
	         die Reinheit.

---

206 Bosteels zitiert zu diesem Gedanken das Gedicht von Paz zum Tod von Che («Carta a León Felipe» (1967)), und argumentiert, Paz tue das Gegenteil dessen, was er in dem Vers «borrar lo escrito» behauptet: Er löse nicht auf, was Geschrieben ist, sondern schreibe das Ungeschriebene: «to write the unwritten». Vgl. Bruno Bosteels: *Marx and Freud in Latin America*, S. 177f und S. 189.

So wird unter anderem auf den Opfertempel unter der heutigen Plaza de Tlatelolco angespielt, ein emblematischer Ort seit präcortesianischen Zeiten.[207] Ebenso wie in vielen anderen präkolumbianischen Städten Mexikos fanden an diesem Ort nicht nur Opferrituale statt, sondern auch richtiggehende Massaker. In den Ausgrabungsstätten des Templo Mayor unter dem Zócalo lassen sich noch heute mit Totenköpfen gepflasterte Wände aus diesen vergangenen Zeiten besichtigen.[208] Insofern überträgt Paz die marxistische Gesellschaftsanalyse von Kapitalisten und Arbeitern, bzw. den Kolonisatoren als Unterdrückern und den Autochthonen als Unterdrückten auf präkolumbianische Machtverhältnisse: auch in den mesoamerikanischen Hochkulturen hatte es Versklavte und Sklavenhalter, Herren und Knechte gegeben.

Eine weiße Weste hat Mexiko also nicht. Aber statt die Geschichte «reinzuwaschen», muss das weiße Blatt beschrieben werden, um die schmutzigen Kriegstaktiken hinter den Strategien der «limpidez» aufzudecken, so die implizite These des lyrischen Ichs. Im Gedicht ist die Farbe Weiß um einiges ambivalenter konnotiert als in der allgemeinen Wahrnehmung, in der sie meist Reinheit und Unschuld symbolisiert. In der spezifischen poetischen Komposition verweist die Farbe ebenso auf die Abwesenheit von Recht und Gerechtigkeit (die sich zur Gesetzeslücke ausweiten sollte), wie auf Strategien des Reinwaschens von Geschichte. In einem weiteren Kontext könnte das Gedicht sogar auf Klassen- und Machtunterschiede in einem Land anspielen, in dem weiße Politiker über eine Mehrheit von Mexikanern mit indigener Geschichte regieren. Da das Gedicht die Möglichkeit einer Reinigung in der eigenen Performation ausschlägt, könnte es eventuell sogar als frühe Kritik an dem Konzept der «whiteness» als Erfindung von Identitätspolitik gelesen werden.[209] Indem das Gedicht beide Bedeutungsmöglichkeiten der Farbe Weiß präsent macht – Unschuld und Licht einerseits, Verwischen von Tatsachen und Leere andererseits – erscheint die Farbe des zu beschreibenden Papiers selbst als Sinnbild für den historischen Konflikt.[210]

In dem Essay «Kritik der Pyramide» aus dem Band *Posdata*, den Paz ein Jahr nach dem Massaker veröffentlichte, erklärte der Autor binäre Kategorien zur

---

207 Vgl. zu der Geschichte des Ortes: Bernal Díaz del Castillo: *Historia verdadera de la conquista de la Nueva España* [1568/1632]. Mexiko: Editorial Pedro Robredo 1939.
208 Vgl. Carlos Eduardo Díaz: El gran muro de cráneos. El hallazgo del tzompantli de Tenochtitlan. In: *Revista Mexicanismo* (31.08.2015).
209 Vgl. *Die Farbe «weiß»*. Hg. vom Verein für kritische Geschichtsschreibung e.V. Essen: Klartext 2005.
210 Barbara Oettl: *Weiss in der Kunst des 20. Jahrhunderts; Studien zur Kulturgeschichte einer Farbe*. Regensburg: Schnell & Steiner 2008. Kapitel 3: «Ambivalenzen einer Farbsymbolik», S. 65ff. Vgl. ebda. S. 73.

Beurteilung Mexikos als unzureichend und ersetzte bestehende Oppositionen wie *entwickelt – unterentwickelt,* oder *modern – traditionell* mit seinem Begriff einer «unsichtbaren Geschichte».[211] Diese zunächst literarischen Versuche einer anderen, nicht-binären Beschreibung Mexikos haben sich spätestens seit den achtziger Jahren auch jenseits der Dichtung durchgesetzt. So bezog sich beispielsweise der Ethnologe und Anthropologe Guillermo Bonfil Batalla darauf, als er sein Buch unter dem Titel *México profundo* (1990) veröffentlichte.[212] Die Geschichte dieses «tiefen» Mexiko werde weitergeschrieben und gelebt, obwohl die Repräsentanten des «imaginären» Mexiko es nicht anerkennen, so Bonfil.[213] Das auf Repräsentation ausgelegte offizielle Mexiko der großen Städte und der okzidentalen Strukturen nannte Bonfil imaginär – nicht, weil es nicht existierte, sondern weil darin Modelle zur Anwendung kämen, die der Realität Mexikos fern seien.[214]

Als Metapher für dieses unsichtbare, negierte Mexiko übernahm Paz das Bild der Pyramide. In der Zeit der Azteken symbolisierte die Pyramide die kosmische Ordnung. Um diese Ordnung zu stabilisieren, um ihre Kontinuität zu garantieren, und um die Götter zu besänftigen, wurden auf der Plattform rituelle Tänze und Opferfeste gefeiert: «La pirámide asegura la continuidad del tiempo por el sacrificio».[215] In der Hierarchie ihres politischen Systems kopierten die Azteken ebendiese pyramidale Ordnung, in der sie den Kosmos konzeptualisierten. Laut Paz gingen diese Strukturen weder in der Kolonialisierung noch in der Phase der Unabhängigkeit verloren, sie finden sich bis heute in dem Einparteiensystem des PRI. Auch Bonfil visualisierte seine Theorie mit dem Symbol der Pyramide: Oben befinden sich die Repräsentanten des imaginären Mexiko, während die große Basis von der mesoamerikanischen Zivilisation gebildet werde.[216]

Der Argumentation von Paz zufolge hat sich dieses historische Substrat des «anderen» Mexiko im Massaker von Tlatelolco gezeigt: «Doble realidad del 2 de octubre de 1968: ser un hecho histórico y ser una representación simbólica de nuestra historia subterránea o invisible.»[217] Diese fortschrittspessimistische Inter-

---

211 OP: «Crítica de la Pirámide» (1969), LS (2011), S. 363–415. Bosteels interpretiert diesen Essay als «combination of both Freud's concept of the (individual) unconscious and Marx's (social) ideology [...] The analysis thus unravels the antinomy of the other within the same according to a strange kind of negative dialectic, only to insist in the end on the need to recognize the principle according to which identity is never one and undivided but rather split from within by a constitutive exteriority.» Bruno Bosteels: *Marx and Freud in Latin America,* S. 181.
212 Guillermo Bonfil Batalla: *México profundo.*
213 Ebda. S. 23, S. 211.
214 Vgl. ebda. S. 227.
215 OP: «Crítica de la Pirámide», S. 394.
216 Guillermo Bonfil Batalla: *México profundo,* S. 11.
217 OP: «Crítica de la Pirámide», S. 391.

pretation erlaubt es, das Massaker als Opferritual zu verstehen, auf welches die symbolische Struktur der politischen Organisation unweigerlich hinausliefe. Eine solche Erklärung versucht die gewalttätige Reaktion der verantwortlichen Politiker bis zu einem gewissen Grad zu erklären, ohne das Geschehene zu entschuldigen – im Gegenteil: Ähnlich wie es die Azteken getan hätten, opferten die Machthaber 1968 die Studierenden, um die von ihnen etablierte Ordnung beibehalten zu können. Unbewusst handelten sie damit in der Logik des aztekischen Weltbildes, der «visión azteca del mundo».[218] Statt das «andere Mexiko» als «Gespenst» inkarnieren zu lassen, plädierte Paz in seinem Essay *Posdata* für eine rationale Kritik der historischen Situation.[219] Paco Ignacio Taibo II führte diesen Gedanken einer gespenstischen Widerkehr des Vergangenen noch weiter. In seinem Buch mit dem kurzen Titel *68* reflektierte er wie folgt über das historische Ereignis:

> Hoy el movimiento de 68 es un fantasma mexicano más, de los muchos fantasmas irredentos e insomnes que pueblan nuestras tierras. Puede ser que este fantasma, por joven, aún goce de buena salud y acuda normalmente al auxilio de nuestra generación cada vez que se apela a su presencia.[220]

In seinem 1969 veröffentlichten Essay *Posdata* sollte sich Paz dann selbst um die fehlende rationale Kritik bemühen: Die ausgesprochene Gewaltbereitschaft der aztekischen Herrschaft sei als Zeichen der Dekadenz am Ende einer zweitausendjährigen Geschichte der mesoamerikanischen Zivilisationen zu verstehen. Der Autor kritisierte die aztekische Kultur entschieden als «Verblendung» und «Irrtum»[221] und fragte, warum gerade jenes Modell bis heute als Archetyp dienen müsse, wenn es doch andere autochthone Hochkulturen gegeben habe auf die man sich beziehen könne. Das Weltbild jeder anderen Hochkultur Mexikos, sei es das der Maya oder das der Zapoteken, hätte weniger gewalttätige Modelle geboten.[222]

Die Gewalt, die anhand der Struktur der Pyramide etabliert werden konnte, und welche in der Logik der Azteken ihren schlimmsten Ausdruck fand, nahm mit der Ankunft der Spanier kein Ende: Am Templo Mayor trug sich eine historische Episode zu, die Paz sehr wahrscheinlich in der Darstellung von Miguel León-Portilla aus dem Buch «Visión de los vencidos» kannte.[223] Dieser berichtet, dass

---

218 Ebda. S. 403.
219 Vgl. dazu auch Bruno Bosteels: *Marx and Freud in Latin America*, S. 181.
220 Paco Ignacio Taibo II: *68*. Mexiko: Planeta 1991, S. 27.
221 OP: «Crítica de la Pirámide», S. 402.
222 Ebda. S. 402–414.
223 Miguel León-Portilla: *Visión de los vencidos. Relaciones indígenas de la Conquista*. Mexiko: UNAM 2008. Vgl. zur Präsenz dieser historischen Episode im Werk von Paz auch: Christopher Domínguez Michael: *Octavio Paz en su siglo*, S. 303.

sich Hernán Cortés 1520 einmal außerhalb von México-Tenochtitlan aufhielt, um gegen Pánfilo de Narváez zu kämpfen. Vertreten wurde Cortés von Pedro de Alvarado. Die Mexicas baten um die Erlaubnis, eines ihrer religiösen Rituale zu Ehren von Huitzilopochtli feiern zu dürfen, und die Spanier gaben sie ihnen. Doch mitten in der Zeremonie, an der die höchsten religiösen und militärischen Würdenträger der mexikanischen Zivilisation teilnahmen, stürmte Alvarado den Tempel und tötete alle Anwesenden, die sämtlich unbewaffnet gewesen sein sollen.[224] So eliminierten die spanischen Invasoren die Repräsentanten des Systems, adoptierten aber dessen pyramidale Struktur – das Symbol der mesoamerikanischen Zivilisation.

Mit seinem Gedicht spielte Paz also auf ein Trauma der mexikanischen Gesellschaft an. Dieses Trauma mahnt an das Vergangene, erinnert an die tieferen Dimensionen der Realität und hält diese lebendig.[225] Paz folgte damit einer Forderung Nietzsches: In seinem Essay *Vom Nutzen und Nachteil der Historie für das Leben*[226] verlangte der Philosoph die Balance verschiedener Geschichtsbilder. In diesem Sinne ist das Gedicht von Paz als *kritische Historie* zu verstehen, mit der die *monumentalische Historie* der Sieger und die *antiquarische Historie* des Ortes durch die Erwähnung der Unterlegenen, der Demonstranten und Arbeiter («los empleados municipales lavan la sangre»), ergänzt werden. Im Gedicht werden alle Bewusstseinsschichten der historischen Entwicklung aktualisiert, im Sinne Benjamins erhalten sie sogar einen «höheren Aktualitätsgrad als im Augenblick des Existierens».[227] Indem der Text auf das Massaker von Tlatelolco anspielt, wird auch die unsichtbare Geschichte sichtbar. In der Unterbrechung, der «intermitencia», zeigt sich die ununterbrochene Kontinuität des gewalttätigen Machtmissbrauches.

Laut Benjamin sind es gerade die verschwiegenen Ereignisse, welche die Geschichte konstituieren. Dieser epistemische Aspekt verwandelt das Gedicht in einen Ort des aktiven kulturellen Gedächtnisses. In seinen Überlegungen zum Gedächtnis führte Benjamin eine archäologische Metapher ein und verglich das Erinnern mit einer Ausgrabung in den Erdschichten der Vergangenheit.[228] Mit

---

224 Vgl. Tzvetan Todorov: Cortés y los signos. In: *La conquista de América. El problema del otro*, Mexiko: Siglo Veintiuno 1987.
225 Vgl. Ernst Bloch: *Erbschaft dieser Zeit*.
226 Vgl. Friedrich Nietzsche: *Unzeitgemässe Betrachtungen. Vom Nutzen und Nachteil der Historie für das Leben*. Stuttgart: Kröner 1930.
227 Walter Benjamin: *Das Passagen-Werk*, S. 494f.
228 Walter Benjamin: *Gesammelte Schriften*. Vol. VI, F.a.M.: Suhrkamp 1979, S. 486: «Die Sprache hat es unmißverständlich bedeutet, daß das Gedächtnis nicht ein Instrument zur Erkundung der Vergangenheit ist sondern deren Schauplatz. Es ist das Medium des Erlebten wie das Erdreich

diesem Bild ließe sich auch das Verhältnis zwischen der Form des Gedichts von Octavio Paz und seinem Inhalt beschreiben, dem Thema der Opfer und der Gewalt, welche sich in jeder Epoche wiederholt.[229] Die aztekischen Herrscher wurden abgelöst durch nicht minder gewalttätige Spanier, und nach der Unabhängigkeit wurden die Nachkommen der Besiegten zu den Mächtigen von heute. In seinem Essay «El ogro filantrópico» (1978) formulierte Paz diesen Gedanken wie folgt: «Los mexicanos hemos vivido a la sombra de gobiernos alternativamente despóticos o paternales pero siempre fuertes: el rey-sacerdote azteca, el virrey, el dictador, el señor presidente.»[230]

Die Gedichte «Intermitencias» von Paz setzen den leeren Phrasen der Macht Geschichtsreflexion entgegen. Dies geschieht beispielsweise in der Nennung der *Sacrificios*, in der sich eine weitere Anspielung auf eine religiöse Tradition verbirgt, die in Zusammenhang mit dem Begriff der «Reinheit/Sauberkeit» eine zusätzliche Konnotation erfährt. Durch die veränderte Wahrnehmung von Sprache, welche der Leser bei der Lektüre solch eines durchkomponierten Textes gewinnt, können die sich hinter den einzelnen Begriffen auftuenden Abgründe sichtbar gemacht werden. Bei einem so häufig instrumentalisierten Wort wie «limpidez» ist dies ganz offensichtlich der Fall. Mit einem solchen Konzept, sowie mit den durch das Toponym «Plaza de Sacrificios» implizit erwähnten Opferbräuchen vergangener aztekischer Traditionen, erinnert der Terminus der *Reinheit* deutlich an verschiedene Formen des gewaltsamen Machterhalts. Durch die Parallelsetzung mit dem Massaker, um das es in dem vorliegenden Gedicht vorrangig geht, wird die mit den strengen Glaubensüberzeugungen einhergehende

---

das Medium ist, in dem die toten Städte verschüttet liegen. Wer sich der eigenen verschütteten Vergangenheit zu nähern trachtet, muß sich verhalten wie ein Mann, der gräbt. [...] Denn Sachverhalte sind nur Lagerungen, Schichten, die erst der sorgsamsten Durchforschung das ausliefern, was die wahren Werte, die im Erdinnern stecken, ausmacht: die Bilder, die aus allen früheren Zusammenhängen losgebrochen als Kostbarkeiten in den nüchternen Gemächern unserer späten Einsicht [...] stehen.»

229 Vgl. zur Wiederholung von Geschichte und der Rolle der Literatur für das historische Gedächtnis auch: Tony Judt: *Das vergessene 20. Jahrhundert. Die Rückkehr des politischen Intellektuellen.* F.a.M.: Fischer 2011.

230 OP: «El ogro filantrópico» (2014), S. 187. Vgl.: OP: «Encuentros y reencuentros» (1954–1959), in: Anthony Stanton (Auswahl und Zusammenstellung der Texte): Octavio Paz por él mismo (1954–1964), *Revista Horizonte de Poesía Mexicana*, UNAM 1996. (Zuerst erschienen in: *Reforma*, 10.04.1994, S. 12D-13D): «Creo que hay una continuidad entre el Sacerdote azteca, el Virrey y el Presidente. Es la continuidad en la dominación. En el arquetipo mexicano del poder político hay dos elementos: por una parte, la imagen religiosa y abstracta del sacerdote azteca; por la otra, la imagen del Caudillo. Esto último es una noción hispanoárabe viva en el inconsciente de los pueblos latinoamericanos y en España. El Caudillo rige la historia de los pueblos hispánicos, pero en México oscilamos entre éste y el Tlatoani azteca.»

Grausamkeit der aztekischen Kulturen ebenso infrage gestellt, wie jede andere Menschenopfer fordernde Form der Machtausübung, sei diese religiös oder politisch motiviert.

Darüber hinaus wird deutlich, wie sehr Menschen in solchen Momenten entfesselter Gewalt auf Vorstellungen übermenschlicher Sinngebung angewiesen sind. Indem das lyrische Ich auf diese Vorstellungswelten zurückgreift, scheint es ebenfalls auf einen Gott zu hoffen, den es für das Schicksal der Demonstranten zu gewinnen gilt. Dies ist jedoch in keiner Weise mit einer Rechtfertigung des Massakers durch Octavio Paz zu verwechseln, es handelt sich vielmehr um eine im Gedicht artikulierte Hoffnung auf ein Mindestmaß an Einfluss: Spätestens durch das Erschrecken über die grausame Reaktion der Regierung soll der «Gott» der internationalen Wahrnehmung auf die Missstände im Land aufmerksam werden. Auf diese Weise hätten die Demonstranten schließlich doch etwas erreicht – wenn auch das Todesopfer in jedem Fall zu viel ist.

Durch die Wortwahl – *limpidez* und *manchada* statt *pureza* und *maculada* – wird die religiöse Konnotation allerdings abgeschwächt. Dafür wird der Bezug zum geschichtlichen Ereignis durch die Parenthese in den Versen 17–19 umso deutlicher. In den letzten Versen zweifelt das lyrische Ich die eigene Aussagekraft an und lässt das Gedicht damit wie einen Ausdruck der Hilflosigkeit erscheinen. Das Gedicht porträtiert Geschichte als ein immerwährendes Schlachtfeld. Daraus folgt in diesem Fall nicht die marxistische Hoffnung auf eine Art irdisches Paradies, sondern die eher konservative Haltung das unvermeidliche Böse so gut einzudämmen, wie es geht, ohne jede Illusion, es jemals ganz beseitigen zu können.

Der letzte Satz setzt mit einer Apostrophe an einen Leser ein, anklagend folgt das verurteilende Adjektiv *manchada*, das zunächst nur auf das Massaker zu verweisen scheint. Daraufhin wird erneut der Sprechakt selbst und damit das Gedicht in seiner textuellen Machart betont. So schließt sich die Klammer, die mit dem Blick auf die metapoetische Ebene in der ersten Strophe geöffnet wurde. Der letzte Vers besteht lediglich aus den Worten *la limpidez*, und entspricht somit dem Anfang des Gedichts. Durch Vers 2f. («quizas valga la pena / escribirlo sobre la limpieza de esta hoja») und die vorletzten Verse («antes de haber dicho algo / que valga la pena») wird der Rahmen noch verstärkt. Auf diese Weise entsteht eine vertikale Symmetrie, in deren Mitte das zweifelnde *Wenn* steht; insgesamt ergibt sich ein Eindruck tiefster Verunsicherung.

Trotzdem wurde das Gedicht geschrieben. «Por qué?» Auf das «Warum» des Massakers wird es nie eine hinreichende Antwort geben – auf das «Warum» des Schreibens soll an dieser Stelle eine Antwort versucht werden: Es ist gerade die Lyrik – die Sprache in ihrer artifiziellsten, enigmatischsten Form – die das Leid ernst nehmen muss. Es darf nicht vergessen werden, dass es sich in diesem Fall um ein historisches Verbrechen handelt, das kaum juristisch verfolgt wurde. Das Gedicht von Paz verweist auf eine rechtliche Leerstelle, die bis heute existiert: Bis auf Luis Echeverría Álvarez wurden die Verantwortlichen des Massakers nie zur Verantwortung gezogen; die damalige Partei kam sogar wieder an der Macht. Über den Weg der Kunst kann zumindest auf die fehlende Rechtsprechung aufmerksam gemacht werden. Das Gedicht steht der juristischen Verjährung des Delikts in der Gedächtnisgeschichte entgegen.

Insofern sind die poetischen Texte, die jeweils im Zusammenhang mit einem politischen Ereignis entstehen, ein Medium, das dem Leid, welches die Betroffenen erfahren, eine würdige «Stimme» zu verleihen sucht.[231] Paz bewiese in dieser Hinsicht eine außerordentliche Sensibilität. Denn das lyrische Ich dieses Gedichts schreibt weder *als* Opfer, noch *über* Opfer als bemitleidenswerte und damit nicht mehr ernstzunehmende Objekte.[232] Die Selbstkritik und die metapoetische Distanz ermöglichen im Gegenteil einen Schutzraum und respektieren die Betroffenen in angemessener Form in poetischer Sprache. Mithilfe des Gedichts ergriff der Autor selbst Initiative für die Sache der Demonstranten, die das Massaker auf der *Plaza de Tlatelolco* miterleben mussten: Indem er sie erwähnte und ihr Schicksal in lyrische Sprache fasste, lenkte er die Aufmerksamkeit mit seinen Mitteln auf ihr Anliegen und bewahrte ihr Andenken auch für spätere Zeiten. So wurde das Gedicht von Octavio Paz zu einem immateriellen Monument, das durch seine sprachliche Gebundenheit gleichzeitig einen Ort des Gedenkens darstellt, ohne dabei wie sein steinernes Pendant auf nur einen realen geographischen Ort festgelegt zu sein.

Die ausgestaltete Form des vorliegenden Gedichts zeigt, dass es in mehrerer Hinsicht Zeichen seiner Zeit ist: neben dem kritischen Inhalt findet sich auch eine lyrische Befragung der Dialektik. Der historische Bruch wird in einem nahezu performativen Akt durch die Form thematisiert. So transformieren sich Unterbrechung, Einbruch, Einfall und Blitzlicht in lebendige Erfahrung und rühren an die Gegenwart des Lesers.

---

[231] Vgl. Theodor W. Adorno: Engagement [1958], in: ders.: *Noten zur Literatur I*, S. 409–430, hier: S. 423: «Aber jenes Leiden, nach Hegels Wort das Bewusstsein von Nöten, erheischt auch die Fortdauer von Kunst, die es verbietet; kaum wo anders findet das Leiden noch seine eigene Stimme, den Trost, der es nicht sogleich verriete.»

[232] Vgl. Theodor W. Adorno: Offener Brief an Hochhuth [FAZ (10.6.1967)], in: ders.: *Noten zur Literatur I*, S. 591–598, hier: S. 595: «Wollte man dagegen das Grauen an den Opfern darstellen, so überhöht es sich, ohne Durchblick auf die Machtverhältnisse, die es bedingen, in unausweichliches Schicksal.»

2.4 «Aunque es de noche» (1976–1988) – Unzeiten

Während kommunistische Intellektuelle und Medien wie die der PCF nahestehende Wochenzeitschrift *Lettres Françaises* versuchten, die schockierenden Berichte von Wiktor Andrejewitsch Krawtschenko und die Recherchen von David Rousset über das System der sowjetischen Gulags als «Kriegshetze»[233] und die Autoren als «Verräter»[234] darzustellen, nahm Octavio Paz diese Nachrichten sehr ernst. In den Jahren 1945 bis 1951 arbeitete er in der mexikanischen Botschaft in Paris und verfolgte die intellektuellen und politischen Debatten vor Ort. Krawtschenko hatte 1949 einen Verleumdungsprozess gegen die Redakteure der *Lettres Françaises* gewonnen, im Januar 1951 gewann auch Rousset, der Autor von *L'Univers concentrationnaire* (1946), seinen Prozess.[235] Im März 1951 veröffentlichte Paz in diesem Zusammenhang seinen Essay: «David Rousset y los campos de concentración soviéticos» in der Zeitschrift *Sur*.[236] Darin verwies der Autor auf die drastischen Unterschiede zwischen der offiziellen Arbeitsgesetzgebung der UdSSR und den Zeugnissen derjenigen, die den sogenannten «Regenerationszentren» entkommen waren, und schloss mit dem Satz: «Los crímenes del régimen burocrático son suyos y bien suyos, no del socialismo.»[237]

Auch in seinem poetischen Werk bezog sich Paz auf das totalitäre Regime Stalins.[238] Seine Gedichte bilden dabei einen starken Gegensatz zu affirmativen Texten stalinistischer Dichter wie etwa Pablo Neruda, der am 15. März 1953, zehn Tage nach dem Tod Stalins, auf einer Veranstaltung der chilenischen KP seine «Oda a Stalin» vortrug.[239] Im Kontext des Spanischen Bürgerkriegs waren die Hoffnungen eines Miguel Hernández noch verständlich erschienen: sein Gedicht

---

233 Vgl. zum Krawtschenko-Prozess: In vielen schönen Worten. In: *Der Spiegel* (09.04.1949) (ohne Autor). Vgl. zu Rousset: Franz Rothenburg: UdSSR: Mörderin und doch Mutter? Lehre des Rousset-Prozesses. In: *Die Zeit* (18.01.1951).
234 Ebda.
235 Vgl. ebda.
236 Erstausgabe in *Sur* Nr. 197, (März 1951). Unter dem Titel: «Los campos de concentración soviéticos», OC Bd. 9, S. 167–170. Im Folgenden wird zitiert aus: *Itinerario crítico* (2014), S. 76–80, hier datiert auf Oktober 1950. Paz hielt sich zu diesem Zeitpunkt in Paris auf. Vgl. zum Zusammenhang mit den Prozessen gegen *Les Lettres Françaises* den Kommentar des Herausgebers Armando González Torres ebda. S. 76. Vgl. außerdem: Klaus Meyer-Minnemann: Octavio Paz, David Rousset und das Universum der Straflager. In: Dieter Ingenschay/Gabriele Knauer u. a. (Hg.): *El pasado siglo XX. Una retrospectiva de la literatura latinoamericana*. Berlin: Ed. Tranvía 2003, S. 47–63.
237 OP: «Los campos de concentración soviéticos», S. 80.
238 Vgl. zu den historischen und biographischen Umständen das Kapitel von Christopher Domínguez Michael: *Octavio Paz en su siglo*: «Entre Fourier y Solzhenitsyn» S. 402–410.
239 Vgl. Mario Amorós: *Neruda; el príncipe de los poetas*. Kapitel IX: «El eclipse más sombrío: En la muerte de Stalin».

«Rusia» (1937/38) war dem «Compañero Stalin» gewidmet, Mussolini und Hitler werden als zu bekämpfende Feinde dargestellt, die Befreiung des Arbeiters wird begrüßt.[240] Doch auch nach dem Hitler-Stalin-Pakt 1939 wurde der sowjetische Diktator weiterhin verehrt. So publizierte der kubanische Dichter Nicolás Guillén noch 1942 ein Gedicht mit dem Titel «Una canción a Stalin»,[241] das den Nichtangriffspakt zwischen den Diktatoren ignoriert und den Kampf gegen Hitler betont («Odio por dondequiera verá el ciego alemán»). Im Vordergrund steht die Erlösungshoffnung, die der Kommunismus den ehemaligen Kolonien weltweit weiterhin zu geben vermochte:

> Stalin, Capitán, [...]
> A tu lado, cantando, los hombres libres van:
> el chino, que respira con pulmón de volcán,
> el negro, de ojos blancos y barbas de betún,
> el blanco, de ojos verdes y barbas de azafrán.
> Stalin, Capitán.

Ungeachtet der dokumentierten Existenz sowjetischer Arbeitslager schrieb auch Rafael Alberti im argentinischen Exil anlässlich des Todes von Josef Stalin ein Gedicht, das auf den 9. März 1953 datiert ist. Darin wird der Diktator mit einem potentiell endlos weiterführbaren Polysyndeton «Padre y maestro y camarada» genannt und ihm ein Fortleben in der Erinnerung versprochen: «No ha muerto Stalin. No has muerto. / Que cada lágrima cante / tu recuerdo. / Que cada gemido cante / tu recuerdo.»[242]

Das lyrische Ich aus Nerudas «Oda a Stalin» adressiert Stalin ebenfalls direkt, als handele es sich um einen geliebten Freund: «Camarada Stalin, yo estaba junto al mar en la Isla Negra, / descansando de luchas y de viajes, / cuando la noticia de tu muerte llegó como un golpe de océano.» In den darauffolgenden Versen wird Stalin mit Gott gleichgesetzt, wenn es heißt, seine Hände haben einen Menschen «geschaffen» und aus seinen Händen wachse Getreide. Eine Akkumulation, in der jeder genannte Gegenstand einen eigenen Vers bildet, verdeutlicht

---

240 Miguel Hernández: «Rusia». In: *El hombre acecha (1937–1938)*. Madrid: Cátedra 1984: «Ah, compañero Stalin: de un pueblo de mendigos / has hecho un pueblo de hombres que sacuden la frente, / y la cárcel ahuyentan, y prodigan los trigos, / como a un inmenso esfuerzo le cabe: inmensamente. / De unos hombres que apenas a vivir se atrevían / con la boca amarrada y el sueño esclavizado.»
241 Nicolás Guillén: «Una canción a Stalin». Zuerst publiziert in: *Ofrenda lírica de Cuba a la Unión Soviética*. La Habana: Frente Nacional Antifascista 1942.
242 Rafael Alberti: «Redoble lento por la muerte de Stalin». Buenos Aires, 09.03.1953, in: *Obras completas*, Bd. 2. Madrid: Aguilar 1988.

dieses Bild der Schöpfung eines prinzipiell unendlichen sowjetischen Universums: «Stalin [...] puso su mano y en su mano un hombre / comenzó a construir. [...] Stalin / construía. / Nacieron / de sus manos / cereales, / tractores, / enseñanzas, / caminos». Der Vergleich mit der Sonne geht in die gleiche Richtung: «Stalin es el mediodía, / la madurez del hombre y de los pueblos.» Die Ode betont, dass unter Stalin jeder Einzelne zur Geschichte beigetragen habe, bzw. die Geschichte selbst in den Händen des Volkes gelegen habe und schreibt «Historia» konsequent mit einem Großbuchstaben: «Mientras tanto los dueños / del carbón, / del hierro, / de los bancos, / eran también los dueños / de la Historia.»[243]

Im Gegensatz zu diesen Gedichten stellte Paz in seinen Texten über Stalin das Verhältnis von Wahrheit und Geschichte infrage. Inzwischen waren nicht nur Arendts *Origins of Totalitarianism* (1951) erschienen, sondern auch *Der Archipel Gulag* (1973) von Solschenizyn. 1974 publizierte Paz den Essay «Polvos de aquellos lodos», in dem er sowohl auf Solschenizyns Erfahrungen im Gulag einging als auch auf die Verführung durch die Ideologien des Totalitarismus.[244] Vier Jahre später veröffentlichte Paz den Essay «El ogro filantrópico» in seiner Zeitschrift *Vuelta* (21.08.1978).[245] Viele seiner Formulierungen finden sich ganz ähnlich in diesem essayistischen Text wie in seinen im Folgenden zu besprechenden Sonetten. So beschrieb Paz den Staat des 20. Jahrhunderts in seinem Essay als «seelenlosen Herrn ohne Gesicht», der wie eine Maschine funktioniere:

> El Estado del siglo XX se ha revelado como una fuerza más poderosa que la de los antiguos imperios y como un amo más terrible que los viejos tiranos y déspotas. Un amo sin rostro, desalmado y que obra no como un demonio sino como una máquina.[246]

In den Sonetten, die in der gleichen Zeit[247] wie die Essays entstanden, versucht das lyrische Ich dem Wesen des Bösen ebenfalls kritisch auf den Grund zu gehen und das eigene Gewissen zu prüfen. Das Böse entzieht sich dabei der eindeutigen Zuordnung, die Gedichte enthalten weder Aussicht auf Erlösung noch apokalyptische Szenarien, die Sprache von Paz bleibt diesseitig. Ein besonderer Kunstgriff

---

243 Pablo Neruda: «Oda a Stalin» (1953). Vgl. zu anderen bekannten Oden Nerudas: René de Costa: *The Poetry of Pablo Neruda*. Cambridge, Mass.: Harvard UP 1979. Darin das Kapitel: «Plain Lyricism. Odas elementales», S. 144–174. Vgl. auch: Enrico Mario Santí: *Pablo Neruda: the poetics of prophecy*. Ithaca [u. a.]: Cornell UP 1982; sowie: Ilan Stavans: *The Poetry of Pablo Neruda*. New York: Farrar, Straus and Giroux 2003.
244 OP: «La seducción totalitaria» (1974), OC Bd. 9, S. 194–198.
245 OP: «El ogro filantrópico» [Essay zuerst publiziert in: *Vuelta* (21.08.1978)], in: *Itinerario crítico* (2014), S. 185–203.
246 Ebda. S. 185.
247 *Árbol adentro* ist zuerst 1987 erschienen, in den OC ist die Gedichtsammlung auf 1976–1988 datiert.

ist die Wahl der poetischen Form: die Form des Sonetts kontrastiert die im Inhalt adressierten historischen Fakten, in den Klanggedichten erscheint die Verzweiflung über das Ausmaß der Grausamkeit und über das eigene fehlende Engagement gegen das Unrecht umso dissonanter. Die Beschreibungen des Bösen als Wesen des Nichts und als seelenloses Dasein erinnern dabei an Arendts *Bericht von der Banalität des Bösen* (1963) und ihre Beobachtung, dass Adolf Eichmann sich hinter Phrasen und Klischees verschanzte.[248] In seinem Essay berief sich Paz explizit auf den Bericht der Philosophin und bezeichnete das Böse als eine «Maske des Seins», welche die jeweiligen Staatsmänner anlegten, um nicht nur ihre Verbrechen, sondern auch die eigene Mittelmäßigkeit zu verdecken:

> En sentido estricto no había mal sino malos: excepciones, casos particulares. El Estado del siglo XX invierte la proposición: el mal conquista al fin la universalidad y se presenta con la máscara del ser. Sólo que a medida que crece el mal, se empequeñecen los malvados. Ya no son seres de excepción sino espejos de la normalidad. Un Hitler o un Stalin, un Himmler o un Yéjov, nos asombran no sólo por sus crímenes sino por su mediocridad. Su insignificancia intelectual confirma el veredicto de Hannah Arendt sobre la «banalidad del mal».[249]

Statt eine Ausnahme zu sein, oder die Universalität zu beflecken, wurde das Böse im Zwanzigsten Jahrhundert zur Regel und beanspruchte laut Paz eine eigene Universalität. Mit Metaphern und Paradoxa versuchte der Autor auch in der poetischen Sprache Worte für die «düsteren» Kapitel der Geschichte zu finden. Vier Sonette mit dem Titel «Aunque es de noche» adressieren diese historische Dunkelheit direkt.[250] Im Folgenden sollen das zweite und dritte Gedicht dieser Zusammenstellung besprochen werden, beide Texte beziehen sich ausdrücklich auf das Regime Stalins.

2.4.1 «Mientras yo leo en México»

Die vier poetischen Texte mit dem Titel «Aunque es de noche» erschienen in dem Gedichtband *Árbol adentro* (1987). Jeder dieser Texte besteht aus vierzehn Versen mit jeweils elf Silben. Die Verse sind jedoch nicht, wie man vermuten würde, in Sonettform angeordnet, sondern richten sich in «Aunque es de noche II», dem

---

[248] Hannah Arendt: *Eichmann in Jerusalem: ein Bericht von der Banalität des Bösen* [1964]. 6. Aufl. München [u. a.]: Piper 1987. Zuerst 1963 auf Englisch in *The New Yorker* erschienen: «A Reporter at Large: Eichmann in Jerusalem», dann als Buch unter dem Titel: *Eichmann in Jerusalem: A Report on the Banality of Evil* [1963].
[249] OP: «El ogro filantrópico», S. 185f.
[250] OP: «Aunque es de noche», OC Bd. 12, S. 122–124.

ersten der im Folgenden zu besprechenden Gedichte, vor allem nach den syntaktischen Einheiten. Auf diese Weise wird zwar auf ein zumal für spanische Ohren sehr traditionelles Metrum zurückgegriffen, durch die unkonventionelle Anordnung der Verse entspricht das Gedicht jedoch auch moderneren Anforderungen. Teilweise sind die Verse in unregelmäßige *pies quebrados* gebrochen und werden erst in der nächsten Zeile weitergeführt. Das Reimschema erinnert ebenfalls an ein Sonett: Die ersten acht Verse sind in Kreuzreimen geordnet, die sich abwechselnd auf -*ora* und -*arde* reimen, die letzten sechs Verse folgen einem klassischen cde-cde-Schema:

Mientras yo leo en México, ¿qué hora es en Moscú? Ya es tarde, siempre es tarde,	a b	Während ich in Mexiko lese – wie viel Uhr ist es in Moskau? Es ist schon spät, es ist immer spät,
siempre en la historia es noche y es deshora.	a	immer ist in der Geschichte Nacht und Unzeit.
Solzhenitsyn escribe, el papel arde, avanza su escritura, cruel aurora	b a	Solschenizyn schreibt, das Papier glüht, seine Schrift bewegt sich voran, grausames Morgenrot
5 sobre llanos de huesos.		über Ebenen aus Knochen.
Fui cobarde, no vi de frente al mal y hoy corrobora	b a	Ich war feige, ich habe das Böse nicht von vorn angesehen und heute bestärkt den Philosophen das
al filósofo el siglo:		Jahrhundert:
¿El mal? Un par de ojos sin cara, un repleto vacío.	b c	Das Böse? Ein Paar Augen ohne Gesicht, eine prall gefüllte Leere.
El mal: un alguien nadie, un algo nada. 10	d	Das Böse: ein Jemand Niemand, ein Etwas Nichts.
¿Stalin tuvo cara? La sospecha le comió cara y alma y albedrío.	e c	Hatte Stalin ein Gesicht? Der Verdacht hat ihm Gesicht, Seele und freien Willen weggefressen.
Pobló el miedo su noche desalmada,	d	Es bevölkerte die Angst seine entseelte Nacht,
su insomnio despobló Rusia deshecha.	e	seine Schlaflosigkeit entvölkerte das ruinierte Russland.

Insgesamt besteht das Gedicht aus sechs Sätzen und drei kurzen Interrogativen, in welchen zunächst nach der Zeit, nach dem Bösen und schließlich nach dem Gesicht Stalins gefragt wird. Die erste Strophe setzt mit einem konkreten Moment ein: Das lyrische Ich liest in Mexiko. Mit der Frage nach der Uhrzeit in Moskau öffnet sich das Gedicht für eine zusätzliche Zeit und einen anderen Raum:

2.4 «Aunque es de noche» (1976–1988) – Unzeiten

Mientras yo leo en México, ¿qué hora
es en Moscú? Ya es tarde, siempre es tarde,
siempre en la historia es noche y es deshora.

Auch in essayistischen Texten verglich Paz Mexiko immer wieder mit der Sowjetunion, da er in beiden Herrschaftsformen ähnliche Tendenzen einer anti-demokratischen Kultur des «Monologs und des Mausoleums» beobachtete: «Las experiencias de Rusia y México son concluyentes: sin democracia, el desarrollo económico carece de sentido. [...] Toda dictadura, sea de un hombre o de un partido, desemboca en las dos formas predilectas de la esquizofrenia: el monólogo y el mausoleo. México y Moscú están llenos de gente con mordaza y de monumentos a la Revolución.»[251] In «El ogro filantrópico» (1978) führte Paz die Ähnlichkeiten damit an, dass in beiden Ländern die Modernisierung als Motiv für eine Umgestaltung gedient habe, und der Staat als Agent zur Umsetzung derselben eigesetzt worden sei, wobei sowohl die Sowjetunion als auch Mexiko Strukturen patrimonialer Herrschaftsformen geerbt haben. Der Essay endet mit der Beobachtung, dass Mexiko zwar keine echte Demokratie, aber im Unterschied zur Sowjetunion eben auch keine totalitäre Ideokratie sei.[252]

Dass sich das lyrische Ich in dem vorliegenden Gedicht nicht nur nach einer Stunde, sondern auch nach einer bestimmten historischen Zeit erkundigt, zeigt sich spätestens im dritten Vers. Denn nach der vagen Antwort im zweiten Vers («ya es tarde, siempre es tarde»), wird in Vers 3 «die Geschichte» selbst genannt: «siempre en la historia es noche y es deshora.» Die Öffnung von dem konkreten Moment auf Geschichte im Allgemeinen endet nicht mit der symbolisch aufgeladenen «Nacht», sondern geht noch einen Schritt weiter. Das letzte Wort dieser ersten Einheit ist *deshora*, Unzeit. Auf diese Weise werden die im Gedicht thematisierten im Gulag begangenen Gräueltaten nicht als natürliche Nacht im Tageszeitenwechsel der Geschichte akzeptiert und damit verharmlost, sondern, indem von einer *deshora*, wörtlich «Nicht-Stunde», die Rede ist, was klanglich an «deshonra» – unehrenhaft – erinnert, werden sie hart verurteilt.

In einem weiteren Rahmen könnte man diesen Begriff auch auf die immer verspätete historische Einsicht beziehen. In dem Essay «Los signos en rotación» (1965) zitierte Paz Heideggers «Wir kommen für die Götter zu spät und zu früh für das Seyn»[253] wie folgt: «Heidegger lo ha expresado de una manera admirable: Llegamos tarde para los dioses y muy pronto para el ser. [...] nuestra situación

---

251 OP: «Crítica de la Pirámide», S. 375. Die Alliteration auf M verstärkt die parallele Figur: «[M]onólogo y mausoleo. México y Moscú».
252 OP: «El ogro filantrópico», S. 192f.
253 Martin Heidegger: *Aus der Erfahrung des Denkens*. Pfullingen: Neske 1954, S. 7.

histórica se caracteriza por el demasiado tarde y el muy pronto.»[254] So muss die *deshora* als das Dunkel einer radikalen, immer gültigen Unzeit verstanden werden. Die Aussage Heideggers spielte auf Hölderlins Ode «Brod und Wein» an, in der die Götter nicht mehr erreichbar sind, aber immerhin noch leben: «Aber, Freund! Wir kommen zu spät. Zwar leben die Götter / Aber über dem Haupt droben in anderer Welt.»[255] In den Gedichten von Paz leben die Götter nicht mehr, sondern haben sich in bewaffnete Ideen verwandelt und sind «verfault»:[256]

las ideas se comieron a los dioses	Die Ideen aßen die Götter
los dioses	die Götter
se volvieron ideas	wurden zu Ideen
grandes vejigas de bilis	zu großen Gallenblasen
las vejigas reventaron	die Blasen platzten
los ídolos estallaron	die Götzen barsten
pudrición de dioses	Fäulnis der Götter
fue muladar el sagrario	zum Misthaufen wurde das Tabernakel
el muladar fue criadero	der Misthaufen wurde Zuchtstätte
brotaron ideas armadas	es keimten bewaffnete Ideen
idearios ideodioses	ideologische Ideengötter
silogismos afilados	geschärfte Syllogismen
caníbales endiosados	vergötterte Kannibalen
ideas estúpidas como dioses	dumme Gedanken als Gottheiten.

Das zitierte Gedicht «Petrificada petrificante» (1976) war wie die vorliegenden Sonette Ende der siebziger Jahre entstanden. Vor dem Horizont des Essays über die sowjetischen Arbeitslager (1951) gewinnt der Titel (auf dt. etwa «Versteinerte Versteinernde») eine Bedeutung als Kritik an der Verfestigung von autoritären Systemen: «La URSS es una sociedad jerárquica. Lo cual no implica que sea inmóvil, aunque como todas las sociedades aristocráticas tienda a la petrificación.»[257]

Neben diesen deutlichen Urteilen in der politischen Stellungnahme aus den fünfziger Jahren klingt das vorliegende Gedicht sehr viel nachdenklicher, prüfender. Nach einem *blanc* folgt die zweite syntaktische Einheit, in der dem lesenden Ich («Mientras yo leo en México») eine schreibende Persönlichkeit gegenübergestellt wird («Solzhenitsyn escribe»). So scheint es zunächst, als würden Gegen-

---

254 OP: «Los signos en rotación» (1965), OC Bd. 1, S. 247–273, hier: S. 260. Diesen Hinweis verdanke ich Maya Schärer-Nussberger (Brief vom 02.02.2015).
255 Friedrich Hölderlin: „Brod und Wein" [1884]. In: ders.: *Sämtliche Gedichte und Hyperion*. Herausgegeben von Jochen Schmidt. Leipzig: Insel-Verlag 1999, S. 285–291.
256 OP: «Petrificada petrificante» (1976), OC Bd. 12, S. 42–47, hier: S. 45.
257 OP: «Los campos de concentración soviéticos», S. 79.

sätze aufgelistet, auf den zweiten Blick wird jedoch deutlich, dass es sich um Parallelen handelt. Mexiko und Moskau (als alliterierende Metonymie für die Sowjetunion) teilen die Erfahrung der bitteren Enttäuschung nach den vielversprechenden Revolutionen vom Anfang des Jahrhunderts. Und während es im Gedicht heißt, Solschenizyn schreibe, so wird zugleich deutlich, dass auch die vorliegenden Verse im Sinne einer Kritik am stalinistischen System geschrieben wurden. Alexander Issajewitsch Solschenizyn (1918–2008) war zunächst überzeugter Leninist. Nachdem er die Regierung Stalins in einem privaten Brief an seinen Bruder kritisiert hatte, musste er acht Jahre seines Lebens in verschiedenen Gulags verbringen, wo er die Grausamkeiten, die er vorher nur geahnt hatte, am eigenen Leibe erfuhr. In einem dieser Arbeitslager lernte er den Literaturwissenschaftler Lew Kopelew kennen. Später verschriftlichte er seine Erfahrungen in Texten wie *Der erste Kreis der Hölle* (1968) oder *Der Archipel Gulag* (1973–75). Für sein Werk bekam der Autor 1970 den Literaturnobelpreis.[258]

In einem Parallelismus zu dem im Gedicht genannten Schreibakt wird implizit auch die außertextuelle Schreibsituation des Dichters mit in den Blick genommen. Synchron zu der inhaltlich evozierten fortschreitenden Schrift Solschenizyns («avanza su escritura») findet sich zudem ein metatextueller Parallelismus zum vorliegenden Sonett, dessen ebenfalls fortschreitender Bewegung das Auge des Lesers folgt:

> Solzhenitsyn escribe, el papel arde,
> avanza su escritura, cruel aurora
> sobre llanos de huesos.

Die von Solschenizyn formulierte Kritik am Stalinismus wird somit formal und inhaltlich in tiefster Anteilnahme nachvollzogen. Solschenizyns Enttäuschung über das verratene Ideal wird nicht nur nachempfunden, sondern gewissermaßen in der Geste des Schreibens imitiert. Das glühende Papier kann dabei sowohl als Bild für den emotionalen Zustand des Schreibenden gelesen werden, als auch auf die ‹luziden› Gedanken des Schriftstellers verweisen. Die Passage erinnert mit der Metapher des Glühens an Heinrich Heines Belsatzar-Ballade, in der die Handschrift an der Wand im Palast des Königs als «Flammenschrift» und «Buchstaben von Feuer» beschrieben wird.[259] Auch hier geht es um eine Strafe für eine miss-

---

[258] Vgl. dazu auch den Essay *Polvos de aquellos lodos* (1974) von Paz, darin insbesondere das Kapitel: «Archipiélago de tinta y de bilis», OC Bd. 9, S. 182–186. Vgl. zu Solschenizyn: Peter Bayerlein/Werner Wahls: *Harenbergs Personenlexikon 20. Jahrhundert: Daten und Leistungen.* Dortmund: Harenberg Lexikon-Verl. 1992, S. 1192. Erste sp. Übersetzungen der Trilogie *Archipel Gulag* sind auf 1973 datiert.
[259] Heinrich Heine: „Belsatzar". In: ders.: *Buch der Lieder* [1822]. Leipzig: Insel 1981.

brauchte Machtposition. In der hebräischen Bibel lauten die Worte an der Wand Belsatzars «Mene, Mene, Tekel u Parsin», die Auslegung des Propheten Daniel ist in der Zürcher Bibel wie folgt übersetzt:

> (26) Mene – gezählt hat Gott deine Königsherrschaft, und er hat sie beendet. (27) Tekel – gewogen worden bist du auf der Waage, und für zu leicht bist du befunden worden. (28) Peres – zerteilt ist deine Königsherrschaft, und den Medern und den Persern ist sie gegeben.[260]

Analog zu dieser Bedeutung könnten die Texte Solschenizyns als Menetekel verstanden werden, die das Ende der Sowjetunion ankündigten. Ein Essay von Paz mit dem Titel «Gulag: entre Isaías y Job»,[261] erschienen im Dezember 1975 in seiner Zeitschrift *Plural*, unterstützt diese Lesart. Darin beschrieb Paz den russischen Schriftsteller als «Dissident außerhalb der Kirche». Er widersprach damit Lukács, der Solschenizyn erst drei Jahre vor dem Erscheinen des *Archipel Gulag* (1973) als sozialistischen Realisten eingeordnet und ihn auf diese Weise laut Paz als «Dissident innerhalb der Kirche»[262] betrachtet hatte. Paz kritisierte Solschenizyn in seinem Essay sehr deutlich, erkannte in seinen Schriften aber schließlich ein «prophetisches Element»: klinge es wie Jesaja, so zucke Paz nach eigener Aussage zusammen, wenn er dagegen Hiob aus Solschenizyn sprechen höre, pflichte er ihm bei.[263] Mit der christlichen Isotopie kritisierte Paz deutlich die quasireligiösen Züge der kommunistischen Ideologie.

Der Prophet Daniel, auf den die Wortfelder ‹Schrift› und ‹Feuer› anspielen, wird zwar weder im Essay noch im Gedicht namentlich erwähnt, dennoch fällt das biblische Vokabular ins Auge, auf welches Paz jedes Mal rekurriert, wenn er über Solschenizyn schreibt. Der russische Schriftsteller sei jemand, der an Freiheit, Menschenwürde und Nächstenliebe glaube, so Paz, und der es im Grunde akzeptieren würde, dass Russland von einem Autokraten regiert würde, solange es sich bei diesem allerdings um einen «wahren Christen» handle. Die Definition, mit der Paz seine Vorstellung des «wahren Christen» ausführt, muss dabei ökumenisch gelesen werden: «Jemand der an die Heiligkeit des Menschen glaubt, an

---

260 Daniel 5: 1–30. Übersetzung nach der Zürcher Bibel, Zürich: TVZ, 2008.
261 OP: «Gulag: entre Isaías y Job», datiert auf den 30.10.1975, OC Bd. 9, S. 199–206. Dt. Übers. unter dem Titel: «Gulag: Halb Jesaja, halb Job», in: OP: *Essays 1*. Heupel und Wittkopf (1984) S. 255–267.
262 Ebda. S. 255. Lukács hatte seinen Text über Solschenizyn 1970 veröffentlicht, drei Jahre vor dem Erscheinen des *Archipel Gulag* (1973), auf den sich Paz bezieht. Bei Paz' Essay von 1975 handelt es sich um eine Aktualisierung des Urteils von Lukács.
263 Vgl. ebda. S. 258.

das tägliche Mysterium des anderen, der unser Nächster ist.»[264] Schließlich verteidigte Paz den russischen Kollegen gegenüber seinen Kritikern indem er seine Anerkennung dafür aussprach, dass Solschenizyn mit seinen Schriften die Grenzen des Bösen aufgedeckt habe, die im 20. Jahrhundert mit Hitler und Stalin erreicht wurden. Solschenizyn verzeichne die Grade zwischen «Bestialität und Heiligkeit», und dies sei ein zeitloses Unterfangen, da es sich hierbei um grundsätzliche Koordinaten der *conditio humana* handle.[265]

Das vorliegende Gedicht muss vor dem Hintergrund dieses Essays verstanden werden. Eine Parallelsetzung mit oben genannter Bibelstelle ist auch insofern interessant, als dass die Texte – seien es nun die Schriften von Solschenizyn oder die Gedichte von Paz – auf diese Weise analog zum Menetekel aus göttlicher Hand geschrieben scheinen. Die Aura der «prophetischen Stimme», die Paz aus den Texten des russischen Kollegen hört, überträgt sich somit auf seine eigenen Texte und der Autor erscheint als *poeta vates*, oder als eine Art historisches Gewissen.[266]

In Vers 5 münden die schriftlich notierten Gedanken nun in ein «grausames Morgenrot». Die Konzeptualisierung von Wissen und Verstehen als Licht hat eine lange Tradition, man denke an die Epoche der Aufklärung, in deren Bezeichnung ebendiese Metapher enthalten ist.[267] Im Kommunismus spielte die Metapher des Sonnenaufgangs eine etwas andere Rolle, Arthur Koestler widersprach diesem Bild, indem er seinem Roman den Titel *Sonnenfinsternis* (1940) gab.[268] Wenn die Lichtverhältnisse im Gedicht bewusst variiert werden und von einem Morgenrot die Rede ist (in der deutschen Sprache ist in der Bezeichnung sogar die politisch entsprechende Farbe enthalten), so scheint es sich um einen Verweis auf eine ursprüngliche, theoretische Idealversion der kommunistischen Impulse zu handeln. Während das Bild der aufgehenden Sonne unter Stalin nur noch als propa-

---

264 Ebda. S. 256. Christopher Domínguez Michael (*Octavio Paz en su siglo*, S. 410) bezeichnet Paz als pagan und zitiert seine Kritik am Christentum. In *La letra y el cetro* (OC Bd. 6) schreibt Paz: «los christianos no aman a sus semejantes. Y no los aman porque nunca han creído realmente en el otro.» Laut Domínguez meint Paz, dies sei die Schuld, die Christentum und Marxismus teilten, und Grund aller Verbrechen, vgl. Christopher Domínguez Michael: *Octavio Paz en su siglo*, S. 407. Interessant ist in diesem Zusammenhang außerdem der Unterschied, den Paz zwischen «chronometrischer Zeit» und «presente eterno» macht, wobei er erstere mit dem christlichen Kalender verknüpft. Vgl. dazu: Ruth A. Grogan: The Fall into History: Charles Tomlinson and Octavio Paz. In: *Comparative Literature*. Vol. 44, Nr. 2 (1992), Durham: Duke UP, S. 144–160.
265 Vgl. ebda. S. 263.
266 Ähnlich in OP: «Libertad bajo palabra», vgl. Kapitel 3.1.2 der vorliegenden Arbeit.
267 In dem englischen Terminus *Enlightenment* und dem italienischen *Illuminismo* wird dies noch offensichtlicher.
268 Arthur Koestler: *Sonnenfinsternis* [1940]. F.a.M.: Ullstein 1987.

gandistisches Instrument fungierte, werden im Lichte des im vorliegenden Gedicht beschriebenen Sonnenaufgangs nun ausdrücklich «llanos de huesos» (V6) beleuchtet. In der Metapher scheint das Licht also genau dorthin, wo bisher Dunkelheit und Unwissen herrschte. Durch das Gedicht wird der Blick auf Solschenizyn und von diesem auf die Verbrechen des Stalinismus gelenkt, die in Vers 3 metaphorisch mit der «Nacht» angesprochen wurden.

Mit einem *pie quebrado* setzt die nächste Einheit ein:

> Fui cobarde,
> no vi de frente al mal y hoy corrobora
> al filósofo el siglo:
> ¿El mal? Un par de
> ojos sin cara, un repleto vacío.

Das lyrische Ich verurteilt sich selbst als feige, da es das Böse nicht von Angesicht zu Angesicht angeschaut habe. Diese Formulierung erinnert an Sartre und die Debatte um das engagierte Schreiben, in der die Rolle des Schriftstellers in Zeiten des bewaffneten Kampfs reflektiert wird. Im Gegensatz zu den Dichtern des Spanischen Bürgerkriegs, von denen viele selbst zur Waffe griffen und welche sogar ihre Federn als Waffen begriffen, hat Paz weder eigenhändig gekämpft, noch war er je Mitglied einer Partei und galt daher vielen seiner linken Kritiker als Opportunist. Unabhängig von den biographischen Details des Autors scheint sich die Feigheit des lyrischen Ichs im Nachhinein zu bestätigen, wenn es heißt: «hoy corrobora / al filósofo el siglo» (V7/8). Die poetische Definition des Bösen als «ein paar Augen ohne Gesicht» variiert ein Zitat des Philosophen und Historikers Polybios (200–120 v. d. Zw.). Im Original geht es um Geschichte ohne Wahrheit, Polybios formulierte diese Idee in seinen *Historiae* wie folgt:

> 1.14.6.: ὥσπερ γαρ ζῴου τῶν ὄψεων ἀφαιρεθεισῶν ἀχρειοῦται τὸ ὅλον, οὕτως ἐξ ἱστορίας ἀναιρεθείσης τῆς ἀληθείας τὸ καταλειπόμενον αὐτῆς ἀνωφελές γίνεται διήγημα.[269]

> Denn wie ein lebendes Wesen, wenn es das Augenlicht verloren hat, zu nichts mehr zu brauchen ist, so wird, wenn aus der Geschichtsschreibung die Wahrheit hinweggenommen wird, das, was dann noch von ihr übrigbleibt, ein unnützes Gerede.[270]

> 12.12.3.: καθάπερ ἐμψύχου σώματος τῶν ὄψεων ἐξαιρεθεισῶν ἀχρειοῦται τὸ ὅλον, οὕτως ἐξ ἱστορίας ἐὰν ἄρῃς τὴν ἀλήθειαν, τὸ καταλειπόμενον αὐτῆς ἀνωφελές γίνεται διήγημα.

---

269 Polybios: *Historiae*. Theodorus Büttner-Wobst nach L. Dindorf. Leipzig: Teubner 1893.
270 Polybios: *Historien*. Übers. Hans Drexler. Düsseldorf: Artemis & Winkler 1990. Vgl. Polybios: *Geschichte* I, 14. Ältere dt. Übers. von Adolf Haakh. Stuttgart: Hoffmann'sche Verlagsbuchhandlung 1858, S. 20. Vgl. Polibio: *Historia de Polybio Megalopolitano*. Sp. Übers. von Don Ambrosio Rui Bamba. Madrid: Imprenta Real 1789, Buch I, Kap. 4, S. 22.

Wie ein lebendiger Leib als ganzer unbrauchbar wird, wenn die Augen weggenommen sind, ebenso auch bei der Geschichte: wenn die Wahrheit fehlt, ist das übrige ein wertloses Gerede.[271]

Polybios verglich die Geschichte ohne Wahrheit mit einem Wesen ohne Augen. Oft finden sich Variationen dieses Zitates, wie jene des «Menschen ohne Geschichte», der mit einem «Gesicht ohne Augen» verglichen wird. Liest man die Inversion von Paz vor diesem intertextuellen Hintergrund, bietet das Gedicht eine explizite Kritik am Stalinismus. Denn in den letzten Versen (V11 und 12) verortet das Gedicht Stalin ebenfalls innerhalb dieses Gleichungssystems: Laut Paz besitzt der Tyrann keine Augen, so dass auf Zusammenarbeit mit dem «Bösen» geschlossen werden kann. Beide werden als Wesen ohne Gesicht definiert. Das dritte Gedicht der Komposition «Aunque es de noche» führt diese Reflektion fort, wenn es im ersten Vers heißt: «Alma no tuvo Stalin: tuvo historia.» Die Leerstelle der fehlenden Seele führt erneut zurück zu Polybios und lässt uns die Geschichte ohne Seele als Geschichte ohne Wahrheit verstehen.

Das Jahrhundert gibt dem Philosophen Recht (V7 und 8), denn alle Ideale werden in ihrer versuchten Umsetzung verraten und alle Illusionen enttäuscht. Die Personifikation des Bösen, die in Vers 7 mit der Vorstellung einer direkten Konfrontation suggeriert wird, wird nun mit dem Interrogativ in der Mitte von Vers 8 zunächst hinterfragt, um dann als eine Art ‹unpersönliche Personifikation› bestätigt zu werden. Das abstrakte Konzept wird in mehreren aufeinanderfolgenden Paradoxa nicht nur als «Augen ohne Gesicht» sondern auch als «prall gefüllte Leere» beschrieben. In Vers 10 ist nach dem Kolon von einem «Jemand Niemand» und einem «Etwas Nichts» die Rede, ganz als handele es sich um eine Definition: «El mal: un alguien nadie, un algo nada.» In dem oben zitierten Essay «El ogro filantrópico» (1978) setzte Paz das Böse ebenfalls mit dem Nichts gleich und verwies auf das Nicht-Sein, auf welches die Gefangenen in den Konzentrationslagern reduziert wurden:

> Sorprendente inversión de valores que habría estremecido al mismo Nietzsche: el Estado es el ser y la excepción, la irregularidad y aún la simple individualidad son formas del mal, es decir, de la nada. El campo de concentración, que reduce al prisionero a un no-ser, es la expresión política de la ontología implícita en las ideocracias totalitarias.[272]

---

271 Dt. Übers. von Miltos Pechlivanos, Korrespondenz vom 15.11.2014.
272 OP: «El ogro filantrópico», S. 186. Vgl. auch den kurzen Text von 1943: OP: «Don Nadie y Ninguno», in dem Paz das Konzept des «ningunear» einführt und auf Mexiko bezieht. OC Bd. 13, S. 339–340.

Die paradoxen Definitionen im Gedicht erinnern an die antithetischen Argumentationsstrategien barocker Sonette. Das lyrische Ich evoziert eine Art Entpersönlichung oder Despersonifikation, denn es zeichnet keine bildlich vorstellbare Allegorie des Bösen. Die Assoziation des Bösen mit der Person Stalins wird erst in den letzten beiden Einheiten nahegelegt, wenn nach dem Gesicht des Diktators gefragt wird:

> ¿Stalin tuvo cara? La sospecha
> le comió cara y alma y albedrío.
>
> Pobló el miedo su noche desalmada,
> su insomnio despobló Rusia deshecha.

Der Verdacht – gemeint ist Stalins panische Angst vor der ‹Konterrevolution›, mit der er die Massen-Säuberungen rechtfertigte – habe nicht nur das Gesicht, sondern auch die Seele und den freien Willen des Politikers verschlungen, so beantwortet das lyrische Ich sein eigenes Interrogativ, das auf diese Weise zu einem rhetorischen wird. In diesem Bild entspricht Stalin den vorher beschriebenen «ojos sin cara» und damit dem Bösen selbst. In den letzten beiden Versen des Gedichts werden mit der Nacht, dem konkreten Ort und den Adjektiven mehrere Themen vom Beginn des Gedichts aufgegriffen, so dass sich ein Rahmen bildet. Die Adjektive *desalmada* und *deshecha* schließen an die *deshora* der Anfangsverse an, ein letzter Kontrast ergibt sich in der chiasmischen Gegenüberstellung von «pobló el miedo», «su insomnio despobló». Mit diesem Vokabular widerspricht das Gedicht von Paz ganz explizit der «Oda a Stalin» von Neruda, in der es hieß, Stalin habe das Land bevölkert: «Lenin dejó una herencia / de patria libre y ancha. / Stalin la pobló / con escuelas y harina, / imprentas y manzanas.» Zugleich spielt das lyrische Ich von Paz auf den Verfolgungswahn Stalins und die daraus resultierende zunehmende Verfolgung und Vernichtung politisch Andersdenkender an.[273]

2.4.2 «Alma no tuvo Stalin»

Der Frage nach dem Gesicht Stalins wird in dem folgenden Gedicht noch weiter nachgegangen. Anders als beim vorangehenden Sonett geht dem Text dieses Mal ein Epigraph voraus, in dem Leo Trotzki mit seiner Parole «Die Partei hat letzten

---

[273] In seinen politischen Essays spricht Paz in diesem Zusammenhang von der Politik Stalins als einem «terror preventivo». Vgl.: OP: *Polvos de aquellos lodos* (1974), OC Bd. 9, S. 181.

Endes immer recht»²⁷⁴ zitiert wird. Auf diese Weise findet sich auch hier eine historische Persönlichkeit, die für die Interpretation des Gedichts nicht außer Acht gelassen werden kann. Als die Differenzen zwischen seiner sozialistischen Vision und derjenigen Stalins zu groß wurden, schloss man Trotzki 1927 zunächst aus der Partei aus und verwies ihn dann aus der Sowjetunion.²⁷⁵ 1929 zog er in die Türkei, wo ihm Atatürk Asyl gewährte, danach begab er sich nach Frankreich und Norwegen und gelangte 1937 schließlich nach Mexiko. Die sowjetische Staatsbürgerschaft war dem Politiker inzwischen aberkannt worden. 1940 wurde Trotzki in seinem Haus in Coyoacán mehrmals angegriffen, eine Attacke vermutlich stalinistischer Agenten im Mai 1940 scheiterte jedoch. Den zweiten Mordanschlag versuchte der später als Ramón Mercader identifizierte Angreifer im August desselben Jahres. Unter einem Vorwand wurde er in das Arbeitszimmer Trotzkis eingelassen, wo er den unbewaffneten Intellektuellen mit einem Eispickel angriff. Nur einen Tag später erlag Trotzki am 21.08.1940 den Verletzungen. Der Eispickel fand als Symbol für ein besonders grausames Mordinstrument Eingang in viele literarische Texte. Unter anderem schrieb Charles Tomlinson ein Gedicht aus Perspektive des Mörders, und Paz erwähnte den Tod Trotzkis in «Piedra de sol» an prominenter Stelle.²⁷⁶

Mit dem Epigraph erinnert Paz jedoch nicht einfach an den zitierten Politiker und dessen grausame Ermordung. Das ausgewählte Zitat erscheint angesichts der bis zur Entstehung des Gedichts aufgedeckten Gräuel, die unter dieser Parole eine Rechtfertigung erfuhren, deutlich ironisch. Dass Paz Trotzki durchaus auch kritisch gegenüberstand, wird spätestens in seinen politischen Kommentaren deutlich. In dem oben zitierten Essay über Solschenizyn «zwischen Jesaja und Hiob» sprach Paz von der Rolle Trotzkis beim Aufbau eines bürokratischen Staates, der nichts weiter als ein Synonym für ein totalitäres kollektivistisches Regime sei, welches auch Trotzki lange als Lösung für die Krise des Kapitalismus angesehen und erst in einem seiner letzten Texte in einem Nebensatz als möglichen Denkfehler erkannt habe.²⁷⁷

---

274 Paz zitiert die verkürzte Formel, wenn er schreibt «El partido siempre tiene razón». Auf Deutsch soll an dieser Stelle stattdessen das Originalzitat wiedergegeben werden, da eine direkte Übersetzung sehr an das Lied von Louis Fürnberg von 1950 erinnert, das mit der DDR einen etwas anderen historischen Hintergrund implizieren würde.
275 Vgl. zu Trotzki (1879–1940) Peter Bayerlein/Werner Wahls: *Harenbergs Personenlexikon 20. Jahrhundert*, S. 1283, der Geburtsname des Politikers lautet Leib Davidowitsch Bronstein.
276 Vgl. Kapitel 3.3.2, Vers 460. Ein Epigraph, mit dem Tomlinson Paz zitiert, zeugt von dem Einfluss der poetischen Texte des mexikanischen Dichters. S.a. Ruth A. Grogan: The Fall into History: Charles Tomlinson and Octavio Paz, S. 144–160.
277 Vgl. OP: «Gulag: Halb Jesaja, halb Job», S. 260.

Das Gedicht ähnelt dem vorangehenden Sonett in Thematik, Verszahl (14), Metrik (Elfsilber) und Reim. Formal unterscheidet es sich vor allem durch den Epigraph und die nun an keiner Stelle unterbrochenen Verse. Das Reimschema ist in den ersten acht Versen diesmal ein umarmendes (abba-abba), danach findet sich ein Kreuzreim (cdcd), die letzten beiden Verse sind vom restlichen Gedicht durch eine Leerzeile abgesetzt und bestehen aus einem Paarreim (ee). Durch Punkte, Kommata und Doppelpunkte finden sich in fast jedem Vers Zäsuren, das Gedicht besteht nahezu ausschließlich aus Enjambements, was dem Text einen sehr spezifischen Rhythmus gibt. Auch durch die repetitive Verwendung von Schlüsselbegriffen wie *cara, nada, pena, historia, el mal*, gewinnt das Gedicht eine Musikalität, die über das Metrum der einzelnen Verse hinausgeht.

	El partido siempre tiene razón Lev Trotski		*Die Partei hat immer recht* Leo Trotzki	
	Alma no tuvo Stalin: tuvo historia.	a	Eine Seele hatte Stalin nicht: er hatte Geschichte.	
	Deshabitado Mariscal sin cara,	b	Unbewohnter Marschall ohne Gesicht,	
	servidor de la nada. Se enmascara	b	Diener des Nichts. Es maskiert sich	
	el mal: la larva es César ya. Victoria	a	das Böse: die Larve ist schon Cäsar. Sieg	
5	de un fantasma: designa su memoria	a	eines Gespenstes: seine Erinnerung markiert	
	una oquedad. La nada es gran avara	b	eine Höhlung. Das Nichts ist der große Geiz	
	de nadies. ¿Y los otros? Se descara	b	lauter Niemande. Und die Andern? Es entgesichtet	
	el mal: la misma irreal combinatorial	a	sich das Böse: das gleiche irreale kombinatorische	
	baraja a todos. Circula la pena,	c	Kartenspiel für alle. Es kreist der Schmerz,	
10	la culpa circular: desdevanado	d	kreisförmige Schuld: enthaspelt	
	el carrete, la historia los despena.	c	die Spule, die Geschichte spendet Trost /gibt ihnen den Gnadenstoß.	
	Discurso en un cuchillo congelado:	d	Diskurs in einem gefrorenen Messer:	
	Dialéctica, sangriento solipsismo	e	Dialektik, blutiger Solipsismus	
	que inventó el enemigo de sí mismo.	e	der sich selbst als Feind erfand.	

Schon im ersten Vers zeigt sich die das gesamte Gedicht durchziehende Symmetrie. Stalin wird nach der Inversion in der Mitte des Verses genannt, gerahmt ist der Name durch die Sätze: «Alma no tuvo» und «tuvo historia», so dass sich insgesamt ein Chiasmus ergibt. Erneut werden Bilder aus dem vorangehenden Gedicht aufgegriffen, zum Beispiel, wenn von dem «unbewohnten / verlassenen Marschall ohne Gesicht» gesprochen wird. Wieder assoziiert man das Bild mit Stalin, das Adjektiv erinnert an das entvölkerte Russland aus dem vorangehenden Gedicht. Indem Stalin als «Diener des Nichts» bezeichnet wird, kann der Leser ihn schon an dieser Stelle des Textes als Diener des Bösen erkennen, schließlich wurde das Böse im ersten Gedicht mit Jemand/Niemand und Etwas/Nichts gleichgesetzt. Das ungreifbare Nichts erscheint erneut in einer Maskierung; mit Cäsar verweist der Text auf eine weitere umstrittene Politikerpersönlichkeit. In einer Metapher aus dem Bereich der Fauna heißt es, der römische Kaiser habe als Larve fungiert, seitdem inkarniere sich das auf diese Weise personifizierte Böse in unterschiedlichen Kombinationen in den jeweils amtierenden totalitären Herrschern. *Victoria* (V4) reimt sich auf *historia* (V1), *memoria* (V5) und *combinatorial* – die Reime scheinen von einer Resignation zu sprechen, denn der Sieg gehört dem «Gespenst» des Bösen (Enjambement V3/4). So findet sich die klangliche Wiederholung der Reime nun auch inhaltlich in der Wiederkehr des Bösen. Der einzige Grund, dass das Böse nicht in seiner vorherigen Erscheinungsform erinnert wird, ist die *oquedad*, die Höhlung, die Maskierung, beziehungsweise die Ungreifbarkeit und Unfassbarkeit, die das lyrische Ich im vorangehenden Gedicht mit den Paradoxa zu fixieren versuchte. Als er in dem Essay *Posdata* (1969) über das späte zwanzigste Jahrhundert schrieb, verwendete Paz ebenfalls die Metapher der Maske: «A las máscaras de Hitler y Stalin sucede ahora una realidad incorpórea y a la que no podemos siquiera nombrar y maldecir. Para nombrarla, necesitamos conocerla; sólo así podremos vencerla.»[278]

Die dichterische Sprache bietet eine Möglichkeit sich der Realität anzunähern, sie zu «benennen», um ihr die Masken vom Gesicht zu ziehen.[279] In seiner Rede zur Erinnerung an den Schriftstellerkongress von 1937 kam Paz 1987 noch einmal auf diese Metapher zurück: angesichts der historischen Katastrophen des 20. Jahrhunderts sprach er von einer Art der Geschichte zugrundeliegendem ewigen Gesetz des Bösen als «Maske des Nichts». Im Zusammenhang mit dem Gedicht scheint dieses Gesetz sich in Personen wie Stalin oder Hitler manifestiert zu haben.[280] Eine Formulierung aus «El ogro filantrópico» (1978) würde diese These bestätigen: «Máscaras de Robespierre y Bonaparte, Jefferson y Lincoln, Comte y Marx, Lenin y Mao: si la historia es teatro, la de nuestro país ha sido una mascarada interrumpida una y otra vez por el estallido del motín y la revuelta.»[281]

Da es sich bei dem Reim auf -*cara* (Verse 2, 3, 6 und 7) dreimal um das nichtvorhandene Gesicht handelt (*sin cara, enmascara, descara*), kann der Text

---

[278] OP: «Crítica de la Pirámide», S. 385.
[279] Wenn man der Einschätzung Fromms folgt, nach der Eckhart und Marx das Sein als «Demaskierung» verstanden, könnte das Gedicht von Paz ebenfalls in dieser Tradition gelesen werden. Vgl. Erich Fromm: *Haben oder Sein*, S. 121.
[280] OP: «El lugar de la prueba», S. 442: «El hombre descubrió que la eternidad era la máscara de la nada.»
[281] Vgl. OP: «El ogro filantrópico», S. 203.

mehr und mehr auch auf der klanglichen Ebene als eine Suche nach eben jenem fehlenden Antlitz gelesen werden. Durch einen zunehmenden Monovokalismus, der mit *cara* und *nada* beginnt, und sich über *mal*, *larva* und *fantasma* fortsetzt, wirkt das Gedicht regelrecht wie eine Heraufbeschwörung des Bösen, sowie dessen Beschreibung oder Definition, die sich auch im Phonologischen wiederspiegelt. Bei der zweiten Hälfte von Vers 6, «La nada es gran avara», dominiert der Vokal A so deutlich, dass der Leser gezwungen wird, seinen Mund weit zu öffnen, sei es für einen Angstschrei angesichts der Nähe des Bösen, oder aber als mimetisches Bild für dessen Gefräßigkeit. Das Nichts, beziehungsweise das Böse, ist schwer zu fassen, existiert aber in anderen abstrakten Konzepten wie etwa dem Geiz und ist damit omnipräsent: «Das Nichts ist der große Geiz / lauter Niemande». Vor dem Hintergrund der zitierten politischen Essays kann der Geiz als Bild für die «Hanswurstigkeit»[282] der Menschen gelesen werden, für die Abwesenheit von Charakterstärke.

In der Mitte des Gedichts (Vers 7 von 14) und in der Mitte des Verses findet sich das einzige Interrogativ des vorliegenden Textes: das lyrische Ich fragt nach «den Anderen». Damit wird auf potentielle weitere Mittäter angespielt, schließlich könne ein einzelner Mann keinen Massenmord in dem Ausmaß begehen, wie es in der Sowjetunion der Fall war, so scheint der Fragende zu räsonieren. Dies ist die Stelle, an der sich das damit nicht mehr personifizierte Böse «entgesichtet». Es kann nicht das Gesicht nur eines einzelnen Politikers tragen, es kann nicht mit Stalin allein gleichgesetzt werden. Damit verfolgt das lyrische Ich allerdings die herkömmliche Argumentation und scheint in die Falle vielleicht nicht der Legitimation des Verbrechens, aber doch zumindest der Entlastung des Diktators zu geraten. Silva-Herzog macht darauf aufmerksam, dass der Tyrann sein individuelles Gewissen mit «der Geschichte» ersetze und rechtfertige.[283] Dies eliminiert die individuelle Verantwortung und erklärt die Geschichte als Gesetz außerhalb des menschlichen Wirkungsbereichs. Im ersten Vers des vorliegenden Gedichts hieß es «Alma no tuvo Stalin; tuvo historia». Auf diese Weise wird dem Individuum die Menschlichkeit abgesprochen und die geschichtliche Wirkmächtigkeit

---

[282] Hannah Arendt: *Eichmann in Jerusalem*, S. 83f: «Trotz der Bemühungen des Staatsanwalts konnte jeder sehen, dass dieser Mann kein ‹Ungeheuer› war, aber es war in der Tat sehr schwierig, sich des Verdachts zu erwehren, dass man es mit einem Hanswurst zu tun hatte. Und da dieser Verdacht das ganze Unternehmen ad absurdum geführt hätte und auch schwer auszuhalten war angesichts der Leiden, die Eichmann und seinesgleichen Millionen von Menschen zugeführt hatten, sind selbst seine tollsten Clownerien kaum zur Kenntnis genommen und fast niemals berichtet worden.»
[283] Jesús Silva-Herzog Márquez: El alma de Stalin. In: *Estudios*, Nr. 74, Mexiko: ITAM 2005, S. 128–132, hier: S. 129.

anerkannt. Zu Recht verwies Silva-Herzog in diesem Zusammenhang auf Isaiah Berlin und dessen Thesen aus *Four Essays on Liberty*, die dieser 1969 in Oxford publiziert hatte – also wenige Jahre bevor Paz die vorliegenden Gedichte verfasste.[284] Der Philosoph argumentierte, dass, wenn Geschichte als logischer und eigenmächtiger Agent dargestellt werde, Diktatoren oder Massaker entsprechend als unvermeidliche Naturkatastrophen konzeptualisiert werden. Auf diese Weise erschiene der Einzelne frei von Schuld. So weit geht das vorliegende Gedicht nicht – im Gegenteil: Stalin wird namentlich genannt und damit mehrmals als hauptverantwortlicher Täter herausgestellt. Indem das lyrische Ich «die Anderen» nicht außer Acht lässt, umgeht es umgekehrt aber zugleich jene Verharmlosung, die mit der Beschuldigung eines Einzelnen und der so implizierten Freisprechung sämtlicher Mittäter des Regimes einhergehen würde. Wenn Paz ebendiese Fragen anspricht, erscheinen seine Gedichte als Verhandlungsraum historischer Schuldfragen, die den Internationalen Strafgerichtshof in Den Haag zwar nicht ersetzen, das Verbrechen des jeweiligen Angeklagten aber nicht minder ernsthaft evaluieren können.

Denn gerade mithilfe von Metaphern kommt das lyrische Ich dem Wesen des Bösen auf die Spur: Der Satz «Se descara / el mal» ist ein Parallelismus zu Vers 2/3, wo es hieß: «Se enmascara / el mal». Die Gesten des Maskierens und des Demaskierens scheinen sich zunächst zu widersprechen, es geht jedoch genau um diese ambivalente Dialektik, mit der sich das Böse einer klaren Identifikation entzieht. In Vers 8ff führt das lyrische Ich die wechselhafte Erscheinung aus, wenn es nun mit der Metapher des Glücksspiels feststellt, dass es viele Menschen sind, die an der Konstitution einer Situation beteiligt sind. Eine Wahl scheint den Spielern nicht freizustehen. Indem sie existieren, spielen sie schon mit – in anderen Worten: sie haben an der Geschichte teil. Die Kombinationen der Spielkarten scheinen dabei willkürlich verteilt zu sein. Ebenso wie das Böse werden nun auch Schmerz und Schuld losgelöst von einzelnen menschlichen Trägern betrachtet (V9/10). In einem formal zum Inhalt passenden Chiasmus wird mit der kreisenden Bewegung («Circula la pena, / la culpa circular») beschrieben, wie beide Konzepte sich einerseits einer Konkretisierung entziehen, andererseits jedoch überall gleichzeitig vorhanden zu sein scheinen. So findet über das Gedicht ein nahezu richterlicher Akt der Freisprechung aus einer simplen und verharmlosenden Schuldzuweisung statt, gleichzeitig wird der Schmerz aller

---

284 Isaiah Berlin: *Four Essays on Liberty*, Oxford: UP 1969. Auf Spanisch: La inevitabilidad histórica. In: *Cuatro Ensayos sobre la libertad*, Madrid: Alianza Universidad 1988. Auch Grenier vergleicht die pluralistische Kritik von Paz mit dem Denken von Isaiah Berlin. Yvon Grenier: Socialism in One Person: Specter of Marx in Octavio Paz's Political Thought. In: Oliver Kozlarek (Hg.): *Octavio Paz: Humanism and Critique*, S. 61 Fn.

Betroffenen anerkannt. Mit der Metapher der «entspulten Rolle» findet das lyrische Ich im nächsten Enjambement (V10/11) ein weiteres Bild für den Teufelskreis, als welcher eine historische Situation im Nachhinein häufig beschrieben wird. Im vierten Sonett der Komposition, «Aunque es de noche IV», wird die Geschichte als endlose Spirale ohne Erlösung definiert: «La historia es espiral sin desenlace» (V11). «Aunque es de noche III» beschreibt die scheinbar unaufhaltbare Eigendynamik, der sich die Menschen hilflos ausgeliefert fühlen. Das Verb *despenar* in «la historia los despena» (V11) kann dabei sowohl mit *Gnadenstoß geben*, als auch mit *Trost spenden* übersetzt werden. Ein Neologismus wie *entschmerzen* käme dem spanischen Verb etymologisch am nächsten, in diesem Begriff wären beide Übersetzungsmöglichkeiten enthalten. Durch wen oder was die Betroffenen vom Schmerz erlöst werden bleibt indes offen, es kann sowohl ein Trost, als auch der Tod sein. Auf diese Weise findet sich auch hier ein dialektisches Moment – Geschichte bedeutet beides zugleich: Verdammnis und die Befreiung davon.

Die Metapher im letzten Vers des ersten Teils bereitet den Leser auf die freistehenden folgenden Verse vor: Mit dem Diskurs verweist der Text in einer selbstreferentiellen kritischen Geste auf die eigene Rolle in der historischen Konstellation. Die Gewalt, das eiskalte Messer, bleibt weiterhin bestehen, auch wenn über sie gesprochen wird. Es ist indes von großer Bedeutung, *wie* über die Geschichte gesprochen und wie sie letztendlich geschrieben wird. Implizit wird nun doch daran erinnert, dass es der Mensch ist, der einen Diskurs ins Leben ruft – und der die Geschichte zugleich plant, geschehen lässt und schließlich sogar im Nachhinein noch beeinflussen kann, je nachdem, aus welcher Perspektive er die Ereignisse erzählt. Auf diese Weise wird die Geschichte als menschlich modelliertes Produkt entlarvt. Dem Individuum wird die Macht zurückgegeben – und damit einhergehend auch die Verantwortung. Wenn es also heißt: «Stalin tuvo historia», ist dies eine deutliche Schuldzuweisung. Der Diktator schrieb Geschichte, er hielt «das Messer» in der Hand.

Das «Verständnis des menschlichen Handelns und der sozialen Welt als eines Moments», von dem Homi Bhabha spricht, lässt sich auf das Verständnis von Geschichte übertragen, so wie sie in dem vorliegenden Gedicht verhandelt wird: Auch hier geht es um ein Erlebnis, «bei dem *etwas außerhalb unserer Kontrolle ist, aber nicht außerhalb unserer Einflussnahme.*»[285] Im Nachhinein erscheint eine historische Situation häufig als unvermeidliches Blutbad, über dessen Schock die Namen der vielen beteiligten Täter schnell vergessen werden. Einzelne Namen

---

[285] Homi Bhabha: *Die Verortung der Kultur*. Tübingen: Stauffenburg 2000, S. 18. Kursivsetzungen aus dem Original übernommen.

wie Hitler, Stalin, Franco oder Gustavo Díaz Ordaz, der 1968 den Befehl zur gewaltsamen Auflösung der Studentenproteste in Mexiko gab, reichen nicht aus, um das Ausmaß der jeweiligen Katastrophe zu begreifen. Der poetische Text regt gerade in seiner Ambivalenz von individueller und kollektiver Schuldzuweisung zu einer Abwägung der Urteile an und überträgt diese Aufgabe dem Leser, der, bewusst oder unbewusst, beginnt, die historischen Vorgänge zu reflektieren.

Die letzten beiden Verse erscheinen wie die Fortsetzung oder sogar das Ergebnis der vorangehenden Metapher des Messers: Mit dem «blutigen Solipsismus» wird dessen Auswirkung deutlich. Ebenso wie der Solipsismus steht auch die Dialektik für die selbst verschuldete Konstruktion der Katastrophe. Beides sind in diesem Fall Begriffe für eine inexistente Objektivität, für den Egoismus des Menschen, und den schmalen Grat, auf dem dieser sich bewegt. Im letzten Vers wird dies ausgeführt, wenn von dem selbst erschaffenen Feind die Rede ist. Dies erinnert an das Verdikt Hobbes': *Homo homini lupus*.[286] Der Terminus der Dialektik fasst die gleichermaßen in der Gesellschaft und in jedem einzelnen Menschen erhaltenen Möglichkeiten zu sich gegenüberstehenden Oppositionen in einem Wort. Jedes Individuum ist potentiell und oft gleichzeitig Freund und Feind, Opfer und Täter, Schuldiger und Schmerztragender. Oder wie es in dem vielzitierten Gedicht «Nocturno de San Ildefonso» heißt, das Paz in der gleichen Zeit wie die vorliegenden Sonette verfasste: «todos hemos sido, / en el Gran Teatro del Inmundo; / jueces, verdugos, víctimas, testigos».[287] Im Gedicht fasst das lyrische Ich mit dem philosophischen Begriff des Solipsismus letztlich auch die Einsamkeit der Individuen, die eben jene Gesellschaft ausmachen, welche in einem Blutbad endet. Kaum eine poetische Form könnte diese Widersprüche

---

286 Thomas Hobbes: *De Cive* [1642]. Engl. Ausgabe: *De cive or The citizen*. New York: Appleton Century Crofts 1949. Der Ausspruch geht auf Plautus zurück.

287 OP: «Nocturno de San Ildefonso» [*Vuelta* (1976), Gedichte aus den Jahren 1969–1975], OC Bd. 12, S. 62–71. Im Jahr 1987 kommt Paz in seiner Rede zum 50. Jubiläum des Zweiten Antifaschistischen Schriftstellerkongresses noch einmal auf die Metapher der Geschichte als Theater zurück. Er macht deutlich, dass der Glaube an eine «universelle Geschichte», oder an ein Gelingen der «Revolutionen der Unterdrückten», der 1937 noch gerechtfertigt schien, zum Ende des 20. Jahrhunderts grundsätzlich revidiert werden musste: «La historia es un teatro fantástico: las derrotas se vuelven victorias; las victorias, derrotas; los fantasmas ganan batallas, los decretos del filósofo coronado son más despóticos y crueles que los caprichos del príncipe disoluto. En el caso de la guerra civil española, la victoria de nuestros enemigos se volvió ceniza, pero muchas de nuestras ideas y proyectos se convirtieron en humo. Nuestra visión de la historia universal, quiero decir: la idea de una revolución de los oprimidos destinada a instaurar un régimen mundial de concordia entre los pueblos y de libertad e igualdad entre los hombres, fue quebrantada gravemente. La idea revolucionaria ha sufrido golpes mortales; los más duros y devastadores no han sido los de sus adversarios sino los de los revolucionarios mismos: allí donde han conquistado el poder han amordazado a los pueblos.» OP: «El lugar de la prueba», S. 440.

besser fassen als das Sonett, welches in der Literaturgeschichte schon immer Verhandlungsort für Thesen und Antithesen war. Während in der Renaissance noch Raum für Synthesen war, muss das lyrische Ich von Octavio Paz im 20. Jahrhundert auf solche verzichten.

Schuld und Unschuld sind wiederkehrende Themen im poetischen Werk von Paz. In dem Langgedicht «Nocturno de San Ildefonso» (1976) rechnet das lyrische Ich mit der Leichtgläubigkeit seines jugendlichen Selbst ab und bezeichnet die Unschuld als «Hauptschuld»:[288]

El bien, quisimos el bien:	Das Gute, wir wollten das Gute:
enderezar al mundo.	die Welt ins Lot bringen.
No nos faltó entereza:	Es fehlte uns nicht an Redlichkeit:
nos faltó humildad.	uns fehlte die Demut.
Lo que quisimos no lo quisimos con inocencia.	Was wir wollten, wollten wir nicht mit Unschuld.
[...]	[...]
Y lo más vil: fuimos	Und das Gemeinste: wir waren
el público que aplaude o bosteza en su butaca.	das Publikum, das klatscht oder in seinem Sessel gähnt.
La culpa que no se sabe culpa,	Die Schuld, die sich nicht schuldig weiß,
la inocencia,	die Unschuld
fue la culpa mayor.	war die Hauptschuld.
Cada año fue monte de huesos.	Jedes Jahr war ein Berg aus Gebeinen.

Der dritte Abschnitt des Gedichtes beginnt mit der Erinnerung an das jugendliche Selbst des Dichters: «El muchacho que camina por este poema, / entre San Ildefonso y el Zócalo, / es el hombre que lo escribe». Octavio Paz hatte seinerzeit das Colegio de San Ildefonso besucht, heute ein Museum, das sich in einer Seitenstraße des Zócalo, des kolonial-historischen Zentrums von Mexiko-Stadt befindet.[289] Aufgrund dieser Verse wird der poetische Text häufig autobiographisch gelesen, und als Beleg für die Enttäuschung des Autors über die Folgen der Revolutionen in Russland und in Mexiko herangezogen.[290] Immerhin werden lyrisches Ich und schreibende Instanz an dieser Stelle ausdrücklich zusammengeführt («El muchacho [...] *es* el hombre que lo escribe»), so dass dies eine der

---

[288] Vgl. die Übersetzung von Fritz Vogelgsang in: OP: *Suche nach einer Mitte*. Darin: «Nocturno de San Ildefonso» S. 91–115, Teil 3 des Gedichts auf den S. 102–111.

[289] Die Schule war im 16. Jahrhundert von Jesuiten gegründet worden und diente später verschiedenen Zwecken, bevor sie im 20. Jahrhundert an die Universidad Nacional angeschlossen und von den Muralisten umgestaltet wurde. Inzwischen handelt es sich um ein Veranstaltungszentrum und Museum mit wechselnden Ausstellungen.

[290] Vgl. Bruno Bosteels: *Marx and Freud in Latin America*, S. 182.

wenigen poetischen Textpassagen ist, die als (nostalgisches) Bekenntnis zu den jugendlichen Hoffnungen des Dichters in den Marxismus gelesen werden kann. Stanton trug dazu bei, dass dieses Gedicht als zentrale Stelle für eine Gewissensprüfung gilt, bei der das lyrische Ich es bereut, den Ideologien nicht schon früher und vehementer widersprochen zu haben.[291] Bosteels zitiert die gleiche Stelle aus «Nocturno de San Ildefonso» im Zusammenhang mit dem Massaker auf der Plaza de Tlatelolco 1968.[292] Wie in den «Intermitencias» wird auch hier die Wut als Motivation kritisiert. Mit den «Sekretären der Sekretäre des Generalsekretärs der Hölle» scheint das Gedicht die Kritik am bürokratisch-sozialistischen Regime aufzugreifen, die Paz 1951 auch in seinem oben zitierten Essay und im Zusammenhang mit Trotzki äußerte.[293]

Algunos	Manche
se convirtieron en secretarios de los secretarios del Secretario General del Infierno.	wurden zu Sekretären der Sekretäre des Generalsekretärs der Hölle.
La rabia se volvió filosofía, su baba ha cubierto al planeta.	Die blinde Wut gab sich philosophisch, ihr Geifer hat den Planeten bedeckt.
La razón descendió a la tierra, tomó la forma del patíbulo —y la adoran millones.	Die Vernunft stieg herab zur Erde, nahm die Form des Galgens an —und Millionen beten sie an.
Enredo circular: todos hemos sido, en el Gran Teatro del Inmundo; jueces, verdugos, víctimas, testigos, todos hemos levantado falso testimonio contra los otros y contra nosotros mismos.	Verstrickung ringsum: wir alle waren im großen Dreckstheater Richter, Henker, Opfer, Zeugen, wir alle haben falsch Zeugnis geredet wider die Nächsten und wider uns selbst.

In diesen Versen rechnet Paz gleich mit mehreren Deutungsmustern der Moderne ab: «Die Wut, die sich in Philosophie verwandelte und deren Geifer den Planeten bedeckt» ist eine Umschreibung der sozialen Ungerechtigkeit über die Hegel und Marx jene philosophischen Abhandlungen schrieben, welche von ihren Anhängern in aller Grausamkeit pervertiert wurden. Das Bild der herabsteigenden Vernunft ist ein Konzept der Aufklärung, welches ebenfalls von Marx und Engels zitiert wird, wenn sie versprechen, einmal in umgekehrter Richtung von unten

---

[291] Vgl. dazu Anthony Stanton: *El río reflexivo*, S. 45.
[292] Vgl. Bruno Bosteels: *Marx and Freud in Latin America*, S. 182f.
[293] Vgl. OP: «David Rousset y los campos de concentración soviéticos», S. 80; sowie: OP: «Gulag: entre Isaías y Job» (1975).

nach oben zu denken, vom Arbeiter auszugehen und die Gesellschaft nach seinen Bedürfnissen zu strukturieren.[294]

Das «falsche Zeugnis wider die Nächsten» ist eine christliche Metapher und wendet sich somit gegen eine weitere Heilsversprechung, die auch im 20. Jahrhundert noch Hoffnung versprach. Zusätzlich dazu kann das falsche Zeugnis als Anspielung auf verschiedene historische Szenen gelesen werden, denen Paz im Laufe seines Lebens beiwohnte. Dass Paz es bedauerte, André Gide auf dem Schriftstellerkongress von 1937 nicht entschiedener gegen seine Angreifer verteidigt zu haben, wurde an anderer Stelle schon erwähnt. Im Kontext der Gerichtsverfahren, die für die Aufarbeitung des historischen Wissens um die sowjetischen Arbeitslager eine Rolle spielten, erinnert dieser Vers auch an die falschen Zeugenaussagen verschiedener ehemaliger Verbündeter von Krawtschenko.

Nach diesen Versen folgt in «Nocturno de San Ildefonso» noch einmal die Frage nach der eigenen Geschichte, nach dem eigenen Verhalten angesichts der Verleumdungen und der begangenen Verbrechen. Wenn das lyrische Ich konstatiert, die Geschichte selbst sei der «Irrtum», so kann dies zudem als Kritik an Hegel und Marx und deren Geschichtsverständnis gelesen werden. Im Gegensatz zu Hegel war Paz nicht davon überzeugt, dass die «Knechtschaft und die Tyrannei also in der Geschichte der Völker eine notwendige Stufe und somit etwas *beziehungsweise* Berechtigtes» seien.[295]

Das lyrische Ich in «Nocturno de San Ildefonso» verweist in poetischen Bildern auf die «Wahrheit jenseits der Daten»:

Conversiones, retractaciones, excomuniones,	Bekehrungen, Widerrufungen, Exkommunizierungen,
reconciliaciones, apostasías, abjuraciones,	Versöhnungen, Abspaltungen, Verleugnungsschwüre,
zig-zag de las demonolatrías y las androlatrías,	Zickzack der Dämonendienerei und Menschendienerei,
los embrujamientos y las desviaciones:	der Behexungen und Verirrungen:
mi historia,	meine Geschichte –
¿son las historias de un error?	die Geschichten eines Irrtums?

---

294 Friedrich Engels/Karl Marx: «Ganz im Gegensatz zur deutschen Philosophie, welche vom Himmel auf die Erde herabsteigt, wird hier von der Erde zum Himmel gestiegen. D. h., es wird nicht ausgegangen von dem, was die Menschen sagen, sich einbilden, sich vorstellen, auch nicht von den gesagten, gedachten, eingebildeten, vorgestellten Menschen, um davon aus bei den leibhaftigen Menschen anzukommen; es wird von den wirklich tätigen Menschen ausgegangen und aus ihrem wirklichen Lebensprozess auch die Entwicklung der ideologischen Reflexe und Echos dieses Lebensprozesses dargestellt». Vgl. dies.: *Die deutsche Ideologie.* MEW Bd. 3, 1969, S. 26f.
295 Georg W.F. Hegel: *Enzyklopädie der philosophischen Wissenschaften im Grundrisse* [1817]. F.a.M.: Suhrkamp 1970, S. 225.

La historia es el error.
                 La verdad es aquello,
más allá de las fechas,
      más acá de los nombres,
que la historia desdeña:
              el cada día
—latido anónimo de todos,
                    latido
único de cada uno—,
               el irrepetible
cada día idéntico a todos los días.
                      La verdad
es el fondo del tiempo sin historia.
	Die Geschichte ist der Irrtum.
	               Die Wahrheit ist das,
	was jenseits der Daten ist,
	          diesseits der Namen,
	was die Geschichte missachtet:
	               der Alltag
	—anonymer Herzschlag von allen,
	                    einzigartiger
	Herzschlag von jedem einzelnen—,
	               der unwiederholbare
	Alltag, identisch mit allen anderen Tagen.
	                   Die Wahrheit
	ist der Hintergrund der Zeit ohne Geschichte.

Das lyrische Ich rechtfertigt sich schließlich mit einer weniger oft zitierten aber deshalb nicht minder zentralen Stellungnahme, in der es heißt, es habe sich für den «acto de palabras» entschieden, den es zwischen Aktion und Kontemplation verortet. Die Dichtung sei nicht die Wahrheit, sondern «Geschichte, verwandelt in die Wahrheit der undatierten Zeit.» Dichtung sei eine «Hängebrücke zwischen Geschichte und Wahrheit»:

Entre el hacer y el ver,
            acción o contemplación,
escogí el acto de palabras:
               hacerlas, habitarlas,
dar ojos al lenguaje.
              La poesía no es la verdad:
es la resurrección de las presencias,
             la historia
transfigurada en la verdad del tiempo no
                        fechado.
La poesía,
         como la historia, se hace;
               la poesía,
como la verdad, se ve.
[...]
La poesía,
     puente colgante entre historia y verdad,
	Zwischen dem Tun und Schauen,
	           Aktion oder Kontemplation,
	wählte ich das Werk der Wörter:
	              sie machen, sie bewohnen,
	der Sprache Augen geben.
	           Die Dichtung ist nicht die Wahrheit:
	sie ist die Auferstehung der Erscheinungen,
	              die Geschichte,
	verwandelt in die Wahrheit der undatierten
	                         Zeit.
	Die Dichtung,
	        wie die Geschichte, wird gemacht:
	               die Dichtung,
	wie die Wahrheit, wird gesehen.
	[...]
	Die Dichtung,
	Hängebrücke zwischen Geschichte und
	Wahrheit,

Auf ebendieser Hängebrücke, zwischen hier und dort, zwischen oben und unten, auf dieser Schwebe über dem Abgrund müssen die poetischen Texte von Paz in ihrer anti-totalitären Haltung verortet werden.

3 Offene Dialektik

Im Vergleich zu vielen Zeitgenossen war Octavio Paz eher zurückhaltend, was die Zukunft eines marxistischen Mexiko betraf. Dabei verband er politisches und ästhetisches Urteil und kritisierte unter anderem die Bewegung der Muralisten: Die Wandbilder Diego Riveras aus den Jahren 1929 bis 1935 illustrierten eine marxistische Deutung der mexikanischen Revolution, die im Jahre 1910 begonnen hatte und bis weit in die zwanziger Jahre hineinreichen sollte. Diego Riveras monumentales Hauptwerk, die *Epopeya del pueblo mexicano*, findet sich auf insgesamt 277 Quadratmetern Wandfläche im Treppenhaus des Palacio Nacional, dem Parlamentsgebäude und Regierungssitz Mexikos. In das Zentrum des Freskos *México hoy y mañana* platzierte Rivera einen weißbärtigen Karl Marx, der einen Auszug des Kommunistischen Manifests vor sich hält, als handele es sich um die Zehn Gebote. Mit der anderen Hand weist der in überdimensionaler Größe dargestellte Marx einigen Arbeitern den Weg in ein bukolisches Idyll; grüne Hügel stehen dabei für die Hoffnungen auf die sozialistische Utopie. Paz kritisierte solche Darstellungen als propagandistischen Nationalkult und nahm dies zum Anlass, nicht nur über den Kommunismus, sondern auch über die Aufgabe der Kunst in ideologisch aufgeladenen Zeiten nachzudenken.[1] Denn er sah einen scharfen Kontrast zwischen den Versprechen der Revolution und ihrer Institutionalisierung, den er immer wieder zum Anlass kritischer Reflexionen nahm. Zugleich artikulierte Paz ab den fünfziger Jahren auch deutliche anti-stalinistische Positionen, die im PCM nicht für Begeisterung sorgten. 1951 veröffentlichte die Zeitschrift *Sur* seinen Essay «Los campos de concentración soviéticos», in dem Paz David Rousset und dessen Forschung über die Zwangsarbeitslager in ganz Europa, die *Commission internationale contre le régime concentrationnaire* (CICRC), unterstützte.[2] Schon zu Beginn des Kalten Kriegs war Paz also nicht mehr für kommunistische Erlösungsversprechen empfänglich. Während seiner Aufenthalte in Paris[3] erlebte er die sich zuspitzende Blockkonfrontation in Europa aus unmittelbarer Nähe, zudem schärfte sich sein Blick aus der Distanz auf Mexiko, wo sich revolutionäre Hoffnung längst in Resignation verwandelt hatte.

---

1 Vgl.: OP: «Re/visiones: la pintura mural» [1978], OC Bd. 7, S. 188–227.
2 Der Essay erschien in der *Sur* Nr. 197, März 1951. Unter dem Titel «Los campos de concentración soviéticos» findet er sich auch in: OC Bd. 9, S. 167–170, sowie in: *Itinerario crítico* (2014), S. 76–80, hier datiert auf Oktober 1950. Vgl. dazu auch Kapitel 2.4, sowie zu Paz' Rezeption von Rousset, Arendt und Solschenizyn: Christopher Domínguez Michael: *Octavio Paz en su siglo*, S. 154.
3 1937 auf Durchreise zum Schriftstellerkongress in Spanien, in den Vierzigern und Fünfzigern je für die Arbeit an der Mexikanischen Botschaft, 1969 noch einmal nach seiner Kündigung. Vgl. dazu Guillermo Sheridan: *Poeta con paisaje*.

Das Nachdenken von Octavio Paz über Mexiko war dezidiert dialektisch. Er bezog sich auf Hegel, Marx und Freud, um die blinden Stellen des Versuchs einer schlichten «Übertragung» europäischer Ideologie nach Lateinamerika als naiv zu markieren.[4] In diesem Zusammenhang hatte er auch die Marxismuskritik der Frankfurter Schule wahrgenommen. Dass ihm dabei die Verschiedenheit der historischen Kontexte deutlich bewusst war, hat bereits Alfons Söllner in seinem Vergleich des dialektischen Denkens von Octavio Paz und Theodor W. Adorno herausgearbeitet.[5] So kann die erste Fassung des *Laberinto de la soledad* als Versuch gelten, den mexikanischen «Gesellschaftscharakter» vor dem Hintergrund der historischen Ereignisse zu verstehen, ähnlich wie Erich Fromm von New York aus versucht hatte, der deutschen Gesellschaftsgeschichte auf die Spur zu kommen.[6]

Persönliche Verbindungen zwischen der Kritischen Theorie und mexikanischen Intellektuellen gab es spätestens, seit Erich Fromm seinen Hauptwohnsitz 1949 nach Mexiko-Stadt verlegt hatte.[7] Hier sollte der Philosoph die nächsten 25 Jahre leben und arbeiten, erst 1974 zog er in die Schweiz.[8] Über Jahre unterrichtete Fromm an der *Facultad de Filosofía y Letras* der UNAM. Am gleichen Institut hielt 1966 auch Herbert Marcuse einen Vortrag, seine Bücher waren in den zwei Jahren zuvor von García Ponce für den Verlag Joaquín Mortiz ins Spanische übersetzt worden.[9] Die Texte von Fromm erschienen alle auf Englisch und waren in Lateinamerika seit 1947 dank des Verlags Paidós auch auf Spanisch zugänglich.[10]

---

4 So ist bspw. die Pyramidenmetapher in *Posdata* (1969) ein Hinweis auf Paz' Freudlektüre – auch Sloterdijk und Derrida rekurrieren auf dieses Bild.
5 Alfons Söllner: Theodor W. Adorno and Octavio Paz – A Comparison of their Early Cultural-Philosophical Writings Published after the Second World War. In: Oliver Kozlarek (Hg.): *Octavio Paz: Humanism and Critique*, S. 19–30.
6 Erich Fromm: *Escape from Freedom*. New York: Farrar & Rinehart 1941.
7 Paz zitierte nicht nur Fromm, sondern auch andersherum: Vgl. Erich Fromm: Psychoanalytische Charakterologie in Theorie und Praxis. Der Gesellschafts-Charakter eines mexikanischen Dorfes [1970]. In: *Erich Fromm-Gesamtausgabe*, Bd. 3, S. 231–540, hier S. 387f., S. 358f. sowie S. 414. Vgl. zudem: Erich Fromm: Introduction. In: *The Nature of Man*. New York: Macmillan Paperbacks 1968. Diesen Hinweis habe ich Rainer Funk zu verdanken. Vgl. zum Prinzip der «unsichtbaren Verbindungen» das Vorwort von Dieter Henrich in: Martin Mulsow/Marcelo Stamm (Hg.): *Konstellationsforschung*. F.a.M.: Suhrkamp 2005, S. 17.
8 Vgl. Rainer Funk: *Erich Fromm – Liebe zum Leben. Eine Bildbiographie*. Stuttgart: DVA 1999. Bzw.: Rainer Funk: *Mut zum Menschen. Erich Fromms Denken und Werk, seine humanistische Religion und Ethik*. Nachwort von Erich Fromm. Stuttgart: DVA 1978.
9 Vgl. Christopher Domínguez Michael: *Octavio Paz en su siglo*, S. 297f. Die verschiedenen Vertreter der Frankfurter Schule hatten sich zu diesem Zeitpunkt auseinandergelebt und teilweise verstritten.
10 Vgl. dazu: Luis Ignacio García: Escuela de Frankfurt en Sur, S. 153–173. García erwähnt außerdem die Übersetzungen der kolumbianischen Zeitschrift *Eco*, sowie den venezolanischen Verlag Monte Avila.

Aber auch unabhängig von der Person Fromms erfuhren die Argumente der Kritischen Theorie eine aufmerksame Rezeption in Mexiko.[11] Schon 1962 publizierte Manuel Sacristán Adornos *Prismas: La crítica de la cultura y la sociedad* und den ersten Band der *Noten zur Literatur* in Spanien.[12] Die *Dialektik der Aufklärung* (1947) von Max Horkheimer und Theodor Adorno erschien erstmalig 1966 in einer italienischen Übersetzung und damit in einer von vielen spanischsprachigen Intellektuellen lesbaren Sprache;[13] Walter Benjamin war von H. A. Murena ins Spanische übersetzt worden, 1967 erschien eine Auswahl der Essays von Benjamin im Verlag der *Revista Sur*.[14] In der Reihe «Estudios Alemanes» hatte *Sur* während der späten sechziger Jahre unter anderem auch spanische Übersetzungen von Horkheimer und Adorno publiziert.[15] Die erste umfassende Studie über die Frankfurter Schule überhaupt, José Guilherme Merquiors *Arte e Sociedade em Marcuse, Adorno e*

---

11 Vgl. Stefan Gandler: *Peripherer Marxismus. Kritische Theorie in Mexiko.*
Erich Fromm: *Escape from Freedom*, New York: Farrar & Rinehart 1941. (Dt: *Die Furcht vor der Freiheit*, Zürich 1945). Zitiert wird im Folgenden aus: F.a.M.: Europ. Verlagsanstalt 1975.
Erich Fromm: *The Art of Loving*. New York: Harper & Brothers 1956. (Dt.: *Die Kunst des Liebens*, Berlin 1971). Zitiert wird aus der Übers. von Liselotte und Ernst Mickel. 67. Aufl., Berlin: Ullstein 2008.
Erich Fromm: *To Have or to Be*, New York: Harper & Row 1976. (Dt.: *Haben oder Sein*, 1976). Zitiert wird aus: München: dtv 2013.
Die Überzeugung, dass Gerechtigkeit und Freiheit jeweils dialektische Begriffe sind, ist auf Max Horkheimer zurückzuführen, vgl. Theodor W. Adorno/Max Horkheimer: *Dialektik der Aufklärung: philosophische Fragmente* [1947]. F.a.M.: Fischer 2003.
12 García merkt an, dass die deutschen Philosophen v. a. dank der Übersetzungen in der *Revista de Occidente* auf Spanisch rezipiert wurden, wobei er die Interpretationen Ortega y Gassets als «mitificaciones aristocratizantes» kritisiert. Vgl. Luis Ignacio García: *Escuela de Frankfurt en Sur*, S. 9.
13 Theodor W. Adorno/Max Horkheimer: *Dialektik der Aufklärung: philosophische Fragmente*, Amsterdam: Querido 1947; *Dialettica dell'illuminismo*, Turin 1966; *Dialektik der Aufklärung*, Amsterdam: de Munter 1968; *Dialéctica del Iluminismo*, Buenos Aires 1969; *The Dialectic of Enlightenment*, New York 1972. Zitiert wird im Folgenden aus der 14. Aufl. des Fischer Verlags, F.a.M.: Fischer 2003.
14 Walter Benjamin: *Ensayos escogidos*. Übers. von H. A. Murena. Buenos Aires: Sur 1967. H. A. Murena ist das Pseudonym von Héctor Alberto Álvarez; der argentinische Autor war auch Mitherausgeber der *Colección de Estudios Alemanes* (erschienen bei Monte Ávila, Caracas) und in dieser Funktion maßgeblich an der Bekanntmachung von Adorno, Marcuse, Horkheimer, Habermas und anderen in der spanischsprachigen Welt beteiligt. Vgl: Gustavo Valle: *Monte Avila: el aporte argentino. Un premiado escritor venezolano revela el fundamental papel que cumplieron los traductores argentinos en el desarrollo de una importante editorial de su país*. In: *Clarín* (24.09.2012). Vgl. für die Rezeption des Werkes von Benjamin in Mexiko Ignacio M. Sánchez Prado: *Reading Benjamin in Mexico*.
15 Luis Ignacio García: *Escuela de Frankfurt en Sur*.

Benjamin, erschien im Jahre 1969, also vier Jahre vor Martin Jays *The Dialectical Imagination*.[16]

Was Octavio Paz mit der Kritischen Theorie verbindet, ist vor allem seine Revision des Marxismus vor dem Horizont der Psychoanalyse und der spezifisch mexikanischen Geschichtserfahrung.[17] Sein Versuch, diese Bereiche kritisch zusammenzudenken, wirkte höchst produktiv auf sein Werk. Rolf Wiggershaus hat das philosophische Interesse der Mitglieder des Frankfurter Instituts für Sozialforschung anhand je eines Antagonismus markiert: für Fromm seien Psychoanalyse und Marxismus ausschlaggebend gewesen; das Denken von Benjamin sei geprägt von der Nüchternheit Kants auf der einen Seite sowie von Romantik und Religion auf der anderen, Horkheimers Philosophen waren Schopenhauer und Marx.[18] Versuchte man, ein ähnliches Gegensatzpaar für das dialektische Denken von Paz zu formulieren, käme dies Horkheimers Horizont am nächsten: Im Denken und Schreiben von Octavio Paz finden sich durchaus deutliche Bezüge auf die liberale Tradition (anders als bei Neruda), dies aber stets angetrieben von einem scharfen Blick auf die sozialen Fragen des Kontinents (anders als bei Borges). Paz verteidigte die geistige Unabhängigkeit des schreibenden Individuums angesichts ideologischer Blöcke, so dass es für ihn gar kein Widerspruch war, dass seine Texte einen liberalen Humanismus und klassisch marxistische Perspektiven miteinander verbanden.

Wie seine essayistischen Texte zeigt auch das poetische Werk, dass das Denken bei Paz in seiner Prozesshaftigkeit repräsentiert werden soll und in dieser Hinsicht also ganz und gar dialektischen Prinzipien entspricht.[19] Wie unterschiedlich dieses Denken gefasst werden kann, zeigt sich dabei schon innerhalb der Frankfurter Schule selbst. Während Fromm von der Dialektik der Freiheit schrieb, interessierte sich Adorno vor allem dafür, anhand der Negativen Dialektik die Erscheinungen der Gegenwart zu entmythologisieren (ähnlich wie Bloch

---

16 José Guilherme Merquior: *Arte e Sociedade em Marcuse, Adorno e Benjamin*. Martin Jay: *The Dialectical Imagination. A history of the Frankfurt School and the Institute of Social Research 1923–1950*. Canada: Little Brown & Co 1973.
17 Vgl. Max Horkheimer: Geschichte und Psychologie. In: *Zeitschrift für Sozialforschung*, Doppelheft 1/2, Leipzig: Hirschfeld (1932), S. 125–144.
18 Vgl. Rolf Wiggershaus: *Die Frankfurter Schule: Geschichte, theoretische Entwicklung, politische Bedeutung*. München [u. a.]: Hanser, dtv 1988, S. 55–123. Der Gedanke, dass die Dichtung eine Erinnerung an eine unmögliche Einheit sei, findet sich sowohl bei Paz als auch bei Walter Benjamin, vgl. dazu auch Luis Ignacio García: Escuela de Frankfurt en Sur, S. 11: «La poesía (metáfora-traducción) es el recuerdo de una unidad imposible.»
19 Herbert Marcuse: A Note on Dialectics [1960]. In: *New Compass* (10.09.2013): «Dialectical thought invalidates the a priori position of value and fact by understanding all facts as stages of a single process».Vgl. ders: *Reason and Revolution* [1941], Boston: Beacon Press 1970.

und Benjamin). Für Horkheimer bedeutete Dialektik wiederum ein Denken in relativen Totalitäten.[20] In seiner *Einführung in die Dialektik* definierte Adorno die Dialektik als Methode und Struktur einer Sache zugleich. Als grundlegendes Prinzip läge eine Erfahrung von Zerrissenheit zugrunde, welche Hegel seinerzeit aus der romantischen Tradition übernommen habe.[21] Adorno aktualisierte diese Zerrissenheit vor dem Horizont des Zivilisationsbruchs des Nationalsozialismus und markierte Dialektik als Zugleich von Spekulation und Erfahrung.[22] Paz war sich der unterschiedlichen historischen Zusammenhänge seiner eigenen Marxismuskritik und jener der Frankfurter Schule deutlich bewusst. Es ist in der Auseinandersetzung mit Paz nicht immer hinreichend gesehen worden, wie stark sein dialektisches Denken mit der Geschichts- und Zeitkritik Mexikos verbunden war.[23]

Dass gerade die poetische Form unmittelbar mit dem dialektischen Denken in Zusammenhang gebracht werden kann, zeigt sich in der «Note on Dialectics», dem 1960 von Herbert Marcuse verfassten Vorwort für sein Hegel-Buch *Reason and Revolution* (1941). Marcuse verortet das dialektische Denken und die poetische Sprache auf einer Ebene: «Dialectic and poetic language meet, rather, on common ground.»[24] Mit Valéry und Hegel beschreibt er die der poetischen Sprache inhärente Eigenschaft, die Dinge zu negieren: «Poetry is thus the power ‹de nier les choses› (*to deny the things*) – the power which Hegel claims, paradoxically, for all authentic thought.»[25] Poetische Sprache könne demnach als Garantie für «authentisches Denken», also als Modus dialektischer Kritik verstanden werden.

Ein weiterer wichtiger Aspekt, der ebenfalls auf Paz zutrifft und der für das Interesse der vorliegenden Arbeit wesentlich ist, findet sich in Marcuses Beobachtung, dass die Vergangenheit durch dialektisches Denken kontinuierlich in Gegenwart übersetzt wird: «All facts embody the knower as well as the doer; they continuously translate the past into the present.»[26] Dass die poetischen Texte von Octavio Paz ein großes Bewusstsein für die eigene Historizität vermitteln, wurde im ersten Teil dieser Arbeit gezeigt. Die folgenden Kapitel werden nun

---

20 Vgl. Rolf Wiggershaus: *Die Frankfurter Schule*, S. 214
21 Theodor W. Adorno: *Einführung in die Dialektik*, S. 108.
22 Ebda. Kap. 1.
23 Xirau beobachtet dafür, dass Paz den Gedanken der dialektischen Prozesshaftigkeit auch auf die eigene Biographie überträgt und zitiert den Dichter mit der Frage: «¿soy un llegar a ser que nunca llega?», vgl. Ramón Xirau: *Octavio Paz: el sentido de la palabra*, S. 34.
24 Herbert Marcuse: A Note on Dialectics.
25 Ebda.
26 Ebda.

sowohl auf zentrale Essays wie auch auf exemplarische Gedichte von Octavio Paz eingehen, in denen der Mensch jeweils in verschiedenen dialektischen Bezügen zur Welt erscheint – eingebettet in zeitkritische Betrachtungen über Mexiko und die Welt.

Es sind vier essayistische Schlüsseltexte, aus denen das dialektische Denken von Paz entfaltet werden kann. Schon 1943 entwickelte Paz sein ideengeschichtlich konturiertes Konzept der Einsamkeit im Zusammenspiel mit gesellschaftlichen Fragen in dem poetologischen Essay: «Poesía de soledad y poesía de comunión», in dem er Dichtung zwischen Individuum und Gesellschaft verortet. 1950 erschien in dem Essayband *Laberinto de la soledad* das psychoanalytisch akzentuierte letzte Kapitel «La dialéctica de la soledad»,[27] in dem Einsamkeit als spezifisch mexikanische Erfahrung auf das Menschsein insgesamt übertragen, und dabei sowohl als Gefangenschaft wie auch als Befreiung konzipiert wird. Ein weiterer zentraler Text für das Geschichtsdenken von Paz ist seine Rede zum 50. Jahrestag des Antifaschistischen Schriftstellerkongresses, die 1987 unter dem Titel «El lugar de la prueba» veröffentlicht wurde. Die Nobelpreisrede, «Búsqueda del presente» (1990), widmete sich ebenfalls dem Dasein in der Zeit und soll die Arbeit abschließen.

Im Folgenden sollen sich die Lektüren der Essays und der Gedichte jeweils gegenseitig ergänzen, um das dialektische Denken im Werk von Paz auf diese Weise von verschiedenen Seiten beleuchten zu können. Das Prosagedicht «Libertad bajo palabra» (1949) ist eine dichterische Überlegung zum Zusammenhang von Freiheit, Bewusstsein und Einsamkeit und wird daher im Folgenden unmittelbar nach dem Essay «La dialéctica de la soledad» (1950) besprochen. Das Gedicht «Himno entre ruinas» (1948) steht für das Zusammenspiel von Schöpfung und Zerstörung als historischer Erfahrung. Mit diesen Fragen und dem Kontrast unterschiedlicher Geschichtserfahrungen nimmt das Gedicht einige der in dem Essay «Lugar de la prueba» (1987) aufgegriffenen Überlegungen in poetischer Sprache vorweg. Dichotomien wie Tag und Nacht, Mann und Frau, aber auch Mexiko und Europa, die Ruinen der präkolumbianischen Imperien wie die des Westens nach dem Zweiten Weltkrieg werden im Gedicht auf eine Weise zusammengedacht, welche die Widersprüche dennoch bestehen lässt. Auch vor dem Hintergrund des Essays von 1987 ist es sinnvoll, den Begriff der Versöhnung bei Paz immer auch vor dem Horizont seiner völkerrechtlichen Semantik zu verstehen, um die juristische Dimension der Aussöhnung gelten zu lassen, die im Entstehungskontext gerade dieses Gedichts eine zentrale Rolle gespielt hat: Die «Hymne zwischen Ruinen» wurde 1948 in einem vom Zweiten Weltkrieg zerstörten Neapel geschrieben.

---

27 In der 2. überarbeiteten Ausgabe von 1959 wurde dieses Kapitel als Nachwort gekennzeichnet.

Octavio Paz hatte sich in dieser Zeit als Diplomat in Europa aufgehalten. Ein drittes Kapitel widmet sich dem Verhältnis zwischen Individuum und Gesellschaft: Vor dem Hintergrund des Essays «Poesía de soledad y poesía de comunión» (1943) wird das Langgedicht «Piedra de sol» (1957) diskutiert, in dem vor allem die Liebe als dialektische Erfahrung gezeichnet wird, während die menschliche Existenz weiterhin im historischen Diesseits verortet bleibt. Die Arbeit schließt mit einem Kapitel zur Nobelpreisrede, in der das Geschichtsbild von Octavio Paz zusammengefasst enthalten ist, so dass die zentralen Argumente dieser Studie anhand der Rede noch einmal gebündelt kommentiert werden können.

3.1 Freiheit und Gerechtigkeit

3.1.1 «La dialéctica de la soledad» (1950)

Der bis heute bekannteste Essayband von Octavio Paz, *El laberinto de la soledad* (1950), muss zunächst als Beitrag zu der Debatte um die sogenannte «mexicanidad» gelesen werden, ein Konzept von Zugehörigkeit, mit dem sich mexikanische Intellektuelle wie Samuel Ramos und José Vasconcelos in der postrevolutionären Nation in Unabhängigkeit von den USA und Europa zu verorten versucht hatten.[28] In seinem Zusatzessay *Posdata*, den Paz der überarbeiteten Ausgabe von 1970 beifügte, suchte der Autor eine Annäherung an ein Verständnis der spezifisch mexikanischen Erfahrung ausdrücklich nicht als Essenz oder gar Identität, sondern über die Geschichte, und korrigierte damit essentialistische Lesarten seines Buches:

> *El laberinto de la soledad* fue un ejercicio de la imaginación crítica: una visión y, simultáneamente, una revisión. Algo muy distinto a un ensayo sobre la filosofía de lo mexicano a una búsqueda de nuestro pretendido ser. El mexicano no es una esencia sino una historia.[29]

Mit dem titelgebenden Konzept der Einsamkeit stellte sich Paz mit seinem Essay in die Tradition von Denkern wie Hegel, Marx, Freud, Nietzsche und Rousseau;

---

28 Vgl. José Vasconcelos: *La Raza Cósmica* [1925]. Madrid: Espasa Calpe, S.A. 1948 und Samuel Ramos: *El perfil del hombre y la cultura en México* [1934]. Madrid: Espasa Calpe, S.A. 1951. Vgl. dazu: Ignacio M. Sánchez Prado: *Intermitencias americanistas. Estudios y ensayos escogidos (2004–2010)*. Mexiko: UNAM 2012. Vgl. Vittoria Borsò: Mexicanidad als Identitätsdiskurs in den 30er Jahren. In: *dies.: Mexiko jenseits der Einsamkeit. Versuch einer interkulturellen Analyse; kritischer Rückblick auf die Diskurse des magischen Realismus.* F.a.M.: Vervuert 1994, S. 128–140.
29 OP: *Posdata*, LS (2011), S. 363. Vgl. auch: OP: «Poesía, revolución, historia» [06.01.1985], S. 108: «[N]o hay historias locales o nacionales: cada historica local desemboca en la universal. »

wobei er sich 1975 in dem Interview mit Claude Fell durchaus von Marx distanzierte – nur um das Gespräch schließlich mit einem Marxzitat zu beenden («En las aguas heladas del cálculo egoísta»),[30] das er als Beschreibung für die zeitgenössische Gesellschaft heranzog.[31] Die Bezüge des älteren Paz auf den Philosophen klingen häufig ironisch, so sagt er zum Beispiel, er habe den Einfluss des Marxismus «erlitten»: «La palabra crítica, en la edad actual, es inseparable del marxismo, y yo sufrí la influencia del marxismo.»[32] Im gleichen Satz bestätigte er jedoch die Bedeutung des Marxismus für eine kritische Wahrnehmung des aktuellen Zeitalters. 1981 stellte Paz seiner «Crónica de la libertad» sogar einen Auszug aus Marx' «Inauguraladresse der Internationalen Arbeiter-Assoziation» (1864) voran.[33] Wie an anderer Stelle deutlich wird, war Paz davon überzeugt, dass der Marxismus in seiner Entstehung ein Versuch gewesen sei, Entfremdung zu überwinden und Getrenntes zusammen zu fügen.[34] In seinem Essayband fungiert der Begriff der Einsamkeit für Paz als poetisches Äquivalent zum Begriff

---

30 Karl Marx/Friedrich Engels: *Manifest der Kommunistischen Partei*. London: Office der «Bildungs-Gesellschaft für Arbeiter» 1848, S. 5: «Die Bourgeoisie hat in der Geschichte eine höchst revolutionäre Rolle gespielt. [...] Sie hat die heiligen Schauer der frommen Schwärmerei, der ritterlichen Begeisterung, der spießbürgerlichen Wehmut in dem eiskalten Wasser der egoistischen Berechnung ertränkt.»
31 Interview mit Claude Fell: «Vuelta al laberinto de la soledad» (1975), LS (2011), S. 442f. Vgl. zu den Einflüssen anderer Denker auch: Enrico Mario Santí in: LS (2011), S. 65–116. Weder Paz noch Santí erwähnen die Schriften der Frankfurter Schule. Paz bezieht sich im Zusammenhang mit der Psychoanalyse nur auf Freud. Ein Blick auf die Namensverzeichnisse des Gesamtwerkes zeigt jedoch die Allgegenwart von Marx und Engels, aber auch von Freud im Werk von Paz.
32 OP: «Vuelta al laberinto de la soledad», S. 421.
33 Es handelt sich um den letzten Abschnitt der Rede, Paz verzichtet aber auf Wiedergabe der abschließenden Aufforderung: «Proletarier aller Länder, vereinigt euch!». OP: «Crónica de la libertad» (1981), OC Bd. 9, S. 207, darin geht es um die Geschichte Polens. Karl Marx: «The first international», *Inaugural Address of the International Working Men's Association*, London (21.-27.10.1864): «The shameless approval, mock sympathy, or idiotic indifference with which the upper classes of Europe have witnessed the mountain fortress of the Caucasus falling a prey to, and heroic Poland being assassinated by, Russia: the immense and unresisted encroachments of that barbarous power, whose head is in St. Petersburg, and whose hands are in every cabinet of Europe, have taught the working classes the duty to master themselves the mysteries of international politics; to watch the diplomatic acts of their respective governments; to counteract them, if necessary, by all means in their power; when unable to prevent, to combine in simultaneous denunciations, and to vindicate the simple laws or morals and justice, which ought to govern the relations of private individuals, as the rules paramount of the intercourse of nations. The fight for such a foreign policy forms part of the general struggle for the emancipation of the working classes.»
34 OP: *La llama doble*, OC Bd. 10, S. 211–352, hier: S. 299.

der Entfremdung. In dem genannten Interview von 1975 erklärte er: «el hombre por el hecho de ser hombre es un enajenado»,³⁵ und führt aus:

> [M]ás vasta y profunda que el sentimiento de inferioridad, yace la soledad. Es imposible identificar ambas actitudes: sentirse solo no es sentirse inferior, sino distinto. El sentimiento de soledad, por otra parte, no es una ilusión [...] sino la expresión de un hecho real: somos, de verdad, distintos. Y de verdad estamos solos.

Die späteren Ausgaben des *Laberinto de la soledad* wurden so überarbeitet, dass die Einsamkeit nicht mehr allein als spezifisch mexikanisches Phänomen erscheint, sondern, wie die meisten seiner psychologischen Reflexionen, auf die Menschheit im Allgemeinen übertragen wird. Das hat in der Rezeptionsgeschichte des Essaybandes von Paz zu sehr unterschiedlichen Lektüren geführt. So konstatiert auch Stanton, der Band sei als «codificación autorizada y oficial del alma nacional y de lo mexicano»³⁶ missverstanden worden, während Paz sich 1987 umgekehrt mit dem Buch vom Nationalismus habe befreien wollen.³⁷ Fritz Vogelgsang verstand die Entfremdung bei Paz von vornherein als universelle Erfahrung und kritisierte die zahlreichen exotisierenden Interpretationen des *Laberinto de la soledad*: «Man verwehrt dem anderen, was man selber begehrt: die Freiheit, ein anderer zu werden.»³⁸

Paz' Essay «La dialéctica de la soledad», zeigt, dass diese universelle Lesart von Beginn an in den Band eingeschrieben war. Das Kapitel beginnt mit der Feststellung der Einsamkeit als *conditio humana*: «La soledad [...] no es característica exclusiva del mexicano. [...] todos los hombres están solos.»³⁹ So sei das menschliche Leben von der Geburt bis zum Tod geprägt von der dialektischen Erfahrung von Einsamkeit auf der einen und der Suche nach Gemeinsamkeit («comunión») auf der anderen Seite. Nach der Bestimmung des Individuums als dialektischem Wesen folgt in diesem zentralen Essay eine Beschreibung des Menschen in den verschiedenen Konstellationen von Partnerschaft, Gesellschaft und historischer Erfahrung.

Der Einsamkeitsbegriff von Paz konvergiert mit dem dialektischen Freiheitsbegriff der Kritischen Theorie:⁴⁰ Paz verwendet in seinem Essay die auch aus

---

35 OP: «Vuelta al laberinto de la soledad», S. 442. Vgl.: Reyna Chávez: Erich Fromm en México.
36 Anthony Stanton: *El río reflexivo*, S. 215.
37 Ebda. S. 218.
38 Kommentar von Fritz Vogelgsang in: OP: *Freiheit, die sich erfindet*, S. 87.
39 OP: «Dialéctica de la soledad» LS (2011), S. 341. Vgl. zu diesem Kapitel: Richard J. Callan: Some Parallels between Octavio Paz and Carl Jung, S. 916–926.
40 Vgl. Max Horkheimer: *Um die Freiheit*. F.a.M.: Europ. Verlagsanstalt 1962. Vgl. zum Konzept der Einsamkeit bei Paz, Adorno und Arendt: Alfons Söllner: Theodor W. Adorno and Octavio

diesem Zusammenhang bekannten Begriffe Trennung, Bruch, Verlassenheit und Fall: «Nuestra sensación de vivir se expresa como separación y ruptura, desamparo, caída en un ámbito hóstil; y extraño».[41] Der Bruch, «la ruptura», ließe sich auch mit «Zerrissenheit» übersetzen, einer Erfahrung, über die Adorno 1958 in seiner Vorlesungsreihe zur *Einführung in die Dialektik* sprach, und die er als prägend für Hegels Konzeption der Dialektik im Kontext der Spätromantik verstand.[42]

In der *Furcht vor der Freiheit*[43] (1941) beschrieb Fromm die Konsequenzen der Freiheit in ihrer Doppelbedeutung: einerseits gehe die Freiheit einher mit einer zunehmenden Unabhängigkeit des Menschen von äußeren Mächten (gemeint sind in dieser Reihenfolge: Natur, Kirche, Staat, Gewissen und öffentliche Meinung);[44] andererseits mit der sich steigernden Isolierung des Menschen und dem sich daraus ergebenden «Gefühl der persönlichen Macht- und Bedeutungslosigkeit.»[45] Den Begriff der Isolation verwandte Fromm für die Beschreibung einer negativen Erfahrung von Einsamkeit, und zählte verschiedene «Fluchtmechanismen» auf, welche der Mensch verfolge um der Einsamkeit zu entgehen. Eine positive Erfahrung der Einsamkeit bedeute hingegen Selbstständigkeit und Freiheit. Fromms Text beinhaltet auch eine Untersuchung des autoritären Charakters

---

Paz – A Comparison of their Early Cultural-Philosophical Writings Published after the Second World War. In: Oliver Kozlarek (Hg.): *Octavio Paz: Humanism and Critique*, S. 19–30.
41 OP: «Dialéctica de la soledad», S. 341 f. Wie zentral das Konzept des Bruchs für den Dichter ist, zeigt sich an anderer Stelle: vgl. das Kapitel «La tradición de la ruptura», in: OP: *Los hijos del limo* (1974), OC Bd. 1, S. 331–345. Der Band ist aus den Charles Eliot Norton Lectures hervorgegangen, die Paz 1972 an der Harvard University gegeben hatte. Paz' Formulierungen klingen dialektisch: «[C]ada ruptura es un comienzo [...] Si la ruptura es destrucción del vínculo que nos une al pasado, negación de la continuidad entre una generación y otra, ¿puede llamarse tradición a aquello que rompe el vínculo e interrumpe la continuidad? [...] La tradición de la ruptura implica no solo la negación de la tradición sino también de la ruptura.» Ebda. S. 333. Paz zählt sich selbst zu den von ihm so genannten «poetas de ruptura», vgl. Ramón Xirau: *Octavio Paz: el sentido de la palabra*, S. 23 Fn. In *El arco y la lira* (1956) verortete Paz das Bewusstsein für den Bruch im Werk von Baudelaire als Zeichen der Moderne: «Lo que hace a Baudelaire un poeta moderno no es tanto la ruptura con el orden cristiano, cuanto la conciencia de esa ruptura. Modernidad es conciencia. Y conciencia ambigua: negación y nostalgia, prosa y lirismo.» OC Bd. 1, S. 97. Vgl. außerdem: Maya Schärer-Nussberger: *Octavio Paz. Metaphern der Freiheit*: «Figuren des Bruchs», S. 18–29.
42 Vgl. Theodor W. Adorno: *Einführung in die Dialektik*, S. 108: Die Erfahrung der Zerrissenheit als grundlegendes Prinzip der Dialektik entstehe in der Zeit Hegels aus der Romantik.
43 Erich Fromm: *Die Furcht vor der Freiheit*.
44 Ebda. S. 246.
45 Ebda. S. 45. Vgl. auch: ebda. S. 27: «Religion und Nation [...] bieten Zuflucht vor dem, was jeder am meisten scheut: Isolation.»; sowie ebda. S. 36: «Wachstum der Individuation im Fortschritt seiner Selbst-Stärke.» Die andere Seite des Individuations-Prozesses sei die zunehmende Einsamkeit.

sowie eine «psychopathologische Analyse des Nationalsozialismus.»[46] Spontaneität und Liebe erachtete Fromm als Modi der positiven Überwindung von Einsamkeit, dank deren eine freiheitliche Versöhnung mit der Welt möglich sei.[47] Zehn Jahre später scheint diese Überzeugung bei Paz nachzuklingen, wenn er die Einsamkeit dialektisch zugleich als Strafe und als Verheißung von Heimkehr beschreibt: «La soledad [...] es un castigo, pero también una promesa del fin de nuestro exilio. Toda vida está habitada por esta dialéctica.»[48]

Laut Paz bestimmt die Einsamkeit das Wesen des Menschen ganz maßgeblich: «La soledad es el fondo último de la condición humana.»[49] Der Mensch zeichne sich gerade dadurch aus, dass er sich einsam fühle und zugleich auf der Suche nach einem Anderen sei: «aspirar a realizarse en otro».[50] Das Individuum erscheint also als dialektisches Wesen; das Ich entwickele sich stets in ein unbekanntes Anderes: «Vivir, es separarnos del que fuimos para internarnos en el que vamos a ser, futuro extraño siempre.»[51] Dies erinnert an die dialektische Neubestimmung von Begriffen, die Adorno und Horkheimer wie folgt beschrieben: «Der Begriff [...] war vielmehr seit Beginn das Produkt dialektischen Denkens, worin jedes stets nur ist, was es ist, indem es zu dem wird, was es nicht ist.»[52] Dass dieses Prinzip der konzeptuellen Prozesshaftigkeit auch für die Gedichte von Paz gilt, wird an den zahlreichen Versen deutlich, in denen die einzelnen Wörter scheinbar unendlich mit anderen in Konstellationen gebracht werden und durch diese jeweiligen Neudefinitionen als Momente eines unaufhaltsamen Prozesses erscheinen. Der letzte Vers von «Himno entre ruinas» (1948) lautet beispielsweise: «palabras que son flores que son frutos que son actos».[53]

Fritz Vogelgsang hat die Dichtung von Paz einmal wie folgt beschrieben:

---

46 Ebda. S. 135.
47 Vgl. ebda. S. 26: Fromm beschreibt den Drang nach einer Verbindung mit unserer Außenwelt, den Trieb heraus aus der Einsamkeit. Dieser könne entweder «negative» (S. 135) Folgen haben, und zu einer (masochistischen) «Unterwerfung unter einen Führer», und «in unsern großen Demokratien zu einer zwanghaften Gleichförmigkeit» führen (S. 135), oder zur (sadistischen) Beherrschung eines Objekts. Fluchtmechanismen aus der Einsamkeit fördern laut Fromm autoritäre Tendenzen, den Zerstörungstrieb und automatische Anpassung.
48 OP: «Dialéctica de la soledad», S. 342.
49 Ebda. S. 341.
50 Ebda.
51 Ebda.
52 Theodor W. Adorno/Max Horkheimer: *Dialektik der Aufklärung*, S. 21.
53 Vgl. Kap. 3.2.2 zu «Himno entre ruinas» (1948). Die Kulmination dieses Konzepts findet sich in OP: «Piedra de sol» (1957), vgl. Kap. 3.3.2. Ein weiteres Beispiel wäre folgende Strophe aus «Entre la piedra y la flor» (1976), vgl. Kap. 2.2.2: «El planeta se vuelve dinero, / el dinero se vuelve número, / el número se come al tiempo, / el tiempo se come al hombre, / el dinero se come al tiempo.»

Dichtung ist das Synonym der Verlassenheit und der Freiheit: «Freiheit die sich erfindet.» Der Sinn ihrer Realisation ist nicht die steinerne Dauer des zum Monument seiner selbst sich härtenden Ichs, sondern die dauernde Bewegung seiner Verwandlung in «das Andere», die «otredad», die «Andersheit» (in die bewusst realisierte «wesentliche Heterogenität des Seins», von der Antonio Machado in dem Motto spricht, das Paz seinem «Laberinto» vorangestellt hat).[54]

Wie eng die Erfahrungen von Freiheit, Einsamkeit und Andersheit zusammenhängen, zeigt sich auch in der Besprechung von Xirau (bei ihm mit Bezug auf das Gedicht «Himno entre ruinas»): «En la soledad misma reside la ‹otredad›.»[55] Bei Paz ist das Andere sowohl als das eigene Selbst zu verstehen, das sich infolge der Brüche und der Einsamkeitserlebnisse unweigerlich zu etwas Neuem entwickelt. Vogelsang versteht diesen Gedanken im Werk von Paz wie folgt: «Die Absage an die persönliche Identität bedeutet nicht den Verlust des Seins, sondern gerade seine Wiedergewinnung.»[56] Zugleich macht Paz aber darauf aufmerksam, dass sich das Andere auch im Gegenüber finden lässt, so dass die Liebe selbst als dialektische Konstellation zweier Gegensätze erscheint. Dies führt jedoch nicht zu einer Verschmelzung, im Gegenteil. Habermas formuliert diese Dialektik wie folgt: «Die subjektivierenden Blicke des Anderen haben eine individuierende Kraft».[57]

Nach seiner Bestimmung des Individuums als dialektischem Wesen thematisiert der Essay die Liebe als Erlebnis der Versöhnung mit der Welt. Während die Gesellschaft das Individuum bedrohe, ermögliche die Liebe eine Form der Freiheit. Ähnlich wie Fromm differenziert auch Paz die möglichen Missverständnisse freier Liebe: so erscheinen ihm Prostitution und Promiskuität als nur illusorische Libertinage, die nicht mit wahrer Freiheit zu verwechseln seien.[58] Wie sehr auch Paz die politischen Implikationen dieser Überlegungen bewusst sind, zeigt sich, wenn er die Liebe als grundsätzlich subversiv bezeichnet, da sie den Regeln von

---

54 Kommentar von Fritz Vogelsang in: OP: *Freiheit, die sich erfindet*, S. 89. Vgl. OP: *Los hijos del limo* (1974) OC Bd. 1, S. 333: «Tradición heterogénea o de lo heterogéneo, la modernidad está condenada a la pluralidad».
55 Ramón Xirau: *Octavio Paz: el sentido de la palabra*, S. 50. Vgl. zum Stichwort «otredad» im Werk von Paz auch Karl Hölz: Lateinamerika und die Suche nach dem ‹Verlorenen Paradies›, S. 348–353; sowie: Henning Teschke: Octavio Paz: Poetik und Praxis der *otredad*. In: *Iberoromania*. Vol. 64, 2, Berlin: de Gruyter (2007), S. 113–131.
56 Kommentar von Fritz Vogelsang in: OP: *Freiheit, die sich erfindet*, S. 94.
57 Jürgen Habermas: Öffentlicher Raum und politische Öffentlichkeit. Lebensgeschichtliche Wurzeln zweier Gedankenmotive. In: NZZ (11.12.2004), S. 4.
58 Vgl. Erich Fromm: *Die Kunst des Liebens*. Vgl. auch das Kap. zu Juliette in: Theodor W. Adorno/Max Horkheimer: *Dialektik der Aufklärung*; Paz nennt Sade ebenfalls, mit dem Kommentar, alle seine Helden seien tragisch, vgl. OP: «Pan, eros, psique» (1993) OC, Bd. 10.

Klasse, Rasse, Gesetz und Moral widerspreche.[59] Liebe sei revolutionär, weil sie die Freiheit einfordere: «Defender el amor ha sido siempre una actividad antisocial y peligrosa. Y ahora empieza a ser de verdad revolucionaria.»[60] Dass dies immer ein Zeichen des gesellschaftlichen Zustands ist, veranschaulicht Paz im nächsten Satz: «La situación del amor en nuestro tiempo revela cómo la dialéctica de la soledad, en su más profunda manifestación, tiende a frustrarse por obra de la misma sociedad.»[61]

Die Realität selbst versteht Paz dabei als ein Ganzes voller Gegensätze: «La realidad como una totalidad en la que los contrarios pactan.»[62] Diese Formulierung erinnert an die Vorstellung einer nur gebrochen erlebbaren Welt, wie Adorno sie in seiner *Einführung in die Dialektik* diskutierte. Doch selbst Adorno verwandte die Liebe als Metapher, wenn er das dialektische Denken erklärt: «Das Verschiedene liebt sich».[63] In der Liebe, so argumentiert auch Paz, verstecke sich die Hoffnung auf eine momentane Vereinigung der Gegensätze: «Y le pedimos al amor [...] un instante de vida plena en la que se fundan los contrarios y vida y muerte, tiempo y eternidad, pacten.»[64] Werde die Liebe aber als Eskapismus gelebt, könne auch sie zu einer Unterdrückung der dialektischen Erfahrung führen, welche bei Paz als Garant der menschlichen Freiheit erscheint: «Pero la sociedad moderna pretende resolver su dualismo mediante la supresión de esa dialéctica de la soledad que hace posible el amor.»[65] Das Leben zwischen Geburt und Tod werde bestimmt von der Dialektik der Einsamkeit, dem Wechselspiel zwischen der Vertiefung in das Selbst und dem Austreten aus dem Selbst, zwischen Brüchen und Vereinigungen, Trennungen und Versöhnungen:

> El amor es uno de los más claros ejemplos de ese doble instinto que nos lleva a cavar y ahondar en nosotros mismos y simultáneamente, a salir de nosotros y realizarnos en otro: muerte y recreación, soledad y comunión. Pero no es el único. Hay en la vida de cada hombre una serie de períodos que son también rupturas y reuniones, separaciones y reconciliaciones. Cada una de estas etapas es una tentativa por trascender nuestra soledad, seguida por inmersiones en ambientes extraños.[66]

---

59 OP: «Dialéctica de la soledad», S. 343.
60 Ebda. S. 349.
61 Ebda.
62 Ebda.
63 Theodor W. Adorno: *Einführung in die Dialektik*, S. 105. Erst vor dem Hintergrund des Zweiten Weltkriegs wird die politische Brisanz solcher Formulierungen deutlich.
64 OP: «Dialéctica de la soledad», S. 343, Aufzählung der Dualismen, S. 348.
65 Ebda. S. 349.
66 Ebda. S. 349f.

Die Liebe bietet nur einen der seltenen Momente des Einhaltens, sie ist eine mögliche Art der momenthaften Versöhnung mit der entfremdeten Welt. Wie Fromm argumentiert auch Paz biographisch und beschreibt weitere Wege, die Entfremdung zu überwinden: das Kind erlebe die Versöhnung mit der Welt in Phantasie und Spiel, der Jugendliche habe eine dialektische Erfahrung im Singularitäts-Bewusstsein einerseits und in der Selbstvergessenheit andererseits; als Erwachsener schließlich biete die schöpferische Arbeit einen Weg, der Einsamkeit zu entrinnen.[67] Im ersten Kapitel des *Laberinto de la soledad* – «El Pachuco y otros extremos»[68] – hatte Paz diese Überlegungen zur Dialektik der Einsamkeit anhand des Narziss-Mythos beschrieben; in seinem Nachwort kommt er noch einmal auf das gleiche Motiv zurück. Allein dieser Rückgriff auf den Mythos und die dazugehörige Vorstellung einer zyklischen Zeit ist vor dem Hintergrund der *Dialektik der Aufklärung* als Gegenargument gegen die linear konzipierten Fortschrittsideologien des Zwanzigsten Jahrhunderts zu verstehen.[69] Anhand der Irrfahrten des Odysseus hatten Horkheimer und Adorno ausgeführt, dass die Individuation einhergehe mit einer Entfremdung sowohl innerhalb der Gesellschaft als auch im einzelnen Menschen selbst: «[M]it der Versachlichung des Geistes wurden die Beziehungen der Menschen selber verhext, auch die jedes Einzelnen zu sich.»[70] Odysseus lässt sich fesseln, um den Sirenen zu widerstehen, während die Ruderer sich die Ohren verstopfen müssen – der Herr kann also hören, aber nicht direkt am Ereignis teilnehmen (dies entspricht dem bürgerlichen Kunstgenuss). Die Knechte hingegen erleben keinen Genuss, ihre Erfahrung beschränkt sich auf die körperliche Arbeit (dies entspricht der proletarischen Realität). Das Beispiel soll deutlich machen, dass keine der Figuren frei ist: Odysseus kann aufgrund des Einflusses der Sirenen nicht mehr unabhängig denken und wegen der Fesseln nicht frei handeln; die Gefährten können weder ihren Herrn noch die Sirenen hören und führen nur den ihnen am Beginn des Abenteuers erteilten Befehl aus.[71] So teile sich die Gesellschaft in Herren und Beherrschte und der Intellekt trenne sich von der sinnlichen Erfahrung. Beide Bereiche verarmten und blieben beschädigt zurück.[72]

---

67 Ebda. S. 350f. Vgl. zur Vorstellung des Erwachsenen, der bei aller Gemeinsamkeit doch einsam bleibt, auch Erich Fromm: *Haben oder Sein*, S. 253f.
68 Vgl. zum Narziss-Mythos auch Kapitel 3.2.2 der vorl. Arbeit.
69 Paz selbst erklärt die unterschiedlichen Konzepte von Zeit (zirkulär und linear) z. B. in: OP: *Los hijos del limo* (1974).
70 Theodor W. Adorno/Max Horkheimer: *Dialektik der Aufklärung*, S. 15. Die Menschen bezahlen die Vermehrung ihrer Macht mit der Entfremdung von dem, worüber sie die Macht ausüben. Ebda. S. 34.
71 Vgl. ebda. S. 40f.
72 Ebda. S. 42.

Im Schreiben von Paz finden sich immer wieder Konstellationen, in denen sich das Individuum nur mithilfe der dialektischen Erfahrungen von Einsamkeit sowie von Gemeinsamkeit in der Liebe gegen die Entfremdung behaupten kann. In seinem Buch *La llama doble* (1993) hat Paz solche möglichen Wege zur Überwindung der Einsamkeit wie folgt beschrieben:

> ¿No hay salida? Sí la hay: en algunos momentos el tiempo se entreabre y nos deja ver *el otro lado*. Estos instantes son experiencias de la conjunción del sujeto y del objeto, del yo soy y el tú eres, de ahora y el siempre, de allá y el aquí.[73]

Diese Momente der Synthese, die sich neben der Liebe, dem Spiel und der Arbeit auch im Fest ergeben können, versteht der Autor als Versuche einer Überwindung der Entfremdung, als eine Art reifere Erfahrung des jugendlichen Glaubens an die Möglichkeit der Überwindung der Spaltung (*escisión*),[74] die allerdings immer nur momenthaft erfahrbar wird. Die Synthese wird insofern bei Paz ganz ausdrücklich als dialektisches Phänomen gedacht. Der Dichter widerspricht damit traditionellen Geschichtsbildern, sei es dem Traum von einer Rückkehr zu einem Goldenen Zeitalter, von einem dauerhaften Ende der Geschichte, oder von einer Aufnahme in das Nirvana. Ebenso wie es Adorno und Horkheimer später in der *Dialektik der Aufklärung* anhand des Odysseus-Mythos erläutern werden, war auch Paz der Überzeugung, dass der Mensch erst ausziehen und den Bruch mit dem Bekannten vollziehen müsse, um zurückkehren zu können. Die reflektierte Rückkehr wiederum sei zentral für die Selbstfindung:[75] Als er seinen Palast nach langen Reisen wieder betritt, ist Odysseus er selbst und zugleich ein Anderer, bei Adorno und Horkheimer heißt es: «Odysseus [...] wirft sich weg gleichsam, um sich zu gewinnen».[76]

In den Kapiteln «El Pachuco y otros extremos» und «Los hijos de la Malinche» beschreibt Paz die mexikanische Erfahrung zunächst als Negation von Herkunft: «El mexicano no quiere ser ni indio, ni español. Tampoco quiere descender de ellos. Los niega.»[77] Gleich im nächsten Satz annulliert er die Bedeutung ethnischer Zugehörigkeit und beschreibt die Mexikaner in der berühmten Formulierung als «Söhne des Nichts, die in sich selbst beginnen»: «Y no se afirma en tanto

---

[73] OP: *La llama doble* (1993), in: OC Bd. 10, S. 301.
[74] Ebda.
[75] OP: «Los hijos de la Malinche», LS (2011), S. 217: «En suma, la cuestión del origen es el centro secreto de nuestra ansiedad y angustia.»
[76] Theodor W. Adorno/Max Horkheimer: *Dialektik der Aufklärung*, S. 54f.
[77] OP: «Los hijos de la Malinche» S. 225. Vgl. weitere Textstellen in *El laberinto de la soledad*: «México, en efecto, se define a sí mismo como negación de su pasado.» «La ‹inteligencia› mexicana», LS (2011), S. 307.

que mestizo, sino como abstracción: es un hombre. Se vuelve hijo de la nada. Él empieza en sí mismo.»[78] Auch die Erfahrung des Bruchs wird zunächst als mexikanische gezeichnet: «El mexicano y la mexicanidad se definen como ruptura y negación. Y, asimismo, como búsqueda, como voluntad por trascender ese estado de exilio. En suma, como viva conciencia de la soledad, histórica y personal.»[79] Diese Erfahrung ist jedoch zugleich als universelle gedacht, schließlich beginne jedes selbstbestimmte Leben mit einem Bruch: «Esta separación era un acto fatal y necesario, porque toda vida verdaderamente autónoma se inicia como ruptura con la familia y el pasado.»[80] Überhaupt sei die gesamte Menschheit aus dem Bruch mit der bestehenden Weltordnung entstanden:

> Un examen de los grandes mitos humanos relativos al origen de la especie y al sentido de nuestra presencia en la tierra, revela que toda cultura —entendida como creación y participación común de valores— parte de la convicción de que el orden del Universo ha sido roto o violado por el hombre, ese intruso.[81]

Die Negation der Herkunft verbunden mit einem Wiederfinden des Ursprungs, so wie Paz es zeichnet, erinnert wiederum an die Ursprünge des dialektischen Denkens: Hegel dachte die Negation der Negation dabei noch als Synthese, während Adorno mit seiner Negativen Dialektik gerade die fortwährende «Unversöhntheit» von Subjekt und Objekt, Begriff und Sache artikulieren wollte.[82] Paz' Formel des «Ninguneo» ist berühmt geworden: «El ninguneo es una operación que consiste en hacer de Alguien, Ninguno. La nada de pronto se individualiza, se hace cuerpo y ojos, se hace Ninguno.»[83] Der Bruch betrifft also nicht nur die Abspaltung des Individuums von einem Kollektiv, sondern er geht durch den Einzelnen hindurch. Die Dialektik dieser Dynamik zeigt sich in dem Argument, dass es ein Niemand nicht wage, seine Persönlichkeit aufzugeben und nicht zu sein, sondern immer versuche, Jemand zu sein: «Ninguno no se atreve a no ser: oscila, intenta una vez y otra vez ser Al-

---

78 Ebda. S. 225.
79 Ebda. S. 226.
80 Ebda.
81 Ebda. S. 161.
82 Vgl. Manfred Buhr/Georg Klaus: *Philosophisches Wörterbuch*. Bd. 2, Berlin: Verlag Das Europäische Buch 1970, S. 775ff. Theodor W. Adorno: *Vorlesung über Negative Dialektik. Fragmente zur Vorlesung 1965/66*. F.a.M.: Suhrkamp 2007, S. 15f. «Es handelt sich um den Entwurf einer Philosophie, die nicht den Begriff der Identität von Sein und Denken voraussetzt und auch nicht in ihm terminiert, sondern die gerade das Gegenteil, also das Auseinanderweisen von Begriff und Sache, von Subjekt und Objekt, und ihre Unversöhntheit, artikulieren will.»
83 OP: «Máscaras mexicanas», LS (2011), S. 180. Vgl. OP: «Don Nadie y Ninguno» (1943), OC Bd. 13, S. 339–340.

guien.»⁸⁴ Daraus lässt sich schließen, dass nicht nur mit der Gesellschaft, sondern eben auch mit der eigenen Persönlichkeit gebrochen werden müsse, um Jemand zu werden. Dazu müsse sich der Mensch (dem Anderen) öffnen:

> Estamos al fin solos. Como todos los hombres. Como ellos, vivimos el mundo de la violencia, de la simulación y del «ninguneo»: el de la soledad cerrada, que si nos defiende nos oprime y que al ocultarnos nos desfigura y mutila. Si nos arrancamos esas máscaras, si nos abrimos, si, en fin, nos afrontamos, empezaremos a vivir y pensar de verdad.⁸⁵

Wenn es nun um die Versöhnung mit der Welt, der Herkunft, der Gesellschaft oder dem Eigenen geht, mit dem man gebrochen hatte, so stützt sich Paz zwar auf das Konzept der romantischen Sehnsucht. Doch sogar über die Liebe sagt er, sie könne Abgründe und Zeiten immer nur temporär überwinden. Zugleich handelt es sich auch um eine am Beispiel der Liebe exemplarisch aufgezeigte philosophische Positionsnahme, welche in ihrer politikgeschichtlichen Dimension grade im 20. Jahrhundert an Aktualität gewann. So war auch Habermas der Überzeugung, dass die Gesellschaft im 20. Jahrhundert nur noch als «brüchige» erlebt werden könne: «Zwischen Bürgern, die sich persönlich nicht mehr kennen können, kann sich nur noch über den Prozess der öffentlichen Meinungs- und Willensbildung eine brüchige Gemeinsamkeit herstellen und reproduzieren.»⁸⁶ In seiner Rede mit dem Titel «Öffentlicher Raum und politische Öffentlichkeit» (2004) aus der dieses Zitat stammt, definierte Habermas die Dialektik einer öffentlichen Gemeinschaft von Individuen (die alle eine Erfahrung der Einsamkeit gemacht, und die Notwendigkeit des privaten Raums erlebt haben) wie folgt:

> Das allgemeine Phänomen des «öffentlichen Raums», der schon in einfachen Interaktionen entsteht, hatte mich immer schon im Hinblick auf die geheimnisvolle Kraft der Intersubjektivität, Verschiedenes zu vereinigen, ohne es aneinander anzugleichen, interessiert.⁸⁷

Ganz ähnlich verstand auch Paz die Liebe immer als Versöhnung von Widersprüchen, die in ihrer Differenz aber als solche erhalten bleiben. Fromm hatte diesen Gedanken in folgende Worte gefasst:

> In dieser Polarität liegt die bewegende Macht der Liebe: sie entspringt dem Verlangen nach Überwindung des Getrenntseins und führt zum Eins-Sein, ohne die Individualität zu verletzen oder gar auszuschalten.⁸⁸

---

84 LS (2011), S. 181.
85 Ebda. S. 340.
86 Jürgen Habermas: Öffentlicher Raum und politische Öffentlichkeit, S. 11.
87 Ebda.
88 Erich Fromm: *Die Furcht vor der Freiheit*, S. 254.

Während Fromm von dieser dialektischen Erfahrung des Individuums schreibt, überträgt Adorno die Erfahrung von Einheit und Zweiheit auf die Welt,[89] und Octavio Paz bezieht sich wiederum auf die zugleich einheitliche und dualistisch gespaltene Gesellschaft: «La sociedad se finge una totalidad que vive por sí y para sí. Pero si la sociedad se concibe como unidad indivisible, en su interior está escindida por un dualismo».[90] Der Dichter warnt davor, dass, wenn dem Menschen die dialektische Erfahrung der Einsamkeit verwehrt bleibe, dies der Negation seiner Individualität gleichkomme, und der Mensch somit zum entseelten Instrument werde: «Sus componentes dejan de ser hombres y se convierten en simples instrumentos desalmados.»[91] Diese Formulierung gleicht der Beschreibung eines autoritären Systems, und wie bei Fromm begründet sich der Widerstand gegen solche Ideologien auch bei Paz in der Einsamkeit, welche das freiheitliche individuelle Denken erst erlaube. Um gerade dieses widerständige Denken zu verhindern, etabliere jeder totalitäre Staat die Vorstellung starker Gruppenzugehörigkeiten. Bei Paz ist der Bruch mit solchen Vorstellungen die Voraussetzung für eine funktionierende menschliche Gesellschaft, die sich erst über ihre Unterschiede tatsächlich als Gemeinschaft definiert:

> El dualismo inherente a toda sociedad, y que toda sociedad aspira a resolver transformándose en comunidad, se expresa en nuestro tiempo de muchas maneras: lo bueno y lo malo, lo permitido y lo prohibido; lo ideal y lo real, lo racional y lo irracional; lo bello y lo feo; el sueño y la vigilia, los pobres y los ricos, los burgueses y los proletarios; la inocencia y la conciencia, la imaginación y el pensamiento.[92]

Der Versuch, diese Dualismen und Widersprüche aufzulösen oder zu unterdrücken, führe unweigerlich zu totalitären Systemen:

> Cediendo a los dictados de sus clases dirigentes, la sociedad moderna pretende resolver su dualismo – del que es parte esencial el sistema capitalista – a través de formas totalitarias. Al suprimir las contradicciones de nuestro sistema, se pretende también suprimir esa dialéctica de la soledad que hace posible el amor.[93]

Dass der Kapitalismus einen tendenziell totalitären Hintergrund habe ist ein Gedanke, der auch für die Frankfurter Schule zentral war. Paz versteht die Einsamkeit als Bruch mit der bestehenden Welt und zugleich als Versuch, eine neue

---

89 Theodor W. Adorno: *Einführung in die Dialektik*, S. 109.
90 OP: «La dialéctica de la soledad», LS (2011), S. 348.
91 Ebda.
92 Ebda.
93 Ebda. S. 349. Die Passage war in der 1. Ausgabe (1959) enthalten, inzwischen nur noch in der Fußnote.

Welt und neue Formen des gesellschaftlichen Zusammenlebens zu gründen. Mit einem Zitat des Geschichtsphilosophen Arnold Toynbee definierte Octavio Paz die Dialektik der Einsamkeit als «the twofold motion of withdrawal and return».[94] Das Labyrinth, so erklärt der Autor im vorliegenden Essay den Titel seines Bandes *Laberinto de la soledad*, habe er als Bild für die Einsamkeit von Helden gewählt, die ausziehen und ihren Weg zurück suchen. Paz nennt als Beispiele Perseus und Parsifal; Adorno und Horkheimer strukturierten ihre Argumentation in der *Dialektik der Aufklärung* anhand des Odysseus. Das zunehmende Selbstbewusstsein des Menschen fassen sie dabei zugleich als Fortschritt und als Rückfall: «Der Fluch des unaufhaltsamen Fortschritts ist die unaufhaltsame Regression».[95]

Im dritten Teil des Essays von Paz geht es um die sich verändernde Zeitvorstellung und deren Implikationen für das politische Selbstverständnis des Menschen sowie für die Dichtung. Paz zitiert T. S. Eliot, mit einem Vers aus «Little Gidding» (1942), dem vierten Gedicht der «Four Quartets», mit der «Geschichte als Muster zeitloser Momente»: «for history is a pattern / Of timeless moments». Der Vers stammt aus Teil V des Gedichts, der Abschnitt lautet:

> The moment of the rose and the moment of the yew-tree
> Are of equal duration. A people without history
> Is not redeemed from time, for history is a pattern
> Of timeless moments.

Jeder Moment sei einzigartig, so vermitteln die Verse, aber alle Momente haben die gleiche Dauer und damit den gleichen Wert. Rose und Eibe, die als Metaphern für Liebe und Tod interpretiert werden können, gehören gleichermaßen zur historischen Erfahrung. Eben dieses Zugleich von Allgemeingültigkeit und Partikularität der einzelnen Momente beschreibt auch Paz – in seinen Gedichten ebenso wie im Essay «La dialéctica de la soledad». Diese veschiedenen Qualitäten von Zeit, diese Schichten historischer Erfahrung, können laut Paz in bestimmten Momenten – während eines Festes, einer Gedichtlektüre, in der Liebe oder in der Revolution – für kurze Dauer simultan erlebbar werden.[96] Ähnlich wie Adorno und Horkheimer zwischen mythologischer Zeitwahrnehmung und der teleologischen Temporalität der Aufklärung unterscheiden, stellt auch Paz geschichtliche

---

94 Ebda. S. 353.
95 Theodor W. Adorno/Max Horkheimer: *Dialektik der Aufklärung*, S. 42. Vgl. zu diesem Zusammenhang bei Paz und Adorno auch Alfons Söllner: Theodor W. Adorno and Octavio Paz – A Comparison of their Early Cultural-Philosophical Writings Published after the Second World War. In: Oliver Kozlarek (Hg.): *Octavio Paz: Humanism and Critique*, S. 26.
96 OP: «La dialéctica de la soledad», S. 358. Paz bezieht sich auf Bergson. Feste erinnerten an jene Zeit, in der die Gegenwart als Ewigkeit erlebt wurde.

Zeit und mythologische Dichtung einander gegenüber.[97] Das Argument des Essays erscheint schließlich selbst dialektisch, wenn Paz am Ende seines Textes auf einmal doch von einem möglichen Ende der Geschichte spricht, an dem beide Zeitkonzepte zugleich erlebbar würden und die Sehnsucht nach einer Rückkehr zum Goldenen Zeitalter erfüllt werden könne – aber eben nur, wenn der Mensch sich des dialektischen Bruchs bewusst bleibe.[98] Ohne Einsamkeit keine Gemeinsamkeit.[99]

3.1.2 «Libertad bajo palabra» (1949)

Dem Gedichtband *Libertad bajo palabra* (1949) von Octavio Paz ist ein Proömium vorangestellt, das fast ein Kondensat von Bildern aus den *Fleurs du mal* von Baudelaire zu sein scheint. In einem dialektischen Kontrast finden sich darin das strahlende Bewusstsein des Geistes neben den düsteren Abgründen menschlichen Verhaltens: Hass, Gewalt, Mord, Latrinen und Prostitution. In metapoetischer Hinsicht handelt das Gedicht vom Weg eines Dichters durch die Moderne in die Postmoderne, über nationale und kontinentale Grenzen hinweg in Richtung einer universellen menschlichen Erfahrung. Dabei erscheint die Dialektik als Grundprinzip der *conditio humana*, denn der Mensch wird als Einheit von Widersprüchen gezeichnet: er ist zugleich Richter, Opfer und Zeuge.[100] Das Bewusstsein von Schuld, Einsamkeit und Strafe ist bei Paz ein Zeichen von zunehmender Freiheit, ein Zeichen für den Übergang von einer geschlossenen Gesellschaft zu einer offenen:

> Las religiones de Orfeo y Dionisios, como más tarde las religiones proletarias del fin del mundo antiguo, muestran con claridad el tránsito de una sociedad cerrada a otra abierta. La conciencia de la culpa, de la soledad y la expiación, juegan en ellas el mismo doble papel que en la vida individual.[101]

---

97 Ebda. S. 359.
98 Dabei ist Paz der Überzeugung, dass ein gelungenes Gedicht jeweils die Erfahrung der offenen Dialektik vermittelt. In *El arco y la lira* (1967), OC Bd. 1, S. 50 schreibt er: «Imaginemos ese encuentro. En el flujo y reflujo de nuestras pasiones y quehaceres (escindidos siempre, siempre yo y mi doble y el doble de mi otro yo), hay un momento en que todo pacta. Los contrarios no desaparecen, pero se funden por un instante.»
99 OP: «La dialéctica de la soledad», S. 360.
100 OP: «Libertad bajo palabra» (1949), OC Bd. 11, S. 23. Vgl. die Übers. von Fritz Vogelgsang in: OP: *Freiheit, die sich erfindet*, S. 5–6. Um so nah wie möglich am Original zu bleiben, arbeite ich mit der eigenen Arbeitsübersetzung.
101 OP: «La dialéctica de la soledad», S. 356.

Anhand einer Trias wie der von Richter, Opfer und Zeuge werden ebenso Wege aus den als zu simpel empfundenen Dualismen der Zeit gesucht, wie auch mit einem Chiasmus wie «conciencia de la soledad, soledad de la conciencia», der bei Paz weniger als Gegenüberstellung, sondern im eigentlichen Sinne des Wortes als dialektische Überkreuzung gelesen werden muss. Es geht um das freiheitliche, differenzierte Denken in einer Zeit totalitärer Ideologien. Die erste Ausgabe des Gedichtbands wurde (ebenfalls unter dem Titel *Libertad bajo palabra*) 1949 publiziert, Paz hielt sich gerade als Botschafter von Mexiko in Paris auf. Kaum war der Zweite Weltkrieg beendet, begann der Kalte Krieg; in Mexiko enttäuschte der PRI die Intellektuellen durch eine Politik, die um nichts weniger korrupt war als jene des Porfiriats.[102] Angesichts dieser historischen Umstände verwundert es kaum, dass der Dichter die großen Begriffe Freiheit, Einsamkeit oder Versöhnung nur als dialektische verstehen konnte.

Das Gedicht lässt den Leser die eigene Rolle sowie die des Dichters reflektieren. Die Macht des Wortes wird schon mit dem Titel angesprochen, der mit «Freiheit auf Ehrenwort» übersetzt werden kann. Gleichzeitig scheint es eine Spannung zwischen dem Freiheitsversprechen und der Abhängigkeit von Sprache zu geben: die Freiheit kann nur «unter» Worten («bajo palabra») erreicht werden, während die Worte die Freiheit zugleich erst erlauben.[103] Das *poème en prose* spricht viele zentrale Gedanken an, die auch für das spätere Werk des Autors von Bedeutung sind.[104]

---

102 Porfirio Díaz regierte Mexiko von 1876/77–1880 und von 1884–1911 mit einem autoritären Herrschaftsstil: 90 % der Bevölkerung besaßen weder Rechte noch Land.
103 Zur Dialektik der Formulierung «libertad bajo palabra» vgl. auch Hugo Moreno: Octavio Paz's Poetic Reply to Hegel's Philosophical Legacy. In: Oliver Kozlarek (Hg.): *Octavio Paz: Humanism and Critique*, S. 220f.
104 Die Dialektik von Freiheit und Gesetzhaftigkeit in der Ästhetik der Dichtung erinnert an einen Text von Tagore, vgl.: Rabindranath Tagore: *Sadhana, The Realisation of Life* [1916]. Projekt Gutenberg 2013. Ende des Kapitels: «Realisation in love» (Eigene Hervorhebungen): «*But law in itself is a limit.* It only shows that whatever is can never be otherwise. When a man is exclusively occupied with the search for the links of causality, his mind succumbs to the tyranny of law in escaping from the tyranny of facts. In learning a language, when from mere words we reach the laws of words we have gained a great deal. But if we stop at that point, and only concern ourselves with the marvels of the formation of a language, seeking the hidden reason of all its apparent caprices, we do not reach the end—for grammar is not literature, prosody is not a poem. *When we come to literature we find that though it conforms to rules of grammar it is yet a thing of joy, it is freedom itself.* The beauty of a poem is bound by strict laws, yet it transcends them. The laws are its wings, they do not keep it weighed down, they carry it to freedom. Its form is in law but its spirit is in beauty. Law is the first step towards freedom, and beauty is the complete liberation which stands on the pedestal of law. *Beauty harmonises in itself the limit and the beyond, the law and the liberty.*» Paz muss das Werk von Tagore schon vor seinem Umzug nach Indien gekannt haben,

Das Gedicht besteht aus fünf Abschnitten und einem alleinstehenden Vers am Schluss. Es ist nicht gereimt, dennoch strukturieren anaphorische Satzanfänge («Invento» und «Inútil») sowie Parallelismen die Sätze in ein rhythmisches Textganzes. Anstelle von Versen wurden für die folgende Besprechung einundzwanzig Sätze gezählt. Das Gedicht beginnt mit einem unbestimmten deiktischen Hinweis. Im gleichen Satz wird dieses «dort» auch inhaltlich als unbestimmt gekennzeichnet: «Allá, donde terminan las fronteras, los caminos se borran. (1) Donde empieza el silencio. (2)» (Dt. Dort, wo die Grenzen enden, verwischen die Wege. Wo die Stille beginnt.) Es handelt sich um einen Ort jenseits von Grenzen, an dem die Wege verwischen, an dem die Stille beginnt. Dies sind erste Hinweise auf den Eintritt in eine Welt, in der andere Gesetze herrschen als in der alltäglichen Lebenswelt des Lesers. Im dritten Satz zeichnet sich das lyrische Ich als Pionier. Langsam wagt es sich in die andere Welt hinein und gestaltet sie aktiv, indem es die Nacht mit Sternen, Worten und Atem «bevölkert»:

> Avanzo lentamente y pueblo la noche de estrellas, de palabras, de la respiración de un agua remota que me espera donde comienza el alba. (3)

> Dort schreite ich langsam voran, bevölkere die Nacht mit Sternen, mit Worten, mit dem Atem eines fernen Wassers, das mich dort erwartet, wo die Morgendämmerung beginnt.

Die «Worte» werden in einer Aufzählung zwischen zwei natürlichen Elementen genannt, und allein durch diese Position im Satz mit jenen gleichgesetzt. Sowohl die Sterne, die stellvertretend für das Licht stehen, als auch der Atem, der einem fernen Gewässer zugeordnet wird, sind notwendige Bestandteile eines jeden Lebens auf der Erde. Indem die Worte wie selbstverständlich zu diesen Elementen hinzugezählt werden, erscheinen sie ebenso lebensnotwendig, wie Licht, Luft und Wasser.

Mit der «Nacht» hat der Ort, an dem die Stille beginnt, eine weitere Spezifizierung erfahren. Alle genannten Beschreibungselemente, die Stille, die Nacht und die Grenzenlosigkeit, deuten auf einen Raum hin, der im Alltag unbewusst bleibt. Gleich drei verschiedene Grenzen werden überschritten: eine klangliche (Worte in

---

schließlich hatte Tagore 1913 den Nobelpreis gewonnen und sich 1924 in Argentinien aufgehalten. Vgl. dazu: Susanne Klengel: Literarische Beziehungen und Erfahrungswelten zwischen Lateinamerika, Europa und Indien: Bewegungen, Akteure, Repräsentationen Süd-Süd. In: Martina Kopf/Sascha Seiler (Hg.): *Komparatistische Blicke auf Europa und Lateinamerika*. Heidelberg: Winter 2016, S. 49–61. Vgl. zu den Beziehungen zwischen Lateinamerika und Indien zudem: Susanne Klengel/Alexandra Ortiz Wallner: A New Poetics and Politics of Thinking Latin America/India. Sur/South and a Different Orientalism. In: dies. (Hg.): *Sur/South: Poetics and Politics of Thinking Latin America/India*. Madrid: Vervuert 2016, S. 7–26.

der Stille), eine zeitliche (waches Bewusstsein in der Nacht) und eine räumliche (der Schritt hinein in das unwegsame Gelände). Das lyrische Ich macht sich nun auf den Weg in diese Welt ohne Wege und lädt den Leser implizit dazu ein, ihn in die neuen Dimensionen zu begleiten.

Wie maßgeblich das lyrische Ich an der Konstitution der auf diese Weise geöffneten Textwelt beteiligt ist, wird auch im zweiten Abschnitt deutlich gemacht:

> Invento la víspera, la noche, el día siguiente que se levanta en su lecho de piedra y recorre con ojos límpidos un mundo penosamente soñado. (4) Sostengo al árbol, a la nube, a la roca, al mar, presentimiento de dicha, invenciones que desfallecen y vacilan frente a la luz que disgrega. (5)

> Ich erfinde den Vorabend, die Nacht, den nächsten Tag, der sich in seinem Steinbett erhebt und mit klaren Augen eine schmerzvoll geträumte Welt durchwandert. Ich halte den Baum, die Wolke, den Fels, das Meer, Vorahnung von Glück, Erfindungen, die nachlassen und taumeln, angesichts des sich zerstreuenden Lichts.

Der Abschnitt setzt ein mit dem aktiven Verb «invento», ich erfinde, das später wiederholt aufgegriffen wird. Er besteht aus zwei parallel aufgebauten Sätzen, die, wie schon der Satz davor (Satz 3), mit einem aktiven Verb beginnen (*avanzo, pueblo, invento, sostengo*) und eine Aufzählung folgen lassen, von der jeweils das letzte Element metaphorisch aus- und weitergeführt wird. In Satz 3 wurde das Wasser als ein das lyrische Ich erwartendes Subjekt personifiziert. In Satz 4 ist es der Tag, der sich – ebenfalls personifiziert – aus seinem Steinbett erhebt und mit klaren Augen eine schmerzvoll geträumte Welt durchläuft. Genauso, wie die Welt von jemandem geträumt wurde, wurde der Tag erfunden. Sogar die Nacht, in die sich das lyrische Ich im Abschnitt zuvor begibt, wird nun durch den Verweis auf die eigene Erfindung als Metapher entlarvt. Nichtsdestotrotz fährt das lyrische Ich in Satz 5 damit fort, natürliche Elemente aufzuzählen (*árbol, nube, roca, mar*). Dies sind die Elemente, an die es sich halten will, in ihrer Ursprünglichkeit erscheinen sie ihm als Vorzeichen des Glücks. Ähnlich wie bei den Dichtern der Romantik kann die unberührte Natur als Bild für eine innere emotionale Dimension gelesen werden, der Idealzustand ist jedoch von der Vergänglichkeit bedroht: Im gleichen Satz noch werden die Symbole als zerbrechliche Erfindungen beschrieben, die angesichts des Tageslichts ins Schwanken geraten. Denn nur in der Nacht kann das lyrische Ich dem Unbewussten auf die Spur kommen.

Mit allen Verben, die das lyrische Ich verwendet – fortschreiten, bevölkern, erfinden, halten – deutet es auf die Aktivität des Dichtens hin. Während das Fortschreiten, das Bevölkern und das Erfinden auf die kreative Arbeit eines Autors verweisen, ist mit dem Halten noch ein anderer Aspekt angesprochen. Es geht um das Gedicht als Raum für die Erfahrungen des Subjekts. Unabhängig davon, ob sie erfunden sind oder wahr, scheint das lyrische Ich möglichst viele Wahrnehmungen festhalten zu wollen. Bis zu einem gewissen Grad könnte man also auch von einer poetischen Dokumentation der Erfahrungen sprechen, die der Sprecher auf seiner Wanderung durch die Nacht macht. Bisher klang es so, als stünde diese Metapher für ein Erforschen des Unbewussten oder von Erinnerungen, also für Erfahrungswelten des Inneren, die in der lyrischen Form kommunizierbar werden. Im folgenden Abschnitt wird jedoch deutlich, dass das lyrische Ich auch vor äußeren Räumen durchaus nicht zurückschreckt. Ohne Euphemismen wird die Realität als feindliches Umfeld beschrieben:

> Y luego la sierra árida, el caserío de adobe, la minuciosa realidad de un charco y un pirú estólido, de unos niños idiotas que me apedrean, de un pueblo rencoroso que me señala. (6) Invento el terror, la esperanza, el mediodía – padre de los delirios solares, de las falacias espejeantes, de las mujeres que castran a sus amantes de una hora. (7)

> Und später die trockene Sierra, der Hof aus Lehmziegeln, die peinlich genaue Realität einer Pfütze und eines einfältigen Pfefferbaums, einiger idiotischer Kinder, die mich mit Steinen bewerfen, eines verärgerten Volkes, das mich brandmarkt. Ich erfinde den Terror, die Hoffnung, den Mittag – Vater der Sonnendelirien, der Trugspiegelungen, der Frauen, die ihre Stundenliebhaber kastrieren.

Die Akkumulation in Satz 6 erinnert mit der trockenen Sierra, den Lehmziegeln und dem Pfefferbaum an eine im weitesten Sinne mexikanische Landschaft. Der Fokus liegt jedoch auf dem Ausgeschlossensein des lyrischen Ichs. Kinder bewerfen es mit Steinen, ein feindseliges Volk markiert den Sprecher als Außenstehenden. Damit führt das lyrische Ich die Isotopie der Wanderung fort und zeichnet sich selbst – besonders in Zusammenhang mit den im nächsten Satz angesprochenen Delirien – fast als eine Art Prophet, dessen Worte kein Gehör finden. Durch solcherlei subtile Allusionen und aufgrund der Funktion des Gedichts als eine Art in das Werk einführender Paratext, kann das lyrische Ich als Stimme eines *poeta vates* gelesen werden.

In Satz 7 greift es mit dem «Invento» erneut seine Funktion als Autor auf und erscheint, wie zuvor, als Schöpfer seiner Welt. Der Satz ist ein Parallelismus zu den Sätzen 3, 4 und 5, wieder werden Elemente aufgezählt, die dieses Mal indes teilweise negativ konnotiert sind. Das gilt nicht nur für den Terror – der zusammen mit der Hoffnung einen Kontrast bildet, ähnlich dem, der in Satz 4 mit Tag und Nacht hervorgerufen wurde –, sondern auch für den zunächst neutralen Mittag, der in der Ausführung als «Vater» der Sonnendelirien und der Trugspiegelungen sowie als Vater der Prostituierten, vielleicht als Zuhälter, personifiziert wird.

Nach der einleitenden Invento-Anapher in Satz 8 folgt eine Akkumulation von Bestandteilen der Unterwelt, von Wunden, Schmerz und Krankheiten, unbehaglichen Orten, unwürdigem Verhalten etc.:

Invento la quemadura y el aullido, la masturbación en las letrinas, las visiones en el muladar, la prisión, el piojo y el chancro, la pelea por la sopa, la delación, los animales viscosos, los contactos innobles, los interrogatorios nocturnos, el examen de conciencia, el juez, la víctima, el testigo. (8) Tú eres esos tres. (9)

Ich erfinde die Verbrennung und das Heulen, die Masturbation in den Latrinen, die Visionen in der Mülhalde, das Gefängnis, die Laus und den Schanker, den Streit um die Suppe, die Denunziation, die schleimigen Tiere, die anrüchigen Kontakte, die nächtlichen Verhöre, die Gewissensprüfung, den Richter, das Opfer, den Zeugen. Du bist diese drei.

In der zweiten Hälfte des Satzes nimmt die Aufzählung insofern eine Wendung als nun zunehmend Worte aus der Isotopie des Verbrechens und des juristischen Bereichs verwendet werden. Sie kulminieren in der asyndetischen Trias Richter, Opfer, Zeuge. Noch eindrucksvoller wird diese Klimax durch den nächsten Satz: «Tú eres esos tres (9)». Hiermit wird zum ersten Mal eine direkte Anrede an einen Adressaten formuliert. Dem Du, das sowohl ein intratextuelles Gegenüber als auch der sich vor dem Text befindende Leser sein kann, wird nun bewusstgemacht, dass es die drei aufgezählten Rollen in einer Person vereint. Auf diese Weise wird dem seine Welt permanent neu schöpfenden Dichter-Gott eine Art richterliche Dreieinigkeit gegenübergestellt, die durch ihre urteilende Funktion Macht ausübt (wie der christliche Vatergott), zugleich aber als außenstehender Zeuge (Heiliger Geist) und passives Opfer (gekreuzigter Christus) erscheint. So wäre auch die Rolle des Lesers dreifach definiert: einerseits ist er dem Text ausgeliefert, andererseits ist er als Beobachter daran beteiligt und zugleich hat er die Interpretation schließlich selbst in der Hand. Eine zweite Lesart könnte den Adressaten als ein Bild des Menschen verstehen, der jede Rolle – und wenn nicht, zumindest die Möglichkeit zu jeder der Rollen – in sich trägt. Dass dem lyrischen Ich auch die Rolle des Täters durchaus bewusstwird, konnte schon den vorangehenden Sätzen entnommen werden, in denen diverse «contactos innobles» aufgezählt wurden, zu denen der Mensch fähig ist.

Es folgt der einzige als Interrogativ formulierte Satz des Textes, in dem deutlich wird, dass das lyrische Ich und sein Gegenüber die Erfahrung des Angeklagtseins, des Ausgestoßenseins, des Menschseins teilen: «¿A quién apelar ahora y con qué argucias destruir al que te acusa? (10)» (Wen jetzt noch anrufen und mit welchen Spitzfindigkeiten den zerstören, der dich anklagt?). Indem die Situation sehr allgemein gehalten wird, kann das lyrische Ich an dieser Stelle als Sprecher für alle Angeklagten fungieren: «Inútiles los memoriales, los ayes y los alegatos. (11) Inútil tocar a puertas condenadas. (12) No hay puertas, hay espejos. (13)» (Unnütz die Bittschriften, die Seufzer und die Plädoyers. Unnütz, an verdammte Türen zu klopfen. Es gibt keine Türen, es gibt Spiegel.) Durch Satz 13, «No hay puertas, hay espejos», gerät der metaphorische Aspekt des Bildes wieder stärker in den Blick und es wird deutlich, dass es sich um eine Situation handelt, die der Betroffene nur selbst lösen kann. Es ist ein Moment der Selbstfindung, der Bewusstwerdung. Im *Laberinto de la soledad* hatte Octavio Paz zur Zustandsbeschreibung Mexikos auf den Narziss-Mythos zurückgegriffen; der Jüngling der sich im spiegelnden See seiner selbst bewusst wird, daran aber zugrunde geht, galt dem Autor als Bild für die Entwicklung der Nation.[105]

In dem Moment, in dem das Bewusstsein des lyrischen Ich im Gedicht am klarsten ist, erkennt es mit der dritten Wiederholung des Wortes «inútil», dass es allein ist und sich selbst, seinem Bewusstsein, nicht entrinnen kann:

> Inútil cerrar los ojos o volver entre los hombres: esta lucidez ya no me abandona. (14) Romperé los espejos, haré trizas mi imagen, que cada mañana rehace piadosamente mi cómplice, mi delator. (15)
>
> Unnütz, die Augen zu schließen oder unter die Menschen zurückzukehren: diese Klarheit verlässt mich nicht mehr. Zerschlagen werde ich die Spiegel, mein Bild in Stücke schlagen, mein Bild, das jeden Morgen treuherzig meinen Komplizen formt, meinen Denunzianten.

Wie zuvor schon der Adressat, vereint nun der Sprecher mehrere Rollen zugleich in einer Person. Durch die Metapher des Spiegels scheinen sich die Rollen Adressat und Adressant im nächsten Schritt sogar zu verschränken. Der Spiegel kann sowohl die Wirklichkeit als auch die Täuschung symbolisieren.[106] An dieser Stelle möchte das lyrische Ich die Spiegel zerstören, sein eigenes Bild in Stücke schlagen – allein, gegen sich selbst kommt es nicht an, jeden Morgen erscheint das Bild erneut. Der Sprecher ist sich selbst zugleich Komplize und Verräter. In einer metapoetischen Lesart könnte dieses Bild auch als Beschreibung für das Verhältnis zwischen Autor und lyrischem Ich verstanden werden. Das Spiegelmotiv verweist auf die bewusste Wahrnehmung des eigenen Denkens, das das Momenterleben zerstört, zugleich aber auch erinnerbar macht. Ganz ähnlich verwendet Adorno den Spiegel: in der *Einführung in die Dialektik* spricht der Philosoph vom Spiegel als einem Sinnbild für die dialektische Reflexion, bei der Kritik und Erkenntnis zugleich negativ und positiv konnotiert sind.[107] Tatsächlich findet sich auch in den Gedichten von Paz eine Dopplung von Subjekt und Objekt, bei der das Subjekt durch das Selbstbewusstsein zum Objekt wird, weil es von außen

---

[105] Vgl. sowohl das Kapitel: OP: «El Pachuco y otros extremos», LS (2011), S. 143–163, als auch OP: «La dialéctica de la soledad», ebda. S. 341–361.
[106] Vgl. auch andere Gedichte, bspw. OP: «Himno entre ruinas» (conciencia-espejo) oder OP: «Piedra de sol».
[107] Theodor W. Adorno: *Einführung in die Dialektik*, S. 95.

gedacht wird.[108] Die Schwierigkeit bzw. die Unmöglichkeit mit dem Denken etwas begreifen zu wollen, das es selbst nicht ist, beschrieb später auch Adorno: Die Welt (das Objekt) steht dem Denken (dem Subjekt) gegenüber, und kann niemals ganz von ihm begriffen werden.[109] Trotz der dialektischen Erfahrung hielt Adorno jedoch an der zentralen Bedeutung von Vernunft fest: Die Vernunft verwickele sich zwar notwendig in Widersprüche, zugleich sei es jedoch sie allein, welche die Kraft besitze über die Widersprüche hinauszugehen und sich selbst zu berichtigen.[110] Die Geschichte der dialektischen Vernunft beschreibt Xirau, wenn er über das 19. Jahrhundert sagt: «La sinrazón conmueve la razón y la razón misma – antes eterna – se contamina de movilidad para hacerse razón dialéctica.»[111]

Paz hingegen versucht dem Bewusstsein auch dichterisch auf die Spur zu kommen. Im vorliegenden Gedicht wird eine zentrale Erkenntnis für das Werk von Octavio Paz in einem Chiasmus formuliert: es handelt sich um die Einsamkeit des Bewusstseins, des bewusst Denkenden, welche als Gefangenschaft bei Brot und Wasser gezeichnet wird: «La soledad de la conciencia y la conciencia de la soledad, el día a pan y agua, la noche sin agua. (16)» (Dt. Die Einsamkeit des Bewusstseins und das Bewusstsein der Einsamkeit, der Tag bei Brot und Wasser, die Nacht ohne Wasser.) Die zweite Hälfte von Satz 16 ist eine Art doppelter Kontrast. Dem Tag wird die Nacht gegenübergestellt, am Tag gibt es Brot und Wasser, in der Nacht gibt es nicht einmal mehr Wasser – das Fehlen des Brotes ist sogar formal vollzogen, wenn es trotz des starken Parallelismus nicht einmal mehr genannt wird. Die Bilder erinnern an den Essay «La dialéctica de la soledad», in dem die Einsamkeit unter anderem als Strafe beschrieben wird: «La soledad [...] es un castigo, pero también una promesa del fin de nuestro exilio. Toda vida está habitada por esta dialéctica.»[112]

In Satz 17 wird das Bewusstsein nun näher beschrieben, es handelt sich um eine Überlagerung von vier verschiedenen Bildfeldern: «Sequía, campo arrasado por un sol sin párpados, ojo atroz, oh conciencia, presente puro donde pasado y porvenir arden sin fulgor ni esperanza. (17)» (Dt. Dürre, das Feld verwüstet von

---

108 Ebda. S. 96.
109 Ebda. S. 104.
110 Ebda. 48. Vgl. auch: Herbert Marcuse: A Note on Dialectics: «But Reason, and Reason alone, contains its own corrective.»
111 Ramón Xirau: *Octavio Paz: el sentido de la palabra*, S. 19. In seinem Buch beschreibt Xirau sowohl die Dialektik in «Libertad bajo palabra» (S. 22–24), als auch in «Himno entre ruinas» (S. 44–52) und verwendet den Titel «Dialéctica de la soledad» von Paz für ein eigenes Kapitel zur Dialektik bei Paz (S. 40–44).
112 OP: «La dialéctica de la soledad» S. 342.

einer Sonne ohne Lider, einem grausamen Auge, oh Bewusstsein, reine Gegenwart wo Vergangenheit und Zukunft brennen ohne Glanz noch Hoffnung.) Der Satz setzt mit einem Naturbild ein, in dieser Metapher wird das Bewusstsein als helle Sonne konzeptualisiert. Die nächste Metapher, in der die Sonne als Auge erscheint, folgt mit der Formulierung «Sonne ohne Lider». Durch das menschliche Sehorgan kann von einer Personifikation gesprochen werden, das Bild geht also über in das Konzept eines zerstörerisch handelnden grausamen Subjekts, als hätte das Bewusstsein ein Eigenleben. Dass es sich um letzteres handelt, erfährt der Leser durch den Einschub einer Apostrophe, die mit einer Exklamation gekennzeichnet ist und sich an das Bewusstsein wendet. Mit der Gegenwart kommt das vierte Konzept ins Spiel. Bewusstsein, Sonne oder Auge sind also reine Gegenwart, in der Zukunft und Vergangenheit brennen. Dies ist der dialektische Moment, in dem alles gleichzeitig existiert, «brennt», in dem die Gegenwart für einen Moment ewig ist. Dabei fließt alles in die Ewigkeit ein, die zugleich selbst alles ist: «Todo desemboca en esta eternidad que no desemboca. (18)» (Dt. Alles mündet in diese Ewigkeit, die niemals mündet.)

Der Text bildet nun in Abschnitt fünf eine Art Klammer, indem er wieder den ersten Satz aufgreift, ihn aber leicht variiert. Die Grenzen werden nicht mehr erwähnt, und anstelle der beginnenden Stille ist nun von einem Ort die Rede, an dem die Stille endet:

> Allá, donde los caminos se borran, donde acaba el silencio, invento la desesperación, la mente que me concibe, la mano que me dibuja, el ojo que me descubre. (19)

> Dort, wo die Wege verwischen, wo die Stille endet, erfinde ich die Verzweiflung, den Verstand, der mich begreift, die Hand, die mich zeichnet, das Auge, das mich entdeckt.

In den nächsten Sätzen thematisiert das lyrische Ich noch einmal die Dialektik von Passivität und Aktivität. Es erfindet die Verzweiflung und seinen eigenen Schöpfer, mit dem sowohl Gott als auch der Leser, als auch die Macht des Gedichts über den Dichter gemeint sein kann. Der Verstand, der das Gedicht begreift, könnte eine Periphrase für den Rezipienten darstellen. Die Erfindung ist also ein reziproker Akt; noch deutlicher wird diese Überzeugung in Satz 20 formuliert:

> Invento al amigo que me inventa, mi semejante; y a la mujer, mi contrario: torre que corono de banderas, muralla que escalan mis espumas, ciudad devastada que renace lentamente bajo la dominación de mis ojos. (20)

> Ich erfinde den Freund der mich erfindet, meinen Mitmenschen; und die Frau, mein Gegenteil: Turm, den ich mit Fahnen kröne, Mauer, die meine Schäume erklimmen, zerstörte Stadt, die langsam wiedergeboren wird unter der Herrschaft meiner Augen.

Das Ich erfindet den Freund, der Freund erfindet das Ich, der Kreis schließt sich. Rhetorisch kann dies (wie zuvor mit Einsamkeit und Bewusstsein) am besten mit einem Chiasmus ausgedrückt werden.

Das Gedicht endet schließlich mit einem letzten Satz, in dem die Handlung des lyrischen Ichs eindeutig als die eines Dichters zu erkennen ist. «Contra el silencio y el bullicio invento la Palabra, libertad que se inventa y me inventa cada día. (21)» (Dt. Gegen die Stille und den Lärm erfinde ich das Wort, Freiheit, die sich erfindet und mich erfindet, jeden Tag.) Dass das Wort im Mittelpunkt des Gedichts, wenn nicht des ganzen Gedichtbandes steht, wird durch die im Spanischen unübliche Majuskel zusätzlich betont. Das Wort ist die Freiheit, die sich selbst erfindet und durch die jeder Mensch zum Dichter wird. Dies ist ein Prozess, der jeden Tag von neuem stattfindet, immer nur im Moment stattfinden kann. Es ist ein gegenwärtiger Moment, das Gedicht selbst ist Gegenwart, das Gedicht verleiht dem Leser Freiheit, während es ihn in der Lektüre gefangen hält. Die Befreiung von alltäglicher Sprache und alltäglichem Denken verweist implizit auf einen ideologiefreien Raum. So widersetzt sich die poetische Sprache, welche Marcuse als Ort «authentischen Denkens»[113] definierte, explizit jenem «nicht authentischen Denken», das Fromm als den «Nährboden für alle faschistischen Zwecke» bezeichnete.[114]

3.2 Kritik und Selbstkritik

3.2.1 «El lugar de la prueba, Valencia 1937–1987»

Schon der Titel dieses einflussreichen Essays von Octavio Paz verrät, dass es hier um eine Gewissensprüfung geht: «El lugar de la prueba, Valencia 1937–1987»,[115] der Ort der Prüfung. Der Autor trug den Text am 15. Juni 1987 als Eröffnungsrede anlässlich des 50. Jahrstags des *Zweiten Internationalen Schriftstellerkongresses zur Verteidigung der Kultur* vor. 1937 hatte der Kongress inmitten des Spanischen Bürgerkriegs in Madrid und Valencia stattgefunden. In seinem Rückblick auf die historischen Debatten plädierte der mexikanische Autor fünfzig Jahre später für eine erneute Reflexion der damals diskutierten Zusammenhänge. Angesichts der Abgründe, die sich im 20. Jahrhundert aufgetan hatten, erachtete er dabei die Selbstkritik als moralische Verpflichtung. Statt den Marxismus institutionalisie-

---

113 Herbert Marcuse: A Note on Dialectics.
114 Vgl. Erich Fromm: *Die Furcht vor der Freiheit*, S. 249.
115 OP: «El lugar de la prueba», S. 438–446. Vgl. hierzu auch Kap. 2 der vorl. Arbeit.

ren zu wollen, verstand Paz ihn als eine Denkweise, die Kritik am bestehenden System erlaube und sich somit immer widerständig gegen die Institutionen wende. Wie eng der Begriff der Kritik für Paz mit dem Marxismus verbunden war, hatte sich schon 1967 in folgender dezidert dialektischen Bezugnahme gezeigt:

> Si la esencia del marxismo es la crítica, su revisión no puede venir sino de un acto de autocrítica. La crítica al marxismo como ideología es la condición indispensable para el renacimiento del pensar marxista y, en general, del pensamiento revolucionario.[116]

Die Kritik am Marxismus als Ideologie, so Paz, sei die unumgängliche Bedingung für eine Wiedergeburt des marxistischen Denkens, und für das revolutionäre Denken überhaupt. Dass der Spanische Bürgerkrieg eine der zentralen historischen Erfahrungen für Paz bleiben sollte, wurde bereits im ersten Teil dieser Arbeit herausgearbeitet. Es handelt sich dabei um einen der ersten Kriege, der die Polarisierungen aufzeigte, die das gesamte zwanzigste Jahrhundert markieren sollten. Ost- und Westdeutschland galten nach 1945 als Symbol des Eisernen Vorhangs; in den Fünfzigern folgten die Aufteilungen der Staaten Korea und Vietnam.[117] Im Bewusstsein dieser Spaltungen formulierte Paz seinen Essay 1987 mit einem Plädoyer zu einer möglichen Versöhnung unter Beibehaltung der Differenzen, wobei er die Erfahrung des Bruchs als Möglichkeit für ein Moment der Kritik umdeutete. Die dialektische Argumentation von Paz enthält somit jene Dimension von Kritik, welche Adorno als zentrales Merkmal des philosophischen Denkens nach dem Zivilisationsbruch beschrieben hatte.[118]

Im Zentrum des Essays von Paz aus dem Jahre 1987 steht die Frage nach dem Erbe des Spanischen Bürgerkriegs («¿quién ganó realmente la guerra?»)[119] neben der Frage nach der Grundlage von Zivilgesellschaften und nach der Möglichkeit des Schreibens von Geschichte anstelle einer passiven Unterwerfung unter historische Prozesse. Der Essay beginnt mit einer Rückschau auf den Bürgerkrieg und die nachfolgende Diktatur Francos. Hinsichtlich des Spanischen Bürgerkriegs konstatierte Paz, dass niemand den Konflikt gewonnen habe: obwohl Franco das Land bis 1975 regierte, müsse sein Sieg dennoch als Niederlage verstanden werden, denn die große Mehrheit sei erleichtert gewesen, als das repressive Regime endete. Überraschenderweise habe man in Spanien nach der *tran-*

---

116 OP: «El punto final» (1967), OC Bd. 10, S. 629.
117 Vgl. Bernd Stöver: *Der Kalte Krieg*.
118 Theodor W. Adorno: *Einführung in die Dialektik*, S. 50.
119 So suggeriert es der Titel der englischen Übersetzung: The Barricades and Beyond: Who Won the Spanish Civil War? In: *The New Republic*. Vol. 197, 19 (09.11.1987), S. 26. Ohne Angabe des Übersetzers. Eliot Weinberger und Anthony Stanton konnten via Korrespondenz ausgeschlossen werden.

sición einen Modus gefunden, der die Koexistenz zweier im Grunde gegensätzlicher Staats- beziehungsweise Regierungsformen erlaubte: Monarchie und Demokratie. Laut Paz habe bis auf Indalecio Prieto, der Vorsitzende der Sozialistischen Partei Spaniens, kaum jemand diese scheinbar paradoxe politische Lösung vorhersehen können.

Nach diesem kurzen Rückblick auf die spanische Geschichte hebt Paz die Frage seiner Rede auf eine zweite, abstraktere Ebene und fragt nach der Geschichte selbst. Er versteht sie dabei als die Grundlage gemeinschaftlichen Lebens überhaupt: «La historia no es otra cosa que nuestro diario vivir con, frente y entre nuestros semejantes. Vivir con nosotros mismos es convivir con los otros.»[120] Nach dieser Evokation eines Zugleich von *nosotros y los otros* folgt eine Reihe von Antinomen, die das Bild weitaus komplexer erscheinen lassen.[121] Das historische Paradoxon liegt laut Paz in der Suche nach einem dauerhaften Wert; zugleich sei die einzige historische Konstante jedoch der Wandel. Er beschreibt Geschichte daher ausführlicher mit folgenden Worten:

> La historia es sed de totalidad, hambre de más allá. Llamad como queráis a ese más allá: la historia acepta todos los nombres pero no retiene ninguno. Ésta es su paradoja mayor: sus absolutos son cambiantes, sus eternidades duran un parpadeo. No importa: sin ese más allá, el instante no es instante ni la historia es historia.[122]

Die Geschichte der Menschheit, so Paz, ist dialektisch geprägt von einem Verlangen nach Stabilität einerseits und einer wiederkehrenden Dynamik andererseits, welche jeden Stabilitätsversuch, jede totalitäre Herrschaftsform, zwangsläufig unterlaufe. Damit evoziert Paz den Widerspruch zwischen Historismus und Marxismus, also den Widerspruch zwischen der bürgerlichen Überzeugung, dass Geschichte aktiv durch den Menschen bestimmt werden könne, und dem zentralen Argument des Historischen Materialismus, dass der Mensch primär durch materielle Voraussetzungen bestimmt werde.[123] Der Historische Materialismus versteht sich als «Entwicklungsgesetz der menschlichen Geschichte»,[124] der hermeneutische Zugang des Historismus steht aus Sicht dieses Geschichtsbilds an zweiter Stelle: nur wer satt ist, interessiert sich für die Interpretation der gesellschaftlichen Zustände. Um eben jenes Entwicklungsgesetz geht es auch Octavio Paz, wenn er nach dem «más allá» der Geschichte fragt. Die gedankliche Kon-

---

120 OP: «El lugar de la prueba», S. 441.
121 Vgl. auch: OP: «Nosotros: los otros» (1994), OC Bd. 10, S. 15–36.
122 OP: «El lugar de la prueba», S. 441.
123 Vgl. Friedrich Jaeger/Jörn Rüsen: *Geschichte des Historismus: eine Einführung*. München: Beck 1992, S. 166ff.
124 Friedrich Engels, zit. n.: ebda. S. 168.

struktion einer solchen Matrix der Geschichte führt Paz auf den Wunsch des Einzelnen nach einem Sinngehalt zurück. Der Wunsch, diesen tieferen Sinn in seiner Gesamtheit zu begreifen, ist folgenreich, und nicht immer in allen Konsequenzen nachvollzogen worden. Paz geht es um die Gefahr, die entsteht, wenn Geschichte als Entität imaginiert wird und in der Personifikation als eine Art mythische Rächerin «Opfer» zu fordern scheint. Mit Verweis auf dieses durch den Menschen unbeeinflussbare Agens, den «Kollektivsingular»[125] Geschichte, wurde schon häufig die Abschaffung des Rechtssystems erklärt. Hannah Arendt hat dies wie folgt beschrieben: «An die Stelle des positiv gesetzten Rechts tritt nicht der allmächtig willkürliche Wille des Machthabers, sondern das ‹Gesetz der Geschichte›».[126] Analog zu Arendt konstatiert auch Paz, dass, um totalitäre Systeme zu vermeiden, auf die Urteilsfähigkeit des Einzelnen gesetzt werden müsse. Voraussetzung dafür ist nach Arendt der innere Dialog, den sie als Grundform des unabhängigen Denkens versteht. Sie spricht von der Notwendigkeit einer «Streitkultur», welche eine Vielfalt von Meinungen zulasse und sogar garantiere.[127] Der stille Dialog, das innere Zwiegespräch, sei dabei «die politische Seite alles Denkens, weil sich selbst im Denken Pluralität bekundet.»[128] Im Gegensatz zu einem solchen Denken, welches die Vielfalt der menschlichen Lebenswirklichkeit widerspiegelt, sei die ideologische Argumentation einseitig und monologisch.[129] Der einfache Wahrheitsanspruch der Ideologie mag auf den ersten Blick konsistenter wirken; als politische Strategie führt er indes unweigerlich an den Bedürfnissen einer pluralen Gesellschaft vorbei, im schlimmsten Fall werden diese gänzlich pervertiert. Vor diesem Hintergrund kann das Plädoyer von Paz für eine in jeder Gesellschaftsform notwendige Kritik als geistiger Dialog verstanden werden, welcher es ermöglicht, sich der Spannung zwischen «Absolutheit und Wandel», «Ewigkeit und Wimpernschlag», «Geschichte und Augenblick» auszusetzen, oh-

---

125 Reinhart Koselleck: *Zeitschichten. Studien zur Historik.* F.a.M.: Suhrkamp 2000.
126 Hannah Arendt: *Elemente und Ursprünge totaler Herrschaft.* F.a.M./Berlin: Ullstein 1986, S. 947. Vgl. auch: *Philosophie Magazin*, Sonderausgabe: Hannah Arendt – Die Freiheit des Denkens. Berlin (Juni 2016), S. 68f.
127 Vgl. Interview mit Antonia Grunenberg in: *Philosophie Magazin* (Juni 2016), S. 70–75, hier: S. 74.
128 Hannah Arendt: *Denktagebuch.* Bd. 1, München: Piper 2003, S. 484. Vgl.: Christina Thürmer-Rohr: Zum ‹dialogischen Prinzip› im politischen Denken von Hannah Arendt. In: *Zeitschrift für politisches Denken; Journal for political Thinking.* Ausgabe 1, Vol. 5, (Nov. 2009).
129 Vgl. Hannah Arendt: *The Origins of Totalitarianism*, S. 471: «Ideological thinking orders facts into an absolutely logical procedure which starts from an axiomatically accepted premise, deducing everything else from it; that is, it proceeds with a consistency that exists nowhere in the realm of reality.»

ne sie in die eine oder andere Richtung wenden oder ganz aufheben zu wollen.[130] Den Begriff der Totalität verwendet Paz dabei synonym zu Absolutheit, zu einer Art übergreifendem, universalem Sinnzusammenhang, der jeweils in sein Gegenteil umschlägt, sobald die Machthaber versuchten, diesen vermeintlich universalen Sinn ideologisch oder gar gewaltvoll herbeizuführen.

Zu dem Zeitpunkt, zu dem Paz seine Rede schrieb, war der Zusammenbruch der Sowjetunion nur noch eine Frage der Zeit. Dass aber schon zwei Jahre später die Berliner Mauer fallen würde, konnte 1987 noch niemand ahnen. Für Paz sollte dieses historische Ereignis insofern eine Bestätigung werden, als er eine Gesellschaft ohne Wandel, ohne Umstürze und Revolutionen, für unwirklich hielt. Allein der Wunsch nach einem unwandelbaren Prinzip sei im Grunde fehlgeleitet: «Una y otra vez los filósofos han intentado descubrir un principio inmune al cambio. Creo que ninguno lo ha logrado.»[131] Dies kann vor dem politischen Hintergrund als implizite Kritik auch an jenen Systemen gelesen werden, welche sich zu institutionalisieren versuchten. Die mexikanische Partei der Institutionalisierten Revolution (PRI) hatte das Paradoxon von Konsolidierung und Wandel sogar für den eigenen Namen übernommen.

Nicht erst seit dem Massaker, welches die PRI-Regierung im Oktober 1968 an friedlich demonstrierenden Studierenden auf der Plaza de Tlatelolco verübte, hatte Paz die Politik seines Landes scharf kritisiert. Doch war eben jenes politische Ereignis für ihn Anlass zur Kündigung seiner Stellung im diplomatischen Dienst gewesen. Im Jahr 1987 arbeitete er also seit fast 20 Jahren als Hochschullehrer, Autor und Herausgeber. Seine Rede ist keine konkrete Anleitung zu einem Wandel, aber sie erinnert daran, dass dieser stets ebenso notwendig ist, wie die Selbstkritik:

> ¿Qué nos queda? Tal vez ese principio que es el origen de la edad moderna: la duda, la crítica, el examen. No sé si los filósofos encuentran pertinente mi respuesta, pero sospecho que por lo menos Montaigne no la desaprobaría enteramente. No pretendo convertir a la crítica en un principio inmutable y autosuficiente; al contrario, el primer objeto de la crítica debe ser la crítica misma. Añado, además, que el ejercicio de la crítica nos incluye a nosotros mismos.[132]

Nicht zufällig stützt er sich bei diesem Plädoyer auf Michel de Montaigne, der, ebenfalls auf der Suche nach einem allgemeingültigen Prinzip, die ständige Veränderung, den Versuch, den Essay, auch in die Form seines Schreibens übertrug.

---

130 OP: «El lugar de la prueba», S. 441.
131 Ebda. S. 443.
132 Ebda.

Zweifel, Kritik und Nachfrage sind der erste Schritt Richtung individueller Urteilskraft und Mündigkeit des Einzelnen. Die Formulierungen von Paz, die «Kritik der Kritik» erinnert an dieser Stelle nicht nur an die Negative Dialektik, sondern auch an die zentralen Ideen des Dekonstruktivismus von Jacques Derrida: wie dieser ist Paz der Überzeugung, dass «wir uns hier in einem Bereich [...] der Geschichtlichkeit befinden»,[133] und dass verschiedene Deutungsmuster zugleich Gültigkeit beanspruchen können. Paz weiß um die Sehnsucht nach dem Ursprung, und bejaht mit seinem poetischen Werk zugleich das Spiel der Analogien. Im Zentrum steht bei Paz nicht die «Suche nach einer Mitte»,[134] sondern die Suche nach der Gegenwart, die Erfahrung der offenen Dialektik, in der beide Ordnungen simultan existieren. In diesem Fall geht es Paz um eine Wiederherstellung der verlorengegangenen Kommunikation zwischen jenen «zwei Ordnungen», in welchen die Menschheit dem Autor zufolge von jeher gelebt habe:

> Desde el principio vivimos en dos órdenes paralelos y separados por un precipicio: el aquí y el allá, la contingencia y la necesidad. O como decían los escolásticos: el accidente y la substancia. En el pasado los dos órdenes estaban en perpetua comunicación.[135]

Paz zieht für seine Argumentation so unterschiedliche Denker wie Aristoteles, Thomas von Aquin und Kant heran, wenn er Kontingenz und Notwendigkeit, Akzidenz und Substanz als Beschreibungen der zwei Ordnungen hinzufügt. Marx und Hegel hält Paz wie Arendt (welche diese als ‹Väter› der linken Totalitarismen bezeichnet hatte) für trügerische Gewährsmänner, wenn es darum gehen soll, die beiden verschiedenen Ordnungen wieder zu verbinden. Dieser Zusammenhang wird deutlich in der Rede, die Paz 1977 zur Annahme des Jerusalem-Preises gehalten hatte:

> La historia no es el sentido del hombre, [...]: el hombre es el sentido de la historia. De Bousset a Hegel y Marx, las distintas filosofías son engañosas. La historia no es discurso ni

---

133 Jacques Derrida: Die Struktur, das Zeichen und das Spiel im Diskurs der Wissenschaften vom Menschen [1976]. In: Dorothee Kimmich/Rolf G. Renner u. a. (Hg.): *Texte zur Literaturtheorie der Gegenwart*. Stuttgart: Reclam 1996, S. 304–317, hier: 316. Vgl. ebda. S. 315f: «Es gibt somit zwei Interpretationen der Interpretation, der Struktur, des Zeichens, und des Spiels. Die eine träumt davon, eine Wahrheit und einen Ursprung zu entziffern, die dem Spiel und der Ordnung des Zeichens entzogen sind, und erlebt die Notwendigkeit der Interpretation gleich einem Exil. Die andere, die dem Ursprung nicht länger zugewandt bleibt, bejaht das Spiel [...]. Ich für meinen Teil glaube nicht, daß man zwischen ihnen heute zu wählen hat.»; vgl. zu Paz' Aufbrechen des Strukturalismus auch: Maya Schärer-Nussberger: *Octavio Paz. Metaphern der Freiheit*, S. 10.
134 So der Titel der deutschen Gedichtsammlung, vgl. Fritz Vogelsang in: OP: *Suche nach einer Mitte*.
135 OP: «El lugar de la prueba», S. 441.

teoría: es el diálogo entre lo general y lo particular, los determinismos objetivos y un ser único indeterminado.[136]

Im Mittelpunkt dieses Arguments steht der Dialog, der einen Austausch zwischen den verschiedenen Ordnungen von Kontingenz und Notwendigkeit, von Allgemeinem und Besonderem, von objektivem Determinismus und indeterminiertem einzigartigen Subjekt garantieren soll, welcher aber eben keine Synthese zwischen den beiden bedeutet, wie es bei Hegel oder Marx der Fall wäre. Das Wissen um die Notwendigkeit einer ständig neuen Justierung der eigenen philosophischen oder historischen Position wird deutlich, wenn Paz Jerusalem als privilegierten Ort des Dialogs von Freiheit und Geschichte versteht:

> [R]egresaba al origen, al lugar donde la palabra humana y la divina se enlazaron en un diálogo que fue el comienzo de la doble idea que ha alimentado a nuestra civilización desde el principio: la idea de *libertad* y la idea de *historia*.[137]

Paz scheint dieses Zugleich von Freiheit und Geschichte als eine Methode seines essayistischen Räsonnements zu gebrauchen. Monarchie und Demokratie, Augenblick und Ewigkeit, Totalitarismus und revolutionärer Wandel sind dabei nicht die einzigen Oppositionen, zwischen denen sich Paz in «El lugar de la prueba» verortet. Er erwähnt auch alltagsweltlichere Gegensatzpaare wie Heute und Gestern, Hier und Dort, Oben und Unten, Außen und Innen, Gut und Böse, Himmel und Erde (mit einem Beispiel von Dante) und *nosotros y los otros*, die Vorstellung eines Wir im Gegensatz zu den Anderen.[138] Die Rede schließt mit einer Erinnerung an ein Erlebnis im Spanischen Bürgerkrieg: Als der junge Autor durch besetzte Gebäude in Madrid geführt wurde, hörte er Menschen lachen. Auf die Frage, wer diese Menschen seien, wurde ihm gesagt: «Son los *otros*»,[139] das sind die Anderen.

---

136 OP: «Discurso de Jerusalén» [1977], OC Bd. 10, S. 645–648, hier: S. 648.
137 Ebda. S. 646.
138 Vgl. OP: «El lugar de la prueba», S. 441 (eigene Hervorhebungen): «*Hoy como ayer*, las circunstancias son cambiantes; las ideas, relativas; impura la realidad. Pero no podemos cerrar los ojos ante lo que ocurre: [...] las resurrecciones *aquí y allá* del despotismo, la proliferación de la violencia de *los de arriba y los de abajo* [...] La realidad que vemos no está *afuera sino adentro*: estamos en ella y ella está en nosotros. Somos ella. Por eso no es posible desoír su llamado, y por esto la historia no es sólo el dominio de la contingencia y el accidente: es el lugar de la prueba. Es la piedra de toque.» Und Paz zitiert Schopenhauer: «Schopenhauer no se contiene: ‹Dante no cumple con la palabra que ha dado [...] Ignoro si esas acciones son frecuentes en el *cielo y si allá* son consideradas meritorias: *aquí en la tierra*, a cualquiera que se porte así lo llamamos un truhán›. Y agrega: ‹Esto demuestra qué difícil es fundar una ética en la voluntad de Dios: *el bien se vuelve mal y el mal se vuelve bien* en un cerrar de ojos›.»
139 Ebda. S. 446.

Der letzte Satz seiner Rede lautet: «Había descubierto de pronto – y para siempre – que los enemigos también tienen voz humana.»[140] Auch der Feind spricht mit menschlicher Stimme. Mit der Erinnerung an die Wirklichkeit hinter den ideologischen Narrativen des Zwanzigsten Jahrhunderts entspricht Paz einer Forderung Adornos für das essayistische Schreiben: Der Text «El lugar de la prueba» «täuscht» nicht «über das antagonistische Wesen» seiner Zeit hinweg.[141] In seiner durchkomponierten Sprache wird der Konflikt für einen Moment zum «Stillstand» gebracht, aber nicht aufgelöst, sondern als solcher adressiert. Sowohl die Form des Essays als auch jene Formen, die der Autor für seine Gedichte wählt, lassen stets Raum für die Offenheit des Gedankens. Der Kontrast, die Spannung zwischen den permanenten Dualismen der menschlichen Existenz bleibt in der vorliegenden Rede das zentrale Thema. Das Hauptargument von Paz widmet sich der Vorhersage des Überlebens der beiden oben zitierten Ordnungen; es geht ihm um den Raum dazwischen. Da es keinen Weg mehr gebe, der zwischen den beiden Ordnungen vermittle, keine Brücke, die überschritten werden könne, so die Metapher, riskierten wir unausweichlich einen *salto mortale*:

> [E]l paisaje histórico, el teatro de nuestros actos y pensamientos, se desmorona continuamente: no tiene fondo, no tiene fundamento. Estamos condenados a saltar de un orden a otro y ese salto es siempre mortal. Estamos condenados a equivocarnos.[142]

Nachdem der dieser Argumentation inhärente Dualismus aufgedeckt wurde, ist es aufschlussreich, die Sätze an dieser Stelle mit Hinblick auf ihre performativen Effekte hin zu lesen: Auf der inhaltlichen Ebene spricht Paz von Zeit und Raum (*paisaje histórico*); von Gedanke und Handlung, und von den zwei Ordnungen der Dinge. Auf der formalen Ebene verwendet er duale Alliterationen und Anaphern, die seinen Sinn für die klangliche Dimension zeigen: *no tiene fondo, no tiene fundamento*, und *estamos condenados, estamos condenados*. Außerdem findet sich eine Parallele zwischen Sterblichkeit und Irrtum in den letzten beiden Sätzen. Auf diese Weise manifestiert sich das dialektische Argument auch in der sprachlichen Form des Essays. Obwohl es sich bei dem Text durchaus um Prosa handelt, ist ein Rhythmus wahrzunehmen, der sogar einen Reim auf den Worten

---

140 Ebda.
141 Theodor W. Adorno: Der Essay als Form, S. 24f: «Seiner Form ist deren eigene Relativierung immanent: er der [Essay] muß so sich fügen, als ob er immer und stets abbrechen könnte. Er denkt in Brüchen, so wie die Realität brüchig ist, und findet seine Einheit durch die Brüche hindurch, nicht indem er sie glättet. Einstimmigkeit der logischen Ordnung täuscht über das antagonistische Wesen dessen, dem sie aufgestülpt ward. Diskontinuität ist dem Essay wesentlich, seine Sache stets ein stillgestellter Konflikt.»
142 OP: «El lugar de la prueba», S. 442.

pensamientos, continuamente, fundamento miteinschließt. Dies lässt es so scheinen, als habe der Dichter eigene historische Erfahrungen in Sätze und Gesetze von universalem Wert übersetzt. Im Rhythmus wirkt die sprachliche Form umso präsenter, und dank der vielen Wiederholungen könnten die Rezipienten den Text stellenweise nahezu auswendig lernen. Beispiele solcher in diesem Sinne geeigneter Aphorismen wären: «[V]ivir nada más en y para la historia no es vivir realmente»;[143] oder: «[S]in ese más allá, el instante no es instante ni la historia es historia.»[144] An einigen Stellen wird dank der Chiasmen deutlich, dass es sich bei dem Text um eine durchkomponierte Grundsatzrede handelt. Ein weiteres Zitat soll dies bestätigen: «La realidad que vemos no está afuera sino adentro: estamos en ella y ella está en nosotros. Somos ella.»[145] Die kürzer werdenden Sätze geben die Pausen an und legen ein Ritardando nahe. Die Worte, die Paz wählt, sind allgemein genug, um nicht ausschließlich auf den Spanischen Bürgerkrieg bezogen zu werden. Keines der soeben zitierten Fragmente verweist direkt auf den Krieg. Dies deutet auf eine tiefere Textebene, in der die Geschichte als solche zur Diskussion steht. Es kann daher angenommen werden, dass das Konzept der zwei Ordnungen sich nicht allein auf die Dualismen zwischen Republikanern und Frankisten, der Sowjetunion und den Vereinigten Staaten, Kommunismus und Kapitalismus, links und rechts oder West und Ost bezieht – sondern dass Paz selbst nach der Historizität des Menschen fragt, nach möglichen Formen von gemeinschaftlichem Zusammenleben und Wirtschaften; nach einem politischen Humanismus der nicht in sein Gegenteil umschlagen oder die individuelle Freiheit einschränken würde. Die Pervertierung des Marxismus, wie Paz sie in Mexiko und am Beispiel der Sowjetunion beobachtet hatte, war eine seiner größten Enttäuschungen. Dialektisches Denken schien ihm der einzige Weg zu sein, diese Erfahrungen artikulierbar zu machen. In seiner Rede von 1987 sparte der Autor die eigene Person nicht aus der Kritik ideologischer Blindheit aus:

> Quisimos ser los hermanos de las víctimas y nos descubrimos cómplices de los verdugos, nuestras victorias se volvieron derrotas y nuestra gran derrota quizá es la semilla de una victoria que no verán nuestros ojos.[146]

Wieder sind seine Sätze in Parallelismen strukturiert, die das Argument bekräftigen: Die Brüder der Opfer finden sich auf der gleichen Ebene mit den Komplizen der Henker, sogar in der formalen Ausgestaltung. Das Argument kann auch in der Alliteration *víctimas/verdugos* gefunden werden, so dass es sich auf der klang-

---

143 Ebda. S. 441.
144 Ebda.
145 Ebda.
146 Ebda. S. 442.

lichen Ebene wiederholt. Der omnipräsente Dualismus zeigt sich am deutlichsten in dem Chiasmus: *victorias – derrotas, derrota – victoria*. In solchen Passagen kommt immer wieder die poetische Qualität dieses Essays zum Vorschein. Der ganze Text stellt die Polarität dabei als Hauptmerkmal historischer Erfahrung im 20. Jahrhundert heraus. Selbst die Akkumulationen erscheinen in dualen Paaren. Seine Erinnerungen an die Sommertage des Kongresses von 1937 strukturiert der Dichter wie folgt:

> Esos días del verano de 1937 dibujan en nuestras memorias [...] afirmaciones que se convierten en negaciones, heroísmo y crueldad, lucidez y obcecación, lealtad y perfidia, ansia de libertad y culto a un déspota, independencia de espíritu y clericalismo.[147]

In den Sechzigern wurde Paz als Botschafter nach Neu-Delhi gesandt, wo er sich mit den Kulturen des Landes befasste und unter anderem die *Bhagavad Gita* las.[148] Dieser zentrale Text des Hinduismus lehrt Einheit und Zweiheit in einer «paradoxalen Logik»,[149] wie Erich Fromm es nannte; der einzelne Mensch wird als Janus-Gesicht konzeptualisiert.[150] Dies korrespondiert mit den Aussagen von Paz, wenn er über die ‹Realität in uns und uns in der Realität› schreibt, wie oben zitiert. Dieser Satz scheint eine Zweiheit zu beschreiben, wohingegen der direkt darauffolgende Satz eine Einheit suggeriert: «Somos ella», wir sind sie. Dennoch wurde die Zweiheit von Mensch versus Realität, einzigartiger Subjektivität und allgemeingültiger Objektivität nicht aufgelöst – ganz wie in der hinduistischen Lehre vertritt auch Paz ein Zugleich beider Konzepte.[151]

Schon in *El arco y la lira* (1956) beschrieb Paz die Einsamkeit als Getrenntsein vom Selbst, als Zweisein. Der Andere sei unser Doppel, zugleich abwesend und anwesend. Und erst die radikalste Entfremdung sei schließlich der Moment der vollen Wiedergewinnung des eigenen Selbst:

> Los estados de extrañeza y reconocimiento, de repulsión y fascinación, de separación y reunión con lo Otro, son también estados de soledad y comunión con nosotros mismos. [...] La verdadera soledad consiste en estar separado de su ser, en ser dos. Todos estamos solos,

---

147 Ebda. S. 438.
148 Erster Aufenthalt in Neu-Delhi 1952, zweiter Aufenthalt von 1962–68. Vgl. Anthony Stanton: *El río reflexivo*.
149 Erich Fromm: *Die Kunst des Liebens*, S. 88.
150 Vgl.: Georg Feuerstein: *Introduction to the Bhagavad-gītā: its philosophy and cultural setting*. London: Rider 1974.
151 Vgl. Gavin Flood: *An introduction to Hinduism*. Reprint. Cambridge: Cambridge UP 2000; sowie: Rabindranath Tagore: *Sadhana, The Realisation of Life*, Kap. V: «Realisation in love»: «Only in love are unity and duality not at variance. Love must be one and two at the same time. Only love is motion and rest in one.»

porque todos somos dos. El extraño, el otro, es nuestro doble. [...] El otro está siempre ausente. Ausente y presente. Hay un hueco, un hoyo a nuestros pies. El hombre anda desaforado, angustiado, buscando a ese otro que es él mismo. Y nada puede volverlo en sí, excepto el salto mortal: el amor, la imagen, la Aparición. [...] El instante de la enajenación más completa es el de la plena reconquista de nuestro ser.[152]

Polarität wird bei Paz somit weniger als Abgrenzung vom Anderen verstanden, sondern als eine dialektische Erfahrung des Anderen im Eigenen.[153] Ähnlich wie für Fromm ist auch für Paz der Gedanke zentral, dass das Individuum in einer Balance zwischen den existentiellen Polen von «Leben und Tod, Wachstum und Verfall» leben müsse.[154] Immer wieder widmet sich der mexikanische Nobelpreisträger in seinem Werk dualen Gegensatzpaaren wie Augenblick und Ewigkeit, Fülle und Leere, Zentrum und Peripherie, Beginn und Ende, oder Individuum und Gesellschaft.[155]

Auch das poetische Werk von Paz ist zutiefst von dem Gedanken geprägt, dass alles ein Gegenstück habe. In den Gedichten finden sich duale Paare auf allen Ebenen: Die Strophen von «Himno entre ruinas» sind abwechselnd kursiv und recte gesetzt, der Stil wechselt zwischen barocker Sprache und alltäglichen Formulierungen, der Schriftsatz im Gedicht «Blanco» ist nicht nur schwarz sondern auch pink, der spezifische Klang von «Entre la piedra y la flor» entsteht aus Parallelismen, Anaphern, Aufzählungen und Zweierpaaren, inhaltlich finden sich in den Gedichten Gegensatzpaare wie Ich und der Andere, Augenblick und Ewigkeit, Einsamkeit und Gemeinsamkeit.[156] Insgesamt zeichnet sich das Werk von Paz dadurch aus, dass der Autor die unterschiedlichen Extreme an keiner Stelle

---

152 OP: «La otra orilla», in: *El arco y la lira*, OC Bd. 1, S. 145. Vgl. auch die Übersetzung dieser Passage von Fritz Vogelgsang in: OP: *Freiheit, die sich erfindet*, S. 89: «Die wahre Einsamkeit besteht im Getrenntsein vom eigenen Sein, im Zwei-Sein. Wir alle sind einsam, denn wir alle sind zwei. Der Fremde, der Andere ist unser Double [...] Sind wir die Hohlform, die Spur seiner Abwesenheit? [...] Angstvoll läuft der Mensch und sucht jenen anderen, der er selber ist. Und nichts kann ihn zu sich selbst zurückbringen als der Salto mortale: die Liebe, das Bild, die Erscheinung [...] Der Augenblick der radikalsten Entfremdung ist der Moment der vollen Wiedergewinnung unseres Seins.»
153 In seinem Buch *Die Kunst des Liebens* (1956) spricht auch Fromm über die Kombination gegensätzlicher Werte innerhalb eines Verstandes und entwirft die Idee einer möglichen «Bisexualität im psychologischen Sinn». Erich Fromm: *Die Kunst des Liebens*, S. 45.
154 «Die Chance man selbst zu sein, [...] als fein ausbalancierte Struktur, die in jedem Augenblick mit der Alternative Wachstum oder Verfall, Leben oder Tod konfrontiert ist.» Erich Fromm: *Haben oder Sein*, S. 209.
155 OP: «Poesía de soledad y poesía de comunión» (1943), OC Bd. 13, S. 234–245. Vgl. Auch: OP: «La espiral: fin y comienzo» (1993); OP: «¿Fin o comienzo?» (1981), sowie: OP: «La democracia: lo absoluto y lo relativo» (1991), OC Bd. 9, S. 473–485.
156 Vgl. Anthony Stanton: *El río reflexivo*.

fusioniert, dass er eben keine hegelianische Synthese anstrebt, sondern gerade die Spannung zwischen den Gegensätzen als existentiell erlebbar macht; es geht um den Raum *zwischen* den beiden Ordnungen. Der Essay «Lugar de la prueba» wird entsprechend nicht mit dem Traum eines säkularen Paradieses beendet. Damit findet sich ein deutlicher Unterschied zu Marx, der an ein «Reich der Freiheit» glaubte, und zu Fromm, der eine «Stadt des Seins» visualisierte.[157] Die Argumentation von Paz ist weder historisch-philosophisch, noch politisch-ökonomisch, noch religiös. Diese Ablehnung von Eskapismus einerseits und politischem Manifest andererseits zeigt die spezifische Denkweise von Paz, die sich konträr zum binären Denken des 20. Jahrhunderts situiert und sich am besten mit dem Begriff einer offenen Dialektik fassen lässt. Allein eine dezidert offenbleibende dialektische Herangehensweise garantiert kritisches Urteil, das sich des Für und Wider einer Situation bewusst ist, doch komplexe Sachverhalte nicht simplifiziert oder esoterisch verklärt. Die Offenheit des dialektischen Denkens von Paz ist für ihn wie für sein Werk essentiell, zugleich ist sie Grund für viele Missverständnisse seines Werkes, das sich eben deshalb in keine der dominanten Diskursformationen des 20. Jahrhunderts einfügen ließ. Wie schon in der Einleitung herausgearbeitet, kann auf diese Weise die Position von Paz als politischem Intellektuellen zwischen dem rechtskonservativen Borges und Nerudas stalinistischen Überzeugungen genauer nachvollzogen werden. Dass die Balance zwischen den Extremen von Stalinismus und Faschismus Paz ein zentrales Anliegen war, wird auch in seinem Text aus dem Jahre 1987 deutlich, wenn er schreibt: «Dejamos de ser los servidores de un principio absoluto sin convertirnos en los cómplices de un cínico relativismo».[158]

Wie weit Paz mit seiner Selbstkritik zu gehen bereit war, zeigt sich an jenen Absätzen in welchen er an den berühmten Konflikt der Kongressorganisatoren 1937 mit André Gide erinnert. Dieser hatte kurz vor dem Kongress sein Buch *Retouches à mon Retour de l'U.R.S.S.* (Gallimard 1937) veröffentlicht, in dem er nach der *Retour de l'U.R.S.S.* (Gallimard 1936) erneut seinen Besuch in der Sowjetunion kommentiert hatte. Paz erzählt, dass Gide aufgrund seiner Kritik an den Realitäten in der Sowjetunion in beiden Büchern während des Kongresses öffentlich angegriffen wurde, und bereut, ihn nicht in Schutz genommen zu haben:[159]

---

[157] Wobei Adorno zu Recht bemerkt, dass weder Hegel noch Marx die ideale Gesellschaft ausmalen, vgl. Theodor W. Adorno: *Einführung in die Dialektik*, S. 51. Vgl. Erich Fromm: *Haben oder Sein*, S. 247. Vgl. Karl Marx: *Das Kapital. Kritik der politischen Ökonomie*. MEW Bd. 3, 1988, S. 828.
[158] OP: «El lugar de la prueba», S. 443.
[159] Laut Yvon Grenier war Paz jedoch (gemeinsam mit Carlos Pellicer) einer von nur zwei Delegierten, «who abstained from the landslide vote condemning French writer André Gide for having publicised his disillusion with the Soviet experience». Yvon Grenier: Socialism in One

> Pero Gide fue maltratado y vilipendiado en el congreso; incluso se le llamó «enemigo del pueblo español». Aunque muchos estábamos convencidos de la injusticia de aquellos ataques y admirábamos a Gide, callamos. Justificamos nuestro silencio con los mismos especiosos argumentos que denunciaba Quinet en 1865. Así contribuimos a la petrificación de la Revolución.[160]

Dass die Kritik nicht vor der eigenen Person haltmacht, ist zentral für das Denken von Paz, der schon früh öffentlich an die Dringlichkeit einer Aufdeckung der stalinistischen Verbrechen erinnerte.[161] In seinen im ersten Teil dieser Arbeit kommentierten Sonetten über einen blinden Stalinismus rechnete Paz ebenfalls mit der eigenen Feigheit ab. Ein Auszug aus «Aunque es de noche II» (1987), das im gleichen Jahr publiziert wurde wie die vorliegende Rede, verdeutlicht den Standpunkt, der dem lyrischen Ich ebenso wie dem Autor selbst zugeordnet werden kann: «Fui cobarde, / no vi de frente al mal».[162] Ganz wie Paz es in «El lugar de la prueba» beschreibt, problematisiert auch das Gedicht die damals fehlende Selbstkritik, das fehlende Eingreifen, als die Ideale verraten wurden, obwohl die dogmatische Verhärtung der Sowjetunion schon 1937 hätte erkannt werden können. Anhand der Episode mit André Gide wird dabei deutlich auf die fehlende kritische Reaktion einer ganzen Generation von Kommunisten verwiesen.[163]

Die Offenheit des dialektischen Denkens von Paz zeigt sich dabei nicht nur inhaltlich, sondern auch auf der Ebene der Form. Am eindrücklichsten geschieht

---

Person: Specter of Marx in Octavio Paz's Political Thought. In: Oliver Kozlarek (Hg.): Octavio Paz: Humanism and Critique, S. 53.
160 Ebda. S. 444. Vgl. zum Ausschluss von Gide auch: Guillermo Sheridan: Octavio Paz en Yucatán, sowie: Christopher Domínguez Michael: Octavio Paz en su siglo.
161 Vgl. die Beiträge von Paz in der Revista Sur 1951.
162 OP: «Aunque es de noche», OC Bd. 12, S. 122–124. Vgl. Kap. 2.4.1.
163 Als weiteres Beispiel für eine Kritik am fehlenden individuellen Urteilsvermögen erinnert Paz in der Rede «El lugar de la prueba» (1987) an die heftige Verurteilung Schopenhauers, welcher dem Protagonisten des Infernos vorwirft, er habe eben nicht nach bestem eigenen Wissen und Gewissen entschieden, als er sich weigerte, dem Sünder im neunten Kreis der Hölle in der Region des Eises die Augen zu öffnen, damit dieser wieder weinen könne. Stattdessen bezieht sich der Protagonist Dante auf das Gesetz Gottes und verrät damit das zuvor gegebene Versprechen, seinem Gegenüber zu helfen. In der oben zitierten Rede zur Annahme des Friedenspreises von Jerusalem hatte Paz mit Antigone ebenfalls ein Beispiel für eine ausgeprägte eigenständige Urteilsfähigkeit aus dem europäischen Kanon genannt. Diese literarischen Beispiele aus unterschiedlichen Epochen machen deutlich, dass das sich dem Dogma widersetzende Urteilsvermögen in keinster Weise an eine bestimmte Zeit gebunden ist, und auch in den dreißiger Jahren hätte vorhanden sein müssen.

dies in «El lugar de la prueba» bei der Einführung seines Vorschlags, wie mit der zerbrochenen Brücke zwischen den zwei Ordnungen umgegangen werden soll: An dieser Stelle ist die ansonsten durchgehend duale Struktur des Textes auf einmal unterbrochen. Die oben schon zitierte Lösung, die Paz vorschlägt, um die beiden Ordnungen wieder in Kontakt zu bringen, hat eine dreifache Struktur: «la duda, la crítica, el examen».[164] Der Vorschlag von Paz durchbricht somit die binären Modi des Denkens seiner Zeit in Oppositionen von schwarz/weiß, vor/zurück und entweder/oder. Stattdessen wird an dieser Stelle die Zeitstruktur der Trias eingeführt.[165] Zweifel, Kritik und Nachfragen sollen davor bewahren, noch einmal in die Abgründe des zwanzigsten Jahrhunderts zu stürzen, und daran erinnern, dass Wandel immer möglich ist.[166] Ähnlich wie schon in «Piedra de sol» (1957), schreibt Paz in «El lugar de la prueba»: «la crítica [...] nos hace *vernos* y así nos convierte en otros – en *los otros*.»[167] Die Texte von Paz setzen sich genau dieser Spannung aus, und stellen sich der Dissonanz. Doch anstatt einen Einklang, eine Synthese zu versuchen, macht Paz die Polarität selbst zum Thema und versteht das Aushalten ihrer Widersprüche als existentiell.

3.2.2 «Himno entre ruinas» (1948)

Octavio Paz schrieb sein Gedicht «Himno entre ruinas» 1948 während eines Aufenthaltes in Neapel, erschienen ist es erstmalig in dem Band *Libertad bajo*

---

164 OP: «El lugar de la prueba», S. 443.
165 Ebda. S. 443. Dies korrespondiert mit den Beobachtungen von Claude Lévi-Strauss über die Struktur von Mythen. In seiner *Anthropologie Structurale* schreibt er: «[L]a pensée mythique procède de la prise de conscience de certaines oppositions et tend à leur médiation progressive. [...] deux termes, entre lesquels le passage semble impossible, sont d'abord remplacés par deux termes équivalents qui en admettent un autre comme intermédiaire. Après quoi, un des termes polaires et le terme intermédiaire sont, à leur tour, remplacés par une nouvelle triade, et ainsi de suite.» Claude Lévi-Strauss: *Anthropologie Structurale*. Paris: Librairie Plon 1974, S. 248. Paz widmet dem Werk von Lévi-Strauss ein ganzes Buch: OP: *Claude Lévi-Strauss o el nuevo festín de Esopo*. Mexiko: Mortiz 1967.
166 Für Paz gelten Zweifel, Kritik und Nachfrage dabei ähnlich wie für Hannah Arendt als unabdingliche Garanten für Diversität, für alles «echte» Denken. In einer Notiz vom Juni 1953 schrieb Arendt: «Zweifel ist das Sich-in-Zwei-Spalten alles echten Denkens, das sich der Pluralität des Menschseins bewusst bleiben will. Der Zweifel hält dauernd die andere Seite, die Seite des Anderen offen; er ist in der Einsamkeit und nur in ihr die absolut notwendige Repräsentation der Andern; Zweifeln ist [...] der Dialog mit sich selbst, in dem ‹ich› auch ein Anderer sein muss.» Hannah Arendt: *Denktagebuch*, S. 393.
167 OP: «El lugar de la prueba», S. 443. (Kursiv im Original). Zu «Piedra de sol» vgl. Kap. 3.3.2.

palabra (1949).[168] In diesem Band positionierte der Autor das Gedicht als Abschluss der Sammlung, zehn Jahre später sollte es *La estación violenta* (1958) eröffnen.[169] Der Titel kündigt durch die Nennung der hellenischen Gattung des Hymnus einen feierlichen Lobgesang an, kontrastiert wird die damit aufgebaute Erwartung durch die Lokalisierung der Hymne «entre ruinas», zwischen Ruinen. Dabei bezieht sich das lyrische Ich sowohl auf die Ruinen der mexikanischen Hochkulturen wie auch auf das vom Zweiten Weltkrieg zerstörte Italien. Mit den Gegenüberstellungen von Mexiko und Europa, sowie von Mexiko und Nordamerika schließt das Gedicht an zeitgenössische Diskurse an. Ähnlich wie das zeitgleich entstehende *Laberinto de la soledad* vertritt es eine politische Agenda der Selbstbehauptung bevor es auf universellere Werte des menschlichen Daseins in der Geschichte eingeht. Das Zugleich so weit entfernter Epochen wie der mesoamerikanischen Hochkultur und dem Zwanzigsten Jahrhundert wird zunächst anhand zahlreicher Gegenüberstellungen wie Tag und Nacht illustriert bevor es schließlich in den «24 Schnitzen einer Orange» als Metapher für die Stunden eines Tages kulminiert. Mythos und Geschichte, zyklische und lineare Zeit werden immer enger geführt, bis Schöpfung und Zerstörung als dialektische Komponenten ein und derselben Erfahrung erscheinen. Dies erinnert ebenso an Nietzsches

---

168 OC Bd. 13, S. 195–197. Dt. Übers. von Fritz Vogelgsang in: *OP: Freiheit, die sich erfindet*, «Hymne zwischen Ruinen», S. 29–31. Im Folgenden verwende ich die eigene Arbeitsübersetzung.
169 Xirau bezeichnet es deswegen auch als Scharniergedicht zwischen zwei Schaffensperioden des Dichters. Vgl.:
Ramón Xirau: Himno entre ‚ruinas': La palabra, fuente de toda liberación. In: Enrique Ángel Flores (Hg.): *Aproximaciones a Octavio Paz*, S. 159–164, hier: S. 159.
Vgl. auch: Anthony Stanton: ‚La estación violenta' y su poema inicial ‹Himno entre ruinas›. In: César Cansino Ortiz/Omar M. Gallardo u. a. (Hg.): *Octavio Paz sin concesiones: 15 miradas críticas*. Benemérita Universidad Autónoma de Puebla 2016, S. 91–109. Stanton erinnert an die intertextuelle Provenienz des Titels *La estación violenta*, die 1958 im FCE publiziert wurde: es handelt sich um ein Zitat aus Guillaume Apollinaires «La Jolie Rousse», welches dieser 1918 am Ende des Ersten Weltkriegs verfasste.
Vgl. Anthony Stanton: Lectura de ‹Himno entre ruinas› de Octavio Paz. In: Patrizia Botta (Hg.): *Rumbos del hispanismo en el umbral del Cincuentenario de la AIH*. Vol. VI, Hispanoamérica. Rom: Bagatto Libri 2012, S. 333.
Weitere Studien:
Diana Sorensen Goodrich: Lectura de ‹Himno entre ruinas›. In: *Texto crítico* Xalapa, Jahr 8, Nr. 24/25. Centro de Investigaciones Lingüístico-Literarias. Humanidades Univ. Veracruzana (1982), S. 221–228;
Crystal Chemris: A reading of Octavio Paz's ‹Himno entre ruinas› in light of the Góngora-symbolist parallel. In: *Cincinnati Romance Review* 25 (2006), S. 149–158.

Zarathustra – «Immer vernichtet, wer ein Schöpfer sein muss»[170] – wie an die religiösen Vorstellungswelten der Azteken, bei denen die Neuschöpfung eines neuen Zeitalters immer mit einem zerstörerischen Tanz verbunden war.[171] So entspricht die «Hymne zwischen Ruinen» der Rolle der Dichtung als «canto a los dioses desaparecidos»[172] auf die auch Anthony Stanton verweist, wenn er das Gedicht in der Tradition der hymnischen Dichtung von Novalis, Hölderlin, Shelley und Keats verortet.

Schon im Barock galten Ruinen als wichtiges Bild der *vanitas*, bevor sie in der Romantik auch die Sehnsucht nach vergangenen Zeiten symbolisierten, und eine melancholische oder geheimnisvolle Stimmung veranschaulichten.[173] John Fein erkennt im Titel des vorliegenden Gedichts einen intertextuellen Bezug zu Gedichten wie Rodrigo Caros «A las ruinas de Itálica» und Pablo Nerudas «Alturas de Macchu Picchu».[174] Stanton vergleicht es mit Robert Brownings «Love Among the Ruins» von 1852, dessen Arbeitstitel «Sicilian Pastoral» gelautet hatte.[175] Wie in jenem Gedicht findet sich auch in dem vorliegenden eine Kritik der modernen Gesellschaft, welche mit den Ruinen als Zeugnis einer vergangenen glanzvollen Epoche kontrastiert wird.[176] Insgesamt beschreibt Stanton das Gedicht als: «una especie de *collage* verbal (superposición de distintos tiempos y espacios en el mismo texto)».[177]

---

170 Friedrich Nietzsche: *Also sprach Zarathustra*. Leipzig: Kröner 1917, S. 86.
171 Vgl. OP: *Posdata* (1969), LS (2011), S. 363–415. (Vgl. dazu Kapitel 2.3)
172 Anthony Stanton: ‚La estación violenta' y su poema inicial ‹Himno entre ruinas›.
173 Vgl. die Übersicht von Bruce W. Wardropper: The Poetry of Ruins in the Golden Age. In: *Revista Hispánica Moderna*, 35, Nr. 4 (1969), S. 295–305. Vgl. Novalis: *Hymnen an die Nacht* [1797]. Berlin: Aufbau-Verlag 1983.
174 John M. Fein: ‚Himno entre ruinas'. In: Enrique Ángel Flores (Hg.): *Aproximaciones a Octavio Paz*, S. 165–170, hier: S. 165.
175 Anthony Stanton: ‚La estación violenta' y su poema inicial ‹Himno entre ruinas›.
176 Anthony Stanton: Lectura de ‹Himno entre ruinas› de Octavio Paz, S. 336. Stanton sieht «Himno entre ruinas» auch wegen seiner Thematisierung der «autodestrucción creadora» als Text der Moderne. Er zitiert damit Paz, nennt allerdings keine genaue Quelle. Gemeint ist wohl die Denkfigur der «destrucción creadora», die Paz in dem Essay «Crítica de la pirámide» beschreibt, LS (2011), S. 369–415. Vgl. dazu Kapitel 2.3 der vorl. Arbeit.
177 Vgl. Anthony Stanton: ‚La estación violenta' y su poema inicial ‹Himno entre ruinas›: Stanton klassifiziert die Struktur des Gedichts als avantgardistisch und spricht auf formaler Ebene von Einflüssen des Simultaneismus und des Kubismus, die den traditionellen barock-romantischen Diskurs im Inhalt ergänzen. Vgl. Stanton ebda.: Er führt aus wie folgt: Das Avantgardistische in «Himno entre ruinas» zeige sich «no sólo con el cubismo pictórico apropiado por poetas como Apollinaire y Cendrars, sino también con las propuestas del surrealismo francés (la poesía como acción) y con las innovaciones de la poesía angloamericana, señaladamente las practicadas

Der Titel des Gedichts spielt also mit der Erwartung des Lesers und kündigt an, dass die Gattungskonventionen der Hymne unterlaufen werden.[178] Das lyrische Ich präsentiert keine euphemistische Sicht auf seinen Gegenstand, sondern lässt ein äußerst kritisches Bewusstsein für die Umgebung in den Text einfließen. Die paratextuelle Information *Nápoles, 1948* verweist auf das Italien der Nachkriegszeit und damit auf einen historisch im buchstäblichen Sinne ruinierten Entstehungsort. Unter Mussolini hatte Italien 1939 zunächst den sogenannten Stahlpakt und anschließend 1940 den Dreimächtepakt mit Japan und dem nationalsozialistischen Deutschland geschlossen. 1943 zerschlug sich die Verbindung durch den Zusammenbruch des faschistischen Regimes in Italien und den damit einhergehenden Frontenwechsel. Offiziell endete der Krieg erst 1947 mit dem Pariser Friedensvertrag.[179] Als 1948 das Gedicht entstand, lagen nicht nur die Gebäude und die Wirtschaft in Trümmern – die Menschen befanden sich auch ideologisch in einem desolaten Zustand der Orientierungslosigkeit. Hans Ulrich Gumbrecht beschreibt eine latente Aggressivität in dem Versuch der Menschen, so schnell wie möglich zu einer Normalität zurückzufinden, die sich auch in der Literatur der Nachkriegszeit unmittelbar abgezeichnet finde.[180] Ohne das Latente verorten zu können besteht auch bei Paz die Gewissheit dieser fortdauernden Präsenz der begangenen Verbrechen.

Der Spagat zwischen den Zeiten zeigt sich dabei schon an der Symmetrie der sieben Strophen, die schematisch wie folgt zusammengefasst werden könnte: Auf

---

en los poemas extensos de Eliot y Pound, en los cuales la misma técnica simultaneísta se emplea para incorporar una reflexión sobre la historia y la decadencia de la civilización occidental.»

178 Stanton sieht einen Bezug zu OP: «Himno futuro» (1951 publiziert in: *Aguila o sol*) und OP: «Semillas para un himno». Anthony Stanton: Lectura de ‹Himno entre ruinas› de Octavio Paz. M. E. erschöpft sich der Vergleich in den Titeln und der Evokation gewisser Gattungstraditionen.

179 Vgl. Richard Brütting (Hg.): *Italien-Lexikon: Schlüsselbegriffe zu Geschichte, Gesellschaft, Wirtschaft, Politik, Justiz, Gesundheitswesen, Verkehr, Presse, Rundfunk, Kultur und Bildungseinrichtungen*. Berlin: Schmidt 1995. Vgl. darin insbes. die Zeittafel auf S. 38 f. sowie den Eintrag von Karl-Egon Lönne zum Zweiten Weltkrieg: «Guerra Mondiale, Seconda», S. 397–399.

180 Vgl. Hans Ulrich Gumbrecht: *Nach 1945: Latenz als Ursprung der Gegenwart*. Aus dem amerikan. Engl. von Frank Born. Berlin: Suhrkamp 2012, S. 39 f. Vgl. Anthony Stanton: ‚La estación violenta' y su poema inicial ‹Himno entre ruinas›: Stanton beobachtet die Alternanz zwischen Bezügen auf unterschiedliche historische Kontexte und setzt sie in einen Zusammenhang mit der Zeitlichkeit in dem Gesamtwerk von Paz: «En todos los textos el canto lírico coexiste o se alterna con la interrogación reflexiva y es central la temporalidad: hay una batalla permanente entre el instante y la duración. La poesía surge como un canto entre las ruinas, ruinas contempladas por una conciencia invadida por la historia: ruinas de la antigüedad, en forma de los restos de civilizaciones desaparecidas, pero también ruinas de la modernidad, es decir, el mundo reducido a escombros por la Segunda Guerra Mundial y ensombrecido por la amenaza de extinción nuclear durante la Guerra Fría.»

die Schöpfungsbilder der ersten Strophe folgt das Zerstörungsbewusstsein in der zweiten, das Entsetzen und die Gleichgültigkeit in der vierten Strophe wird gerahmt von den sinnlichen Bildern in der dritten und fünften Strophe. Danach folgt wieder eine Strophe, die das Zerstörungsbewusstsein artikuliert, bevor das Gedicht in der siebten Strophe mit einer Schöpfungshymne endet. Dabei beinhalten auch die Schöpfungsbilder der ersten Strophe schon Verweise auf vorangegangene Zerstörungen (Wunde, Ruinen, Phönix), das dialektische Zugleich durchdringt das ganze Gedicht, die Sinnlichkeit der ungeraden Strophen wird parallelgeführt mit dem historischen Bewusstsein der Strophen dazwischen. Im Folgenden sollen die Strophen je einzeln kommentiert werden, kurze Exkurse dienen der Erklärung von weiterführenden Bedeutungszusammenhängen.

Mit einem Vers von Luis de Góngora y Argote, der dem Gedicht als Epigraph vorangestellt ist, wird auf einen historischen und literaturgeschichtlichen Horizont verwiesen, der über den Zweiten Weltkrieg hinausgeht. Das kursiv gesetzte Zitat «*donde espumoso el mar siciliano...*» (dt. wo schäumend das sizilianische Meer...), stammt aus der *Fábula de Polifemo y Galatea* des spanischen Barockdichters.[181] Es ist der erste Vers der vierten Strophe eines Langgedichts in Elfsilbern, in dem Góngora die Sage des Zyklopen Polyphem und der Nymphe Galatea nacherzählt, die Ovid zuvor in den Metamorphosen besungen hatte.[182] Sowohl die poetische Beschreibung der Sonne in der ersten Strophe als auch der Intertext des Polyphem-Mythos im Epigraph und in der vierten Strophe legen eine Anspielung auf den antiken Sonnengott Helios nahe, der später mit Apollon gleichgesetzt wurde. Vor diesem Hintergrund ließe sich das göttliche Sonnenwesen (V11) jedoch auch als Erscheinung des Huitzilopochtli interpretieren.[183] Der

---

[181] Luis de Góngora y Argote: *Fábula de Polifemo y Galatea*. Éd. de A. Parker. Madrid: Cátedra 1983.
[182] Die Sage spielt ebenfalls in Italien, allerdings zu einer Zeit, die durch ihre mythische Dimension als vorgeschichtlich bezeichnet werden kann. Der grausame Mord an Acis, den Polyphem aus Eifersucht mit einem Felsen erschlägt, wird auf diese Weise in eine subtile Analogie zu der Nachkriegssituation Europas Mitte des 20. Jahrhunderts gestellt. Das lyrische Ich von Octavio Paz klagt nicht nur über die Zerstörung, sondern besingt, beschwört zugleich einen Neubeginn. Diese Haltung entspricht insofern der Moral der Sage über Polyphem und Galatea, als dass Ovid und Góngora von der Wiederauferstehung des Acis als Flussgott berichten. Analog dazu kann die aufgehende Sonne in «Himno entre ruinas» als Metapher für einen Neubeginn gelesen werden. Vgl. Ovid: *Metamorphosen*. Übers. von Erich Rösch. München: dtv 1990. Liber XIII. Pol, V750ff.
[183] Verani liest in den «Federn des Tages» Anspielungen an den Adler der Mexicas, an die Tages-Inkarnation der Sonne oder die Poesie des Aztekenkönigs Nezahualcóyotl. Hugo Verani: *Octavio Paz: el poema como caminata*, S. 58. Vgl. ebda. zu *La estación violenta* v. a. das Kapitel: «Invitación al viaje», darin zum «Himno entre ruinas» v. a. S. 56–67.

aztekische Sonnengott wird «Kolibri des Südens» genannt, sein Vater Mixcoatl wird als ein Ball von Federn imaginiert – beides fügt sich nahtlos in die Vogelmetaphern der ersten Strophe.[184] Als Sonnengott wäre Huitzilopochtli ein Äquivalent zu Helios. Durch die verschiedenen Mythologien, die ohne Abwertung ineinandergefügt werden, werden auch geographische Räume neu gedacht. Auf subtile Weise wiedersetzt sich das Gedicht so den nationalistischen Vorstellungen des 20. Jahrhunderts.

Es geht zugleich um eine gegenwärtige und eine vergangene Welt, Europa wird mit Mexiko kontrastiert, im ganzen Gedicht lösen sich Tag und Nacht, hell und dunkel, Jubel und Zweifel gegenseitig ab. Dies spiegelt sich auch in der Form: die Strophen sind abwechselnd recte und kursiv gesetzt, der eher gongorinische Duktus der ungeraden Strophen (1, 3, 5 und 7) trifft auf die fragmentierte modernere Sprache der kursiv gesetzten Strophen (2, 4 und 6). Insgesamt besteht das Gedicht aus genau 7 Strophen und 70 Versen, von denen auffällig viele sieben- oder vierzehnsilbig sind. Die Struktur der Alexandriner und der siebensilbigen *pies quebrados* wird zwar häufig unterbrochen, die Zahl Sieben könnte aber als versteckter Verweis auf die Sonne interpretiert werden: Sowohl im römischen Kult des Lichtgottes Apollon als auch in der Vorstellung seines griechischen Äquivalents, des Sonnengottes Helios, spielte die Sieben eine große Rolle, so dass das Gedicht auch auf dieser Ebene von der Sonnenzahlensymbolik durchdrungen scheint.[185]

In der ersten Strophe besingt das lyrische Ich den Sonnenaufgang, durch zwei Exklamationen wird die emotionale Intensität betont:

---

184 Vgl. zu Huitzilopochtli die Seite des archäologischen Museums Templo Mayor; sowie: Alfredo López Austin/Luis Millones: *Dioses del norte, dioses del sur: religiones y cosmovisión en Mesoamérica y los Andes*. Lima: IEP, Inst. de Estudios Peruanos 2008, S. 57: Beschreibung der Geburt von Huitzilopochtli und Sieg des Sonnengottes über seine Geschwister der Nacht.

185 Der Sonnengott Helios, mit dem Apollon während der römischen Antike gleichgesetzt wurde, besitzt seinerseits eine siebenstrahlige Krone, hat sieben Söhne und sieben Töchter, und wie Zeus steht ihm ein siebenfaches Kuchenopfer zu. Auch in den Traditionen anderer Kulturen als der griechischen spielte die Sieben eine große Rolle, die Thora beginnt nicht umsonst mit den sieben Schöpfungstagen, die Menora hat sieben Arme, der Sabbat ist der siebte Tag. Insbesondere die christliche Kirche rekurriert häufig auf die betreffende Zahl, es gibt sieben Tugenden, sieben Sünden und sieben Sakramente. In der mittelalterlichen Zahlensymbolik bedeutet die Sieben die Einheit von Gott und Erde, denn sie setzt sich zusammen aus Drei, der Zahl für die Dreieinigkeit, und Vier, der Zahl der vier Elemente. Vgl. Wilhelm Heinrich Roscher: *Beiträge zur Zahlensymbolik der Griechen und anderer Völker* [1904]. Hildesheim [u. a.]: Olms 2003, S. 337–453. Der Bezug zu Apollon wird insbes. auf den S. 340–355 diskutiert.

«Himno entre ruinas»

> *donde espumoso el mar siciliano...*
> Góngora

Coronado de sí el día extiende sus plumas.
¡Alto grito amarillo,
caliente surtidor en el centro de un cielo
imparcial y benéfico!
5   Las apariencias son hermosas en esta su verdad momentánea.
El mar trepa la costa,
se afianza entre las peñas, araña deslumbrante;
la herida cárdena del monte resplandece;
un puñado de cabras es un rebaño de piedras;
10 el sol pone su huevo de oro y se derrama sobre el mar.
Todo es dios.
¡Estatua rota,
columnas comidas por la luz,
ruinas vivas en un mundo de muertos en vida!

«Hymne zwischen Ruinen»

> *dort wo schäumend das sizilianische Meer...*
> Góngora

Von sich selbst gekrönt spreizt der Tag seine Federn.
Hoher gelber Schrei,
heißer Quell inmitten eines gerechten und wohltätigen Himmels!
Die Erscheinungen sind wunderschön in dieser ihrer jetzigen Wahrheit.
Das Meer erklimmt die Küste,
erobert die Felsen, eine schillernde Spinne;
die Kardinalwunde des Berges leuchtet;
eine Handvoll Ziegen ist eine Herde von Steinen;
die Sonne legt ihr goldenes Ei und ergießt sich über das Meer.
Alles ist Gott.
Zerbrochene Statue,
Säulen, verschlungen von Licht,
lebendige Ruinen in einer Welt von lebenden Toten!

Der beginnende Tag wird durch die Erwähnung der Federn mit einem Vogel gleichgesetzt. Der Tag erscheint dabei als «durch sich selbst bekrönt», so dass das herrschaftliche Moment dieses Augenblicks deutlich wird. Auch mit Federn gekrönte Vogelarten, Pfauen, Kronkraniche oder Fächertauben (deren lateinischer Name *Goura victoria* ebenfalls auf einen Aspekt des Herrschens verweist), werden stets als erhaben wahrgenommen. Die Periphrase fungiert auf diese Weise wie ein bildlicher Superlativ. Es folgt eine Exklamation (V2–4), in der die aufgehende

Sonne besungen wird. In einer audiovisuellen Synästhesie erlebt das nicht näher bestimmte lyrische Ich die Sonne als «hohen, gelben Schrei». Mit der Beschreibung des Gestirns als «heiße Quelle» im Zentrum des Himmels werden noch weitere Sinne angesprochen; dass es sich nur um die Sonne handeln kann, ist nun eindeutig. Die Metapher des Schreis evoziert gemeinsam mit dem Federkleid des Tages und dem Goldei in Vers 10 das vollständige Bild eines Vogels, das unter Hinzunahme des Adjektivs «heiß» an Fabelwesen wie den Feuervogel erinnert, dessen Anwesenheit (ebenso wie die Sonne) sowohl Glück als auch Unglück, Leben und Zerstörung zugleich bedeuten kann.[186] In vielen Kulturen gibt es die Vorstellung eines Vogels, der mit Licht und Feuer assoziiert wird. Der bekannteste ist der Phönix, der im vorliegenden Gedicht insofern eine Rolle spielen könnte, als es auch hier um eine Verwandlung und eine «Wiederauferstehung» (V30) aus der Asche geht.

In Vers fünf äußert das lyrische Ich ein Bewusstsein für die Schönheit des Moments, zugleich vermittelt die Formulierung «momentane Wahrheit» ein Bewusstsein für die Vergänglichkeit der beschriebenen Erscheinungen. Ebenso wie der Tag und die Sonne scheinen auch das Meer und der Berg durch personifizierende Adjektive belebt. Der Sonnenaufgang erschien schon durch den Schrei dramatisch, der Vergleich des Meeres mit einer Spinne und der Hinweis auf die «Wunde» des Berges sind weitere Zeichen dafür, dass es sich bei der beschriebenen Umgebung nicht um ein reines Idyll handelt. Nach dem oben erwähnten Gelb wird die Komplementärfarbe Violett genannt. Im Laufe des Gedichts werden neben dem dominierenden Gelb (V2, 54 und 63) auch die Farben Grün, Weiß und Orange evoziert. Mit dem Violett der Wunde, dem Farbenstern (V23) und den Korallen (V28 und 52) durchläuft das Gedicht fast alle Farben des Regenbogens und besingt somit auch auf dieser Ebene die Schönheit der Welt.

In Strophe eins ist der Hymnencharakter gerade in den Versen 10 und 11 besonders stark. Das Ei fungiert zunächst als Metapher für die Sonne, es kann jedoch auch als österliches Symbol für Fruchtbarkeit und Leben gelten. Damit enthielte das Gedicht schon hier einen subtilen Hinweis auf eine Auferstehung (V30), die das Bild des Phönix ergänzt. Mit Vers 11, «Alles ist Gott», scheint die Hymne wie in der Antike einem überirdischen Wesen gewidmet, eine Apostrophe braucht es dafür nicht. Der Parallelismus in Vers 9 erinnert ebenso an die mythische Dimension des Textes wie die Evokation eines Feuervogels. Im gleichen Vers werden die semantischen Paare – «un puñado de cabras es un rebaño

---

186 Vgl. das Ballett *Der Feuervogel* von Igor Strawinsky, das im Jahre 1910 im Théatre National de l'Opéra in Paris uraufgeführt wurde.

de piedras» (dt. eine Handvoll Steine und eine Herde Ziegen) – vertauscht, so dass sie der Welt des Ziegenhirten Polyphems zu entstammen scheinen, der allerdings erst in der Mitte des Gedichts namentlich genannt wird.[187]

In der die Strophe abschließenden Exklamation besingt das lyrische Ich erneut das Licht, dieses Mal werden mit der zerbrochenen Statue, den «angefressenen», von Licht «verschlungenen» Säulen, den Ruinen und den Toten jedoch ausdrücklich auch die unvollkommenen, vergänglichen Seiten der materiellen Welt erwähnt. Wie zuvor das Meer und der Berg erscheinen die Statue, die Säulen und die Ruinen in der Metaphorik des Gedichts dennoch «in gutem Licht». Die Ruinen werden in einem Chiasmus mit dem Paradoxon der lebenden Toten kontrastiert und scheinen somit belebt.[188]

Im Gegensatz zu Strophe eins geht es in Strophe zwei nun zunächst um die Nacht. Wie oben schon angedeutet, werden in den Strophen 1, 3, 5 und 7 das Licht und der Tag besungen, während in den kursiv gesetzten Strophen dazwischen von Nacht und Schatten die Rede ist. Insgesamt kann der Leser in den ungeraden Strophen eine Klimax beobachten, welche die anfangs aufgestellte These eines Neubeginns unterstützt: Die erste Strophe beginnt noch vor Sonnenaufgang, schildert dann den Beginn des Tages und kann als Voraussetzung für Strophe drei gelten, in der das Licht zweimal mit Bildern aus der sakralen Vorstellungswelt assoziiert wird. In Strophe fünf ist das Licht dann schon so stark, dass es «summt», der Tag erscheint im Adjektiv «diarias» (dt. täglich), bevor der Mittag in der Exklamation in den Versen 55 und 56 direkt besungen wird. Strophe sieben schließlich beginnt mit einer Apostrophe an den Tag selbst, der synästhetisch als rund beschrieben und metaphorisch mit einer Orange verglichen wird und auf diese Weise ein zyklisches Zeitkonzept impliziert.

In den kursiven Strophen findet sich eine parallele Klimax, die ebenfalls in die Isotopie zunehmenden Lichts gehört. Während in Strophe 2 (V15) noch von der Nacht die Rede ist, spricht das lyrische Ich in Strophe 4 (V39) von Schatten.

---

187 Vgl. Anthony Stanton: ‚La estación violenta' y su poema inicial ‹Himno entre ruinas›: Stanton macht darauf aufmerksam, dass der Vers auch in formaler Hinsicht als barock klassifiziert werden kann: Die beiden Versbestandteile sind nicht nur auf semantischer Ebene parallel angelegt – auch phonetisch entwickelt sich über «puñado» und «rebaño» sowie über «cabras» und «piedras» ein symmetrischer Vers mit zwei *heptasílabos*, verbunden durch das Verb «ser».

188 Juan García Ponce kommentiert diesen antilogischen Vers mit einem direkten Kommentar zum Zeitbewusstsein des lyrischen Ichs: «[E]ntonces, la conciencia del tiempo se hace más desgarrada, adquiere una intensidad devoradora, capaz de aniquilar todo sentido de realidad. De él sólo puede salvarnos la súbita conciencia de la eternidad del instante susceptible de ser apresado en imágenes.» Juan García Ponce: La poesía de Octavio Paz. In: Enrique Ángel Flores (Hg.): *Aproximaciones a Octavio Paz*, S. 24.

Dieser hellt sich auf zu einer «anämischen» Sonne, die in der dritten kursiv gesetzten Strophe schließlich zu einer Sonne ohne Dämmerung wird. Neben der unterschiedlichen Lichtmetaphorik fällt der inhaltliche Gegensatz zwischen den Strophen auf. Allgemein kann festgehalten werden, dass sich die Strophen ungerader Ziffer jeweils der Kontemplation der Welt widmen, während die kursiv gesetzten Strophen die destruktiven Aspekte des irdischen Daseins beschreiben. So wirkt die zweite Strophe im Vergleich mit dem Bilderreichtum und der Präsenz Gottes in Strophe eins eher profan:

15 *Cae la noche sobre Teotihuacán.*
    En lo alto de la pirámide los muchachos fuman marihuana,
    suenan guitarras roncas.
    ¿Qué yerba, qué agua de vida
    ha de darnos la vida, dónde desenterrar la palabra,
20 *la proporción que rige al himno y al discurso,*
    al baile, a la ciudad y a la balanza?
    El canto mexicano estalla en un carajo,
    estrella de colores que se apaga,
    piedra que nos cierra las puertas del contacto.
25 *Sabe la tierra a tierra envejecida.*

Die Nacht bricht über Teotihuacán herein.
Hoch auf der Pyramide rauchen die Jugendlichen Marihuana,
klingen heisere Gitarren.
Welches Kraut, welchen Lebensquell muss
uns das Leben geben, wo graben wir das Wort aus,
das Verhältnis, das die Hymne und die Rede bestimmt,
den Tanz, die Stadt und das Gleichgewicht?
Der mexikanische Gesang explodiert in einem Fluch,
farbiger Stern, der erlischt,
Stein, der uns die Türen der Begegnung schließt.
Die Erde schmeckt nach gealterter Erde.

In dieser Strophe wird mit der Erwähnung der aztekischen Pyramiden von Teotihuacán eine größere historische Dimension aufgezeigt, so dass dem mythischen und historischen Raum Europas eine Kontrastfolie entgegengesetzt wird. Die mexikanischen Hochkulturen sind in ihrem Herrschaftsanspruch, in der architektonischen Kunst und der politischen Bedeutung durchaus mit dem römischen Reich vergleichbar. Beide geographischen Räume teilen die Erfahrung heftiger Kriege, von beiden Hochkulturen zeugen lediglich noch Ruinen. Auch die Gegenwart scheint in Mexiko ebenso konfliktreich wie in Italien. Dies suggeriert zumindest Vers 16, in dem eine Generation erwähnt wird, die bewusstseinsverändernde Substanzen einnimmt, und der Klarheit der geistigen Aktivität auf diese Weise entgegenwirkt. Mit den Drogen ist eines der zentralen, bis heute aktuellen Probleme Mexikos angesprochen, und ebenso wie in Neapel unterminieren die Kartelle auch in Mexiko jegliche legalen politischen Strukturen. Entsprechend «heiser» klingen die Gitarren in Vers 17. Der durch das Adjektiv «roncas» personifizierte Gesang der Gitarren kann als metapoetischer Hinweis auf den «Himno entre ruinas» selbst gelesen werden, schließlich klingt diese Hymne ebenfalls nicht ungebrochen gefällig, sondern inkludiert Misstöne bewusst in den Vortrag.[189]

In den folgenden Versen wird nach einer Art «poetischen Inspiration» gesucht, die offenbar in der Gegenwart zum Versiegen gekommen ist. In den Versen 18–21 spricht das lyrische Ich in der ersten Person Plural und steht somit für eine größere Gemeinschaft. Zunächst wird metaphorisch nach einem Kraut und einem Lebenswasser gefragt, im nächsten Vers wird das Gedicht mit der Frage nach dem Wort, «dem Verhältnis, welches die Hymne und die Rede bestimmt», zunehmend metapoetisch. Vergleichbar mit dem Stein der Weisen scheint das lyrische Ich hier auf eine Art Urformel zu hoffen, die der Welt zugrunde liegt, sei es in Form eines Heilkrautes, eines Unsterblichkeit verleihenden Wassers, einer mathematischen Formel, wie sie die Vokabel «Verhältnis» suggeriert, oder eben eines Zauberwortes, wie es der poetische Text bieten könnte. Die letzten vier Verse der Strophe klingen desillusioniert. Der mexikanische Gesang explodiert in einem Fluch, er wird mit einem erlöschenden Farbenstern und einem Stein verglichen, der Türen verschließt, die eine Begegnung mit dem Rest der Welt, dem Jenseits, oder der Quelle der Inspiration, erlaubt hätten. Dieser Vers (V24) antizipiert die Erscheinung Polyphems, der Odysseus und seine Begleiter mit einem Stein den Höhlenausgang versperrte.[190] Die mexikanische Zugehörigkeit wird explizit angesprochen, das Reflexivpronomen der ersten Person Plural «uns» bestätigt das Gefühl einer Gemeinschaft ohne Hoffnung. Der letzte Vers verstärkt den Eindruck des Todes, nicht nur wegen des Geschmacks der Erde «nach Alter», sondern auch durch das damit suggerierte Bild eines Körpers, dessen Mund mit Erde gefüllt ist. Die vorangehenden drei Verse bereiten diesen Eindruck vor, indem jeweils ein Ende beschrieben wird: der Gesang endet, der Stern erlischt, der Kontakt wird abgebrochen.

---

189 Den Vers «desenterrar la palabra» verwendet Paz auch in dem Gedicht «El cántaro roto» (1955), publiziert in: *La estación violenta*, OC Bd. 11, S. 213–216. Vgl. Hugo Verani: *Octavio Paz: el poema como caminata*, S. 65.
190 Ebenfalls wäre eine Anspielung auf Lazarus oder Jesus denkbar, beide Motive würden zur Auferstehungsmetaphorik im Gedicht passen. Vgl. auch: John M. Fein: ‚Himno entre ruinas'. In: Enrique Ángel Flores (Hg.): *Aproximaciones a Octavio Paz*, S. 167.

In der nächsten Strophe zeichnet das lyrische Ich wieder Bilder voller Leben. Der Parallelismus im ersten Vers deutet auf Sinnlichkeit hin, die sowohl mit den mediterranen Speisen als auch mit dem Auftritt einer Frau ausgeführt wird:

> Los ojos ven, las manos tocan,
> Bastan aquí unas cuantas cosas:
> tuna, espinoso planeta coral,
> higos encapuchados,
> 30 uvas con gusto a resurrección,
> almejas, virginidades ariscas,
> sal, queso, vino, pan solar.
> Desde lo alto de su morenía una isleña me mira,
> esbelta catedral vestida de luz.
> 35 Torres de sal, contra los pinos verdes de la orilla
> surgen las velas blancas de las barcas.
> La luz crea templos en el mar.

> Die Augen sehen, die Hände berühren,
> es reichen hier ein paar Dinge:
> Feigenkaktus, stachliger, korallenfarbiger Planet,
> Feigen mit Kapuze,
> Trauben mit Geschmack nach Wiederauferstehung,
> Venusmuscheln, widerspenstige Jungfräulichkeiten,
> Salz, Käse, Wein, Sonnenbrot.
> Aus der Höhe ihrer Farbigkeit blickt mich eine Inselbewohnerin an,
> schlanke Kathedrale, in Licht gehüllt.
> Salztürme, gegen die grünen Pinien des Ufers
> tauchen die weißen Segel der Boote auf.
> Das Licht erschafft Tempel im Meer.

Nach der Ankündigung in Vers 27 folgt eine asyndetische Akkumulation, die in Vers 32 im «pan solar» kulminiert. Die Aufzählung beginnt einem stachligen Feigenkaktus; mit den Trauben folgen Früchte, die schon in der Bibel eine Rolle spielen. Die christlich-religiöse Konnotation wird verstärkt durch die vorher schon angedeutete und an dieser Stelle nun direkt genannte Auferstehung, die das lyrische Ich synästhetisch mit den Weintrauben verbindet. Im nächsten Vers wird nach Israel und Ägypten, den Handlungsräumen der hebräischen und der christlichen Bibel, mit den Venusmuscheln ein weiterer mediterraner Raum angedeutet: Griechenland. Die Muscheln, deren Bezeichnung in der spanischen Sprache nicht so deutlich ausfällt wie in der deutschen, verweisen auf die antike Göttin Venus respektive Aphrodite, die aus dem Meeresschaum geboren wurde. Die Jungfräulichkeit steht indes für Maria, die im Christentum die Vorstellung einer Göttin der Liebe ersetzt. Auf diese Weise setzt sich der oben schon festgestellte Synkretismus auf subtile Weise auch an dieser Stelle fort, und Bibelszenen, griechische Sagen und mexikanische Mythologie stehen gleichwertig neben buddhistischen Jenseitskonzepten wie sie die letzte Strophe nahelegt.[191]

Brot und Wein können wieder als Bibel-Allusionen gelesen werden, wichtig ist der Aspekt, dass beide geteilt werden. Die Gemeinschaft der Menschen untereinander, auf die an dieser Stelle angespielt wird, zeigt sich auch im Salz, einer grundlegenden Substanz, die auf der ganzen Welt verwendet wird. In der hebräischen Sprache ebenso wie in der christlichen Symbolik steht das Salz zudem für den tapferen Einsatz eines Individuums, bis heute spricht man auf Hebräisch bei gefallenen Soldaten vom «Salz des Landes». Mit dem Satz «Ihr seid das Salz der Erde» (Matthäus 5,13), wurde das vorchristliche Bild übernommen, Jesus weist damit den Jüngern die Aufgabe zu, das Christentum zu verbreiten.[192] Auch die Formulierung eines «pan solar» lässt an eine weitere Metapher von Jesus denken: «Ich bin das Brot des Lebens» (Johannes 6,35); mit den zwölf ungesäuerten Schaubroten war diese Form der Opfergabe auch im Judentum vertreten, sie galten als Zeichen des Bundes zwischen Gott und Israel. Doch auch in den autochthonen Kulturen des amerikanischen Kontinents spielten Salz, Wein und Brot schon vor dem synkretistischen Gebrauch eine zentrale Rolle. Im Ritual des *Día de Muertos*, der am 2. November in Mexiko gefeiert wird, sind sie Teil der Opfergaben. Unter anderem wird beispielsweise das *Pan de Muertos*, das Totenbrot gebacken, dessen Verzierungen einen Schädel und vier Knochen, aber auch die viergeteilte kosmische Ordnung der Azteken darstellen.[193] Es symbolisiert die brüderliche Geste des Teilens mit den Toten, die sich in einem anderen Bereich des Universums aufhalten. Die Gemeinschaft aller Menschen und das Teilen untereinander werden auch in weiteren Gedichten von Octavio Paz angesprochen, so dass Brons in seiner Besprechung des Gedichts «Piedra de sol» so weit

---

191 Eine Vision, in der Bilder, Geschichten, Menschen, Bäume, Worte und Taten ineinanderfließen, wie es die letzten Verse nahelegen, ähnelt einer in vielen Mythen tradierten, etwa auch im Buddhismus präsenten Vorstellung des Jenseits, in dem alles koexistiert.
192 Zur Neubesetzung vorchristlicher Begriffe vgl. Cornelis J. De Vos: *Heiliges Land und Nähe Gottes. Wandlungen alttestamentlicher Landvorstellungen in frühjüdischen und neutestamentlichen Schriften*. Göttingen: Vandenhoeck & Ruprecht 2012, S. 128: «Erde» bedeutete auch bei Matthäus das Land Israel.
193 Vgl. den Eintrag auf der Seite der *Comisión Nacional para el Desarrollo de los Pueblos Indígenas* (18.10.2016); oder den Eintrag der Zeitung *Excelsior* (26.10.2016). Das Salz wiederum wurde auch von den Inkas als Opfergabe an die Pacha Mama, die große Mutter Erde, auf die Erde gestreut.

ging, eine Art idealen «Urkommunismus» herauszulesen.[194] In der Tat verwendete Paz die Metapher des geteilten Brotes auch in einem so politischen Essay wie «El lugar de la prueba» (1987), in diesem Fall im Zusammenhang mit dem Spanischen Bürgerkrieg und den Menschen, die der Dichter auf dem Land kennenlernte: «Con ellos y por ellos aprendí que la palabra fraternidad no es menos preciosa que la palabra libertad: es el pan de los hombres, el pan compartido.»[195] Dabei scheinen sich die kommunistische und die sakrale Konnotation der Geste des Teilens zunächst zu widersprechen – sowohl die religiösen als auch die politischen Versprechungen hatten jedoch den Anspruch, das menschliche Zusammenleben zu organisieren. Während bei den Religionen schon seit den Kreuzzügen offensichtlich geworden war, dass sie mehr Konfliktpotential bergen als sie Frieden bringen, war zum Zeitpunkt der Entstehung des Gedichtes außerdem deutlich geworden, dass auch die linken politischen Ideologien in ihrer Umsetzung gescheitert waren.

Die sakralen Elemente in «Himno entre ruinas» sind jedoch weniger an bestimmte Religionsgesetze als vielmehr an eine überkonfessionelle kontemplative Stimmung gebunden. Die symbolisch aufgeladenen Nahrungsmittel, das «Sonnenbrot» und die Wiederauferstehung evozieren gemeinsam mit der Metapher der «schlanken Kathedrale» einen im weitesten Sinne spirituellen Hintergrund, das letzte Bild steht dabei für eine Frau. In den beiden folgenden Versen findet sich eine durch Pinien und Segelboote mediterran gekennzeichnete Uferlandschaft. Wie schon in der ersten Strophe wird das Licht auf dem Meer mit einer religiösen Dimension assoziiert: Nach der Beschreibung des Sonnenaufgangs hieß es «Alles ist Gott»; an dieser Stelle nun schafft das Licht «Tempel im Meer». Ebenso wie das Licht scheint das Himmlische die ganze Natur zu durchdringen, das Meer, die Früchte, das Brot (das aus sonnengereiftem Korn gebacken wurde), und schließlich die Frau, die ausdrücklich als (sonnen-)gebräunt beschrieben wird. Gleichzeitig interpretiert das lyrische Ich seine Umgebung in einer Personifikation als dankbar oder demütig und beschreibt diese Konnotationen in Metaphern aus dem Bereich der sakralen Architektur. Durch die Erwähnung der Tempel wird der zuvor evozierte spezifisch christliche Subtext nun ausgeweitet auf die Tätigkeit des Betens und die Anbetungswürdigkeit der beschriebenen Elemente allgemein, ohne eine bestimmte Religion zu privilegieren. Dass insgesamt vorwiegend Elemente aus der christlichen Religion genannt werden, kann mit dem Entstehungsort Italien zusammenhängen; gerade für die katholische

---

194 Thomas Brons: *Octavio Paz. Dichterfürst im mexikanischen Korporativismus*. F.a.M.: Peter Lang 1992. (Rafael Gutiérrez Girardot (Hg.): *Hispanistische Studien*, Bd. 23), S. 222.
195 OP: «El lugar de la prueba», S. 446.

Kirche ist das Land als Standort des Vatikans besonders bedeutungsvoll. Der europäischen Leserschaft ist dieser Hintergrund ebenso bekannt wie der mexikanischen. Die katholischen Rituale wurden in Mexiko allerdings mit verschiedenen präkolumbianischen Religionspraktiken kombiniert, so dass die Religion der Kolonisatoren zunehmend in den Hintergrund rückte. Ähnlich wie in der mexikanischen Geschichte werden auch im Gedicht Elemente unterschiedlicher kultureller Herkünfte übernommen, umgedeutet, verinnerlicht und für andere Weltbilder geöffnet.

Dass sich das lyrische Ich insgesamt mehr im historischen Diesseits als im zeitlosen Jenseits bewegt, zeigt sich in Strophe vier in dem Asyndeton der drei Städte New York, London, Moskau. Wie in Strophe zwei, in der eindeutig auf Mexiko verwiesen wird, werden auch hier konkrete Orte genannt. Während Rom und Mexiko-Stadt/Tenochtitlan ihre Blütezeit schon hinter sich haben, handelt es sich in dieser Strophe nun um die Metropolen des 20. Jahrhunderts, die urbane Landschaft steht in Kontrast zu der in den ungeraden Strophen besungenen Natur. Mit New York und Moskau sind die Antipoden des Kalten Kriegs genannt, durch die Erwähnung Londons erinnert die Auswahl der Städte zugleich an die Alliierten, es fehlt lediglich die Stadt Paris. Dadurch, dass die Aufzählung nicht vollständig ist, wird die eindeutige politikgeschichtliche Zuordnung verweigert, im Vordergrund steht die Ausweitung des Gedichts auf ein internationales Feld. Der Hymnus gilt nicht nur einem bestimmten Ort: Die besungenen Ereignisse, die Schönheit des Sonnenaufgangs und die durch die Ruinen symbolisierte Destruktivität, Zerstörung und Neubeginn, finden sich überall auf der Welt. Als Paz 1982 darum gebeten wurde, die Lyrik seiner Generation zu definieren, argumentierte er mit dem historischen «Bewusstsein für die Zerstörung». Als spräche er über «Himno entre ruinas» sagt er, dass Geschichtsdichtung immer in einem Gesang vor den Ruinen kulminiere, und setzt Tenochtitlán parallel mit Zentren anderer Imperien:

> La historia, en fin, es la conciencia de la destrucción: la poesía de la historia culmina siempre con un canto ante las ruinas. México es Tenochtitlán y Tenochtitlán es Teotihuacán y Teotihuacán es Nínive y es Roma y es Nueva York.[196]

---

[196] OP: «Poesía e historia: *Laurel* y nosotros», OC Galaxia Gutenberg, 2000, S. 776. Laut John M. Fein argumentiert das vorliegende Gedicht dagegen «por una intuición del tiempo y no por un procedimiento razonado de observación histórica.» John M. Fein: ‚Himno entre ruinas'. In: Enrique Ángel Flores (Hg.): Aproximaciones a Octavio Paz, S. 165. Zutreffender ist die Lektüre von Stanton, der den Einbruch der Geschichte in das poetische Bild wie folgt beschreibt: «En lugar de la exclamación contundente y extática, tenemos la interrogación angustiosa; la tierra, que antes gozaba de una relación complementaria con el mar y parecía existir fuera del tiempo en un mito

Insgesamt wird in Strophe vier ein post-apokalyptisches Umgebungsbild gezeichnet, allein in den Versen 39–41 wird durch eine Isotopie des Unheimlichen (Schatten, Gespenster, Schauer, Ratten) eine Stimmung geschaffen, die im restlichen Gedicht bisher an keiner Stelle so deutlich ausformuliert wurde. Es handelt sich um eine Personifikation des Schattens, der auch durch die vier folgenden parallel aufgebauten Metaphern Efeu, Vegetation, Flaumhaar und Rattengetümmel ein Eigenleben zu haben scheint:

> *Nueva York, Londres, Moscú.*
> *La sombra cubre el llano con su yedra fantasma,*
> 40 *con su vacilante vegetación de escalofrío,*
> *su vello ralo, su tropel de ratas.*
> *A trechos tirita un sol anémico.*
> *Acodado en montes que ayer fueron ciudades, Polifemo bosteza.*
> *Abajo, entre los hoyos, se arrastra un rebaño de hombres.*
> 45 *(Bípedos domésticos, su carne*
> *—a pesar de recientes interdicciones religiosas—*
> *es muy gustada por las clases ricas.*
> *Hasta hace poco el vulgo los consideraba animales impuros.)*

> *New York, London, Moskau.*
> *Der Schatten bedeckt die Ebene mit seinem gespenstischen Efeu,*
> *mit seiner zittrigen Vegetation des Schauderns,*
> *seiner schütteren Behaarung, seinem Rattengetümmel.*
> *Streckenweise erschauert eine anämische Sonne.*
> *Aufgestützt auf Berge, die gestern noch Städte waren, gähnt Polyphem.*
> *Unten schleppt sich eine Menschenherde durch die Gruben.*
> *(Gezähmte Zweibeiner, deren Fleisch*
> *– trotz jüngster religiöser Verbote –*
> *von der reichen Oberklasse sehr geschätzt wird.*
> *Bis vor kurzem betrachtete der Pöbel sie als unreine Tiere.)*

Vers 42 ist ein einzelner Satz, in dem die Sonne ebenfalls personifiziert, jedoch diesmal als anämisch und zitternd beschrieben wird und damit in einen starken Kontrast zu Strophe eins rückt, in der die Vogel-, Gottes-, und Herrschersymbolik der Sonne dominierte. Es handelt sich um eine brachliegende Erde, die, zusammen mit der Invasion der Ratten, stark an «The Waste Land» von Eliot erinnert.[197]

---

eterno, es ahora símbolo del desgaste temporal y de los efectos destructivos de la historia.» Anthony Stanton: ‚La estación violenta' y su poema inicial ‹Himno entre ruinas›.

197 Stanton sieht ebenfalls einen Bezug zu T.S. Eliot: «The Waste Land»: «tenemos ahora las ruinas fantasmales de una modernidad desacralizada, una ‹tierra baldía› que recuerda la de Eliot, escenario degradado que abarca tanto el mundo capitalista como el bloque comunista: Visión

Im mittleren Vers dieser Strophe (V43) wird Polyphem als gähnend dargestellt, das barocke Zitat findet auf diese Weise explizit Eingang in den Gedichttext. Der Zyklop stützt sich auf Berge, die gestern noch Städte waren. Die Bilder beschreiben die Trümmerhaufen in einem zum damaligen Zeitpunkt von Bomben zerstörten Italien. Kritisiert werden mit den allgemein gehaltenen Anspielungen auf Arbeitslager, Entsakralisierung und Zerstörung sowohl kommunistische als auch faschistische Ideologien. Tatsächlich sollte Paz auch viel später noch einmal auf die Figur des Polyphem zurückkommen: in seinem Essay «El imperio totalitario: Polifemo y sus rebaños» (1980) erscheint der Riese als Personifikation des totalitären Imperiums der Sowjetunion.[198]

In der Allegorie des Kannibalismus ist die Gefahr immer noch anwesend. Anstatt jedoch über den Ruinen zu weinen oder sich emotional ähnlich involviert zu zeigen, äußert sich das mythische Wesen in einer abgestumpften Geste des Desinteresses. In einem ganz anderen Zusammenhang griff Paz 1994 noch einmal auf das symbolische Bild eines apokalyptischen «Großen Gähnens» zurück: auch von Chiapas nehme die Gesellschaft nur gelangweilt Notiz:

> Pero la civilización del espectáculo es cruel. Los espectadores no tienen memoria; por esto tampoco tienen remordimientos ni verdadera conciencia. Viven prendidos a la novedad, no importa cuál sea con tal de que sea nueva. Olvidan pronto y pasan sin pestañear de las escenas de muerte y destrucción de la guerra del Golfo Pérsico a las curvas, contorsiones y trémulos de Madonna y de Michael Jackson. Los comandantes y los obispos están llamados a sufrir la misma suerte; también a ellos les aguarda el Gran Bostezo, anónimo y universal, que es el Apocalipsis y el Juicio Final de la sociedad del espectáculo.[199]

Mit Guy Debord kritisiert Paz in diesem Essay die Gesellschaft des Spektakels und deren fehlendes Geschichtsbewusstsein – das Gleiche gilt auch für den vorliegenden Zusammenhang.[200] In der zweiten Hälfte der Strophe wird die Aussicht beschrieben, die sich Polyphem darstellt. Der Zyklop ist zwar riesig, aber weder ein Gott noch ein Halbgott; zudem fehlt ihm das zweite Auge und damit die

---

apocalíptica del mundo moderno provocada por las ruinas que dejó la Segunda Guerra Mundial con su destrucción masiva, industrializada e impersonal que transformó la pródiga naturaleza en cementerio estéril de escombros invadidos por ratas (nueva alusión a Eliot).» Anthony Stanton: ‚La estación violenta' y su poema inicial ‹Himno entre ruinas›. Vgl. auch John M. Fein: ‚Himno entre ruinas'. In: Enrique Ángel Flores (Hg.): *Aproximaciones a Octavio Paz*, S. 168.
198 OP: El imperio totalitario: Polifemo y sus rebaños (1980), OC Bd. 9, S. 308–315.
199 OP: Chiapas: Hechos, Dichos y Gestos. In: *Vuelta*, Nr. 208 (März 1994) Mexiko, S. 57. Vgl. dazu auch: Marco Kunz: Octavio Paz o la conciencia política ante el acontecimiento histórico. In: *Boletín Hispánico Helvético* 24 (2014), S. 129–143.
200 Guy Debord: *Die Gesellschaft des Spektakels*. [1967] Berlin: Edition Tiamat 1996.

Möglichkeit, den Raum als dreidimensional wahrzunehmen. Seine Perspektive ist einseitig, schlicht. Der Leser verweilt somit in dem Blick eines unbeteiligten Außenstehenden, der die Menschengruppe als «Herde» wahrnimmt. Diese Herde ist das genaue Gegenteil vom Schäferidyll in der ersten Strophe («un puñado de cabras es un rebaño de piedras» V9). Anders als in der ersten Strophe gibt es hier keinen Gott: Das Bild der Gruppe von Menschen, die sich durch die Gruben schleppt, erinnert an die Zwangsarbeitslager des 20. Jahrhunderts. In der Parenthese folgt eine stichworthaft gehaltene Definition der Spezies Mensch, in der die «Zweibeiner» als domestizierte und essbare Tiere beschrieben werden. Durch die Unterscheidung zwischen reichen Klassen und Volk wirkt es, als gehöre «der Mensch» weder zu der einen Gruppe noch zu der anderen, was die Absurdität der gegenseitigen Verurteilung zwischen Menschen, so wie sie in totalitären Systemen stattfindet, zur Schau stellt.[201] Auf diese Weise wird die entweder durch Ideologien oder durch Religionen entstehende gegenseitige Verachtung unter Menschen *ad absurdum* geführt. Der Einschub «trotz jüngster religiöser Verbote» kann zwar auf die in der Moderne allgemein abnehmende Religiosität als ein Phänomen des 20. Jahrhunderts anspielen, in diesem Fall steht aber die Kritik an den Ideologien als Religionsersatz im Vordergrund.

Polyphem kann durch seine Einäugigkeit und seine Zerstörungswut als Allegorie für die ‹halb-blinden› totalitären Systeme des 20. Jahrhunderts gelesen werden, in denen viele Menschen wie Tiere behandelt wurden. Zugleich evoziert der Verweis auf den griechischen Mythos auch die Episode aus dem neunten Gesang der Odyssee, in der es Odysseus und seinen Männern gelingt, den riesigen Schaf- und Ziegenhirten mit einem Trick zu hintergehen: Die Gefangenen entkommen ihm, indem sie sich unter die Bäuche seiner Schafe klammern, als der Zyklop die Tiere auf die Wiese treibt.[202] Tatsächlich hat sich die Herde der ersten Strophe (V9) in eine Herde von Menschen verwandelt. Der Riese sieht sie nicht, da

---

201 Auch die Feststellung, dass am Menschen nur das Fleisch geschätzt zu werden scheint, erinnert an eine Kriegssituation. In solchen Momenten extremer Gewalt greifen herkömmliche Moralvorstellungen nicht mehr, dem Menschen scheint jegliches Bewusstsein für sein Tun abhandengekommen zu sein. Im letzten Vers der Strophe wird der Mensch durch den Vergleich mit unreinen Tieren implizit als Schwein konzeptualisiert. Das Prädikat «unrein» erinnert an religiöse Regulationen von Nahrungsaufnahme, Schweinefleisch gilt in der jüdischen Tradition als nicht koscher, die Anspielung auf den Zivilisationsbruch wird an dieser Stelle evident. Auch im Islam ist Schweinefleisch nicht halal, das Entstehungsdatum des Gedichts legt jedoch die Anspielung auf die jüdische Tradition nahe.
202 Vgl. Homerus: *Omeru Odyssea*. (Hg. von E. Schwartz. Übers. von J.H. Voss, bearbeitet von E.R. Weiß. Neuausg. B. Snell). Neuausg. Berlin [u. a.]: Tempel-Verlag 1966. IX Gesang S. 117–132. Vgl.: Wolfgang Bauer/Irmtraud Dümotz u. a.: *Lexikon der Symbole*. 5. Aufl., Wiesbaden: Fourier 1984, S. 174: Odysseus und Schaf-Episode.

die Gefangenen ihn zuvor im Schlaf überwältigt und ihm das einzige Auge ausgestochen hatten. Spätere Quellen setzen den Aufenthaltsort von Polyphem mit dem Ätna Siziliens gleich, Góngora und Paz übernehmen diese geographische Verortung und lassen den Riesen damit in der heutigen Welt lebendig werden.

Mit diesem Hintergrund der allegorischen, gähnenden Gestalt, erscheinen die im Gedicht beschriebenen Ereignisse ergänzt um eine Tiefendimension, die über die aktuellen historischen Ereignisse hinausweist. Durch das Zitat des Polyphem-Mythos scheint es, als könnten auch die ‹einäugigen Riesen› des 20. Jahrhunderts eventuell mit einer List besiegt werden. Noch dominiert die Hoffnungslosigkeit der Nachkriegszeit, die Mörder sind anwesend, die Trümmer allgegenwärtig. Doch mit dem Mythos wird sogar in dieser düsteren Antiklimax in der Mitte des Gedichts implizit ein Ausweg angedeutet. Hymnischer Gesang scheint an dieser Stelle unmöglich; über den sinnlichen Genuss findet das lyrische Ich jedoch wieder zurück zur Schönheit der Welt. Laut Xirau «universalisiert» sich das Gedicht an dieser Stelle, und wird allgemeingültig.[203]

Der erste Vers der fünften Strophe ähnelt dem ersten Vers der dritten Strophe und unterstützt auf diese Weise die Symmetrie innerhalb des Gedichts. Zusätzlich zum visuellen und zum taktilen Sinn wird in Vers 50 mit dem Verb *zumbar* (dt. summen) auch der Gehörsinn angesprochen. In einer Synästhesie beschreibt das lyrische Ich auf diese Weise das Licht, und ergänzt seine Wahrnehmung metaphorisch um Pfeile und Flügel. In diesen starken Bildern ist die Hitze mit inbegriffen, die Luft erscheint erfüllt von Libellen und Sommergeräuschen. Die aus der ersten Strophe schon bekannte Kombination des Lichtes mit der Vogelmetapher wird an dieser Stelle um die Pfeile ergänzt, so dass die Assoziation mit Apollon nahegelegt wird. Damit wäre auch in dieser Strophe eine metapoetische Ebene angesprochen, schließlich ist der Gott des Lichts nicht nur Schutzherr der Bogenschützen, sondern auch des Gesangs und der Dichtung.

> Ver, tocar formas hermosas, diarias.
> 50   Zumba la luz, dardos y alas.
> Huele a sangre la mancha de vino en el mantel.
> Como el coral sus ramas en el agua
> extiendo mis sentidos en la hora viva:
> el instante se cumple en una concordancia amarilla,
> 55   ¡oh mediodía, espiga henchida de minutos,
> copa de eternidad!

---

203 Ramón Xirau: ‚Himno entre ruinas': La palabra, fuente de toda liberación. In: Enrique Ángel Flores (Hg.): *Aproximaciones a Octavio Paz*, S. 162.

> Sehen, berühren, schöne, alltägliche Formen.
> Es summt das Licht, Pfeile und Flügel.
> Der Weinfleck auf der Tischdecke riecht nach Blut.
> Wie die Koralle ihre Zweige im Wasser ausdehnt
> breite ich meine Sinne in der lebendigen Stunde aus:
> der Augenblick erfüllt sich in einem gelben Einklang,
> oh Mittagsstunde, Ähre voller Minuten,
> Kelch der Ewigkeit!

Insgesamt geht es in der Strophe wieder um das Licht, in dem das lyrische Ich ganz aufzugehen scheint. In der lebendigen Stunde (V53) erlebt es den Augenblick in einer Farb- und Klangsynästhesie als gelben Akkord, ähnlich wie schon in Strophe eins. Laut Xirau besingt diese Strophe zugleich den gegenwärtigen Moment und die Ewigkeit.[204] Auch Fein setzt die Verse in einen direkten Bezug zur Zeit und sagt: «No solamente se cumple el instante sino toda la vida, todo el tiempo».[205] In den letzten beiden Versen der Strophe folgt eine Exklamation, die sich mit einer Interjektion an den Mittag richtet, und diesen als prall gefüllte Ähre visualisiert, deren Körner die Minuten darstellen. Auf diese Weise wird die Tageszeit mit dem Sommer verglichen, das reife Korn ist ein Bild für die Klimax, ebenso wie für den Zyklus der Jahreszeiten. Dies entspricht dem Zeitkonzept der Maya, so wie León-Portilla es beschreibt:

> El concepto de tiempo abstracción lograda a partir de la experiencia de la presencia cíclica del sol y del día que es obra suya, tuvo vigencia universal en el ámbito de la cultura maya. [...] *Kinh*, sol, día, tiempo, es realidad primordial, divina y sin límites. *Kinh* abarca todos los ciclos y todas las edades cósmicas que han existido. [...] Como la naturaleza de *kinh* tiene por esencia ser cíclica, importa sobre todo conocer el pasado para entender el presente y predecir el futuro. [...] El hombre maya ve teñida su existencia por el tiempo, que es presencia y actuación cíclica de todos los rostros de la divinidad.[206]

Der von Paz implizierte Verweis auf die kreisförmigen Abläufe der Naturprozesse relativiert die im Gedicht enthaltenen Motive von Verfall, Ruinen und Erlöschen ebenso wie die zentrale Sonnenmetaphorik. Im Blick auf den Kosmos als Ganzes ist der Verfall jeweils nur temporär, er ist nur Teil eines insgesamt harmonischen Spiels. Die Zerstörung erscheint sogar als notwendige Station in diesem Wechsel,

---

204 Vgl. ebda. S. 163: «Presencia; presencia habitada donde el hombre encuentra no ya la semilla mortal de Rilke sino la semilla de la comunión.»
205 John M. Fein: ‚Himno entre ruinas'. In: Enrique Ángel Flores (Hg.): *Aproximaciones a Octavio Paz*, S. 168.
206 Miguel León-Portilla: *Tiempo y realidad en el pensamiento maya*. Mexiko: UNAM 1968, Neuauflage mit Anhang 1986. Kap. III: «El tiempo como atributo de los dioses».

der ohne die Alternanz zu einem stehenden, «toten» Gewässer würde, wie es in der nächsten Strophe beschrieben wird.

Mit der Exklamation «Kelch der Ewigkeit!» erlebt das lyrische Ich die Ewigkeit innerhalb des Augenblicks und vermittelt den Eindruck, als erhalte es in diesem kurzen Kulminationsmoment Einsicht in die Bedeutung der Geschichte. Dies widerspricht der Erkenntnis des Essays «El lugar de la prueba» von 1987, in dem Paz die Möglichkeit des gedanklichen Durchdringens von historischen Begebenheiten bezweifelt. Während die Zeit früher lesbar gewesen sei, sei die Geschichte in der Moderne ambivalent geworden, die Fähigkeit zu ihrer Interpretation sei uns abhandengekommen:

> El río del tiempo reflejaba la escritura del cielo. Una escritura de signos eternos, legibles para todos a pesar de la turbulencia de la corriente. La edad moderna sometió los signos a una operación radical. Los signos se desangraron y el sentido se dispersó: dejó de ser uno y se volvió plural. Ambigüedad, ambivalencia, multiplicidad de sentidos, todos válidos y contradictorios, todos temporales. El hombre descubrió que la eternidad era la máscara de la nada.[207]

Wo er vorher das kosmische Ganze erkannte, erblickt der Mensch nach den Kriegen des 20. Jahrhunderts nur noch temporäre Wahrheiten, Mehrdeutigkeit, Ambivalenzen und Widersprüche. Im Gegensatz zu dem Menschen im Essay hat das lyrische Ich noch nicht entdeckt, dass die Ewigkeit «Maske des Nichts» ist. Die Hoffnung auf Erlösung dominiert: Der Fleck im Tischtuch (V51) riecht zwar nach Blut, es handelt sich jedoch nur um einen Weinfleck. Über den Nexus von Blut und Wein könnte zudem das Moment des christlichen Sakraments als Subtext an dieser Stelle mitcodiert sein. Auf diese Weise wären trotz der weiterhin bestehenden mängelbehafteten Welt, die gerade jetzt von Tod und Verfall geprägt ist, die Möglichkeiten von Erlösung und Auferstehung evoziert. Auch im Hinblick auf die Farben sind Blut und Wein interessant: das Dunkelrot wird im nächsten Vers vom hellen Rot der Koralle abgelöst, bevor die Strophe in Vers 54 in einen gelben Einklang mündet. Der Weinfleck erfüllt einerseits eine musikalische Funktion, indem er die folgenden Verse farblich vorbereitet, gleichzeitig dient er jedoch als düsteres Omen für das Delta aus Blut, das in der nächsten Strophe beschrieben wird.[208]

---

[207] OP: «El lugar de la prueba», S. 441f.
[208] In seiner Untersuchung der Symbole von Octavio Paz schreibt Carlos Magis, das Blut symbolisiere einerseits biologische Kraft und einen Zugang zu Wesentlichem, andererseits die Unmöglichkeit, in Fülle und Vollkommenheit zu leben. Carlos H. Magis: El símbolo en ‚la estación violenta' de Octavio Paz. In: Enrique Ángel Flores (Hg.): *Aproximaciones a Octavio Paz*, S. 127–

Die sechste Strophe ist mit nur vier Versen die kürzeste der sieben Strophen, sie ist ein Bild des sinnlosen Flusses der Zeit, der Einsamkeit und der Verzweiflung.[209]

> *Mis pensamientos se bifurcan, serpean, se enredan,*
> *recomienzan,*
> *y al fin se inmovilizan, ríos que no desembocan,*
> 60 *delta de sangre bajo un sol sin crepúsculo.*
> *¿Y todo ha de parar en este chapoteo de aguas muertas?*

> *Meine Gedanken teilen sich, schlängeln, verstricken sich,*
> *beginnen von Neuem,*
> *und schließlich hält ihr Lauf, Flüsse, die nicht münden,*
> *Delta aus Blut unter einer Sonne ohne Dämmerung.*
> *Und alles muss in diesem Sprudeln toter Gewässer enden?*

Wie in der zweiten Strophe geht es auch hier ausdrücklich um die Aktivität des lyrischen Ichs, das seine Gedanken so metaphorisch beschreibt, dass ein Landschaftsbild daraus entsteht. Die Weg-Metaphern im ersten Vers sind durch die Verben *serpear* und *inmovilizarse* nicht ganz eindeutig, es könnte sich auch um Schlangen handeln. In Vers 59 findet das lyrische Ich mit den Flüssen ein drittes Bild für eine linear wahrgenommene mentale Bewegung. Der Linearität wird mit dem Bild des Flussdeltas aus Blut ein jähes Ende gesetzt, die Sonne, die in dieser Metaphorik auch für das Bewusstsein des denkenden Subjekts stehen kann, scheint erbarmungslos auf die unübersichtliche und schreckliche Landschaft. Für diese Sonne gibt es keine Dämmerung und damit keine Möglichkeit, sich der Aussicht auf das blutige Flussdelta zu entziehen. Fein spricht von einer «eternidad infernal»,[210] einer höllischen Ewigkeit. Das Interrogativ im letzten Vers der Strophe klingt durch das vorangestellte «und» verzweifelt, inhaltlich stellt das lyrische Ich die Frage nach der Zukunft. Es kann nicht glauben, dass «alles» in diesem *chapoteo*, dem Plätschern der toten Gewässer enden muss.

Besonders erwähnenswert ist im Zusammenhang mit der oben formulierten These des Neubeginns der zweite Vers dieser Strophe, Vers 58. Er besteht aus einem einzelnen Wort und ist damit der kürzeste Vers des ganzen Gedichts, das

---

164. (Blut: S. 146–149). Es ist allerdings fraglich, inwiefern solch allgemeine Beobachtungen aufschlussreich für die je vorliegende Textstelle sind.
209 Vgl. Ramón Xirau: ‚Himno entre ruinas': La palabra, fuente de toda liberación. In: Enrique Ángel Flores (Hg.): *Aproximaciones a Octavio Paz*, S. 163.
210 John M. Fein: ‚Himno entre ruinas'. In: Enrique Ángel Flores (Hg.): *Aproximaciones a Octavio Paz*, S. 168.

Wort lautet: *recomienzan*. Es bezieht sich an dieser Stelle auf die Gedanken des lyrischen Ichs, durch seine Alleinstellung scheint das Verb indes auch auf andere Themen des Gedichts anzuspielen. Wie die Gedanken beginnt auch der Tag jeden Morgen von neuem. Daran scheint das lyrische Ich im vorliegenden Gedicht erinnern zu wollen, trotz der Aussichtslosigkeit der Situation nach dem Zweiten Weltkrieg, die in dieser Strophe erlebbar wird.

Tatsächlich endet das Gedicht nicht mit Strophe sechs, sondern mit tröstlicheren Bildern, die an den Klang aus Strophe fünf anzuschließen scheinen, als existierten die kursiv gesetzten Zweifel, Entsetzen und Grauen nur temporär. Die in den ungeraden Strophen aufgebaute Klimax kulminiert in einem *Carpe Diem*:

¡Día, redondo día,
luminosa naranja de veinticuatro gajos,
todos atravesados por una misma y amarilla dulzura!
65   La inteligencia al fin encarna,
se reconcilian las dos mitades enemigas
y la conciencia-espejo se licúa,
vuelve a ser fuente, manantial de fábulas:
Hombre, árbol de imágenes,
70   palabras que son flores que son frutos que son actos.

Nápoles, 1948

Tag, runder Tag,
lichtvolle Orange von vierundzwanzig Spalten,
alle durchdrungen von der gleichen gelben Süße!
Die Intelligenz inkarniert sich endlich,
es versöhnen sich die zwei verfeindeten Hälften
und das Spiegel-Bewusstsein verflüssigt sich,
wird wieder Brunnen, eine Quelle von Fabeln:
Mensch, Baum der Bilder,
Worte die Blumen sind die Früchte sind die Taten sind.

Neapel, 1948

Hugo Verani liest diese letzte Strophe als Hommage an Jorge Guillén, nicht nur aufgrund seiner Mittags-Meditationen – «Es el redondeamiento / Del esplendor: mediodía»[211] –, sondern auch, weil der Vers «manantial de fábulas» eine Inver-

---

[211] Jorge Guillén: «Perfección». In: *Cántico* (1928–1950), Barcelona: Seix Barral 1974, S. 241. «Queda curvo el firmamento, / Compacto azul, sobre el día. / Es el redondeamiento / Del esplendor: mediodía. / Todo es cúpula. Reposa, / Central sin querer, la rosa, / A un sol en cénit sujeta. / Y tanto se da el presente / Que al pie caminante siente / La integridad del planeta.»

sion des Guillénschen «fábula de fuentes» darstellt.[212] Die Tatsache, dass die Schönheit der Welt sowohl zu Beginn als auch am Ende des Gedichts besungen wird, rechtfertigt die Zuordnung zu der Gattung der Hymne. Die Alternanz endet mit einem positiven Segment, so dass es scheint, als gehöre das genannte Übel schlicht zur weltlichen Erfahrung dazu. «Tag, runder Tag», lautet die synästhetische Apostrophe, die nach den vorangehenden Versen nahezu als Hilferuf wahrgenommen wird. Doch neben absoluter Verzweiflung ist auch Hoffnung noch möglich. In der Metapher der «lichtvollen Orange» für den «runden» Tag (V63), wird Zeitlichkeit als eine Kugel definiert. Was zunächst wie ein Rückgriff auf mythologische Zeitkonzepte erscheint, hat gerade in Zeiten der Globalisierung auch eine gegenwärtige philosophische Relevanz, mit der zugleich dem linearen, rücksichtslosen Fortschrittsdenken der Moderne widersprochen wird.[213]

Die Stunden des Tages vergleicht das lyrische Ich mit Orangenschnitzen. Wie in allen nicht kursiv gesetzten Strophen scheint es kontemplativ zu meditieren, diesmal über die synästhetische Verquickung von Farbe und Geschmack, von «gelber Süße». Nach der Interpunktion, welche die Intensität der Wahrnehmung verdeutlicht, folgt ein zweites *al fin*, eine positive Alternative zu der in Vers 59 beschriebenen Immobilität. Mit der Inkarnation der Intelligenz wird ein utopisches Bild beschworen. Einerseits scheint der besungene Idealzustand in der Zukunft zu liegen, die «Versöhnung der zwei feindlichen Hälften» in Vers 66 erinnert jedoch an die Vorstellung des platonischen Kugelmenschen und verweist damit auf eine ferne paradiesische Vergangenheit.[214] Xirau versteht die «feindlichen Hälften» als Symbole für Mann und Frau, Determinismus und Freiheit, aber auch für Einsamkeit und Andersheit, die in der Welt der poetischen Sprache aufeinandertreffen.[215] Dieses dialektische Moment ist für Xirau die wichtigste Komponente des gesamten Gedichts. So beobachtet er einen «Kampf» zwischen «soledad y comunión», Leben und Tod, Schweigen und Worten, den er den Strophen wie folgt zuordnet: In der ersten Strophe dominieren Einsamkeit, Sub-

---

212 Jorge Guillén: *Aire nuestro*. Mailand: All'Insegna del Pesce D'Oro 1968, S. 325. Vgl. a. Hugo Verani: *Octavio Paz: el poema como caminata*, S. 67.
213 Vgl. Band II der Sphären-Trilogie von Peter Sloterdijk: *Sphären II – Globen*. Berlin: Suhrkamp 1999.
214 Vgl. die spanische Redewendung, auf der Suche nach seiner «media naranja» zu sein, so ist die «bessere Hälfte» in diesem Fall als Teil eines runden Ganzen gedacht. Vgl. DRAE: Lemma «naranja».
215 Vgl. Ramón Xirau: ‚Himno entre ruinas': La palabra, fuente de toda liberación. In: Enrique Ángel Flores (Hg.): *Aproximaciones a Octavio Paz*, S. 164. Der Mensch selbst ist Wort, das Wort wiederum ist zumindest im jüdisch-christlichen Glauben Fundament aller Schöpfung, und zugleich garantiert das Wort die Befreiung des Menschen. Vgl. dazu Kap. 3.1.2 zu «Libertad bajo palabra».

jektivität, Ewigkeit, Stabilität, in der zweiten Gemeinsamkeit, Historizität, Wandel.[216] Schon in der ersten Strophe sei dieses Entweder-Oder jedoch durch das Bewusstsein der Momenthaftigkeit der Wahrheit aufgelöst worden, das Erlebnis der Ewigkeit sei widersprüchlich: «La perfección del instante eterno es contradictoria», sagt Xirau, im Vordergrund stehe der zeitliche Wandel: «Frente a la eternidad fantástica [aparece] la alteración del tiempo.»[217]

Die Metapher der Orange in der letzten Strophe erinnert an andere Kugelformen wie die Sonne und das Vogelei zu Beginn des Gedichts, alle Bilder stehen für die Zeit. Damit schließt sich der Kreis, ein neuer Zyklus beginnt, die Geschichte geht weiter. Paz selbst scheint diese Unausweichlichkeit der Zeit aber nicht als ideal zu erleben. In seinem Essay *Los hijos del limo* (1974) fragt der Dichter ganz explizit: «No hay manera de salir del círculo del tiempo?»[218] In dem gelösten Zustand, der in dieser letzten Strophe besungen wird, schmilzt diese selbstquälerische Reflexivität, das «Spiegelbewusstsein». Das Bewusstsein wird wieder Quelle und Ursprung für Geschichten und Bilder. «El mundo-espejo de Gorostiza desaparece entre espejismos», schreibt Xirau.[219] Diese Spiegelungen gelten Carlos Magis wiederum als Symbol für die manichäische Doppeldeutigkeit des Menschen und der Welt. Eine solche Erfahrung der Spaltung, des Bruchs, sei nur in der Lyrik überwindbar, und ein Vergessen der dialektischen Erfahrung des Menschseins kann nur dann erreicht werden, wenn sich der Vorgang des Spiegelns, wenn sich die gedankliche Reflexion für einen Moment auflöse – ganz wie es die vorliegende Strophe beschreibt.[220]

---

216 Die Dialektik der letzten Verse des Gedichts beschreibt auch Stanton, wenn er in ihrem zyklischen Rhythmus sowohl einen Anachronismus als auch den Einbruch der Moderne sieht: «Ésta es la utopía ética del surrealismo, expresada en un lenguaje ligeramente arcaico que tiene un matiz a la vez extemporáneo y sorprendente: ¿irrupción de lo moderno en la tradición o persistencia de un anacronismo?» Anthony Stanton: ‚La estación violenta' y su poema inicial ‹Himno entre ruinas›. Vgl. ebda.: «La voz poética está ahora escindida, dividida entre dos secuencias de ruinas que son reales, psicológicas y textuales. La oposición dialéctica ocurre también en el interior de cada secuencia y en el corazón de cada estrofa: el himno tradicional yace entre las ruinas, así como la antipoesía de la modernidad contiene en sí las semillas de un nuevo himno, muy distinto del gongorino.»
217 Ramón Xirau: ‚Himno entre ruinas': La palabra, fuente de toda liberación. In: Enrique Ángel Flores (Hg.): *Aproximaciones a Octavio Paz*, S. 160. Vgl. auch: Evodio Escalante: *Las sendas perdidas de Octavio Paz*, S. 130, der das Gedicht «Himno entre ruinas» insgesamt als «juego dialéctico» versteht.
218 OC Bd. 1, S. 342. *Los hijos del limo* (1974).
219 Vgl. Ramón Xirau: ‚Himno entre ruinas': La palabra, fuente de toda liberación. In: Enrique Ángel Flores (Hg.): *Aproximaciones a Octavio Paz*.
220 Carlos H. Magis: El símbolo en ‚la estación violenta' de Octavio Paz. In: Enrique Ángel Flores (Hg.): *Aproximaciones a Octavio Paz*. Zum Symbol des Spiegels: S. 149–153.

Dass dieser Zustand jedoch immer vergänglich ist, verdeutlichen nicht allein die Dissonanzen im Gedicht. Im *Laberinto de la soledad* schreibt Paz über die Selbstwahrnehmung des Menschen und verweist dazu in dem Kapitel «El Pachuco y otros extremos» auf den Narziss-Mythos. Narziss verliebte sich in sein Spiegelbild auf einer Wasseroberfläche, konnte sich nicht mehr von seinem Anblick lösen und starb. In seinem Essay zu Sor Juana Inés de la Cruz entschlüsselt Paz die typologische Interpretation der Nonne, die in ihrem Stück *El Divino Narciso* Parallelen zwischen Narziss und Jesus zog. Während die Selbsterkenntnis im Mythos jedoch den Tod bedeutet, erfährt sie im Drama des 17. Jahrhunderts ebenso wie bei Paz eine positive Deutung.[221] In den Metamorphosen von Ovid wird Narziss ein langes Leben vorausgesagt, jedoch nur «si se non noverit»,[222] wenn er sich nicht selbst erkennt. In dem Kapitel von Paz geht es um das erwachende Bewusstsein im Prozess der Selbstwahrnehmung der Mexikaner. Paz setzt diesen Prozess im *Laberinto de la soledad* in eine Parallele mit der Erkenntnis eines Jugendlichen, der sich auf einmal als von seiner Familie und der Welt unabhängiges Wesen wahrnimmt. Die Passage lautet wie folgt:

> El adolescente se asombra de ser. Y al pasmo sucede la reflexión: inclinado sobre el río de su conciencia se pregunta si ese rostro que aflora lentamente del fondo, deformado por el agua, es el suyo. La singularidad de ser – pura sensación en el niño – se transforma en problema y pregunta, en conciencia interrogante.[223]

Narziss verwandelt sich nach seinem Tod in eine Blume. In «Himno entre ruinas» erscheint der Mensch ebenfalls metaphorisch als Pflanze, nämlich als fruchtbarer Baum. Worte beschreibt das lyrische Ich entsprechend als Blüten, die zu Früchten und damit zu Taten werden. Das geistige Bewusstsein ist in der Wassermetaphorik dieser Strophe wieder in Bewegung und lebendig, im Gegensatz zu der Strophe davor, wo es in der gleichen Isotopie als tot und unbeweglich erschien («aguas muertas» V61). Das Kompositum mit dem Spiegel verweist dabei auf die Unbeweglichkeit: es evoziert die Vorstellung eines wellenlosen stillen Sees. Wenn das

---

221 Sor Juana Inés de la Cruz (1651–1695): *El Divino Narciso*. Alicante: Biblioteca Virtual Miguel de Cervantes 1999. Digitale Ausgabe ausgehend von: *Teatro Hispanoamericano*. Bd. I, New York: Anaya Book 1972, S. 223–266; OP: *Sor Juana Inés de la Cruz o las trampas de la fe*. Mexiko: FCE 1982. Vgl. darin: S. XIV: Paz analysiert die Bibel-Anspielungen im *Divino Narciso*: Babel, verlorenes Schaf, Narziss als Jesus, der sich deswegen nicht in sich selbst verliebt, sondern in die «menschliche Natur». Der Autor vergleicht außerdem die Tradition, den Leib des Gottes Huitzilopochtli zu essen, mit der Eucharistie. Wie zentral das Werk von Sor Juana Inés de la Cruz für sein eigenes Schaffen ist, zeigt bspw. der Ausdruck «A media voz», den Paz für eigene Arbeiten übernimmt.
222 Ovid: *Metamorphosen*, Liber III. «Narcissus und Echo», V348.
223 OP: «El Pachuco y otros extremos», S. 143.

3.2 Kritik und Selbstkritik — 221

Wasser nun, wie im Gedicht impliziert, wieder fließt, erlöst es das Selbstbewusstsein gewissermaßen aus seinen Fesseln. Anstatt im eigenen Anblick zu erstarren wie Narziss, scheint hier die gegenteilige Erfahrung des aufgelösten Bewusstseins besungen zu werden. Die Selbstreflexion ist ein Innehalten, die Erfahrung der Einsamkeit, während das lyrische Ich in der letzten Strophe des Gedichts in der Gemeinsamkeit mit der Natur zerfließt und sich selbst vergisst. Das Selbstbewusstsein verhindert also das Aufgehen im Moment und andersherum. In dem oben zitierten Essay über den Pachuco schreibt Paz:

> A todos, en algún momento, se no ha revelado nuestra existencia como algo particular, intransferible y precioso. Casi siempre esta revelación se sitúa en la adolescencia. El descubrimiento de nosotros mismos se manifiesta como un sabernos solos; entre el mundo y nosotros se abre una impalpable, transparente muralla: la de nuestra conciencia. Es cierto que apenas nacemos nos sentimos solos; pero niños y adultos pueden trascender su soledad y olvidarse de sí mismos a través de juego o trabajo.[224]

Wenn der Mensch sich wie das spielende Kind in seiner Arbeit vergisst, kann er für einen Moment in der kosmischen Einheit aufgehen. Dieses Argument findet sich ganz ähnlich bei Nietzsche: «Reife des Mannes: das heißt den Ernst wiedergefunden haben, den man als Kind hatte, beim Spiel.»[225] Darin ist der Ernst enthalten, der den nichtmateriellen Realitäten, der künstlerischen Phantasie, der poetischen Argumentation entgegengebracht wird. In «Himno entre ruinas» finden sich historische Reflexion und sinnliche Ästhetik in einer dialektischen Spannung; tiefste Verzweiflung über die Abgründe der Menschheit und größte Erfüllung im Einssein mit dem Universum wechseln sich ab, Tag und Nacht gehören untrennbar zusammen. Dabei bleibt der Mensch bei Paz auch in der Gemeinsamkeit einsam, in jedem Bild wird die Dialektik beibehalten, der Widerspruch bleibt bestehen. So ist die Einsamkeit bei Paz zwar immer vorhanden, aber sie ist «offen». Im *Laberinto de la soledad* heißt es:

> Estamos al fin solos. Como todos los hombres, como ellos, vivimos el mundo de la violencia, de la simulación y del ninguneo; el de la soledad cerrada, que si nos defiende nos oprime y que al ocultarnos nos desfigura y mutila. Si nos arrancamos esas máscaras, si nos abrimos, si, en fin, nos afrontamos, empezaremos a vivir y pensar de verdad. Nos aguardan una desnudez y un desamparo. Allí, en la soledad abierta, nos espera también la trascendencia: las manos de otros solitarios. Somos, por primera vez en nuestra historia, contemporáneos de todos los hombres.[226]

---

[224] Ebda. Es handelt sich um den Beginn des Kapitels «El Pachuco y otros extremos».
[225] Friedrich Nietzsche: «Aph. 94», zit. n. *Hohe Luft*, Ausgabe 4/2013, S. 35.
[226] Ende des Kapitels OP: «Nuestros días», LS (2011), S. 340.

Eine Spezifik der Dialektik von Paz ist die Gleichzeitigkeit verschiedener Mythologien und Vorstellungswelten. Fein sieht in der Blume in dieser letzten Strophe beispielsweise eine Inspiration der Nahuatl-Dichtung, während die Einheit der vier genannten Elemente auf das Kosmos-Verständnis der Maya hinweise.[227] In dem Kontext der temporalen Positionierung sollte auf die Gleichzeitigkeit von Frucht und Blüte aufmerksam gemacht werden, welche, ähnlich wie die unterschiedlichen historischen Bezüge, auf die Präsenz von Vergangenem und Zukünftigen in der Gegenwart verweist.[228] Mit seiner poetischen Argumentation macht Paz die mythologischen Allusionen für eine Menschheit unabhängig von Ort und Zeit allgemeingültig. Darin verbirgt sich ein politisches Moment auch insofern, als dass die europäischen Mythen schon seit dem 17. Jahrhundert mit autochthonen Mythen zusammengedacht wurden.[229] Die Europäer, die soeben die Neue Welt entdeckt hatten, interessierten sich unter anderem für die Parallelisierung der verschiedenen Welterklärungsversuche, da sie die bestehenden Kulturen missionieren wollten. Der Vergleich der unterschiedlichen Mythen ermöglichte jedoch auch eine Annäherung und ein Verständnis der jeweils anderen Kultur. Im Gegensatz zur missionarischen Intention stellt das Gedicht die verschiedenen Deutungsebenen und Verständnisangebote bewusst nebeneinander. Auf diese Weise kann der Leser den Text unabhängig von seinem mythologischen Bildungshintergrund rezipieren. Das schließt weder den einen noch den anderen Leser aus, und jeder, der mit mehreren Mythologien vertraut ist, versteht das demokratische Prinzip einer solchen Schreibweise. Claude Lévi-Strauss, dessen Lebenswerk Paz ein eigenes Buch widmete, hat mit seiner strukturalistischen Herangehensweise gezeigt, dass Mythen nicht an Orte geknüpft sind, sondern unabhängig von diesen generell nach ähnlichen Schemata aufgebaut sind.[230] In dem oben besprochenen Gedicht nimmt Paz die Argumentation des französischen Autors gewissermaßen auf, indem er die Mythen zugleich de-lokalisiert und globalisiert.[231]

---

227 Vgl. John M. Fein: ‚Himno entre ruinas'. In: Enrique Ángel Flores (Hg.): *Aproximaciones a Octavio Paz*, S. 165–170. Vgl. Marta Piña Zentella: *Modelos geométricos en el ensayo de Octavio Paz*. Mexiko: Ed. Praxis 2002, S. 124 und 160ff.
228 Dabei zeichnet das Gedicht hier eine Welt in der jede Zeit zugleich stattfindet. Im Gegensatz dazu geht Fein von einer Welt, ohne Zeit aus: John M. Fein: ‚Himno entre ruinas'. In: Enrique Ángel Flores (Hg.): *Aproximaciones a Octavio Paz*, S. 169: «las equivalencias poéticas del último verso ocurren en un mundo sin tiempo».
229 Vgl. Joachim Küpper: Tradierter Kosmos und Neue Welt.
230 Vgl. Claude Lévi-Strauss: *Mythologiques* Bd. I-IV erschienen zwischen 1964–1971. Vgl. das Buch von Paz: *Claude Lévi-Strauss o el nuevo festín de Esopo* (1967).
231 Gallagher und Greenblatt konstatieren die hegelianische Substanz in Auerbachs Kapitel über Dante. (Vgl. Gallagher, Catherine/Stephen Greenblatt: The Touch of the Real. In: dies.: *Practicing New Historicism*, S. 20–48). In Anlehnung an diese Beobachtung soll an dieser Stelle festgehalten

Essayistisch widmet sich Paz den Ähnlichkeiten zwischen Mythen und den Überlagerungen verschiedener Konzepte in dem Kapitel «Los Hijos de la Malinche»[232] in *El laberinto de la soledad*. Unter anderem vergleicht er die historische Gestalt des Aztekenkönigs Cuauhtémoc mit der Gottesfigur des Huitzilopochtli, der wiederum Ähnlichkeiten mit Jesus Christus aufweist. Bestimmte historische Gestalten werden auf diese Weise mit mythologischer Bedeutung aufgeladen und als Erklärungsmuster für aktuelle Zustände interpretiert. In besagtem Essay arbeitet Paz bewusst mit den Urbildern Vater, Mutter, Kind, die er alle drei mit bestimmten Persönlichkeiten der mexikanischen Geschichte und Mythologie verbindet. So erscheint Hernán Cortés als Vaterfigur des mexikanischen Volkes, gleichzeitig beschreibt Paz den Eroberer und den Mann im Allgemeinen als Abbild der Vater-Gottheiten aller Kulturen; der Autor nennt westliche Beispiele, so den christlichen Vatergott, Jehova und Zeus. Zugleich erscheint Cortés als der ewige Fremde, da er als Spanier von außen in das Gebiet eindrang. Als historisches Vorbild der Frauenfiguren nennt Paz Malintzín, die von den Spaniern Malinche oder Doña Marina genannt wurde. Sie war Cortés als Geschenk übergeben worden, wurde seine Geliebte und vermittelte aufgrund ihrer Sprachkenntnisse des Maya, des Nahuátl und des Spanischen zwischen den verschiedenen Bevölkerungsgruppen.[233] Bei Paz wird sie als Mutter der Mexikaner präsentiert und ähnelt damit einerseits der Urmutter Eva, andererseits aber auch Maria, der Mutter Gottes, denn als Sohnesfigur wird wie oben erwähnt unter anderem Jesus genannt. Eine mütterliche weibliche Göttin gibt es mit Tonantzín auch in der mexikanischen Mythologie, das Motiv der jungfräulichen Befruchtung findet sich bei Coatlicue, der Mutter von Huitzilopochtli. Die mexikanische Jungfrau Guadalupe erinnert wiederum an europäische Marienerscheinungen.

Ebenso wie das Gedicht kann auch der Essay auf mehreren Ebenen verstanden werden. Mit der genealogischen Metapher wird die enge Zusammengehörigkeit der verschiedenen Kulturen in einem sehr einfachen Bild kommuniziert. Weniger offensichtlich ist die Zusammenführung der unterschiedlichen Mythen, die als Manifestation unterschiedlicher Zugehörigkeiten innerhalb der einzelnen Figuren verstanden werden kann. So kommt der Leser nicht nur zu dem Fazit,

---

werden, dass Paz – ebenso wie Dante – humanistische Narrative mit christlicher Mythologie verbindet. Während Dante letztere durch ihre radikale Realisierung in seinem Text in ein humanistisches Weltbild integriert und sie damit gleichzeitig unterläuft (vgl. Gallagher, Catherine/ Stephen Greenblatt: *Practicing New Historicism*), argumentiert Paz eher mit der Gleichzeitigkeit verschiedener Konzepte neben- und ineinander.

232 OP: «Los Hijos de la Malinche», LS (2011), S. 220.
233 Vgl. dazu auch Margo Glantz: Las Hijas de la Malinche. In: dies.: *Esguince de cintura*, Mexiko: Conaculta 1994, S. 178–197.

dass in jedem Mexikaner etwas von Malinche stecken kann, sondern auch zu der Erkenntnis, dass jeder Mensch sowohl Weibliches als auch Männliches, sowohl Fremdes als auch Bekanntes in sich trägt. Der Mensch hat beide Möglichkeiten, jene des Chingóns und jene der Chingada, er ist potentiell Täter und Opfer zugleich. Auf einer dritten subtilen Ebene verbinden sich dank der Vergleiche von historischen Figuren mit göttlichen Wesen mythologische und historische Zeit. In der Zusammenfügung von sakralen und autochthonen Weltbildern schafft Paz einen Modus der Absage an teleologische Geschichtsbegriffe, seien diese bürgerlich oder marxistisch.

3.3 Individuum und Gemeinschaft

3.3.1 «Poesía de soledad y poesía de comunión» (1943)

Das vorliegende Kapitel widmet sich dem poetologischen Essay «Poesía de soledad y poesía de comunión»,[234] welcher im August 1943 in der Zeitschrift *El Hijo Pródigo* veröffentlicht wurde. In eindrücklicher Weise veranschaulicht der Text, wie früh Paz ein offenes dialektisches Denken als notwendige Strategie in einer Zeit der Dichotomien für sich übernommen hat. In diesem Essay wird das Verhältnis des Einzelnen zur Gesellschaft thematisiert und in einen literaturhistorischen Kontext gesetzt. So stellt sich auch hier die Frage nach dem Zeitbezug der Lyrik, und Paz war während des Spanischen Bürgerkriegs nicht der Einzige, der eine historische Einbettung von Literatur als notwendig empfand. In dem vorliegenden Essay von 1943 verortet sich Paz zwischen Kunst um der Kunst willen und Kunst mit Bezug zum gesellschaftlich-historischen Kontext, diesmal jedoch mit einer sehr deutlichen philosophischen Position zum Verhältnis zwischen Individuum und Gesellschaft. Der Autor argumentiert in diesem Essay für den Stellenwert der menschlichen Gemeinschaft (*comunión*), und schließt damit an ein soziales und historisches Verantwortungsbewusstsein des Künstlers an, das er schon 1931 in seinem Essay «Ética del artista» entworfen hatte. Im Unterschied zu seinem Text aus der Zwischenkriegszeit betonte Paz zwölf Jahre später, also inmitten des Zweiten Weltkriegs, die historische Verantwortung jedes und jeder Einzelnen.

---

[234] OP: «Poesía de soledad y poesía de comunión» (1943), OC Bd. 13, S. 234–245. Schon 1942 hatte Paz den Text auf einer Lesung vor der Editorial Séneca vorgetragen, anlässlich des 400. Geburtstags von San Juan de la Cruz. Vgl.: OP: *Las peras del olmo*. Seix Barral 1963, S. 95–106.

Das Miteinander und die tägliche Erfahrung von Gemeinschaft beschreibt Paz als weitaus vielfältiger als die Binarität der einander gegenüberstehenden Weltanschauungen: «La realidad – todo lo que somos, todo lo que nos envuelve, nos sostiene y, simultáneamente, nos devora y alimenta – es más rica y cambiante, más viva, que los sistemas que pretenden contenerla.»[235] In seiner Wahrnehmung kollektiver Realität, welche die Menschheit zugleich «nährt und verschlingt», spiegelt sich ein dialektisches Verständnis dieses Kollektivs, das einerseits überlebensnotwendig ist – Habermas spricht von der «intersubjektiven Verfassung des menschlichen Geistes»[236] – andererseits aber stets die individuelle Unabhängigkeit bedroht.

Der Wunsch nach Dialog, nach einer Versöhnung mit und in der Welt, nehme Gestalt an, so argumentiert Octavio Paz, in der Religion, in der Liebe, im Fest und vor allem auch in der Dichtung. Einsamkeit und Gemeinsamkeit seien dabei die Extreme, zwischen denen das Gedicht zu situieren sei:

> También el poeta lírico entabla un diálogo con el mundo; en ese diálogo hay dos situaciones extremas: una, de soledad; otra, de comunión. El poeta siempre intenta comulgar, unirse (*reunirse*, mejor dicho), con su objeto: su propia alma, la amada, Dios, la naturaleza... La poesía mueve al poeta hacia lo desconocido, y la poesía lírica, que principia como un íntimo deslumbramiento, termina en la comunión o en la blasfemia.[237]

Um sein dialektisches Verständnis von Dichtung zu illustrieren, vergleicht Paz den poetischen Text mit dem Liebesakt. Das Paar sei Einheit und Zweiheit zugleich;[238] ebenso manifestiere sich auch in der lyrischen Form immer sowohl eine zutiefst individuelle Stimme als auch das «Rauschen» des Kollektivs. Adorno teilte diese Überzeugung: in seiner «Rede über Lyrik und Gesellschaft» erwähnte er etwa den «kollektiven Unterstrom»,[239] der jede individuelle dichterische Rede grundiere. Zugleich sei es aber, so Adorno, die «Versenkung ins Individuierte»,[240] welche dem Gedicht Allgemeingültigkeit verleihe. Auch Octavio Paz verbindet psychoanalytische und marxistische Perspektiven, wenn er die Liebe als Simultaneität von «Besitzerinstinkt» und «Verschmelzungswunsch» erklärt. In der Liebe befinde sich der Wunsch nach Auflösung des Anderen immer in Spannung mit dem Wunsch nach Auflösung des Eigenen: «[E]l amor, que es un instinto de posesión del objeto, un querer, pero también un anhelo de fusión, de olvido, y

---

235 OP: «Poesía de soledad y poesía de comunión», S. 234.
236 Jürgen Habermas: Öffentlicher Raum und politische Öffentlichkeit.
237 OP: «Poesía de soledad y poesía de comunión», S. 236.
238 Martin Buber: *Ich und Du* [1923]. Stuttgart: Reclam 1995.
239 Theodor W. Adorno: Rede über Lyrik und Gesellschaft, S. 58.
240 Ebda. S. 50.

disolución del ser en ‹lo otro›.»[241] Die Überwindung jener Dichotomien könne dabei immer nur für einen kurzen Moment («instante») gelingen:

> En lo alto de ese contacto y en la profundidad de ese vértigo el hombre y la mujer tocan lo absoluto, el reino en donde los contrarios se reconcilian y la vida y la muerte pactan en unos labios que se funden. El cuerpo y el alma, *en ese instante*, son lo mismo y la piel es como una nueva conciencia, conciencia de lo infinito, vertida hacia lo infinito...[242]

Die Religion wiederum biete eine eigentlich obsolete Sehnsucht nach einer Versöhnung mit der Welt, die – anders als die Liebe – auf eine dauerhafte Auflösung des Individuellen hinauslaufe. Dieses Sehnen, wie es sich noch im Werk von San Juan de la Cruz gezeigt habe, stehe den Menschen heute nicht mehr zur Verfügung. An die Stelle eines blinden Vertrauens in Gott sei die Vernunft getreten. War Religion zuvor Ausdruck eines natürlichen Gemeinschaftsgefühls gewesen, habe das kritische Bewusstsein die Menschen vereinzelt. Zwischen diesen beiden Polen oszilliere die Dichtung: «Entre estos dos polos de inocencia y conciencia, de soledad y comunión, se mueve toda poesía.»[243] Im Unterschied zur Religion bestätige die Dichtung jedoch den Wert des eigenen Raums und des individuellen Gedankens, und sei deshalb nahezu anarchisch:

> Religión y poesía tienden a la comunión; las dos parten de la soledad e intentan, mediante el alimento sagrado, romper la soledad y devolver al hombre su inocencia. Pero en tanto que la religión es profundamente conservadora; [...] la poesía rompe el lazo al consagrar una relación individual, al margen, cuando no en contra, de la sociedad. La poesía siempre es disidente. No necesita de la teología ni de la clerecía. [...] Respuesta a las mismas preguntas y necesidades que la religión satisface, la poesía se nos aparece como una forma secreta, ilegal, irregular, de la religión: como una heterodoxia, no porque no admita los dogmas, sino porque se manifiesta de un modo privado y muchas veces anárquico.[244]

Dabei versteht Paz Dichtung gerade aufgrund dieser heterodoxen Qualität als ein zutiefst dialektisches Unterfangen: ein gelungener poetischer Text sei immer zugleich Ekstase und Verzweiflung, zugleich Gebet und Blasphemie. Mit seiner Umdeutung des sakralen Vokabulars beschreibt Paz, wie das poetische Wort die

---

241 OP: «Poesía de soledad y poesía de comunión», S. 235. Zur Rolle des Augenblicks im Werk von Paz vgl. außerdem: OP: «La consagración del instante», in: *El arco y la lira*, Zwischenüberschrift «Poesía e historia», OC Bd. 1, S. 187–199. Vgl. außerdem: Evodio Escalante: «El instante versus la duración. La clave del tiempo en ‹La estación violenta› de Octavio Paz», *Círculo de poesía*, 29.10.2009.
242 OP: «Poesía de soledad y poesía de comunión», S. 238. Eigene Hervorhebung.
243 Ebda. S. 243.
244 Ebda. S. 237.

diesseitige menschliche Erfahrung «heiligspreche», aber eben ohne sie zu idealisieren, und auch ohne sie zu verurteilen:

> Mediante la palabra, mediante la expresión de su experiencia, procura hacer sagrado el mundo; con la palabra consagra la experiencia de los hombres y las relaciones entre el hombre y el mundo, entre el hombre y la mujer, entre el hombre y su propia conciencia. No pretende hermosear, santificar o idealizar lo que toca, sino volverlo sagrado. Por eso no es moral o inmoral; justa o injusta; falsa o verdadera; o fea. Es, simplemente, poesía de soledad o de comunión. Porque la poesía, que es un testimonio del éxtasis, del amor dichoso, también lo es de la desesperación, y tanto como un ruego puede ser una blasfemia.[245]

Der poetologische Entwurf von Paz versteht Dichtung als zutiefst welthaltigen Modus der Darstellung menschlicher Erfahrung in ihren historischen Konstellationen. Eine Auflösung des dialektischen Spannungsfeldes in eine Synthese ist damit gar nicht notwendig, im Gegenteil: Es geht Paz um die Wahrnehmung des Zugleich, um die Wertschätzung der menschlichen Erfahrung mit all ihren Widersprüchen. Hatte Ernst Bloch seinen Essay «Doppellicht Individuum und Kollektiv» (1959) trotz aller Dialektik schließlich doch mit der Hoffnung auf eine Synthese beschlossen, war Paz schon zu Beginn der vierziger Jahre von der Flüchtigkeit solcher Vollkommenheitserfahrungen überzeugt. Die Frage nach der Verortung menschlicher Existenz zwischen Individuation und Kollektiv war während der Entstehungszeit beider Texte eine politisch brisante Frage. Bloch hatte sein Buch mit dem programmatischen Titel *Das Prinzip Hoffnung* in den Jahren 1938 bis 1947 im Exil in den USA geschrieben, veröffentlicht wurden die Bände erst in den Jahren 1954 bis 1959 in der DDR, und entsprechend passte Blochs Hoffnung in die Kollektiverwartungen des Sozialismus.[246] Bloch beginnt wie Paz mit der Wahrnehmung des dialektischen Moments als Wechselwirkung zwischen Individuum und Kollektiv:

> *Individuum und Kollektiv, beide umfunktioniert,* sind mithin im revolutionären Klassenbewußtsein einzigartig verschlungen; wieder nicht als Alternativen, wie der Vulgärmarxismus es sich dachte, sondern als wechselwirkende Momente.[247]

Und auch Bloch erachtete diese Synthese zunächst als etwas Vorübergehendes: «Das Außersichsein der Individuen in einem enthusiastisch verschmelzenden Kollektiv war auch in Revolutionen auf sehr kurze Zeit beschränkt.»[248] Ebenso

---

245 Ebda. S. 238.
246 Ernst Bloch: Doppellicht Individuum und Kollektiv. In: *Das Prinzip Hoffnung*. Bd. 3, F.a.M.: Suhrkamp 1959, S. 1137. Kursive aus dem Original übernommen.
247 Ebda.
248 Ebda.

findet sich bei beiden Denkern die Vorstellung eines Kollektivs nur unter der Voraussetzung des Bewusstseins der Individuen. Bloch formuliert dies wie folgt:

> [K]lassenbewußtes, gar klassenlos gewordenes Kollektiv stellt *aufs Neue ein Drittes dar, ein Drittes zwischen, besser über bisherigen Individuen samt bisherigem Kollektiv*. Wie es noch keine rechten Individuen gab, so noch kein rechtes Kollektiv; das rechte aber liegt auf der betretenen Bahn einer *personreichen, höchst vielstimmigen Solidarität*.[249]

Doch trotz dieser Parallelen gibt es einen wesentlichen Unterschied zwischen den Entwürfen von Paz und Bloch: Die Argumentation von Bloch zielt auf eine dauerhafte Synthese, wenn das Ideal eines klassenlosen Kollektivs entfaltet wird:

> Das Dritte, das in ihnen so dialektisch umgeht wie sie beide erhält und überhöht, diese lebendige Synthese ist selber nichts anderes als das klassenlose Kollektiv, wie bemerkt. Doch eben als das neue, klassenlose, offen-utopische, so daß nicht mehr partiale Individuen, partiales Kollektiv dualistisch verdinglicht auftreten können, als starre Gegenwerte. Diese Synthese zwischen Individuen und Kollektiv, die Aufhebung dieser falsch verdinglichten und dualistisch gemachten Sozialmomente, *kann dann allerdings selbst wieder Kollektiv heißen, nämlich klassenloses*, weil sie den Triumph der Gemeinsamkeit, also die absolute Seite der Gesellschaft darstellt; aber dieser Triumph ist ebenso die Rettung des Individuums. In der klassenlosen Synthese wirkt das gesuchte Totum, dieses, was nach Marx ebenso das total entwickelte Individuum freisetzt wie wirkliche Allgemeinheit.[250]

Weit weniger utopisch und sehr viel weniger programmatisch bleibt die Argumentation von Octavio Paz, der sich der politischen Sprache enthält und bei jeder Synthese die Momenthaftigkeit betont.[251] Zudem macht Paz deutlich, dass die Versöhnungs-Erfahrungen nicht mit einer Jenseitsvorstellung verbunden sein müssen, und verweist im Gegensatz zu eskapistischen Theorien von Synthese oder Erlösung auf das Leben selbst, auf die Zeitspanne zwischen Geburt und Tod und damit auf die historische Existenz des Menschen. Momente der Versöhnung seien erfahrbar, aber eben nur *in* der Zeit:

> Los poetas han sido los primeros que han revelado que la eternidad y lo absoluto no están más allá nuestros sentidos sino en ellos mismos. Esta eternidad y esta reconciliación con el mundo se producen en el tiempo y dentro del tiempo, en nuestra vida mortal, porque el amor y la poesía no nos ofrecen la inmortalidad ni la salvación.[252]

---

249 Ebda.
250 Ebda. S. 1142f.
251 OP: «Poesía de soledad y poesía de comunión», S. 238: «El cuerpo y el alma, *en ese instante*, son lo mismo» (Eigene Hervorhebung).
252 Ebda. S. 239.

In der Gegenwart sei es schwieriger geworden, sich mit der Welt vereint zu fühlen – und dies ist wiederum ein Gedanke, den auch Erich Fromm so formulierte.[253] Mit einer marxistisch anmutenden Wendung erwähnt Paz an dieser Stelle die Idee eines «neuen Menschen», der in der Lage wäre, die Erfahrung der Gemeinsamkeit in zeitgemäßer Form zu erleben:

> Sólo que ayer era posible la comunión, gracias quizás a esa misma Iglesia que ahora la impide, y habrá que decirlo: para que la experiencia se realice otra vez, será menester un hombre nuevo y una sociedad en la que la inspiración y la razón, las fuerzas irracionales y las racionales, el amor y la moral, lo colectivo y lo individual, se reconcilien.[254]

Von Rousseau bis Karl Marx haben Dichter und Philosophen nach diesem neuen Menschen gesucht, so Paz. Der mexikanische Nobelpreisträger sah das Ideal im Unterschied zu all diesen Suchen gerade in der dialektischen Verfassung des Menschen.[255] Dies wird nachvollziehbar in der Dichtung, die idealerweise immer das Gegensätzliche zum Gegenstand macht und auf diese Weise dafür sorgt, dass Spannung als grundsätzliche Erfahrung erhalten, dass die Dialektik offen bleibt. Paz formuliert diese Gegensätze nicht nur als Einsamkeit und Gemeinsamkeit, sondern auch als Bewusstsein und Unschuld, als Erfahrung und Ausdruck, Wort und Tat, und illustriert seine Sicht schließlich mit *The Marriage of Heaven and Hell* (1793) von William Blake:

> La seducción que sobre nosotros ejercen estos maestros, nuestros únicos maestros posibles, se debe a la veracidad con que encarnaron ese propósito que intenta unir dos tendencias paralelas del espíritu humano: la conciencia y la inocencia, la experiencia y la expresión, el acto y la palabra que lo revela. O para decirlo con las palabras de uno de ellos: *El matrimonio del Cielo y del Infierno*.[256]

Der in diesem Text von 1943 unternommene Versuch von Paz, Dichtung im Spannungsfeld zwischen Individuation und Kollektivismus zu verorten, ist ein sehr frühes Beispiel in einer Reihe von philosophischen Überlegungen anderer Autoren, die sich ebenfalls zu dem Verhältnis von Individuum und Gesellschaft

---

[253] In *Die Furcht vor der Freiheit* argumentiert Fromm mit der zunehmenden Loslösung des Menschen von Natur, Kirche, Staat, Gewissen etc. Vgl. Erich Fromm: *Die Furcht vor der Freiheit*.
[254] OP: «Poesía de soledad y poesía de comunión», S. 240.
[255] Ebda. S. 243.
[256] Ebda. S. 245. Das Zitat stammt von William Blake: *The Marriage of Heaven and Hell* [1793]. Miami: UP 1963.

äußerten. Zu nennen wären der Text «Individuum und Gemeinschaft»[257] (1922) von Edith Stein, sowie neben dem politischen Essay von Bloch «Doppellicht Individuum und Kollektiv» (1959) die oben schon zitierte poetologische «Rede über Lyrik und Gesellschaft» (1951) von Adorno. Letzterer führt in seiner Rede aus, warum sich das «geschichtliche Verhältnis des Einzelnen zur Gesellschaft» im individuellen Geist wiederfinden muss, um dem Gedicht Universalität und Vollkommenheit zu verleihen:

> Man pflegt zu sagen, ein vollkommenes lyrisches Gedicht müsse Totalität oder Universalität besitzen, müsse in seiner Begrenzung das Ganze, in seiner Endlichkeit das Unendliche geben. Soll das mehr sein als ein Allgemeinplatz aus jener Ästhetik, die da als Allerweltsmittel den Begriff des Symbolischen zur Hand hat, dann zeigt es an, daß in jedem lyrischen Gedicht das geschichtliche Verhältnis des Subjekts zur Objektivität, des Einzelnen zur Gesellschaft im Medium des subjektiven, auf sich zurückgeworfenen Geistes seinen Niederschlag muß gefunden haben.[258]

Anders als bei Sartre und der Engagierten Literatur gilt bei Adorno, dass gerade das Gedicht das Verhältnis von Individuum und Gesellschaft sehr genau adressieren könne. Die Explizität sei der Universalität sogar eher abträglich: «Es wird umso vollkommener sein, je weniger das Gebilde das Verhältnis von Ich und Gesellschaft thematisch macht, je unwillkürlicher es vielmehr im Gebilde von sich aus sich kristallisiert.»[259] Der Text von Adorno liest sich wie ein Kommentar zum poetischen Werk von Paz, wenn die Lyrik darin als «ästhetische Probe auf das dialektische Philosophem» bezeichnet wird:

> Wenn einmal die große Philosophie [...] die Wahrheit konstruierte, Subjekt und Objekt seien überhaupt keine starren und isolierten Pole, sondern könnten nur aus dem Prozeß bestimmt werden, in dem sie sich aneinander abarbeiten und verändern, dann ist die Lyrik die ästhetische Probe auf jenes dialektische Philosophem. Im lyrischen Gedicht negiert, durch Identifikation mit der Sprache, das Subjekt ebenso seinen bloßen monadologischen Widerspruch zur Gesellschaft, wie sein bloßes Funktionieren innerhalb der vergesellschafteten Gesellschaft.[260]

Tatsächlich kommt in dem poetischen Werk von Paz die Prozesshaftigkeit jeglicher Gegenüberstellung des Individuums mit der Welt zur Geltung, das lyrische

---

257 Edith Stein: Individuum und Gemeinschaft. Beiträge zur philosophischen Begründung der Psychologie und der Geisteswissenschaften, Zweite Abhandlung. In: *Jahrbuch für Philosophie und phänomenologische Forschung* 5 (1922), S. 116–283. Neudruck in Tübingen: Niemeyer 1970.
258 Theodor W. Adorno: Rede über Lyrik und Gesellschaft, S. 54f.
259 Ebda. S. 54f.
260 Ebda. S. 57.

Ich verliert sich, erfindet sich neu, zersplittert und findet sich im Anderen – «Piedra de sol» (1957) ist nur eines von vielen poetischen Beispielen für diese Zusammenhänge im Werk des hier untersuchten Autors. In seinem Schreiben werden die konträren Pole in jedem einzelnen Text aufs Neue austariert, und ebenso wenig wie sich die Gedichte von Paz einer bestimmten literarischen Tradition zuordnen lassen, so ließ sich auch deren Autor nicht von den Dogmen seiner Zeit vereinnahmen.

Ein weiterer Text, der sich mit dem Verhältnis des Einzelnen zum Kollektiv auseinandersetzte, ist Max Schelers Buch *Wesen und Formen der Sympathie* von 1913.[261] Paz zitierte Scheler in seiner Vision eines Menschen, dem es möglich wäre, zwischen Fortschrittsdenken und Mythologie zu vermitteln: «Hemos de ser hombres completos, íntegros. Hemos de ser hombres cultos, en el sentido platónico y scheleriano del vocablo.»[262] In *Wesen und Formen der Sympathie* (1913) hatte Scheler zwischen vier Formen des Mitgefühls und dem Nachfühlen unterschieden.[263] Das *Nachfühlen* müssen dabei vor allem Romanschriftsteller beherrschen: Autoren lösen sich aus der Masseneuphorie und distanzieren sich vom Gefühl um es in Worte fassen zu können. Dies ist vergleichbar mit der im vorliegenden Essay «Poesía de soledad y poesía de comunión» thematisierten Notwendigkeit des unabhängigen Denkens, der individuellen Anarchie des Schriftstellers. Dem entgegen stünde die völlige Dissolution in der Religion. Scheler nennt diese Dissolution das *Einsfühlen,* es bildet das andere Ende der Skala. Dazwischen stehen das *Miteinanderfühlen* (Scheler erwähnt als Beispiel die geteilte Trauer von Eltern um ein verlorenes Kind), das *Mitfühlen* (Mitleid) und die *Gefühlsansteckung* (zwischen lachenden Kindern oder in der Masse). Das Einsfühlen ist Scheler zufolge ein gesteigerter Fall der Gefühlsansteckung, es kann sich sowohl in der Masse ereignen als auch im „liebeerfüllten Geschlechtsakt" (den Scheler metaphorisch als «Pforte zum Alllebensstrom» beschreibt).[264] Paz selbst erklärt sein Verständnis von Einsamkeit und Gemeinsamkeit sowohl auf der individuellen Ebene (*yo y el otro*) als auch auf der gesellschaftlichen (*soledad y comunión*). Paz und Scheler

---

261 Max Scheler: *Wesen und Formen der Sympathie.*
262 OP: «Ética del artista» (1931), S. 188.
263 Max Scheler: *Wesen und Formen der Sympathie.* Vgl. auch: Max Scheler: Der Formalismus in der Ethik und die materiale Wertethik. Neuer Versuch der Grundlegung eines ethischen Personalismus. Sonderdruck aus: *Jahrbuch für Philosophie und phänomenologische Forschung.* Bd. I u. II. Herausgegeben von E. Husserl, Freiburg i. B./Halle a. d. Saale: Niemeyer (1916). Vgl. Martin Buber: *Ich und Du.* Vgl. Angelika Krebs: *Zwischen Ich und Du – Eine dialogische Philosophie der Liebe.* Berlin: Suhrkamp 2015. Zu den Unterschieden zwischen Masse, Lebensgemeinschaft (Ehe, Familie), Gesellschaft, Personale Gemeinschaft (Staat) etc. vgl. ebda. S. 128f.
264 Max Scheler: *Wesen und Formen der Sympathie,* S. 30.

sind sich einig, dass sich das individuelle Einsfühlen im Liebesakt ereigne, während das gemeinschaftliche Einsfühlen vor allem in der Revolution zustande komme (Paz nennt als Beispiel aber nicht die mexikanische Revolution sondern den Spanischen Bürgerkrieg, den er selbst mit Anfang Zwanzig erlebte).[265] Die Religion hingegen biete, so Paz, parallele individuelle Verschmelzungen mit dem höheren Wesen, ähnlich wie die Einsamkeit parallel von jedem einzeln erlebt wird, zugleich aber eine ganze Gesellschaft zeichnen kann. Paz versteht sowohl den Begriff der Einsamkeit als auch den der Gemeinsamkeit dialektisch. Im *Laberinto de la soledad* spricht er beispielsweise von der «offenen Einsamkeit», oder von einer Gemeinschaft lauter einsamer Menschen: «Allí, en la soledad abierta, nos espera también la trascendencia: las manos de otros solitarios.»[266]

Die genauere Konnotation des Begriffs der Einsamkeit (*soledad*) im Werk von Paz wurde weiter oben bereits herausgearbeitet. Der Begriff der *comunión* ist insofern kontroverser, als dass Gemeinschaft immer eine Einheit suggeriert, die entweder religiös konnotiert ist, oder aber politisch als identitärer Modus gewendet wird und sich dann allzu leicht instrumentalisieren lässt.[267] Paz' Argumente für ein kritisches dialektisches Verständnis des menschlichen Zusammenlebens sollten erst in der zweiten Hälfte des 20. Jahrhunderts Resonanz finden. Seine Texte wirken völlig aus der Zeit gefallen, schon Anfang der Vierziger scheint in seinem Werk die Vorstellung einer «negativen Gemeinschaft» anzuklingen, jener

---

[265] Schelers implizite Analogie zwischen Liebe, Poesie und Revolution ist vergleichbar mit der von Paz: neben dem «primitiven» Aufgehen in der Masse führt Scheler den «liebeerfüllten Geschlechtsakt» mit dem vermeintlichen Eintauchen in «*einen* Lebensstrom» als höchstes Beispiel für das Einsfühlen auf. Angelika Krebs referiert Scheler sehr übersichtlich und listet die Möglichkeiten des Einsfühlens wie folgt: 1) Eintauchen in einen Ich-Du indifferenten Bewusstseinsstrom, 2) überindividuelle Zugänglichkeit bestimmter Wertverhalte (Kunst), 3) soziale Akte der Gesamtperson übertragen auf das Miteinanderfühlen, Gefühle als Elemente eines einzigen Sinnzusammenhangs, Einheit geteilter Gefühle. Angelika Krebs: Zwischen Ich und Du, S. 139–143.

[266] Vgl. dazu OP: «Nuestros días», LS (2011), S. 340. Vgl. Kap. 3.2.2 der vorliegenden Arbeit.

[267] Vgl. Jean-Luc Nancy: *Die herausgeforderte Gemeinschaft*, Zürich/Berlin: Diaphanes 2007, 30 f.: «Von mehreren Seiten her sah ich von dem Gebrauch des Wortes ‹Gemeinschaft› Gefahren ausgehen: Unweigerlich klingt es von Substanz und Innerlichkeit erfüllt, ja aufgebläht; recht unvermeidlich hat es eine christliche Referenz (geistige oder brüderliche, kommunielle Gemeinschaft) oder eine im weiteren Sinne religiöse (jüdische Gemeinschaft, Gemeinschaft des Gebets, Gemeinschaft der Gläubigen – 'umma); es wird zur Bekräftigung vorgeblicher ‹Ethnizitäten› verwendet – all dies konnte nur Warnung sein. Es war klar, dass die Akzentuierung eines notwendigen, doch stets ungenügend geklärten Konzeptes zu jener Zeit zumindest einherging mit einem Wiederaufleben kommunitaristischer und zuweilen faschistoider Triebkräfte.» Vgl. auch: Gerald Raunig: Etwas Mehr als das Commune. Dividuum und Condividualität. In: *Grundrisse, zeitschrift für linke theorie & debatte*, Nr. 35, Wien (2011).

«Gemeinschaft derer, die keine Gemeinschaft haben», wie Georges Bataille und Maurice Blanchot es Anfang der achtziger Jahre formulieren sollten.[268] Erst seit den Siebzigern begann man die Vorstellung von Gemeinschaft zu problematisieren: Roland Barthes sprach in seinen Vorlesungen von 1977 am Collège de France von der «Phantasie allein leben [zu] wollen und zugleich, ohne Widerspruch dazu, zusammenleben [zu] wollen.»[269] Den Bezug auf den Holocaust als Kernereignis des 20. Jahrhunderts machte Maurice Blanchot 1983 deutlich, als er schrieb, er sehe in jeder Gemeinschaft «die Drohung einer universellen Vernichtung».[270] 2001 schließlich warnte auch Jean-Luc Nancy in *La communauté désœuvrée* vor dem jeder Vorstellung von Gemeinschaft inhärenten Totalitarismus.[271] Paz verwendete zwar das Vokabular der Vierziger, sein Argument war seiner Zeit aber weit voraus: Seine Texte sind auf der Suche nach einer Universalität, die sich einer Definition entzieht, und die so für das steht, was alle Menschen in ihrer historischen Erfahrung teilen.[272] Während Barthes feststellte, dass gerade die Literatur die Fragen des Zusammenlebens immer wieder erörtere, verstand auch Octavio Paz die poetische Sprache als Erinnerung an eine notwendige Heterogenität in einer Welt voll homogener Diskurse. Im Gegensatz zu religiösen oder politischen Glaubenssätzen lässt sich die Lyrik nicht instrumentalisieren. Paz beschrieb sie deswegen in seinem poetologischen Essay *La otra voz. Poesía y fin de siglo* (1990) als die «andere Stimme», welche die dialektische Offenheit des Denkens regelrecht einzufordern scheint:

> Entre la revolución y la religión, la poesía es la *otra* voz. Su voz es *otra* porque es la voz de las pasiones y las visiones; es de otro mundo y es de este mundo, es antigua y es de hoy mismo, antigüedad sin fechas... Todos los poetas en esos momentos largos o cortos, repetidos o aislados, en que son realmente poetas, oyen la voz otra. Es suya y es ajena, es de nadie y es de todos.[273]

---

268 Maurice Blanchot: *Die uneingestehbare Gemeinschaft* [1983]. Berlin: Mattes & Seitz 2007.
269 Roland Barthes: *Wie zusammen leben – Simulationen einiger alltäglicher Räume im Roman*. Vorlesung am Collège de France 1976–1977. Übers. von Horst Brühmann. Berlin: Suhrkamp 2007.
270 Maurice Blanchot: Die uneingestehbare Gemeinschaft. Vgl. auch: Giorgio Agamben: *Die kommende Gemeinschaft* [1990]. Berlin: Merve 2003.
271 Vgl. Jean-Luc Nancy: Die herausgeforderte Gemeinschaft.
272 Vgl. Maximilian Probst: Ich, wir, sie. In: *Die Zeit*, Nr. 28 (06.07.2008): «Die Abwesenheit des Sinns und der Wahrheit, ‹unsere Armut›, wie Nancy sagt, legt uns vielmehr eine Verpflichtung auf: dass wir uns den allgegenwärtigen multiplen Formen des identitären Denken widersetzen und an einer Universalität festhalten, der keine Bestimmung und kein Inhalt gerecht werden kann, an einem Sinnraum also, den wir miteinander teilen und in dem wir uns einander aussetzen. Die Literatur ist für Nancy ein Beispiel dieser Art Mit-Teilung. Die Literatur kennt kein letztes Wort.»
273 OP: *La otra voz. Poesía y fin de siglo*. Barcelona, Seix Barral 1990. Vgl. Enrico Mario Santí: Los dos Nerudas (1904–1973). In: *Letras Libres* (31.08.2004).

Dieser späte Text von Paz bestätigt die Überzeugungen, die der Autor fast fünfzig Jahre zuvor in dem Essay «Poesía de soledad y poesía de comunión» (1943) zu Papier gebracht hatte. Das beständige Zugleich von Fremdem und Eigenem, Ich und Anderem, welches das lyrische Ich exemplarisch verkörpert, beinhaltet dabei eine kontinuierliche Weiterentwicklung im Sinne der Dialektik. Ebenso wie Paz verstand auch Marcuse die Wirklichkeit immer als Verwirklichung einer historischen Subjektivität, und damit als Prozess:

> *Reality* is the constantly renewed result of the process of existence – the process, conscious or unconscious in which «that which is» becomes «other than itself»; and *identity* is only the continuous negation of inadequate existence, the subject maintaining itself in being other than itself. Each reality, therefore, is the *realization* – a development of «subjectivity». The latter «comes to itself» in history.[274]

Diese, am vorliegenden poetologischen Essay herausgearbeitete Überzeugung von Paz findet sich auch in seinen Gedichten. Dabei gibt es einige poetologische Schlüsselbegriffe, wie etwa den Spiegel, der Paz immer wieder als Verweis auf einen Modus der Erkenntnis des Anderen im Eigenen dient. Durch die Metapher des Spiegels werden Fremdes und Vertrautes gleichermaßen hinterfragt. In dem kurzen Gedicht «El otro» (1969)[275] imaginiert das lyrische Ich das eigene Gesicht als eines von vielen Gesichtern die immer zugleich fremd und vertraut sind:

«El otro»	«Der Andere»
Se inventó una cara.	Er erfand sich ein Gesicht.
Detrás de ella	Hinter diesem
vivió, murió y resucitó	lebte, starb und auferstand er
muchas veces.	viele Male.
Su cara	Sein Gesicht
hoy tiene las arrugas de esa cara.	trägt heute die Falten dieses Gesichts.
Sus arrugas no tienen cara.	Seine Falten haben kein Gesicht.

Die Überzeugung, dass der Mensch erst zu sich selbst werde, wenn er zulasse, dass er ein Anderer werde, findet Paz auch bei Antonio Machado. In einem kritischen Essay über das Werk des spanischen Dichters zitiert er diesen wie folgt: «El hombre se realiza cuando se trasciende: *cuando se hace otro.*»[276] In diesem Kontext spricht Paz sogar von einem «Durst nach dem Anderen»: «sed de

---

[274] Herbert Marcuse: A Note on Dialectics.
[275] Publiziert in: *Ladera Este* (1969), OC Bd. 11, S. 354.
[276] OP: «Antonio Machado», OC Bd. 3, 339–344, hier: S. 342.

‹otredad›: el hombre se realiza en la mujer, el yo en la comunidad.»²⁷⁷ Martin Buber teilte diese Überzeugung: «Der Mensch wird am Du zum Ich.»²⁷⁸ In seinem Gedicht «Piedra de sol» (1957) fasst Octavio Paz den Gedanken der individuellen Entwicklung in folgende Worte: «para que pueda ser he de ser otro».²⁷⁹ Dies korreliert mit den Worten von Erich Fromm. Wie dieser war Paz überzeugt, dass die Gesellschaft eben in der «Einheit der in ihr enthaltenen Gegensätze»²⁸⁰ bestehe, und dass die Fähigkeit, allein sein zu können, «paradoxerweise» die Vorbedingung für die Fähigkeit zu lieben sei.²⁸¹

3.3.2 «Piedra de sol» (1957)

Im Jahr 1994 veröffentlichte Octavio Paz einen Text, in dem er von der Entstehungsgeschichte von «Piedra de sol» erzählte und das Gedicht als Zusammenschau seiner damaligen Erfahrungen mit der Politik des 20. Jahrhunderts sowie mit den künstlerischen Strömungen der Zeit beschrieb:

> ‹Piedra de sol› (1957) [...] recoge mis experiencias con la poesía española e hispanoamericana, desde el siglo XVI hasta nuestros días, mi experiencia del surrealismo, mi experiencia de la política y la historia del siglo XX, tal como las viví, las padecí y las pensé. Por último, recoge ciertas preocupaciones que no sé si sean de orden filosófico o religioso, pero son vitales, humanas. Son preguntas que se hacen los hombres en el siglo XX y que, quizás, se han hecho en todos los siglos.²⁸²

Dabei hatten Surrealismus und Marxismus laut Vogelgsang eine vergleichbar politische Bedeutung für den Dichter, wie die religionsphilosophischen Vor-

---

277 Ebda.
278 Martin Buber: *Ich und Du*.
279 Vgl. Kap 3.3.2 zu «Piedra de sol» (1957).
280 Erich Fromm: *Die Kunst des Liebens*, S. 90. Fromm argumentiert mit der «paradoxalen Logik des Ostens» (ebda. S. 87ff), die sich sowohl bei Spinoza, im Brahmanismus, im Buddhismus, im Taoismus, bei Lao-Tse und Heraklit als auch in der Dialektik von Hegel und Marx finde, und in der das Handeln im Vordergrund stehe, während das Hauptmerkmal der (aristotelischen) «Logik des Westens» auf dem Denkerlebnis liege. Vgl. ebda. S. 94: «Kurz, das paradoxe Denken führte zur Toleranz und zur Bemühung, sich selbst zu wandeln. Der aristotelische Standpunkt führte zum Dogma und zur Wissenschaft, zur katholischen Kirche und zur Entdeckung der Atomenergie.» Paz besaß sowohl die *Bhagavad Gita* als auch das *Visnu Narayana*, vgl. *Limulus*.
281 Erich Fromm: *Die Kunst des Liebens*, S. 128.
282 OP: «Fin de ciclo», Kommentar von Paz zu «Piedra de sol» (1957) zit. n. Anthony Stanton: Octavio Paz por él mismo (1954–1964).

stellungswelten, die er auf seinen Stationen als Diplomat in Indien kennenlernte.[283] Im Zentrum der Untersuchungen des vorliegenden Gedichts standen bislang die Liebe, die Biographie des Autors oder literarische Intertexte.[284] Paz selbst stellt «Piedra de sol» in einen Zusammenhang mit den historischen Ereignissen seiner Zeit, wenn er es als Versuch beschreibt, den Erfahrungen seiner Generation Ausdruck zu verleihen: «‹Piedra de sol› fue una tentativa por expresar las experiencias de una generación marcada por el hitlerismo y el stalinismo, la segunda guerra mundial, la bomba atómica y la guerra fría.»[285] Mit dieser Aufzählung der Kriege und Diktaturen des 20. Jahrhunderts macht das Zitat deutlich, dass alle weiteren Themen des Gedichts immer vor dem historischen Hintergrund des 20. Jahrhunderts gelesen werden müssen.

Mit den vielfältigen Metaphern der Wiederkehr, die auch mit der zyklischen Form des Gedichts symbolisiert wird, verweist der Text auf die genuin marxistische Reflexion zur Wiederholung von Geschichte. Karl Marx eröffnete den «Achtzehnten Brumaire des Louis Bonaparte» [1952] mit den Worten: «Hegel bemerkte irgendwo, daß alle großen weltgeschichtlichen Tatsachen und Personen sich sozusagen zweimal ereignen. Er hat vergessen, hinzuzufügen: das eine Mal als

---

283 Laut Vogelgsang hatten Surrealismus, Marxismus und Buddhismus für Paz eine revolutionäre Bedeutung, vgl. Fritz Vogelgsang in: OP: *Freiheit, die sich erfindet*, S. 94. Dass Paz die Revolution als poetisches Movens versteht, wird auch deutlich aus einem längeren Interview mit Gilles Bataillon: «Inventar la democracia», in: *Libération*, 06.01.1985. Die zu zitierende Passage trägt den Titel: «Poesía, revolución, historia», S. 107: «Ante la invasión del pensamiento puramente intelectual en las artes, yo veía en el surrealismo una influencia libertaria hondamente subversiva, lo mismo en el pensamiento que en la vida. En muchos surrealistas la pasión revolucionaria, por ser en su origen pasión poética, pudo transformarse en una crítica del ‹socialismo real›. Este fue el caso, por ejemplo, de André Breton.»
284 Zur Rezeptionsgeschichte vgl. den Artikel von Víctor Manuel Mendiola: Octavio Paz y el debate sobre ‹Piedra de sol›. In: *Clarín* (29.09.2007); sowie: Víctor Manuel Mendiola: *El surrealismo de ‹Piedra de Sol›*. Besonders lesenswert ist die Studie von John M. Fein: La Estructura de ‹Piedra de Sol›. In: *Revista Iberoamericana*. Vol. XXXVIII, Nr. 78 (Jan-März 1972), S. 73–94. Enrique Krauze bezeichnet Paz als «poeta del amor» und setzt ihn in direkte Nachfolge des Königs Salomon mit dem Hohelied der Liebe. Vgl. Enrique Krauze: Octavio Paz: la esencia del amor. In: *Letras Libres* (17.03.2014). Trotz seiner politischen Interpretation des vorl. Gedichts hält auch Brons die Liebe für dessen zentrales Thema, vgl. Thomas Brons: *Octavio Paz. Dichterfürst im mexikanischen Korporativismus*, S. 220. Dass das Gedicht auch als politisches Dokument seiner Zeit gelesen werden kann, zeigt eine Analyse von Óscar de Pablo, vgl. Christopher Domínguez Michael: *Octavio Paz en su siglo*, S. 408. Weitere Studien: Robert Nugent: Structure and Meaning in Octavio Paz's ‚Piedra de sol', in: *Kentucky Foreign Language Quarterly*, Nr. 13, 1966, S. 138–146; Judith Bernard: Myth and Structure in Octavio Paz's ‚Piedra de sol'. In: *Simposium*, Nr. 21 (1967), S. 5–13.
285 OP: «Fin de ciclo», zit. n. Anthony Stanton: Octavio Paz por él mismo (1954–1964).

Tragödie, das andere Mal als Farce.»[286] Während das Christentum dieses Motiv positiv konnotiert, die Wiederauferstehung als Neuanfang und Verwandlung interpretiert und Geschichte grundsätzlich typologisch liest, versteht Marx die historische Wiederkehr durchaus als Bedrohung. Wie immer bewegt sich Paz zwischen diesen beiden Extremen: bei allem mythologisch-zyklischen Zeitverständnis schwingt immer auch das Element des Unheimlichen und der Ausweglosigkeit mit, während auf der anderen Seite ein teleologisches Geschichtsbild als ebenso gefährliche Utopie entlarvt wird.[287] Um zu sehen, wie das konkrete historische Ereignis und abstrakte Geschichtsreflexion im poetischen Werk von Octavio Paz verschmolzen werden, lohnt sich eine detaillierte Lektüre von «Piedra de sol».

Der Titel des 1957 veröffentlichten Gedichts verweist auf den «Sonnenstein», der die Kosmogonie der Azteken in einem kreisförmigen Relief darstellt. Paz kombinierte die präkolumbianische Mythologie in seinem Text mit der Symbolkraft des Planeten Venus, mit Herausforderungen moderner Historiographie und Geschichtsphilosophie. Ebenso wie bei der oben diskutierten politischen Positionierung des Autors gilt bei ihm auch im Bereich religiöser Weltanschauungen die Überzeugung, dass der Dialog zwischen den verschiedenen Glaubensrichtungen im 20. Jahrhundert die einzig angemessene Haltung ist. Der Sonnenstein der Mexikas steht zwar im Titel, im Gedicht werden jedoch verschiedenste Mythen globaler Provenienz evoziert. Jenseits einer hierarchischen Ordnung, aber ohne sich in einer Synthese aufzulösen, kombiniert das Gedicht verschiedene Welterklärungsangebote ohne Anfang, Mitte oder Ende. Diese Rundumschau spiegelt sich in der zyklischen Struktur des Gedichts: Das Gedicht endet mit den Versen, mit denen es beginnt.

Das titelgebende Steinrelief aus dem aztekischen Tempel von Tenochtitlán zeigt die Kosmogonie der Mexikas, bei der diverse Zeitrechnungen ineinander spielen.[288] Diese sind als Ringe auf dem Stein dargestellt, so zum Beispiel der

---

286 Karl Marx: *Der achtzehnte Brumaire des Louis Bonaparte* [1952]. In: MEW Bd. 8 (1972), S. 115–123.
287 In dem Essay «Imperio e ideología» (OC Bd. 9, S. 90) bezieht sich Paz auf Baruch Knei-Paz (1978) und schreibt: «Un crítico añade: si Marx hubiese descubierto que las leyes del desarrollo histórico tienden no a liberar a los hombres sino a esclavizarlos, ¿sería moral luchar por la esclavitud universal de la humanidad?»
288 Vgl. zur Kosmovision der mesoamerikanischen Völker: Alfredo López Austin/Luis Millones: *Dioses del norte, dioses del sur*. Vgl. zur Symbolik des Sonnensteins insbes. Eduardo Matos Moctezuma/Felipe Solís: *El calendario azteca y otros monumentos solares*. Mexiko: Conaculta, Azabache 2004; sowie das sehr gut recherchierte Webarchiv des Historikers René Voorburg: «Aztec Calendar». Nach Eduardo Matos Moctezuma (*La Piedra del Sol*. Mexiko: FCE, 2000, S. 48) steht das Gesicht im Zentrum des Reliefs für die Sonne Tonatiuh und das gegenwärtige Zeitalter, während die vier Glyphen darum herum die vergangenen Zeitalter-Sonnen (4-Jaguar/Erde/schwarz, 4-

Mondzyklus oder das Venusjahr.²⁸⁹ Den äußersten Ring schmücken zwei Feuerschlangen mit den Gesichtern von Venus-Quetzalcóatl (links) und der Sonne Tonatiuh oder dem Gott des Feuers Xiuhtecuhtli (rechts). Je nach Auslegung symbolisieren die Schlangen den Kampf zwischen den kosmischen Kräften, Zerstörung und Erneuerung, oder Tag und Nacht und stehen damit für eine unauflösbare, offene Dialektik.²⁹⁰ Der Reliefstein sei «el tiempo mismo, el tiempo petrificado», schreibt der Archäologe Matos Moctezuma.²⁹¹ Die Skulptur stand in der Mitte des

---

Wind/Luft/gelb, 4-Regen/Feuer/rot, 4-Wasser/Wasser/weiß) darstellen. Das fünfte Zeitalter ist das der Bewegung, die Gegenwart der Mexicas, genannt Nahui-Ollin. Vgl. auch: Alfredo López Austin/Luis Millones: *Dioses del norte, dioses del sur*, S. 49 ff. Erst seit der fünften Sonne existieren die heutigen Menschen. Vorher wurden sie jeweils in Affen, Hühner oder Fische verwandelt. Die Reihenfolge der Sonnen wird unterschiedlich erklärt, auch die farblichen Zuordnungen variieren. Bei den Zapoteken gab es bspw. einen höchsten Gott namens «Piyetao», dt. «die große Zeit». Vgl. ebda. S. 39. In der europäischen Antike galt der Gott Chronos als Personifikation der Zeit, er war der Sohn des Himmels Uranos und der Erde Gaia, sowie der Vater der Liebesgöttin Aphrodite. Vgl. Wolfgang Bauer/Irmtraud Dümotz u. a.: *Lexikon der Symbole*, S. 138.

289 Eduardo Matos Moctezuma: *La Piedra del Sol*, S. 56. Die wichtigsten Zyklen der Maya und der Mexika sind das rituelle Jahr (365 Tage, 18 Monate à 20 Tage sowie 5 einzelne Tage), das prophetisch-kombinatorische Jahr (260 Tage, Kombination von 20 Figuren und 13 Ziffern), das prophetisch-empirische Jahr (360 Tage), der Mondzyklus (29 oder 30 Tage), der Zyklus der Herren der Nacht (9 Tage) und das Venusjahr (584 Tage). Der zweite Ring zeigt die zwanzig Tage aus denen in der mesoamerikanischen Zeitrechnung ein Monat bestand. Vgl. zu den Tagen die Abb. in Alfredo López Austin/Luis Millones: *Dioses del norte, dioses del sur*, S. 61. Für einen Überblick zur Zeitrechnung vgl. ebda. S. 66. Ein Moment besteht immer aus der Kombination verschiedener Götter (ebda. S. 68). Hinzu kommen die Zyklen der Jahreszeiten, von Leben und Tod, von 52 Jahren (Kombination von 4 Zeichen + 13 Ziffern) uvm. López Austin und Millones unterscheiden zwischen zwei Zeiträumen: «Aquí-ahora y allá-entonces.» Ersterer ist die bewegte Zeit mit Vergangenheit, Gegenwart und Zukunft, die von Menschen und Göttern bewohnte Welt. Zweiterer ist die ewige Gegenwart, in die nur die Götter Einblick haben, vgl. ebda. S. 51. Vgl. zur Zeitrechnung auch: Horacio García/Norma Herrera: *Los señores del tiempo. Sistemas calendarios en Mesoamérica*. Mexiko: Pangea Ed. 1991.

290 Vgl. Gabriel Gómez López: *Figuras mitológicas en ‹Piedra de sol› de Octavio Paz*. Univ. de Guadalajara 2007: «Cada 52 años los aztecas se renovaban a través del ritual del fuego nuevo, arrojaban todas sus pertenencias y exorcizaban los recuerdos. El sol gobierna el tiempo y el espacio, el pasado y el presente. [...] En la pirámide de Kukulkán los mayas domesticaron al tiempo. [...] Todo rito es una repetición de un acto ocurrido *in illo tempore*. Gracias al rito todo comienza a cada instante». Kukulcán ist die yucatekische Übersetzung von Quetzalcóatl, vgl. Enrique Florescano: *Quetzalcóatl y los mitos fundadores de Mesoamérica*. Mexiko: Taurus 2012, S. 135.

291 Eduardo Matos Moctezuma: *La Piedra del Sol*, S. 65. Der obere Strahl wird häufig mit dem Osten und der untere mit dem Westen gleichgesetzt, die Schlangen stehen somit auch für den von der Erde aus als «Bewegung» erscheinenden Bogen der Sonne über den Himmel.

präkolumbianischen Tenochtitlán, inzwischen befindet sie sich im Anthropologischen Museum in Mexiko-Stadt.

Das Gedicht «Piedra de sol» zählt 584 Verse und entspricht damit dem Venusjahr: Alle 583,92 Tage erscheint die Venus an der gleichen Stelle am Himmel.[292] Die Tolteken imaginierten den Planeten Venus als gefiederte Schlange Quetzalcóatl, eine Gottheit mit kriegerischem Charakter, die zudem für alles Kreisförmige und Spiralhafte steht, und von den Azteken mit dieser Symbolik übernommen wurde.[293] Für das vorliegende Gedicht würde eine kämpferische

---

[292] Die siderische Umlaufbahn der Venus beträgt nur 224,701 Tage. Vgl. bspw. «The motions of Venus». In: *Chichén Itzá*, Exploratorium. Vgl. zu Chichén Itzá auch: *México Cultura, Ciudades, Naturaleza*, S. 244–247. Vgl. außerdem den Kommentar von OP zu «Piedra de sol». Vorwort der 1. Ausgabe, Mexiko 1957. In: *Revista Iberoamericana* (1974), S. 135f.: «En la portada de este libro aparece la cifra 585 escrita con el sistema maya de numeración; asimismo, los signos mexicanos correspondientes al Día 4 Olín (Movimiento) y al Día 4 Ehécatl (Viento) figuran al principio y al fin del poema. Quizá no sea inútil señalar que este poema está compuesto por 584 endecasílabos (los seis últimos no cuentan porque son idénticos a los seis primeros; en realidad, con ellos no termina sino vuelve a empezar el poema). Este número de versos es igual al de la revolución sinódica del planeta Venus [...], que es de 584 días. Los antiguos mexicanos llevaban la cuenta del ciclo venusino (y de los planetas visibles a simple vista) a partir del Día 4 Olín; el Día 4 Ehécatl señalaba, 584 días después, la conjunción de Venus y el Sol y, en consecuencia, el fin de un ciclo y el principio de otro. El lector interesado puede encontrar más completa (y mejor) información sobre este asunto en los estudios que ha dedicado al tema el licenciado Raúl Noriega, a quien debo estos datos. El planeta Venus aparece dos veces al día como Estrella de la Mañana (*Phosphorus*) y, como Estrella de la Tarde (*Hesperus*). Esta dualidad (Lucifer y Vésper) no ha dejado de impresionar a los hombres de todas las civilizaciones, que han visto en ella un símbolo, una cifra o una encarnación de la ambigüedad esencial del universo. Así, Ehécatl, divinidad del viento, era una de las encarnaciones de Quetzalcóatl, la serpiente emplumada, que concentra las dos vertientes de la vida. Asociado a la Luna, a la humedad, al agua, a la vegetación naciente, a la muerte y resurrección de la naturaleza, para los antiguos mediterráneos el planeta Venus era un nudo de imágenes y fuerzas ambivalentes: Istar, la Dama del Sol, la Piedra Cónica, la Piedra sin Labrar (que recuerda al ‹pedazo de madera sin pulir› del taoísmo), Afrodita, la cuádruple Venus de Cicerón, la doble diosa de Pausanias, etc.» Der Kommentar findet sich auch in LBP (1988), S. 333f und in OC Gutenberg (2004), S. 1399.

[293] Eine ähnliche Gottheit existiert unter dem Namen «Kukulkán» auch für die Maya. Vgl. Eduardo Matos Moctezuma: *La Piedra del Sol*, S. 30. Vgl. die Pyramide der Gefiederten Schlange in der archäologischen Anlage Xochicalco. Nach Florescano fungierte die Vogelschlange in den unterschiedlichen Hochkulturen sowohl als Emblem für einen Priester oder Herrscher gleichen Namens, als auch für einen Gott. (Vgl. Enrique Florescano: *Quetzalcóatl y los mitos fundadores de Mesoamérica*, S. 185). Häufig wird sie mit dem Gott des Windes Ehécatl in Verbindung gebracht, insgesamt versteht er sie eher als Metapher der königlichen Macht (vgl. ebda. S. 16). Vgl. Wolfgang Bauer/Irmtraud Dümotz u. a.: *Lexikon der Symbole*, S. 107f., dort ist die Rede vom «Windgott Ehécatl-Quetzalcóatl». Die Vogelschlange (Quetzal = grüner Vogel; Cóatl = Schlange) symbolisiert mit ihrer grünen Farbe und durch die jährliche Häutung der Schlange Fruchtbarkeit und die

Konnotation insofern Sinn ergeben, als der einzige Moment, der in «Piedra de sol» mit einem konkreten Datum benannt wird, deutlich auf den Spanischen Bürgerkrieg verweist: «Madrid, 1937» (V288). Doch der Planet Venus fungiert nicht nur innerhalb eines einzigen Deutungsrahmens, sondern kann im vorliegenden Gedicht zugleich als Symbol des Konflikts und der Liebe verstanden werden. Sowohl in der griechischen und der römischen Antike als auch in der germanischen und der persischen Kultur wurde der Planet als Aphrodite, Venus, Freya oder Anahita weiblich konnotiert und symbolisierte Liebe, Fruchtbarkeit und Wasser.[294]

«Piedra de sol» wirkt wie ein *stream of conciousness*; tatsächlich gibt es im gesamten Gedicht keinen einzigen Punkt, so dass der Fluss auch formal ohne Unterbrechung gestaltet ist.[295] Allein die *pies quebrados* legen Pausen im Lesefluss nahe. Der Text ist in 33 strophenartige Passagen unterschiedlicher Länge unterteilt, die jeweils durch einen Blanco-Vers voneinander getrennt sind.[296] Am Ende stehen die Verse, mit denen das Gedicht eröffnet wurde, die Lektüre kann von vorn beginnen:

1)

1	un sauce de cristal, un chopo de agua,	ein Weidenbaum aus Kristall, eine Erle aus Wasser,
2	un alto surtidor que el viento arquea,	eine hohe Fontäne, die sich biegt im Wind,
3	un árbol bien plantado mas danzante,	ein Baum, gut gepflanzt und der doch tanzt,
4	un caminar de río que se curva,	das Wandern eines Flusses, der sich windet,
5	avanza, retrocede, da un rodeo	fortläuft, zurückweicht, umschweift
6	y llega siempre:	und immer ankommt:

---

reproduktiven Kräfte der Erde, vgl. Enrique Florescano: *Quetzalcóatl y los mitos fundadores de Mesoamérica*, S. 106.
294 Vgl. José Emilio Pacheco: Descripción de ‹Piedra de sol›. In: *Revista Iberoamericana*. Vol. XXXVII, Nr. 74 (Jan-März 1971), S. 135–146.
295 Der Text enthält keinen einzigen Punkt, er endet mit einem Doppelpunkt, vgl. José Emilio Pacheco: Descripción de ‹Piedra de sol›, S. 136.
296 Um die Zuordnung zu erleichtern, sollen die Versangaben im Folgenden jeweils links von den zitierten Textauszügen stehen, die Strophenangaben befinden sich zu Beginn des Zitats. Die eigene Übersetzung versucht den Originaltext möglichst treu wiederzugeben. Während Fritz Vogelgsang, der das Gedicht 1980 sehr gekonnt für Suhrkamp übersetzte, vor allem auf Rhythmus und Interpretation achtete, sollen die im Original enthaltenen Ambivalenzen im beigefügten Übersetzungsvorschlag als solche erhalten bleiben. Daher finden sich in der vorliegenden Übersetzung nicht mehr Neologismen oder Synästhesien, als sie das Original vorgibt; alle rhetorischen Figuren werden beibehalten, ohne Vergleiche in Metaphern zu transformieren oder umgekehrt. Wenn im Gedicht bestimmte Schlüsselwörter wie *transparencia, muerte, vida, luz, instante, rostro* etc. nahezu mantraartig wiederholt werden, dann wird in der deutschen Version ebenfalls – und im Unterschied zu der Suhrkamp-Übersetzung – auf Variation verzichtet.

Segovia beschreibt diese zyklische Struktur von «Piedra de sol» als performative Evokation des Kreislaufs des Lebens.[297] Zugleich liest er das Gedicht als Spirale, da es sich in der Wiederkehr weiterbewege. Der das Gedicht dominierende Elfsilber steht in Kontrast zu den assoziativ wirkenden Formulierungen, und dem Inhalt, der sämtliche Ordnungen umzuwerfen scheint; Brons beschreibt den Text deshalb sogar als «anarchisch».[298] Dem Gedicht von Octavio Paz ist die erste Strophe eines Sonetts aus der Sammlung «Les Chimères» von Gérard de Nerval vorangestellt:[299]

La treizième revient... c'est encore la première;	Die dreizehnte kehrt wieder.... es ist noch die erste;
et c'est toujours la seule – ou c'est le seul moment;	und es ist immer die einzige – oder es ist der einzige Moment;
car es-tu reine, ô toi, la première ou dernière?	denn bist Du Königin, oh Du, die erste oder letzte?
es-tu roi, toi le seul ou le dernier amant?	bist Du König, Du, der erste oder letzte Liebende?
Gérard de Nerval (Arthémis)	Gérard de Nerval (Arthémis)

Das Sonett Nervals ist Artemis gewidmet, der griechischen Göttin der Jagd und des Waldes. Wie die zuvor erwähnte mexikanische Gottheit bringt auch diese Figur durch ihre Schutzfunktion für die Jagd einen kriegerischen Aspekt ein.[300] Das Gedicht «Piedra de sol» kann als Suche oder als Wanderung des lyrischen Ichs gelesen werden («un caminar tranquilo» V6, sowie die Anapher «voy», und «un caminar entre las espesuras» V16).[301] Der dem Gedicht vorangestellte Epigraph würde damit wie eine doppelte Invocatio fungieren, in der sich der Autor nicht nur an die Göttin des Waldes und der Jagd wendet, sondern zugleich an

---

297 Tomás Segovia: Una obra maestra: ‚Piedra de sol'. In: Enrique Ángel Flores (Hg.): *Aproximaciones a Octavio Paz*, S. 171–172, hier: S. 172: «En ‚Piedra de sol' la sangre palpita, ese círculo es él de una circulación». Vgl. auch: Ramón Xirau: Octavio Paz: Images, Cycles, Meaning. Engl. Übers. von Nick D. Mills. *Books Abroad*. Vol. 46, Nr. 4 (1972), S. 601–606.
298 Thomas Brons: *Octavio Paz. Dichterfürst im mexikanischen Korporativismus*, S. 232.
299 Gérard de Nerval: *Les filles du feu. Les chimères* [1854]. Paris: Michel Lévy frères 1856, S. 294. Zur Reflexion des romantischen Systems in Nervals *Les Chimères* vgl. Joachim Küpper: Zum romantischen Mythos der Subjektivität: Lamartines Invocation und Nervals ‚El Desdichado'. In: *Zeitschrift für Französische Sprache und Literatur*. Vol. 98, Iss. 2 (1988), S. 137–165. Zur Desillusionierung der romantischen Vorstellung einer «harmonie des contraires» und einer Konzeption von Geschichtlichkeit im Zeichen des Bruchs vgl. Joachim Küpper: ‹Erlebnis› und Dichtung in Gérard de Nervals ‚Voyage en Orient'. In: Dieter Ingenschay/Helmut Pfeiffer (Hg.): *Werk und Diskurs*. München: Fink 1999, S. 251–309.
300 Vgl. Fritz Graf/Anne Ley: Artemis. In: Cancik/Schneider u. a. (Hg.): *Der Neue Pauly*. Brill Online 2015. UB der Freien (Univ Berlin) 13.05.2015; vgl. auch: Wolfgang Bauer/Irmtraud Dümotz u. a.: *Lexikon der Symbole*, S. 154f: Artemis/Diana, wird mit dem Mond in Verbindung gebracht, ihr Zwillingsbruder Apollo dagegen mit der Sonne.
301 Vgl. den Buchtitel von Hugo Verani: *Octavio Paz: el poema como caminata*.

einen bewunderten Dichter. Dante hatte zu Beginn der *Göttlichen Komödie* um den Beistand Vergils für die Reise durch die Unterwelt gebeten, bei Paz steht Nerval an dieser Stelle.[302] «Piedra de sol» erinnert aber auch an die Städtegedichte der Moderne: Paz schreibt über Mexiko-Stadt wie Baudelaire über Paris und T. S. Eliot über London.[303] Der Raum, durch den die Wanderung des lyrischen Ichs aus «Piedra de sol» stattfindet, ändert sich stetig: Nach den Isotopien von Flora und Fauna in Strophe 1 scheint das lyrische Ich ab Strophe 2 wie durch einen weiblichen Körper zu wandeln, der zunächst metaphorisch und dann explizit mit einer Stadt gleichgesetzt wird: «voy por tu cuerpo como por el mundo, / tu vientre es una plaza soleada, / tus pechos dos iglesias donde oficia / la sangre sus misterios paralelos [...] eres una ciudad que el mar asedia» (V41-46).

Die erste Strophe widmet sich der Bewegung des Flusses. Der Fluss ist nicht nur in der buddhistischen Lehre ein Symbol für das Leben, auch im okzidentalen Raum hat sich die Bedeutung des Flusses als Bild für das Fließen der Zeit durchgesetzt.[304] Es entspricht der Vorstellung des *pantha rhei* des Heraklit (dt. alles fließt).[305] Während die Helden der alten Mythen mit einer Fähre über den Styx, den Jordan, oder den Lethestrom, den Fluss des Vergessens, übersetzten, bittet das lyrische Ich in «Piedra de sol» darum, an das andere Ufer der Nacht gefahren

---

[302] Dante Alighieri: *Die göttliche Komödie*. Ital. und dt. Übers. von Hermann Gmelin. München: dtv 1988. Die Gleichsetzung des lyrischen Ichs mit der Person des Autors legt Paz im Gegensatz zu Dante nicht nahe. In Eliots «The Waste Land» (1922) welches oft als Paralleltext zu Paz gelesen wird, finden sich ähnliche Anspielungen auf Dante: Vgl. Eva Hesse: *T.S. Eliot und ‚Das wüste Land'*. F.a.M.: Suhrkamp 1973; sowie: Durs Grünbein: Weshalb ‹The Waste Land› das große, prophetische Poem unserer Zeit ist. In: *Die Zeit* (16.10.2008).
[303] Vgl. bspw. Charles Baudelaire: *Les fleurs du mal. Tableaux Parisiens*. Frz. und Dt. von Carl Fischer. Berlin: Luchterhand 1955. 1861 erschien die zweite Ausgabe und erste Publikation von «Le Cygne». Vgl. zudem: T.S. Eliot: «The Waste Land». Auch Eliot hatte seinem Gedicht einen Epigraphen mit Invocatio-Funktion vorangestellt, es handelt sich um einen Auszug aus Petronius' *Satyricon*, der auf die Sibylle von Cumae verweist, welche Aeneas durch den Hades führte. Vgl. zudem Vergils *Aeneis* (zw. 29-19 v.d. Zw.) Buch 6, Aeneas in der Unterwelt, Verse 1-155: «Cumas advectus Aeneas, antrum Sibyllae petit: peractoque de more sacrificio, Phoebi oraculum consulit. Ibi et instantia pericula et futuri bellum eventum discit.»
[304] Vgl. Hermann Hesse: *Siddharta* [1922]. Sämtliche Werke Bd. 3. Herausgegeben von Volker Michels. F.a.M.: Suhrkamp 2001. Vgl. auch den Buchtitel von Anthony Stanton: *El río reflexivo*.
[305] Vgl. Wolfgang Bauer/Irmtraud Dümotz u. a.: *Lexikon der Symbole*, S. 448. Koestler rekurrierte für seinen Roman *Sonnenfinsternis* (S. 43) auf die gleiche Metapher und kombinierte sie mit einer personifizierenden Bewusstseinszuschreibung: «Die Geschichte kennt kein Schwanken und keine Rücksicht. Sie fließt, schwer und unbeirrbar, auf ihr Ziel zu. An jeder Krümmung lagert sie Schutt und Schlamm und die Leichen der Ertrunkenen ab. Aber – sie kennt ihren Weg. Die Geschichte irrt sich nicht.»

zu werden: «llévame al otro lado de esta noche» (V559).[306] Statt in die Unterwelt oder das Jenseits möchte sich das Subjekt hier in das Reich der Erinnerung begeben: Nach Wald, Körper und Stadt wandelt das lyrische Ich schließlich durch das eigene Gedächtnis (Strophe 8) und durch den poetischen Text selbst: «voy entre galerías de sonidos, / fluyo entre las presencias resonantes» (V34f).[307] Im Gedicht scheinen nicht nur der Sprecher, sondern auch Wasser, Sterne und Jahreszeiten in Bewegung zu sein, jedes Element legt einen Weg zurück, beschreitet eine Bahn, wandert:

	un caminar tranquilo	das ruhige Wandern
7	de estrella o primavera sin premura,	eines Sternes oder Frühlings ohne Eile,
8	agua que con los párpados cerrados	Wasser, das mit geschlossenen Lidern
9	mana toda la noche profecías,	Prophezeiungen quillt die ganze Nacht,
10	unánime presencia en oleaje,	einmütige Gegenwart in Wellen,
11	ola tras ola hasta cubrirlo todo,	Welle auf Welle bis sie alles bedeckt,
12	verde soberanía sin ocaso	grüne Souveränität ohne (Sonnen)untergang
13	como el deslumbramiento de las alas	wie der Schimmer der Flügel
14	cuando se abren en mitad del cielo,	wenn sie sich öffnen inmitten des Himmels,
15	un caminar entre las espesuras	ein Wandern im Dickicht
16	de los días futuros y el aciago	der zukünftigen Tage und dem unheilvollen
17	fulgor de la desdicha como un ave	Glanz des Unglücks wie ein Vogel
18	petrificando el bosque con su canto	der den Wald mit seinem Gesang versteinert
19	y las felicidades inminentes	und die bevorstehenden Freuden
20	entre las ramas que se desvanecen,	zwischen den Zweigen die sich verwischen,
21	horas de luz que pican ya los pájaros,	Stunden aus Licht, nach denen Vögel schon picken,
22	presagios que se escapan de la mano,	Vorzeichen, die der Hand entwischen,

Die Gegenwart fließt in Wellen und erscheint wie das Wasser als bewegtes Element. Die Wanderung, beziehungsweise der Denkprozess, scheint nun in der Zeit selbst zu verlaufen, respektive in die Zukunft hineinzuführen: «un caminar entre las espesuras / de los días futuros» (V15f). Der Wald dient in diesem Zusammenhang

---

306 Es gibt unzählige Flussmythen und je verschiedene literarische Bearbeitungen, es sei z. B. der Lethestrom genannt, der in Vergils *Aeneis* als Fluss des Vergessens eine Rolle spielt (vgl. Wolfgang Bauer/Irmtraud Dümotz u. a.: *Lexikon der Symbole*, S. 147), im Gegensatz zur Mnemosyne, dem Fluss der Allwissenheit. In Dantes *Göttlicher Komödie* wird der Lethestrom als reinigender Fluss des irdischen Paradieses gezeichnet, Shakespeare nennt die Lethe in seinem *Julius Cäsar*; und Baudelaire schreibt ein Gedicht mit dem Titel ‚Le Léthé'. (In: Charles Baudelaire: *Les fleurs du mal*, S. 98).
307 Je weiter das lyrische Ich vordringt, umso aktiver sind auch die Verben, die diese Bewegung beschreiben: wo das lyrische Subjekt zunächst noch «geht», «betritt» es später bewusst bestimmte mentale Räume (*piso* in den Versen 95ff) und «sucht» schließlich ausdrücklich nach einem bestimmten Moment (V75, 84, zweimal in V85, sowie in V90, 98, 99, 200, 412).

als metaphorischer Herkunftsbereich für den Zielbereich Zeit. Auf diese Weise kann von dem «Dickicht» der zukünftigen Tage oder dem kommenden Glück respektive Unglück «zwischen den Zweigen» die Rede sein. In der nächsten Strophe erscheint Zeit erneut als bewegliches Element: «una presencia como un canto súbito, / como el viento cantando en el incendio» (V23f) (dt.: «eine Gegenwart wie ein unerwarteter Gesang, / wie der Wind wenn er in der Feuersbrunst singt»).

Im Unterschied zum Beginn des Gedichts gibt es nun einen Adressaten: Durch das Gegenüber wird die Welt sichtbar: «el mundo ya es visible por tu cuerpo, / es transparente por tu transparencia» (V32) (dt. «die Welt ist bereits sichtbar durch deinen Körper, / ist durchsichtig durch deine Durchsichtigkeit,») – die dialektische Abhängigkeit vom Anderen entspricht den im vorangegangenen Kapitel beschriebenen Zusammenhängen zwischen Ich und Du. Der Kontrast zwischen weiblicher Adressatin und (männlichem) lyrischen Ich wird in den Strophen 4 bis 6 zunehmend verstärkt und auf andere Gegensätze hin ausgeweitet; es ist die Rede von Tag und Nacht, Öffnen und Schließen:

6)

59	tu falda de maíz ondula y canta,	dein Rock aus Mais schwingt und singt,
60	tu falda de cristal, tu falda de agua,	dein Rock aus Kristall, dein Rock aus Wasser,
61	tus labios, tus cabellos, tus miradas,	deine Lippen, deine Haare, deine Blicke,
62	toda la noche llueves, todo el día	die ganze Nacht regnest du, den ganzen Tag
63	abres mi pecho con tus dedos de agua,	öffnest du meine Brust mit Fingern aus Wasser,
64	cierras mis ojos con tu boca de agua,	schließt meine Augen mit deinem Mund aus Wasser,
65	sobre mis huesos llueves, en mi pecho	regnest über meine Knochen, in meine Brust
66	hunde raíces de agua un árbol líquido,	schlägt ein flüssiger Baum Wurzeln aus Wasser,

Wie schon zuvor unter anderem mit den «Augen aus Wasser» (V53) angelegt, wird die Adressatin in einem Parallelismus auch hier mit Wasser assoziiert; sie hat Wasser-Finger, einen Wasser-Mund und kann regnen. Die Beschreibung erinnert an die Süßwasser-Göttin Chalchiuhtlicue, deren Name auf Nahuatl bedeutet: «Jene mit dem Jaderock».[308] Sie gilt als Ehefrau des Regengottes Tlaloc und Herrin des Zeitraums der vierten Sonne. In dieser Ära begannen die Bewohner Mexikos, den Mais zu nutzen. Nach dem aztekischen Schöpfungsmythos beendete die Göttin jene Epoche mit einer großen Flut, und verwandelte die Menschen in Fische, um sie zu retten. Ihr ist die Mondpyramide in Teotihuacán gewidmet, und

---

308 Vgl. Beatriz Barba Ahuatzin: Chalchiuhtlicue, diosa del agua. In: Beatriz Barba Ahuatzin/ Alicia Blanco Padilla (Hg.): *Iconografía mexicana VII. Atributos de las deidades femeninas*. Mexiko: INAH 2007, S. 67–81.

sie gilt als Göttin der Fruchtbarkeit und der Geburten.[309] Chalchiuhtlicue fungiert damit analog zu den oben genannten Göttinnen, die durch die Venus-Allusionen im Gedicht evoziert werden.

In Strophe 7 wird die Gleichsetzung von Frau und Fluss explizit («voy por tu talle como por un río» V67), in den Parallelversen folgt außerdem der Vergleich des Frauenkörpers mit einem Wald und einem Weg im Gebirge. Indem Zimmer, Sommer und Gesichter in Strophe 8 gleichberechtigt in der Erinnerung auftauchen, scheinen sich zusätzlich zu den verschiedenen Sprachbildern auch räumliche, zeitliche und persönliche Elemente gegenseitig zu durchdringen. Mit der Formel «hace muchos años» (V83) wird deutlich auf Vergangenes verwiesen, semantische Felder der Vergänglichkeit finden sich in den Verben *verwischen*, *auflösen*, *verfaulen*, und in den Spinnweben:

8)

76	corredores sin fin de la memoria,	endlose Korridore der Erinnerung,
77	puertas abiertas a un salón vacío	offene Türen in ein leeres Zimmer,
78	donde se pudren todos lo veranos,	in dem alle Sommer verfaulen,
79	las joyas de la sed arden al fondo,	die Juwelen des Durstes glühen am Grund,
80	rostro desvanecido al recordarlo,	verwischtes Gesicht wenn man es erinnert,
81	mano que se deshace si la toco,	Hand die sich auflöst, wenn ich sie berühre
82	cabelleras de arañas en tumulto	Spinnenhaar in Aufruhr
83	sobre sonrisas de hace muchos años,	über dem Lächeln von vor vielen Jahren,

Das bewusste Erinnern des lyrischen Ichs kann als Versuch begriffen werden, «zurück in den Urzustand» zu gelangen. Es gleicht der Suche von Goethes Faust nach dem perfekten Augenblick oder dem Selbst, das sich allerdings bei Paz nie finden lässt: «busco sin encontrar, busco un instante» (V85).[310] In der metapoetischen Strophe 10 wird in den Anaphern *busco* und *piso* deutlich, dass es sich auch beim Schreiben wie beim Leben um eine Suche handelt. Zunächst ist das lyrische Ich allein mit seiner Arbeit und überlässt sich einer Abwärtsbewegung in die Zeit. Mit den Tagen und Jahren fallen schließlich auch die Zeit und der Schreibende selbst. In einer dreifachen Anapher «betritt» das lyrische Ich Tage, Augenblicke, Gedanken und den eigenen Schatten, um den einen erfüllenden Moment zu finden.

---

309 Gabriel Gómez López: Figuras mitológicas en ‹Piedra de sol› de Octavio Paz.
310 Johann Wolfgang von Goethe: *Faust. Der Tragödie Erster Teil*. Stuttgart: Reclam 2002, S. 48. Studierzimmer, V1700. Vgl. auch: Fernández March/Sara Beatriz: La búsqueda del instante en ‹Piedra de sol›, de Octavio Paz. In: *Letras* Nr. 34, Buenos Aires 1996, S. 49–62.

10)

90	busco sin encontrar, escribo a solas,	ich suche ohne zu finden, schreibe allein,
91	no hay nadie, cae el día, cae el año,	es gibt niemanden, es fällt der Tag, es fällt das Jahr,
92	caigo en el instante, caigo al fondo,	ich falle in den Augenblick, falle bis zum Grund,
93	invisible camino sobre espejos	unsichtbarer Weg über Spiegel
94	que repiten mi imagen destrozada,	die mein zerschlagenes Bild wiederholen,
95	piso días, instantes caminados,	ich betrete Tage, begangene Augenblicke,
96	piso los pensamientos de mi sombra,	betrete die Gedanken meines Schattens,
97	piso mi sombra en busca de un instante,	betrete meinen Schatten auf der Suche nach einem Augenblick,
98	busco una fecha viva como un pájaro,	ich suche ein Datum lebendig wie ein Vogel,
99	busco el sol de las cinco de la tarde	suche die Sonne des Nachmittags um fünf
100	templado por los muros de tezontle:	gewärmt durch die Mauern aus Tuffstein:
101	la hora maduraba sus racimos	die Stunde reifte ihre Trauben
102	y al abrirse salían las muchachas	und als sie sich öffnete kamen die Mädchen
103	de su entraña rosada y se esparcían	aus ihrem rosa Inneren und zerstreuten sich
104	por los patios de piedra del colegio,	in den steinernen Höfen der Schule,
105	alta como el otoño caminaba	hoch wie der Herbst ging sie
106	envuelta por la luz bajo la arcada	ummantelt von Licht unter den Arkaden
107	y el espacio al ceñirla la vestía	und indem er sie umgab kleidete sie der Raum
108	de una piel más dorada y transparente,	mit einer goldeneren und durchsichtigeren Haut,

Obwohl es am Anfang hieß, die Suche sei aussichtslos («busco sin encontrar» V85, V90), scheint mit den verschiedenen Erinnerungen das Gegenteil bewiesen zu werden. Schließlich erweist sich aber jeder Augenblick als vergänglich; gegenwärtig sind nur der Prozess des Erinnerns und die Suche selbst. Ein Stillstand wird an keiner Stelle ersehnt, die Zeit wird als Fluss erlebt.[311] In diesem Fluss existieren allerdings verschiedene Zeiten zugleich. Paz erreicht diesen Eindruck durch die Aufzählung der Namen weiblicher Persönlichkeiten aus ganz unterschiedlichen Epochen und Bereichen, sowie mit Versen wie diesem: «tienes todos los rostros y ninguno / eres todas las horas y ninguna» (V116f). Die individuelle Begegnung wird damit universalisiert, die historische Erfahrung wird allgemeingültig:

---

[311] Auch im *Faust* ist das Leben an die Bewegung, an das Streben geknüpft: «Werd' ich zum Augenblicke sagen: / Verweile doch! du bist so schön! / Dann magst du mich in Fesseln schlagen, / Dann will ich gern zu Grunde gehn! / Dann mag die Todtenglocke schallen, / Dann bist du deines Dienstes frey, / Die Uhr mag stehn, der Zeiger fallen, / Es sey die Zeit für mich vorbey!», in: Johann Wolfgang von Goethe: *Faust I*, S. 48, V1699–1706.

11)

109	tigre color de luz, pardo venado	Tiger aus der Farbe des Lichts, brauner Hirsch
110	por los alrededores de la noche,	durch die Umgebungen der Nacht,
111	entrevista muchacha reclinada	ein Treffen, ein Mädchen, angelehnt
112	en los balcones verdes de la lluvia,	an die grünen Balkone des Regens,
113	adolescente rostro innumerable,	zahlloses jugendliches Gesicht,
114	he olvidado tu nombre, Melusina,	ich habe deinen Namen vergessen, Melusina,
115	Laura, Isabel, Perséfona, María,	Laura, Isabel, Persephone, Maria,
116	tienes todos los rostros y ninguno,	du hast alle Gesichter und keines,
117	eres todas las horas y ninguna,	du bist alle Stunden und keine,
118	te pareces al árbol y a la nube,	du gleichst dem Baum und der Wolke,
119	eres todos los pájaros y un astro,	du bist alle Vögel und ein Stern,
120	te pareces al filo de la espada	du gleichst der Klinge des Schwertes
121	y a la copa de sangre del verdugo,	und dem Blutkelch des Henkers,
122	yedra que avanza, envuelve y desarraiga	Efeu, das in die Seele vordringt, sie einwickelt und entwurzelt
123	al alma y la divide de sí misma,	und sie von sich selbst trennt

Mit den Frauennamen werden ganz unterschiedliche Figuren zitiert, die alle eines gemeinsam haben: sie lassen sich nicht genau zuordnen, sie sind wandelbar oder gehören verschiedenen Welten an. Melusine verwandelt sich regelmäßig von der Hüfte abwärts in eine Schlange oder einen Fisch und ist damit zugleich Teil der Menschheit als auch der Tierwelt.[312] Laura und Isabel gehören sowohl dem poetischen als auch dem historischen Raum an: Beide werden mit realen Personen in Verbindung gebracht und gelten als Musen der Dichter Petrarca (Laura de Noves) und Garcilaso de la Vegas (Isabel Freire). Persephone ist sowohl Göttin der Fruchtbarkeit als auch der Unterwelt, so dass diese Tochter von Zeus lebensspendende und todbringende Qualitäten in ihrer Person vereint. Maria evoziert den christlichen Hintergrund; wie bei Persephone und Laura handelt es sich um eine Frau, die auf der Schnittstelle zwischen irdischer und überirdischer Welt steht.[313] Dadurch, dass das lyrische Ich Frauenfiguren aus verschiedenen Epochen simultan nebeneinander aufzählt, übernimmt es selbst die polyphone Sprecherposition eines universellen Liebhabers.

---

[312] Der Fluch der Melusine wird in V230f noch einmal explizit erwähnt. Vgl. die Ähnlichkeit zu den Nagas, Mischwesen aus Schlange und Mensch in der Hindu-Mythologie.
[313] Pacheco beobachtet hier den Einfluss der Troubadourlyrik und liest «Piedra de sol» als *Historia Calamitatum* des 20. Jahrhunderts. Zugleich hebt er den autobiographischen Aspekt des Gedichts hervor. Vgl. José Emilio Pacheco: Descripción de ‹Piedra de sol›, S. 138.

In Strophe 12 werden weitere allegorische Gestalten genannt.[314] Die Verse sind reich an symbolischen und mythologischen Anspielungen, verschiedene Elemente verweisen auf das Prinzip regelmäßiger Erneuerung, das der zyklischen Bewegung entspricht:

12)

124	escritura de fuego sobre el jade,	Schrift aus Feuer über dem Jade,
125	grieta en la roca, reina de serpientes,	Spalte im Stein, Königin der Schlangen,
126	columna de vapor, fuente en la peña,	Säule aus Dampf, Quelle im Fels,
127	circo lunar, peñasco de las águilas,	Mondkreis, Felsenspitze der Adler,
128	grano de anís, espina diminuta	Aniskorn, winziger tödlicher Dorn
129	y mortal que da penas inmortales,	der unsterbliche Sorgen bereitet,
130	pastora de los valles submarinos	Hirtin der unterseeischen Täler,
131	y guardiana del valle de los muertos,	und Wächterin des Tals der Toten,
132	liana que cuelga del cantil del vértigo,	Liane, die von der Klippe des Schwindels baumelt,
133	enredadera, planta venenosa,	Kletterpflanze, giftige Pflanze,
134	flor de resurrección, uva de vida,	Blume der Auferstehung, Traube des Lebens,
135	señora de la flauta y del relámpago,	Herrin der Flöte und des Blitzes,
136	terraza del jazmín, sal en la herida,	Terrasse des Jasmins, Salz in der Wunde,
137	ramo de rosas para el fusilado,	Rosenstrauß für den Erschossenen,
138	nieve en agosto, luna del patíbulo,	Schnee im August, Mond am Galgen,
139	escritura del mar sobre el basalto,	Schrift des Meeres auf dem Basalt,
140	escritura del viento en el desierto,	Schrift des Windes in der Wüste,
141	testamento del sol, granada, espiga,	Testament der Sonne, Granatapfel, Ähre,

Die «Königin der Schlangen» erinnert sowohl an die Wassergöttin Chalchiuhtlicue als auch an Melusine, die sich mit jeder Häutung erneuerte. Die «Blume der Wiederauferstehung» (V134) könnte auf das Unsterblichkeits-Kraut verweisen, das Gilgamesch im Meer fand.[315] Als Gilgamesch aufwachte, hatte eine Schlange das Kraut gefressen; der Legende nach ist dies der Moment seitdem sich diese

---

314 Frauen wurden in ganz unterschiedlichen Mythologien mit Schlangen in Zusammenhang gebracht, vgl. die Schlangengöttin Coatlicue, oder Medusa mit dem Schlangenhaupt. Vgl.: José de Jesús Alberto Cravioto Rubí: Citlallicue, la de la falda de estrellas. In: Beatriz Barba Ahuatzin/ Alicia Blanco Padilla (Hg.): *Iconografía mexicana VII. Atributos de las deidades femeninas*, S. 115–128. Citlallicue wird mit Cihuacóatl assoziiert, einer «Schlangenfrau», ebda. S. 120, oder mit Mictecacíhuatl, der Göttin der Finsternis. Ebda. Abb. S. 125. Vgl. auch *Tausend und eine Nacht*, darin wird ebenfalls eine Schlangenkönigin erwähnt, die den Helden Bulukiya zu einer Pflanze für das ewige Leben führen soll. Vgl. die Erzählungen der Nächte 486–488 in: *Tausend und eine Nacht*, Bd. 3, Teil 7–9, Nächte 295–536. Übers. von Max Henning, Leipzig: Reclam 1925; sowie: Gabriel Gómez López: Figuras mitológicas en ‹Piedra de sol› de Octavio Paz.
315 Vgl. *Das Gilgamesch-Epos*. Übers. von Hermann Ranke. Wiesbaden: Marix 2006. Elfte Tafel, S. 100: «Das Kraut sieht aus wie ein Stechdorn... / Sein Dorn kann wie der Rosendorn / die Hand zerstechen. / Wenn du dieses Kraut in deine Hände bekommst, / so iß davon und du wirst leben!»

Tiere häuten können. Ebenso wie das vorliegende Gedicht von Octavio Paz endet die Elfte Tafel des Gilgamesch-Epos mit den gleichen Bildern, mit denen es einsetzt und scheint damit immer wieder von Neuem beginnen zu können.[316] Mit der «Herrin der Flöte und des Blitzes» paraphrasiert Paz an dieser Stelle eventuell Athene, die auf einem Knochen spielte und so die Flöte erfunden haben soll.[317] Die «Hirtin der unterseeischen Täler» und die «Wächterin des Totentals» setzt Gómez López mit mehreren weiblichen Figuren aus der griechischen Mythologie gleich: mit der Okeanide Amphitrite, der Gattin des Meeresgottes Poseidon,[318] aber auch mit Persephone, der Ehefrau des Hades. Ihre Mutter, Demeter, ist die Göttin der Fruchtbarkeit und der Jahreszeiten. Das Gedicht evoziert diese Referenz mit der Ähre im letzten Vers der Strophe, die als Symbol für Demeter gelesen werden kann.[319] Der Granatapfel könnte erneut auf Hades und Persephone anspielen: Hätte sie in der Unterwelt nichts gegessen, wäre die Rückkehr zu ihrer Mutter Demeter möglich gewesen. Aber Hades ließ sie einige Granatapfelkerne schlucken, so dass sie je ein Drittel des Jahres bei ihm verbringen muss – ihre Abwesenheit bedingt den Winter.[320] Damit handelt es sich bei Persephone um eine Figur, die den Zeitenwandel aktiv mitgestaltet, ihre Geschichte ergänzt die Bilder der Erneuerung und der ewigen Wiederkehr, die im Gedicht immer wieder eine Rolle spielen und die These der offenen Dialektik bestätigen.

Mit Strophe 13 folgt eine Passage, in der die zuvor schon angedeutete Verschmelzung von Räumen, Zeiten und Individuen nun explizit formuliert wird. Die «gespenstischen» Jahre und die kreisrunden, kreisenden Tage (V144) ergänzen die zyklische Struktur des Gedichts:

13)

142	rostro de llamas, rostro devorado,	Gesicht aus Flammen, verschlungenes Gesicht,
143	adolescente rostro perseguido	jugendliches Gesicht verfolgt
144	años fantasmas, días circulares	gespenstische Jahre, kreisrunde Tage
145	que dan al mismo patio, al mismo muro,	die auf den gleichen Hof führen, zur gleichen Mauer,

---

316 Vgl. ebda. Erste und Elfte Tafel: «Ein Sar die Stadt, ein Sar die Palmgärten, / Ein Sar die Flußniederung, dazu der *(heilige)* Bereich des Ischtartempels: / Drei Sar und den *(heiligen)* Bereich von Uruk umschließt sie.» *Das Gilgamesch-Epos.* Übers. von Albert Schott. Zürich: Skepsis Verlag 2017. Es wird angenommen, dass die Zwölfte Tafel später hinzugefügt wurde.
317 Vgl. zur Entdeckung der Flöte: Edzard Visser/Ernst Badian u. a.: Marsyas. In: *Der Neue Pauly*.
318 Vgl. Fritz Graf: Amphitrite. In: *Der Neue Pauly*.
319 Fritz Graf/Anne Ley: Demeter. In: *Der Neue Pauly*.
320 Vgl. zu der Episode mit dem Granatapfel: Christine Sourvinou Inwood: Persephone, Kore. In: *Der Neue Pauly*.

146	arde el instante y son un solo rostro	der Augenblick glüht und nur ein Gesicht
147	los sucesivos rostros de la llama,	die aufeinander folgenden Gesichter der Flamme,
148	todos los nombres son un solo nombre	alle Namen sind ein einziger Name
149	todos los rostros son un solo rostro,	alle Gesichter sind ein einziges Gesicht
150	todos los siglos son un solo instante	alle Jahrhunderte sind ein einziger Augenblick
151	y por todos los siglos de los siglos	und durch alle Jahrhunderte der Jahrhunderte
152	cierra el paso al futuro un par de ojos,	schließt ein Augenpaar den Durchgang zur Zukunft,

Durch die Überlagerung der verschiedenen Gesichter oder Liebhaberinnen scheinen sich Wiederholungen abzuzeichnen. Zeit ist an dieser Stelle nicht mehr linear, vor allem in den Versen 148 bis 150 dominiert der Eindruck von Gleichzeitigkeit. Namen, Gesichter, Jahrhunderte sind alle ein gemeinsamer Augenblick, die Anaphern und Parallelismen unterstreichen dieses inhaltliche Argument auf formaler Ebene. Zukunft und Vergangenheit fließen ineinander (V151f), Tage und Nächte wechseln sich ab wie Leben und Tod, bis herkömmliche zeitliche Kategorien gänzlich aufgelöst zu werden scheinen: «eres todas las horas y ninguna» (V117), «todos los siglos son un solo instante» (V150), oder: «se despeñó el instante en otro y otro» (V572). Nicht einmal dem eigenen Gedächtnis ist noch zu trauen: In Strophe 14 erscheinen Nacht, Schlaf und Zeit als Bedrohung für das Erinnerungsvermögen:

14)

153	no hay nada frente a mí, sólo un instante	es gibt nichts vor mir, nur einen Augenblick
154	rescatado esta noche, contra un sueño	diese Nacht eingelöst, gegen einen Traum
155	de ayuntadas imágenes soñado,	von versammelten Bildern geträumt,
156	duramente esculpido contra el sueño,	hart gemeißelt gegen den Traum,
157	arrancado a la nada de esta noche,	aus dem Nichts dieser Nacht gerissen,
158	a pulso levantado letra a letra,	mit hohem Puls, Buchstabe für Buchstabe,
159	mientras afuera el tiempo se desboca	während die Zeit draußen tobt
160	y golpea las puertas de mi alma	und an die Türen meiner Seele die Welt
161	el mundo con su horario carnicero,	mit ihrem blutrünstigen Stundenplan schlägt,

In Strophe 15 kommt die Vorstellung von Zeit als fortschreitendem Alter hinzu, es ist das Motiv der Vanitas. Das lyrische Ich spricht von mentalem und physischem Verfall, Erinnerungen zerfallen, Blut fließt langsamer, Zähne werden schwach, Augen «bewölken» sich, Tage und Jahre sammeln Schrecken: «sólo un instante mientras las ciudades, / los nombres, lo sabores, lo vivido, / se desmoronan en mi frente ciega», (V162f); (dt.: «nur ein Augenblick während die Städte, / die Namen, die Geschmäcker, das Gelebte, / in meiner blinden Stirn zerfallen»). In der nächsten Strophe wird die Zeit personifiziert und scheint von Tod umgeben. Doch dann wird mithilfe einer pflanzlichen Isotopie eine Art Wiedergeburt beschrieben: In dieser Metapher reift der Augenblick wie eine Frucht, wurzelt, wächst, treibt Blätter und wird schließlich zu einem Baum. Wenn im letzten Vers dieser Strophe vom «Geschmack der Zeit» die Rede ist, scheint letztere nicht mehr als bedrohlich wahrgenommen zu werden. Zerfall und Wachstum, Leben und Tod gehören unzertrennlich zusammen, zwischen diesen Gegensätzen spielt sich das Dasein ab. Die Metapher des Zeit-Baumes wird ergänzt durch das Bild von Gedanken, die «wie Vögel» in seinen Ästen «sitzen».[321]

16)

171	mientras el tiempo cierra su abanico	während die Zeit ihren Fächer schließt
172	y no hay nada detrás de sus imágenes	und es nichts gibt hinter ihren Bildern
173	el instante se abisma y sobrenada	stürzt und schwimmt der Augenblick
174	rodeado de muerte, amenazado	umgeben von Tod, bedroht
175	por la noche y su lúgubre bostezo,	von der Nacht und ihrem düsteren Gähnen,
176	amenazado por la algarabía	bedroht von der unleserlichen Schrift / dem Geschrei
177	de la muerte vivaz y enmascarada	des lebhaften und maskierten Todes
178	el instante se abisma y se penetra,	stürzt der Augenblick und durchdringt sich,
179	como un puño se cierra, como un fruto	wie eine Faust sich schließt, wie eine Frucht
180	que madura hacia dentro de sí mismo	die in ihr eigenes Inneres reift
181	y a sí mismo se bebe y se derrama	und sich selbst trinkt und sich ergießt
182	el instante translúcido se cierra	so schließt sich der durchscheinende Augenblick

---

[321] Der Baum erinnert an die Göttin, der das Gedicht gewidmet ist, und welche Paz an anderer Stelle als «Baum-Zentrum» der Welt beschreibt. Vgl. Marta Piña Zentella: *Modelos geométricos en el ensayo de Octavio Paz*, S. 135. Bäume spielen eine große Rolle im Werk des Dichters, vgl. OP: *Árbol adentro*. Barcelona: Seix Barral 1987. In Mixcoac wuchs Paz unter einem Feigenbaum auf – darin gleicht er der Figur Siddharta des gleichnamigen Romans von Hermann Hesse: *Siddharta*. Vgl. OP: «La higuera», Kapitel in *Aguila o Sol*, OC Bd. 11, S. 184–185: «En Mixcoac, pueblo de labios quemados, sólo la higuera señalaba los cambios del año.» Der Baum steht zugleich für Ewigkeit und Vergänglichkeit, vgl. Cynthia Marcela Peña: *¿Águila o sol? de Octavio Paz y variaciones sobre Tema Mexicano de Luis Cernuda: El poema en prosa y el planteamiento de una poética. Concordancias y Discordancias*. Texas: Tech University 2002. Vgl. Maya Schärer-Nussberger: *Octavio Paz. Metaphern der Freiheit*: «Vom Feigenbaum zum Nim», S. 95–101; sowie: Alberto Ruy Sánchez: *Octavio Paz: cuenta y canta la higuera. Una historia biográfica ilustrada*. Mexiko: Ediciones SM 2014. Bei Hesse beginnt der Roman wie folgt: «Im Schatten des Hauses, in der Sonne des Flußufers [...] im Schatten des Feigenbaumes wuchs Siddhartha auf, der schöne Sohn des Brahmanen, der junge Falke, zusammen mit Govinda, seinem Freunde, dem Brahmanensohn.» Hermann Hesse: *Siddharta*, S. 373. In der *Bhagavad Gita* erwähnt Krishna den Feigenbaum als Symbol für Unvergänglichkeit: «Die Wurzel nach oben gerichtet, die Zweige unten, diesen Feigenbaum nennen sie unvergänglich. Seine Blätter sind magische Mantras. Wer ihn kennt, ist vedakundig» *Bhagavad Gita* (15:1). Übers. von Frank Ziesing. Bielefeld: Ramakrishna 2017. Im Folgenden BG und Angabe des Übersetzers.

183 y madura hacia dentro, echa raíces,	und reift nach innen, schlägt Wurzeln,
184 crece dentro de mí, me ocupa todo,	wächst in mir, füllt mich ganz aus,
185 me expulsa su follaje delirante,	treibt sein berauschtes Blattwerk,
186 mis pensamientos sólo son sus pájaros,	meine Gedanken allein sind seine Vögel,
187 su mercurio circula por mis venas,	sein Quecksilber kreist durch meine Venen,
188 árbol mental, frutos sabor de tiempo,	geistiger Baum, Früchte Geschmack der Zeit,

Der Welten- oder Lebensbaum ist ein verbreitetes Mythologem in nahezu jeder Kultur.[322] Für den vorliegenden Kontext interessieren vor allem der Wacah Chan der Maya und die Weltesche Yggdrasil, die in der Edda den ganzen Kosmos darstellt.[323] Ihre ständige Erneuerung verdankt die Weltesche den drei Nornen, die seine Wurzeln gießen und die Schicksalsfäden spinnen. Die drei weisen Frauen heißen Urd (das Gewordene), Werdandi (das Werdende) und Skuld (das Kommende) und verkörpern mit diesen Gerundiven in ihren Namen die Prozesshaftigkeit der Zeit. Der Baum verbindet Raum und Zeit, denn die Welt reicht nur bis dahin, wo seine Zweige enden. Er ist Verbindungsachse zwischen Himmel, Erde und Unterwelt, und steht für Erneuerung und Unsterblichkeit. Ein Absterben des Baumes würde das Ende der Zeit bedeuten. In dem Prozess von Zerstörung und Wiederauferstehung, der auch bei Octavio Paz mit dem Baum und den Jahreszeiten evoziert wird, erinnert das Gedicht an die Tänze der Götter der mesoamerikanischen Kulturen, welche der mexikanische Autor in seinem Essay «Crítica de la pirámide» als zugleich kreativ und destruktiv beschreibt.[324] Dies entspricht dem dialektischen Diktum von Nietzsche: «Immer vernichtet, wer ein Schöpfer sein muss».[325]

In «Piedra de sol» wechseln sich die Zeitkonzepte ab wie die Gezeiten selbst: Zu Beginn des Gedichts wurde Zeit als Wasser konzeptualisiert («unánime presencia en oleaje» V10, «tiempo que vuelve en una marejada» V190); es folgten Vergleiche mit dem Licht («horas de luz» V21, «otoño diáfano» V40). Durch das

---

[322] Die Babylonier kannten einen heiligen Baum, die Germanen lebten mit dem Weltenbaum Yggdrasil, in der griechischen Antike gab es den Baum der Hesperiden, die Kabbalah erzählt vom Baum des Lebens Etz Chaim; der Weltenbaum der Maya hieß Wacah Chan und der erste Baum der Welt Yax Cheel Cab. In der mesoamerikanischen Kosmovision stützen vier göttliche Bäume den Himmel jeweils an den Enden der kosmischen Achsen. Vgl. Alfredo López Austin/Luis Millones: *Dioses del norte, dioses del sur*, S. 45 ff. Eine Abbildung des *Árbol Cósmico* findet sich in: Enrique Florescano: *Quetzalcóatl y los mitos fundadores de Mesoamérica*, S. 36.
[323] Vgl. *Die Edda, die ältere und jüngere nebst den mythischen Erzählungen der Skalda*. Karl Simrock (Hg. und Übers.) Stuttgart: Verlag der J. G. Cotta'schen Buchhandlung 1878. Völüspâ, Vers 19.
[324] OP: «Crítica de la pirámide», LS (2011), S. 369–415. Vgl. auch das Kapitel zum Massaker von Tlatelolco in der vorliegenden Arbeit.
[325] Vgl. Friedrich Nietzsche: *Also sprach Zarathustra*, S. 86.

Requisit des Fächers erscheint die Zeit als Personifikation (V171). Auch als Frucht wird die Zeit imaginiert: sie kann fallen («cae el día, cae el año» V91ff), schmecken (V188) und verfaulen («se pudren todos los veranos» V78). Die meisten dieser Sprachbilder machen die Zeit trotz ihrer räumlichen Veranschaulichung nicht fassbar, sondern weisen lediglich wiederholt darauf hin, wie unmöglich es ist, Zeit als Einheit zu strukturieren, zu kategorisieren, zu organisieren. Wellengang und Lichtverhältnisse entziehen sich dem menschlichen Einfluss ebenso wie biologische Rhythmen. In Versen wie: «corredores sin fin de la memoria» (V76) sind auch Erinnern und Vergessen mehrdimensional konzeptualisiert – durch die im «sin fin» enthaltene Endlosigkeit/Ewigkeit überschreiten auch sie herkömmliche räumliche Gegebenheiten.

In Strophe 17 folgt eine Apostrophe an das Leben, das Polyptoton in Vers 189 schließt sowohl vergangenes als auch zukünftiges Leben mit ein. Wieder wird Zeit in Wellen imaginiert, und sie wird personifiziert: die Zeit wendet das Gesicht nicht ab.[326] Im Antlitz der Zeit ist alles Vergangene gegenwärtig, das Geschehene ist nicht vorbei, sondern existiert weiter (V192). Ein Augenblick fließt in den nächsten über – so dass die Zeit paradoxerweise zugleich ewig und vergänglich ist. Veranschaulicht wird dies mit dem Bild der Wellen: auch diese sind in ständiger Bewegung, zugleich einzeln und als Ganzes.

17)

189	oh vida por vivir y ya vivida,	oh noch zu lebendes und schon gelebtes Leben,
190	tiempo que vuelve en una marejada	Zeit die in Wellen wiederkehrt
191	y se retira sin volver el rostro,	und sich zurückzieht ohne das Gesicht abzuwenden,
192	lo que pasó no fue pero está siendo	und das, was geschah, war nicht sondern ist
193	y silenciosamente desemboca	und mündet leise
194	en otro instante que se desvanece:	in einen anderen Augenblick der verwischt:

So scheint es, als würden lineare Chronologien überwunden, als müsse es ein Einsehen in die immerwährende Gegenwart historischer und zukünftiger Ereignisse geben.[327] Der Spiegel in Strophe 18 veranschaulicht das Spiel der Parallelen und

---

326 Vgl. dazu die Geschichtspersonifikation von Walter Benjamin: «Der Engel der Geschichte muß so aussehen. Er hat das Antlitz der Vergangenheit zugewendet.» Vgl.: ders: *Über den Begriff der Geschichte*, IX. These.
327 Der Fluss als Bild für die Zeit erinnert nicht nur an Heraklit, sondern auch an Hesses *Siddharta* und die Frage des Titelhelden an den Fährmann: «Hast auch du vom Flusse jenes Geheime gelernt: daß es keine Zeit gibt? [...] Nichts war, nichts wird sein; alles ist, alles hat Wesen und Gegenwart.» Hermann Hesse: *Siddharta*, S. 429 ff. Kapitel «Am Flusse», hier: S. 443. Wie Siddharta erlebt sich auch das lyrische Ich von Paz zugleich als junger Liebender und als alternder Mann und sieht auch andere in jedem Lebensalter zugleich, vgl. Strophe 20, V249–252.

Wiederholungen auf symbolischer Ebene. Formal geschieht etwas Ähnliches: In rhythmischen Abständen werden einzelne Worte mehrmals genannt (*son de piedra, pasadizo, como*), zudem gibt es häufige Alliterationen auf dem Buchstaben P: «pasadizo de espejos que repiten / los ojos del sediento, pasadizo / que vuelve siempre al punto de partida» (V206–208), (dt. «Weg aus Spiegeln welche die Augen / des Durstigen wiederholen, Weg / der immer an den Ausgangspunkt zurückkehrt»).[328] Eine Reihe von paradoxen Metaphern veranschaulicht die Dialektik der menschlichen Existenz. Das lyrische Ich «brennt ohne zu verbrennen», sucht Wasser und findet nur Stein, schließlich vergisst es sogar den eigenen Namen:

18)

200	ardo sin consumirme, busco el agua	ich brenne ohne zu verbrennen, suche das Wasser
201	y en tus ojos no hay agua, son de piedra,	und in deinen Augen ist kein Wasser, sie sind aus Stein,
202	y tus pechos, tu vientre, tus caderas	und deine Brüste, dein Bauch, deine Hüften
203	son de piedra, tu boca sabe a polvo,	sind aus Stein, dein Mund schmeckt nach Staub,
204	tu boca sabe a tiempo emponzoñado,	dein Mund schmeckt nach vergifteter Zeit,
205	tu cuerpo sabe a pozo sin salida,	dein Körper schmeckt wie ein Brunnen ohne Ausgang,
	[...]	[...]
209	y tú me llevas ciego de la mano	und du führst mich blind an der Hand
210	por esas galerías obstinadas	durch diese starren Galerien
211	hacia el centro del círculo y te yergues	zum Zentrum des Kreises und du streckst dich
213	como un fulgor que se congela en hacha,	wie ein Glänzen das zur Axt gefriert,
214	como luz que desuella, fascinante	wie Licht, das häutet, faszinierend
215	como el cadalso para el condenado,	wie das Schafott für den Verdammten,
	[...]	[...]
219	uno a uno me arrancas los recuerdos,	eine nach der anderen entreißt du mir die Erinnerungen,
220	he olvidado mi nombre, [...]	ich habe meinen Namen vergessen, [...]

Die mentale Reise des lyrischen Ichs erinnert an literarische Vorgänger wie Odysseus, Aeneas, Orpheus, Herakles und Dante, die sich alle in die Unterwelt wagten. Das lyrische Ich von «Piedra de sol» wird in das «Zentrum des Kreises» geführt, das sich anfühlt wie das «Schafott für den Verdammten», und erlebt dort ein gleißendes Licht aber auch dessen mögliche Zerstörungskraft.[329] Solche Einblicke

---

328 Vgl. vor allem V206 bis 208, aber auch *piedra, polvo, emponzoñado, pozo*.
329 Vgl. das *Vishvarupa*, die Kosmovision, die sich Arjun in Krishna bietet. *Bhagavad Gita*, 11. Gesang.

in eine andere Wirklichkeit werden in den verschiedensten Mythologien geschildert: In Mexiko hatte sich die Gefiederte Schlange Quetzalcóatl in das Reich des «Inframundo» begeben; Gilgamesch überquerte das Wasser des Todes; Bulukiya gelangte in *1001 Nacht* in die Höllenwelt der Schlangen.[330] Auch im *Popol Vuh*, dem Schöpfungsmythos der Maya, werden verschiedene Reisen in die Unterwelt geschildert, so zum Beispiel jener des Maisgottes Hun Nal Ye, oder der göttlichen Zwillinge, die sich später in Sonne und Mond verwandeln.[331] Die Konfrontation bedeutet somit immer auch Verwandlung und Neubeginn. Mit den Anspielungen auf so verbreitete Mythologeme wie dem Lebensbaum, den Schlangen, dem Motiv der Reise in die Unterwelt, beziehungsweise der Kosmovision, den verschiedenen Frauenfiguren und Venus in ihren unterschiedlichen Konnotationen stilisiert sich das Gedicht zu einer Art Metamythos für eine postmoderne Welt, in der alle Erklärungsangebote simultan existieren.

In Strophe 19 handelt es sich erneut um wiederkehrende Momente, Spiegelungen, und einen Gedanken, der sich in der eigenen Transparenz verliert. Das Bewusstsein, durchdrungen von einem klaren Blick, der in einem Paradoxon sein eigenes Schauen schaut, erinnert an das Auge Gottes:

19)

223	no hay nada en mí sino una larga herida,	es gibt nichts in mir außer einer tiefen Wunde,
224	una oquedad que ya nadie recorre,	eine Höhlung die niemand mehr durchläuft,
225	presente sin ventanas, pensamiento	Gegenwart ohne Fenster, Gedanke
226	que vuelve, se repite, se refleja	der wiederkehrt, sich wiederholt, sich spiegelt
227	y se pierde en su misma transparencia,	und sich in seiner eigenen Durchsichtigkeit verliert,
228	conciencia traspasada por un ojo	Bewusstsein, von einem Auge durchbohrt

---

330 Hebr. גיהנום, arab. جَهَنَّم Umschrift: *ğahannam*. Vgl.: Alexandra von Lieven/Sarah Johnston u. a.: Unterwelt. In: *Der Neue Pauly*; sowie: DNP-Gruppe Kiel: Orpheus. In: *Der Neue Pauly*. Vgl. a. Gabriel Gómez López: Figuras mitológicas en ‹Piedra de sol› de Octavio Paz. Ariadne hilft Theseus bei dem Kampf gegen den Minotauros und führt ihn durch das Labyrinth.
331 Vgl. Enrique Florescano: Muerte y resurrección del dios del maíz. In: *Nexos* (01.04.1993). Vgl. das *Poopol Wuuj. Das heilige Buch des Rates der K'icheé – Maya von Guatemala*. Übers. von Jens Rohark. Ostrau: Hein 2014. Die Zwillinge sind wie Jesus aus einer jungfräulichen Befruchtung entstanden, Kap. 19, S. 95. Vgl. Kap. 28, S. 140: Opfertod und Wiederauferstehung der Zwillinge im Fluss. Die Zwillinge müssen ebenfalls diverse Flüsse überqueren, so z. B. einen Blut- und einen Eiterfluss. Vgl. ebda. Kap. 16, S. 73: Abstieg des Maisgottes in die Unterwelt; Kap. 23, S. 120: Abstieg der Zwillinge in die Unterwelt. Zur Entstehung von Sonne und Mond vgl. ebda. Kap. 30, S. 153. Dieser Mythos differiert von jenem der Azteken, die der Überzeugung waren, dass sich zwei Götter für die fünfte Sonne geopfert hatten. Der Erste, verwachsen aber mutig, wurde die Sonne, der Zweite, prahlerisch aber ängstlich, der Mond.

229 que se mira mirarse hasta anegarse	das sich selbst anschaut, anschauen bis zum Ertrinken
230 de claridad:	in Klarheit:

In Strophe 20 wird mit dem oben schon zitierten «Mädchenblick der alten Mutter» und den Parallelen dazu jeweils auf die in der gegenwärtigen Erscheinung enthaltene Vergangenheit und Zukunft aufmerksam gemacht. Die Anapher auf den fragenden Blicken intensiviert die Suche nach dem wahren Leben, die im letzten Vers umgekehrt wird: darin wird der Gedanke formuliert, der Blick könne die Rückkehr in dieses wahre Leben bedeuten. Der deutsche Begriff des Augen*blicks* fasst genau dieses Moment, um welches das lyrische Ich von Paz zu ringen scheint: Die Präsenz, die in einem Augenkontakt zustande kommen kann, die Geistesgegenwart, das Bewusstsein für einen speziellen Zeitraum, und sei er noch so kurz.

20)

245 miradas enterradas en un pozo,	beerdigte Blicke in einem Brunnen,
246 miradas que nos ven desde el principio,	Blicke die uns von Beginn an schauen,
247 mirada niña de la madre vieja	Mädchenblick der alten Mutter
248 que ve en el hijo grande un padre joven,	die in dem großen Sohn einen jungen Vater sieht,
249 mirada madre de la niña sola	Mutterblick des einsamen Mädchens
250 que ve en el padre grande un hijo niño,	die in dem großen Vater einen kindlichen Sohn sieht,
251 miradas que nos miran desde el fondo	Blicke die uns anschauen aus dem Grund
252 de la vida y son trampas de la muerte	des Lebens und die Todesfallen sind
253 – ¿o es al revés: caer en esos ojos	– oder ist es umgekehrt: in diese Augen fallen
254 es volver a la vida verdadera?	ist die Rückkehr zum wahren Leben?

In Strophe 21 fragt das lyrische Ich nach spezifischen Momenten des individuellen Lebenslaufs. Durch Zitate, direkte Rede, reale Referenzen, Orte und Eigennamen (*Christopher Street, Filis, Reforma, Carmen, Oaxaca, Hotel Vernet, Bidart, Perote*) klingt die Passage wie ein Abgleich der Erinnerungen mit der autobiographischen Realität des Dichters – sowohl Erinnerung als auch Realität werden jedoch als solche infrage gestellt, denn die Verse sind alle als Interrogative formuliert. Zentral ist das Zitat «siempre es octubre» (V267), das die Allgemeingültigkeit der spezifischen Erfahrung betont. Im nächsten Abschnitt wird dies noch deutlicher: durch ein langes Asyndeton und die Verwandlung des Du in ein unpersönliches «Jemand» öffnet sich der Text zunehmend.

nombres, sitios,	Namen, Stellen,
283 calles y calles, rostros, plazas, calles,	Straßen und Straßen, Gesichter, Plätze, Straßen,
284 estaciones, un parque, cuartos solos,	Jahreszeiten, ein Park, einzelne Zimmer,
285 manchas en la pared, alguien se peina,	Flecken auf der Wand, jemand kämmt sich,
286 alguien canta a mi lado, alguien se viste,	jemand singt an meiner Seite, jemand bekleidet sich,
287 cuartos, lugares, calles, nombres, cuartos,	Zimmer, Orte, Straßen, Namen, Zimmer,

Ein auffälliger Kontrast in der zeitlichen Signatur des Gedichts erfolgt in Strophe 22: mit der historischen Datierung «Madrid 1937» wird ein ganz konkreter historischer Moment genannt. Die Strophe befindet sich etwa in der Mitte des Langgedichts (V288 von insgesamt 584 Versen), es handelt sich um einen Schlüsselmoment des Textes. Ort und Datum evozieren Bilder des Spanischen Bürgerkriegs, im folgenden Vers wird mit der *Plaza del Ángel* eine weitere räumliche Referenz gegeben. Die Isotopien von Grausamkeit und Zerstörung kulminieren in der Personifikation der im Staub knienden Häuser.

22)

288 Madrid, 1937,	Madrid, 1937,
289 en la Plaza del Ángel las mujeres	auf der Plaza del Ángel nähten die Frauen
290 cosían y cantaban con sus hijos,	und sangen mit ihren Kindern,
291 después sonó la alarma y hubo gritos,	dann schrillte die Sirene und klangen Schreie,
292 casas arrodilladas en el polvo,	Häuser, kniend im Staub,
293 torres hendidas, frentes esculpidas	gespaltene Türme, verformte Fassaden
294 y el huracán de los motores, fijo:	und der Orkan der Triebwerke, starr:
295 los dos se desnudaron y se amaron	die zwei entkleideten und liebten sich
296 por defender nuestra porción eterna,	um unsere Portion Ewigkeit zu verteidigen,
297 nuestra ración de tiempo y paraíso,	unsere Ration von Zeit und Paradies,
298 tocar nuestra raíz y recobrarnos,	unsere Wurzel zu berühren und uns wiederzufinden,
299 recobrar nuestra herencia arrebatada	um unser seit tausend Jahrhunderten
300 por ladrones de vida hace mil siglos,	von Lebensdieben gestohlenes Erbe wiederherzustellen,
301 los dos se desnudaron y besaron	die zwei entkleideten und küssten sich
302 porque las desnudeces enlazadas	denn die verschlungenen Nacktheiten
303 saltan el tiempo y son invulnerables,	springen aus der Zeit und sind unverletzlich,
304 nada las toca, vuelven al principio,	nichts berührt sie, sie kehren zum Ursprung zurück,
305 no hay tú ni yo, mañana, ayer ni nombres,	es gibt weder du noch ich, morgen, gestern nicht einmal Namen,
306 verdad de dos en sólo un cuerpo y alma,	Wahrheit von Zweien in nur einem Körper und einer Seele,
307 oh ser total...	oh vollkommenes Sein...

Aus der Situation des Bürgerkriegs heraus evoziert das lyrische Ich an dieser Stelle unvermittelt das Bild eines Paares. In der Liebe, heißt es, seien die Menschen unverletzlich. Die zwei verschlungenen Körper «überspringen» alle konkrete Zeit, und die Zeit selbst scheint undifferenzierbar zu werden (V305). Körper, Seele, Raum, Zeit, Wahrheit – alles geht in einer vollkommenen Daseinserfahrung auf. Klimax ist die Nennung von Gott, Paradies und Liebe. In diesem «ser total» ist die Auflösung für einen kurzen Moment vollständig. Dies erinnert an eine Passage von Tagore, wenn dieser die Liebe als Gleichzeitigkeit aller Gegensätze beschreibt. Verlust und Gewinn, Selbstaufgabe und Selbstfindung, Geben und Empfangen, Freiheit und Abhängigkeit, selbst die Pole von Individualität und Kollektiv werden implizit genannt.[332]

Gómez López spricht in seinem Kommentar zu der Strophe von Paz von einer Hierogamie, die außerhalb der Zeit stattfindet, und letztere zugleich erneuern soll:

> [E]l sagrado matrimonio que renovará la Tierra Baldía; pueden ser Adán y Eva, Gilgamesh e Ishtar, Quetzalcóatl y Quetzalpétlatl o dos amantes cualquiera; [...] viven el tiempo fuera del tiempo, [...] supremo momento del amor, cuando el péndulo se detiene y da paso al tiempo de la vida; por un instante se vislumbra la unidad perdida, [...] entre tanto, por fuera de los muros del Tiempo Sagrado, se extiende el gris mundo de Alfred Pruffrock: oxidado, lluvioso, detestable.[333]

Der *pié quebrado* scheint einen Ausweg aus dem ewigen Fluss des Elfsilbers, beziehungsweise des geschichtlichen oder poetischen Narrativs anzudeuten. Doch gleich darauf folgt im Gedicht der nächste Vers, das Rad dreht sich weiter. Die drei Punkte hinter der Exklamation «oh ser total» deuten dabei auf die momenthafte Synthese hin, die in der Pause erlebbar wird. Erst die Beschreibungsversuche in den folgenden Versen, die so viele vollkommene Momente des Lebens und der Geschichte wie möglich aufzuzählen versuchen, schränken dieses Absolute wieder ein.[334] Doch gerade in dem nicht Absoluten liegt laut Adorno die

---

332 Vgl. Rabindranath Tagore: *Sadhana, The Realisation of Life*: «Indeed, love is what brings together and inseparably connects both the act of abandoning and that of receiving. In love, at one of its poles you find the personal, and at the other the impersonal. At one you have the positive assertion – Here I am; at the other the equally strong denial – I am not. [...] Bondage and liberation are not antagonistic in love. For love is most free and at the same time most bound. [...] Similarly, when we talk about the relative values of freedom and non-freedom, it becomes a mere play of words. It is not that we desire freedom alone, we want thraldom as well. It is the high function of love to welcome all limitations and to transcend them. For nothing is more independent than love, and where else, again, shall we find so much of dependence? In love, thraldom is as glorious as freedom.»
333 Gabriel Gómez López: Figuras mitológicas en ‚*Piedra de sol*' de Octavio Paz.
334 Theodor W. Adorno: *Einführung in die Dialektik*, S. 31.

Veränderung, die das Sein ausmacht. Eben solche Definitionsversuche, wie wir sie im Gedicht finden, die sprachliche Vermittlung eines Synthese-Erlebnisses, und die Einschränkung, die damit einhergeht, verstand Adorno als Inbegriff des offenen dialektischen Denkens. Die Veränderung des Beschriebenen durch das Denken begriff er dabei als «Moment des Werdens, das in jedem Sein notwendig gesetzt ist».[335] Um Octavio Paz als Dichter der Synthese interpretieren zu können, müsste das Gedicht nach dem Vers «oh ser total...» enden. Dadurch, dass der Vers aber etwa in der Mitte des Gedichts steht (V307 von insgesamt 584 bzw. 590 Versen), kann diese Stelle als eine weitere Bestätigung unserer These der offenen Dialektik gelesen werden. Denn während Hegel die These vertrat, das Wahre sei das Ganze, war Adorno davon überzeugt, dass ein Ding auch dann Wahrheitscharakter habe, wenn «ein Absolutes als die allumfassende Totalität uns nicht gegeben sein kann».[336] Bei Paz bricht in jede angedeutete Synthese sofort wieder der Alltag ein, und so wird auch an dieser Stelle nur die minimale Pause von drei Punkten eingehalten, bevor die Elfsilber den Leser wieder mit ihrem fließenden Rhythmus in den Bann ziehen, und ein Bild auf das nächste folgt. Es war nur ein kurzer Moment der Bewusstwerdung der Präsenz des Menschen im Augenblick, ein kurzes Wahrnehmen der eigenen historischen Existenz.

Zum Zeitpunkt der Veröffentlichung von «Piedra de sol» hatte der Autor schon ein halbes Jahr als Zweiter Staatssekretär der Mexikanischen Botschaft in Neu-Delhi verbracht (November 1951 bis Juni 1952), wo er sich mit den Lehren des Hinduismus und des Buddhismus auseinandersetzte.[337] Vor dem Horizont der *Bhagavad Gita* kann die kurze Vision des «absoluten Seins», die Gleichzeitigkeit von Schöpfung und Zerstörung, Kriegsgeschehen und Liebesakt in Strophe 22 als Theophanie verstanden werden; das Gedicht selbst gleicht einer Schau der universalen Geschichte. In der *Bhagavad Gita* erscheint Krishna dem Helden Arjun in seiner «Allgestalt», als Gleichzeitigkeit aller Geschehnisse im Universum, und offenbart sich als Personifikation der Zeit selbst: «Ich bin die Zeit, welche in ihrem Fortschreiten den Untergang der Welt bewirkt, und betätige mich hienieden darin, daß ich die Menschen hinweggraffe; und auch ohne dich würden sie alle nicht am Leben bleiben, sie, welche in Schlachtreihen als Kämpfer gegenüberstehen.»[338] Die Krieger veranschaulichen dabei die Dichotomien des Diesseits,

---

335 Ebda. S. 32.
336 Ebda. S. 36.
337 So besaß er bspw. ein Buch zu *Vishnu-Narayana*, die als Krishna und Arjun wiedergeboren wurden, vgl. *Limulus*.
338 *Bhagavad Gita*, dt. Übers. von Paul Deussen: *Der Gesang des Heiligen*, Leipzig: Brockhaus 1911, hier: S. 80 (11:32).

die gesamte Baghavad Gita ist die Nacherzählung des Kampfes zwischen Kauravas und Pandavas, bei denen es sich allerdings um Cousins und teilweise um Halbbrüder (Karna und Arjun) derselben Familie handelt, so dass auch hier Einheit und Zweiheit zugleich gegeben sind.[339] Die Vereinigung aller Gegensätze, die er in der Offenbarung Krishnas sieht, versucht Arjun über mehrere Kapitel zu beschreiben. Unter anderem heißt es, Krishna erfülle das Universum zugleich mit Glanz und lasse es verglühen,[340] er sei der «Vater der Welt, des Beweglichen und Unbeweglichen»,[341] er sei zugleich alle Sinneskräfte und jenseits davon, er befinde sich «außerhalb und innerhalb der Gewordenen», und er sei weit weg und nah.[342] Die Synthese, die göttliche Realität, wird beschrieben als «unvergänglicher Zustand», in den diejenigen eintreten, die «befreit sind von den Gegensatzpaaren».[343] Krishna offenbart sich dabei als «das Sein, das Nichtsein, und das, was jenseits davon ist.»[344] Die Gottesvorstellung der Veden verglich Erich Fromm mit dem Neuplatonismus, beide führten zu einem Begriff des vollkommenen Seins.[345] Wie sehr dieses Verständnis eines Jenseitigen mit der Wahrnehmung des gegenwärtigen Augenblicks verknüpft ist, mit dem *instante*, nach dem das vorliegende Gedicht so nachdrücklich sucht, wird deutlich aus der dialektischen Definition von Martin Buber: «Gewiß ist Gott ‹das ganz Andere›; aber er ist auch das ganz Selbe: das ganz Gegenwärtige.»[346]

---

[339] Yigal Bronner zeigt in seiner Studie *Extreme poetry the South Asian movement of simultaneous narration* (New York: Columbia UP, 2010), dass die Vorstellung von Simultanität in der Sanskrit-Dichtung bis in simultane Erzählstrukturen hineinreicht. Das Verfahren hat sich auch in späteren Erzähltraditionen erhalten.
[340] Vgl. BG (11:30), Deussen, S. 80: «Du züngelst, indem du die gesamten Welten ringsum in deine glühenden Rachen hineinschlingst, und deine furchtbaren Flammen, o Vishnu, erfüllen mit ihrem Lichtglanz die ganze Welt und setzen sie in Gluten.»
[341] Ebda. BG (11:43), Deussen, S. 83.
[342] Vgl. die gefälligere Übersetzung von Ziesing BG (2017): «Es hat den Anschein der Eigenschaften aller Sinneskräfte und ist jenseits aller Sinneskräfte. [...] Es ist der eigenschaftslose Eigenschaftenerleber.» (13:14). «Außerhalb und innerhalb der Gewordenen ist es, bewegungslos und sich bewegend. [...] Es ist weit weg und nah.» (13:15).
[343] Vgl. ebda.: «Zu diesem unvergänglichen Zustand gehen die Unbetörten, [...] die befreit sind von den Gegensatzpaaren, welche Angenehm und Unangenehm genannt werden.» (15:5)
[344] Vgl. ebda. BG (11:37). Vgl. außerdem ebda. BG (13:12): «Was das zu Erkennende ist, will ich nun erklären. Wenn man das erkannt hat, erlangt man die Unsterblichkeit, das anfanglose höchste Brahman, das weder Sein noch Nichtsein genannt wird.»
[345] Fromm beschreibt Gott mit einem Wortspiel als Nichts, als «no-thing», als pures Sein. Erich Fromm: *Haben oder Sein*, S. 61. Vgl. Richard J. Callan: Some Parallels between Octavio Paz and Carl Jung, S. 916–926.
[346] Martin Buber: *Ich und Du*, S. 75.

3.3 Individuum und Gemeinschaft — 261

In «Piedra de sol» wird die Hybridisierung materieller Dimensionen fortgesetzt, Octavio Paz verzichtet jedoch auf Mystik, es handelt sich bei seinem Gedicht um eine universale Vision, die zugleich immer diesseitig bleibt. Die kubistisch anmutende Passage (V308–333) beginnt mit konkreten Räumen, die indes immer metaphorischere Metamorphosen vornehmen, bis sie sich überlagern, vermischen, und in Bilder verwandeln: Zimmer werden zu Schiffen, Simse zu Wolken, und statt der Vögel fliegen die Vogelkäfige selbst. In dem Verständnis Adornos ist es die «Unvermeidlichkeit der Widersprüche und zugleich das Weitertreibende der Widersprüche, das dann doch zu ihrer Aufhebung in einer höheren Form der Wahrheit wird.»[347] Octavio Paz scheint die Widersprüche in seiner lyrischen Sprache in der Tat über sich selbst hinauszutreiben; Synthesen ergeben sich nur momenthaft (im Augenblick, im *instante*) und werden immer sogleich weiterentwickelt. Ganz wie Adorno es postulierte, kommt die Antithesis nicht «von außen», «sondern aus dem Satz selbst»:[348] nicht umsonst enthalten die poetischen Texte von Paz eine große Anzahl von Kontrasten und Chiasmen. An dieser Stelle findet sich das Motiv auch auf inhaltlicher Ebene: «alles verwandelt sich» (V325, V334). Die poetischen Bilder wirken nahezu surrealistisch, die Zimmer «segeln» (V317f) und «fliegen» (V325) und lösen sich schließlich vollkommen auf. Es gibt keine Mauern mehr, nur Raum («no hay tiempo ya, ni muro: ¡espacio, espacio!»), so dass herkömmliche Maßstäbe nicht mehr auszureichen scheinen.[349] Analog zu diesen sich gegenseitig durchdringenden Räumen werden auch die unterschiedlichen Einheiten von Zeit (Minuten, Stunden, Jahrhunderte, ein Tag, ein Leben) so weit übereinander gelagert, bis Zeit und Geschichte nicht mehr linear zu verlaufen scheinen. Gerade diese ewige Veränderung verweist auf die Historizität des Menschen, auf das sich immer im Prozess befindende Sein, das nur mit einem offen dialektischen Denken begriffen werden kann.

Das Leitmotiv des Gedichts befindet sich laut Brons in Vers 337: «die Welt wird geboren, wenn zwei sich küssen».[350] Der Satz deutet die immer wieder-

---

347 Theodor W. Adorno: *Einführung in die Dialektik*, S. 48f.
348 Ebda. S. 48f.
349 Vgl. W.G. Sebald: *Austerlitz*, S. 269: Es ist dem Protagonisten: «als gäbe es überhaupt keine Zeit, sondern nur verschiedene, nach einer höheren Stereometrie ineinander verschachtelte Räume, zwischen denen die Lebendigen und die Toten, je nachdem es ihnen zumute ist, hin und her gehen können». Vgl. zu Raumdarstellungen bei Paz auch: Hugo Verani: Octavio Paz and the Language of Space. In: *World Literature Today*, Vol 56, Nr. 4, Homage to Octavio Paz, Engl. Übers. von David Draper Clark. Neustadt Laureate (1982), S. 631–635.
350 Thomas Brons: *Octavio Paz. Dichterfürst im mexikanischen Korporativismus*, S. 220. Das Potential der Liebe als zeitlichen Neubeginn hatte Paz in den *Vigilias* wie folgt beschrieben: «Toda pareja es el principio y el manantial del río de las generaciones [...] Y para los amantes cada mañana es la ‹primera mañana del mundo› y cada noche la última del planeta.» OC Bd. 13, S. 151.

kehrende Möglichkeit eines Beginns an, eine neue Welt bedeutet auch eine neue Zeitrechnung. Die «erste Nacht und der erste Tag» (V336) erinnern an das Artemis-Epigraph, das dem Gedicht vorangestellt ist (*car es-tu reine, ô toi, la première ou dernière? / es-tu roi, toi le seul ou le dernier amant?*). Hier wiederholt sich das Leitmotiv des Gedichts: Jede Liebe ist einzigartig und nie dagewesen (*c'est toujours la seule – ou c'est le seul moment*), in jeder Begegnung entsteht eine neue Welt.

23)

334	todo se transfigura y es sagrado,	alles verwandelt sich und ist heilig,
335	es el centro del mundo cada cuarto,	jedes Zimmer ist das Zentrum der Welt,
336	es la primera noche, el primer día,	es ist die erste Nacht, der erste Tag,
337	el mundo nace cuando dos se besan,	die Welt wird geboren, wenn zwei sich küssen,
338	gota de luz de entrañas transparentes	Tropfen aus Licht von durchsichtigen Eingeweiden
339	el cuarto como un fruto se entreabre	das Zimmer öffnet sich wie eine Frucht
340	o estalla como un astro taciturno	oder explodiert wie ein verschwiegener Stern
341	y las leyes comidas de ratones,	und die Gesetze gefressen von Ratten,
342	las rejas de los bancos y las cárceles,	die Gitter der Banken und der Gefängnisse,
343	las rejas de papel, las alambradas,	die Gitter aus Papier, die Stacheldrahtzäune,
344	los timbres y las púas y los pinchos,	die Klingeln und die Stacheln und die Spieße,
345	el sermón monocorde de las armas,	die eintönige Predigt der Waffen,
346	el escorpión meloso y con bonete,	der Skorpion lieblich und mit Birett,
347	el tigre con chistera, presidente	der Tiger mit Zylinder, Präsident
348	del Club Vegetariano y la Cruz Roja,	des Vegetarischen Clubs und des Roten Kreuzes,
349	el burro pedagogo, el cocodrilo	der pädagogische Esel, das Krokodil
350	metido a redentor, padre de pueblos,	zum Erlöser verkleidet, Vater der Völker,
351	el Jefe, el tiburón, el arquitecto	der Chef, der Hai, der Architekt
352	del porvenir, el cerdo uniformado,	der Zukunft, das uniformierte Schwein,
353	el hijo predilecto de la Iglesia	das Lieblingskind der Kirche
354	que se lava la negra dentadura	das sich die schwarzen Zähne
355	con el agua bendita y toma clases	mit Weihwasser putzt und Unterricht nimmt
356	de inglés y democracia, las paredes	in Englisch und Demokratie, die Wände
357	invisibles, las máscaras podridas	sind unsichtbar, die verfaulten Masken
358	que dividen al hombre de los hombres,	die den Menschen von den Menschen trennen,
359	al hombre de sí mismo,	den Menschen von sich selbst,

In direktem Kontrast zu der Passage zu Beginn des Abschnitts, in der alles «heilig» ist (V334), folgt ein Teil, der sich profaneren Bildern widmet. Gefängnis und Gitter werden genannt, gemeinsam mit diversen Tieren wird eine metaphorische Gesellschaftskritik gezeichnet. Die verschiedenen Typen, die jeweils in animalischen Karikaturen und mit Berufsbezeichnung erscheinen, können als allgemeingültige Fabel für korrupte Staatsformen gelesen werden und bilden damit eine Art poetische Momentaufnahme, die an Orwells *Animal Farm* (1946) erinnert.[351] In Strophe 24 erfolgt mit dem Zitat der Heloise – «déjame ser tu puta» – eine Anspielung auf die *Historia Calamitatum* (um 1132) von Peter Abaelard:

24)

	el mundo cambia	die Welt wandelt sich,
375	si dos se miran y se reconocen,	wenn zwei sich anblicken und sich erkennen,
376	amar es desnudarse de los nombres:	lieben ist sich von den Namen entkleiden:
377	"déjame ser tu puta", son palabras	«lass mich deine Hure sein», sind Worte
378	de Eloísa, mas él cedió a las leyes,	von Heloise, doch er verzichtet auf die Gesetze,
379	la tomó por esposa y como premio	nimmt sie zur Frau und zur Belohnung
380	lo castraron después;	kastrieren sie ihn danach;

Die mittelalterliche Schrift über die Liebe von Heloise und Abaelard trägt auf Latein den autobiographischen Titel: *Abaelardi ad amicum sum consolatoria*. Bei Paz wird sie als Übergang zu rebellischen Überzeugungen eingesetzt: «Lieber als Verbrecher leben, als zu einem Alltag zurückzukehren, der die Ewigkeit in hohle Stunden verwandelt» – so lautet das Argument dieser Strophe.

	mejor el crimen,	lieber das Verbrechen,
381	los amantes suicidas, el incesto	die suizidalen Liebenden, der Inzest
382	de los hermanos como dos espejos	der Geschwister wie zwei Spiegel
383	enamorados de su semejanza,	verliebt in ihre Ähnlichkeit,
384	mejor comer el pan envenenado,	lieber vergiftetes Brot essen,
385	el adulterio en lechos de ceniza,	der Ehebruch in Betten aus Asche,
386	los amores feroces, el delirio,	die wilden Liebschaften, das Delirium,
387	su yedra ponzoñosa, el sodomita	sein schädliches Efeu, der Sodomit
388	que lleva por clavel en la solapa	der als Nelke im Revers
389	un gargajo, mejor ser lapidado	Schnodder trägt, lieber Gesteinigter sein
390	en las plazas que dar vuelta a la noria	auf den Plätzen als zur Tretmühle zurückzukehren
391	que exprime la substancia de la vida,	welche die Substanz des Lebens auspresst,
392	cambia la eternidad en horas huecas,	die Ewigkeit in hohle Stunden verwandelt,
393	los minutos en cárceles, el tiempo	die Minuten in Gefängnisse, die Zeit
394	en monedas de cobre y mierda abstracta;	in Kupfermünzen und abstrakte Scheiße;

Die Minuten, die sich in Münzen verwandeln, erinnern an eine Passage aus den *Vigilias* von Paz und verweisen auf die Marx-Lektüren des Autors: «El trabajo se mide en tiempo, como ha mostrado Marx, y el tiempo en dinero.»[352] Strophe 25

---

351 George Orwell: *Animal farm*. New York: Harcourt 1946. Vgl. eine ähnliche Passage in OP: «Petrificada petrificante» (1976).
352 OC Bd. 13, S. 153.

beginnt mit einer parallelen Anapher, in der die Konsequenzen mit einkalkuliert werden: nach «mejor el crimen» heißt es dort: «mejor la castidad». In Strophe 26 wird die Zeit mit Korridoren und Treppen als Haus imaginiert. Raum und Zeit werden auf diese Weise explizit zusammengedacht. Die Alliterationen auf C (*cuartos, calles, caminar, corredores, crecer cubierto, cabeza, comer*) und P (*peldaños, paredes, palpar, empezar, espiga espuma, pajaros, pequeño*) verstärken die enge Zusammengehörigkeit der Klänge und Bilder dieser Passage.

26)

408	sigo mi desvarío, cuartos, calles,	ich folge meinem Wahn, Zimmer, Straßen,
409	camino a tientas por los corredores	gehe tastend durch die Korridore
410	del tiempo y subo y bajo sus peldaños	der Zeit und steige ihre Stufen auf und ab
411	y sus paredes palpo y no me muevo,	und befühle ihre Wände und bewege mich nicht,
412	vuelvo donde empecé, busco tu rostro,	gehe zurück dorthin wo ich begann, suche ihr Gesicht,
413	camino por las calles de mí mismo	gehe durch die Straßen meiner Selbst
414	bajo un sol sin edad, y tú a mi lado	unter einer Sonne ohne Alter, und du an meiner Seite
415	caminas como un árbol, como un río	gehst wie ein Baum, wie ein Fluss,
416	caminas y me hablas como un río, […]	gehst und sprichst zu mir wie ein Fluss, […]

In der folgenden Passage wird der Vers «el mundo cambia» (V423)[353] wiederholt, ebenso wie das Bild der zeitlosen Liebenden. Bei dem Entgegenkommen von Himmel und Erde handelt es sich um ein romantisches Motiv: Die ersten Verse von Eichendorffs „Mondnacht" lauten: «Es war als hätt' der Himmel / Die Erde still geküsst».[354] Erneut klingen die Verse wie eine Art paradiesische Momentaufnahme, in der die Liebenden nur sich selbst wahrnehmen:

	el mundo cambia	die Welt verwandelt sich
424	si dos, vertiginosos y enlazados,	wenn zwei schwindelnd und verschlungen,
425	caen sobre la yerba: el cielo baja,	ins Gras fallen: der Himmel senkt sich,
426	los árboles ascienden, el espacio	die Bäume steigen, der Raum
427	sólo es luz y silencio, sólo espacio	ist nur Licht und Stille, nur Raum
428	abierto para el águila del ojo,	geöffnet für den Adler des Auges,
429	pasa la blanca tribu de las nubes,	der weiße Stamm der Wolken zieht vorüber,
430	rompe amarras el cuerpo, zarpa el alma,	der Körper zerreißt Taue, die Seele zerfließt,

---

[353] Vgl. V366 und 374, insges. dreimal.
[354] Joseph Eichendorff: „Mondnacht". In: *Joseph Freiherrn von Eichendorff's sämmtliche Werke*. [1837] Bd. 1. Leipzig: Voigt & Günther 1864, S. 604. Vgl. Wolfgang Frühwald: Die Erneuerung des Mythos. Zu Eichendorffs Gedicht ‚Mondnacht'. In: Wulf Segebrecht (Hg.): *Gedichte und Interpretationen*. Bd. 3. Stuttgart 1987, S. 395–407.

431 perdemos nuestros nombres y flotamos	wir verlieren unsere Namen und treiben
432 a la deriva entre el azul y el verde,	auf der Abdrift zwischen dem Blau und dem Grün,
433 tiempo total donde no pasa nada	vollkommene Zeit in der sich nichts ereignet
434 sino su propio transcurrir dichoso,	außer ihr eigenes glückliches Verstreichen,

«Vollkommene Zeit, in der sich nichts ereignet, außer ihr eigenes Verstreichen» – so können die Verse 433f übersetzt werden. In den Versen 435, 438, 487 und 488 wird dieser Gedanke erneut aufgegriffen. Doch in der dritten Variation (V435), direkt nach der Parenthese, in der ein Engel «groß wie das Leben von zwanzig Sonnen» den Moment durchkreuzt, stellt das lyrische Ich die eigene Aussage infrage. Ereignet sich wirklich nichts? Die Nahua-Völker teilten die verschiedenen Zeitalter seit der Existenz des Menschen in fünf Sonnen, eine Sonne entspräche damit etwa 10.000 bis 1 Million Jahren. Es handelt sich also um enorm große Dimensionen, das vergleichsweise winzige Blinzeln (V435) steht in direktem Kontrast dazu. Das Bild erinnert an den Engel der Geschichte von Walter Benjamin.[355] Es folgt ein Interrogativ, mit dem die Frage nach der Wahrnehmung des Menschen gestellt wird, schließlich wurde bisher aus menschlicher Perspektive gesprochen. An dieser Stelle weitet das lyrische Ich den Fokus und erlaubt einen Blick aus größerer Distanz auf das Verhältnis von einzelnem Moment (Blinzeln) und Menschheitsgeschichte (Sonnen-Zeitalter). Gleich darauf wird das lediglich kurz evozierte mystische Moment wie schon zuvor in Strophe 22 durch eine Reihe konkreter geschichtlicher Ereignisse unterbrochen.[356] Die Aufzählung der historischen Figuren samt ihrer Todesursachen und ihrer Sterbensklagen bildet einen starken Kontrast zu dem zuvor beschriebenen Paradies der Liebenden, das sich außerhalb geschichtlicher Realitäten zu befinden schien.

27)

435 no pasa nada, callas, parpadeas	nichts ereignet sich, du schweigst, blinzelst
436 (silencio: cruzó un ángel este instante	(Stille: ein Engel kreuzte diesen Augenblick
437 grande como la vida de cien soles),	groß wie das Leben in hundert Sonnen),
438 ¿no pasa nada, sólo un parpadeo?	geschieht nichts, nur ein Blinzeln?
439 – y el festín, el destierro, el primer crimen,	– und das Fest, das Exil, das erste Verbrechen,

---

355 Walter Benjamin: *Über den Begriff der Geschichte*, IX. These, S. 133. Vgl. auch das Benjamin-Zitat im ersten Vers des Gedichts: «Janusengel», in: Rose Ausländer: *Wieder ein Tag aus Glut und Wind. Gedichte 1980–1982*. F.a.M: Fischer 1986, S. 146f. Im Gedicht teilt der Engel die Geschichte und das Gedächtnis entzwei: «‹Engel der Geschichte› / Rose und Schwert / im Gefieder. [...] Schwert das spaltet / die Zeit. Zwiespältig. [...] Von seinen Schwingen / fallen Blätter Messer. / Der seinen Flügelschlag kennt / Meister / schneide in unser Gedächtnis / seine Geschichte / rosenzart / messerscharf.» Die Bilder vermitteln ein Gefühl für die Extreme des 21. Jahrhunderts.
356 Vgl. José Emilio Pacheco: Descripción de ‹Piedra de sol›, S. 141.

440 la quijada del asno, el ruido opaco	der Kiefer des Esels, ein mattes Geräusch
441 y la mirada incrédula del muerto	und der ungläubige Blick des Toten
442 al caer en el llano ceniciento,	wenn er in die aschfarbene Ebene fällt,
443 Agamenón y su mugido inmenso	Agamemnon und sein enormes Gebrüll
444 y el repetido grito de Casandra	und der wiederholte Schrei von Kassandra
445 más fuerte que los gritos de las olas,	stärker als Schreie der Wellen,
446 Sócrates en cadenas (el sol nace,	Sokrates in Ketten (die Sonne wird geboren,
447 morir es despertar: "Critón, un gallo	sterben ist aufwachen: «Kriton, ein Hahn
448 a Esculapio, ya sano de la vida"),	an Äskulap, vom Leben schon gesundet»),
449 el chacal que diserta entre las ruinas	der Schakal, der zwischen den Ruinen von Ninive
450 de Nínive, la sombra que vio Bruto	vorträgt, der Schatten, den Brutus sah
451 antes de la batalla, Moctezuma	vor der Schlacht, Moctezuma
452 en el lecho de espinas de su insomnio,	im Dornenbett seiner Schlaflosigkeit,
453 el viaje en la carretera hacia la muerte	die Reise auf der Straße Richtung Tod
454 – el viaje interminable mas contado	– die Reise unendlich, aber gezählt
455 por Robespierre minuto tras minuto,	von Robespierre, Minute für Minute,
456 la mandíbula rota entre las manos –,	den Kiefer zerbrochen zwischen den Händen –,
457 Churruca en su barrica como un trono	Churruca auf seinem Fass wie auf einem Thron
458 escarlata, los pasos ya contados	scharlachrot, die Schritte schon gezählt
459 de Lincoln al salir hacia el teatro,	von Lincoln als er aus dem Theater kam,
460 el estertor de Trotsky y sus quejidos	das Röcheln von Trotzki und sein Jammern
461 de jabalí, Madero y su mirada	wie ein Wildschwein, Madero und sein Blick
462 que nadie contestó: ¿por qué me matan?,	den niemand erwiderte: Warum töten sie mich?,
463 los carajos, los ayes, los silencios	die Flüche, die Achs, das Schweigen
464 del criminal, el santo, el pobre diablo,	des Verbrechers, der Heilige, der arme Teufel,
465 cementerio de frases y de anécdotas	Friedhof der Phrasen und der Anekdoten
466 que los perros retóricos escarban,	auf denen die rhetorischen Hunde scharren,
467 el delirio, el relincho, el ruido obscuro	der Wahnsinn, das Wiehern, das dunkle Geräusch
468 que hacemos al morir y ese jadeo	das wir beim Sterben von uns geben, und dieses Hecheln
469 de la vida que nace y el sonido	des Lebens das geboren wird und das Geräusch
470 de huesos machacados en la riña	im Streit zermalmter Knochen
471 y la boca de espuma del profeta	und der schäumende Mund des Propheten
472 y su grito y el grito del verdugo	und sein Schrei und der Schrei des Henkers
473 y el grito de la víctima...	und der Schrei des Opfers...

Mit dem «ersten Verbrechen», das in Vers 439 erwähnt wird, können die Erbsünde oder der Brudermord von Kain an Abel gemeint sein, aber noch sind die Verse anonym. Dank der mythischen Gestalten wird es dann zunehmend konkret, bis das lyrische Ich historische und politische Individuen nennt, die ab Vers 443 weitgehend chronologisch aufgezählt werden: Agamemnon, der König von Mykene, wurde von seiner Ehefrau Klytaimnestra und ihrem Geliebten Aigistos im Bad erdolcht. In einigen Versionen wird die trojanische Seherin Kassandra ebenfalls ermordet, die Episode lässt sich auf das 12. oder 13. Jahrhundert vor der Zeitenwende datieren. Mit dem Todesurteil des Sokrates (469–399 v. d. Zw.) folgt ein politischer Mord: wegen Gotteslästerung wurde ihm der Schierlingsbecher verordnet. Kriton, ein Dialogpartner des Sokrates, wollte ihn von der Flucht überzeugen und war später bei der Hinrichtung anwesend.[357] Paz zitiert den letzten Satz des Sokrates, in dem dieser laut Plato befahl, dem Gott der Heilkunst Äskulap einen Hahn zu opfern.[358] Das Opfer galt als wirksam für die Unterstützung der seelischen Unsterblichkeit.

Es folgt die Erwähnung der mesopotamischen Stadt Ninive, eines der Zentren Assyriens. In der Bibel wird die Stadt als «Hure» bezeichnet, ihr Untergang wird vielfach vorhergesagt (Buch Nahum 3).[359] Gründerin der Stadt ist laut assyrischen Legenden die Göttin Ischtar, die in der mesopotamischen Mythologie mit Inanna, der sumerischen Stadtgöttin von Uruk, gleichgesetzt wurde. Ischtar wird dem Planeten Venus zugeordnet, sie ist eine weitere Göttin der Sinnlichkeit und des Kriegs und ergänzt damit die zuvor genannten Schutzherrinnen, die Jagdgöttin Artemis und die Liebesgöttin Venus, die den gesamten Text bestimmen.[360] Die bisher im Gedicht erwähnten Tode besiegelten jeweils das Ende des Paradieses, das Ende der Antike und den Untergang Mesopotamiens. Es folgt ein prominenter Mord aus der römischen Antike: Brutus (85–42 v. d. Zw.) ist der Mörder Cäsars.[361] Nach dem Übergang des Konsulats zum Prinzipat wurde Brutus getötet, Octavius ließ den Leichnam enthaupten, um den Kopf vor einer Statue Cäsars niederzulegen.

Mit Montezuma wird die erste Figur mexikanischer Herkunft genannt, er fiel während der Verteidigungskämpfe gegen die spanischen Eroberer unter Hernán Cortés im Jahre 1520 und steht damit symbolisch für das Ende der mesoamerikanischen Zivilisation. Robespierre starb 1794 unter der Guillotine; der spanische Militär Cosme Damián Churruca kam 1805 in der Schlacht von Trafalgar gegen Napoleon um. Sechzig Jahre später erlag Lincoln einem Attentat; Madero wurde 1913 wegen eines Fluchtversuchs im Gefängnis erschossen; und mit Trotzki (1879–1940) nennt das Gedicht schließlich einen Zeitgenossen von Paz. Mit den letzten

---

357 Vgl. Platon: *Kriton*. (399–390 v.d.Zw.) Übers. von Friedrich Schleiermacher 1805.
358 Plato: *Phaidon*. Göttingen: Vandenhoeck & Ruprecht 2014, S. 74, 118a. Theodor Ebert übersetzt: «Kriton, wir schulden dem Asklepios noch einen Hahn. Vergeßt dieses Opfer nicht!»
359 Lutherbibel, revidierter Text 1984, Ausgabe 1999. Stuttgart: Dt. Bibelgesellschaft: «Das alles um der großen Hurerei willen der schönen Hure, die mit Zauberei umgeht, die mit ihrer Hurerei die Völker und mit ihrer Zauberei Land und Leute an sich gebracht hat.»
360 Johannes Renger: Inanna. *Der Neue Pauly*.
361 Wie bei Baudelaire in «Le Cygne» sind (mit Agamemnon und Sokrates) die griechische und (mit Brutus und dessen Enthauptung) die römische Antike mitkonnotiert.

beiden erwähnten Figuren, Madero und Trotzki, führt diese Passage der Weltgeschichte wieder nach Mexiko. Ab Vers 463ff folgen anonyme Geräusche, so dass Sterblichkeit und Gewaltbereitschaft als allgemein menschliche Erfahrung erscheinen.[362] Dazu kommt eine metapoetische Reflexion über die phrasen- oder anekdotenhafte Literarisierung der Tode: «cementerios de frases y de anécdotas / que los perros retóricos escarban» (V465). Das Polysyndeton und die Auslassungspunkte signalisieren die potentiell endlose Weiterführung der Aufzählung. Auf diese Weise wird der Tod zu einer kollektiven Erfahrung, aus der sich das lyrische Ich nicht ausschließt: «el ruido oscuro / que hacemos al morir» (V467f).[363]

Mit der Aufzählung der verschiedenen Figuren erinnert das Gedicht auch an dieser Stelle an das Moment des *Vishvarupa*, die Vision des Universums, beziehungsweise die «Allgestalt», in der Krishna in der *Bhagavad Gita* erscheint. Wie das vorliegende Gedicht selbst erscheint auch die Theophanie Arjuns als absolute Gleichzeitigkeit, ohne Anfang, Mitte oder Ende: «Mit vielen Armen, Bäuchen, Mündern, Augen sehe ich dich überall von unendlicher Gestalt. Nicht Ende, noch Mitte noch wiederum deinen Anfang sehe ich, o Herr des Alls, von der Gestalt des Alls.»[364] In Hermann Hesses Version der buddhistischen Religionslehren macht Siddharta das Leid der Menschen direkt von ihrer Unfähigkeit abhängig, das Universum erblicken und Geschichte als Gleichzeitigkeit erleben zu können. Zentral ist die Vision von Govinda, der im Fluss alle Geschehnisse der Welt schaut und über allem das Gesicht Siddhartas.[365] Der Einfluss Einzelner auf die Ge-

---

362 Zu den Seufzern als Symptom der Agonie à la François Villon vgl. Thomas Brons: *Octavio Paz. Dichterfürst im mexikanischen Korporativismus*, S. 227f.
363 Vgl. z. B. Thomas Brons: *Octavio Paz. Dichterfürst im mexikanischen Korporativismus*, S. 228f. Außerdem zu «el sol nace, / morir es despertar»: Die Auferstehung spielt immer wieder eine Rolle, aber kaum mit Verweis auf die christlichen Legenden. Die Kreuzigung Jesu wird nicht erwähnt, auch wenn Gómez López das so sieht: «‹¿por qué me matan?›, grito de Cristo en Viernes Santo seguido de un silencio poblado de signos. [...] todos son llamas, es el Sermón del fuego de Budha.» Gabriel Gómez López: Figuras mitológicas en ‹Piedra de sol› de Octavio Paz.
364 BG (11:16) in der Übers. von Ziesing. Dabei spielen in der *Bhagavad Gita* ebenso wie bei Paz auch «Schlangenwesen» eine zentrale Rolle, vgl. ebda.: «Ich sehe alle Götter in deinem Körper, o Gott, ebenso die unterschiedlichen Scharen der Wesen, den Weltenschöpfer auf dem Lotusthron, alle Seher und die himmlischen Schlangenwesen.» (11:15)
365 Govindas Vision erwähnt auch die im Paz'schen Werk rekurrenten Metaphern des Flusses, der Masken und der sich wandelnden Gesichter: «Er sah [...] einen strömenden Fluß von Gesichtern, von hunderten, von tausenden, welche alle kamen und vergingen, und doch alle zugleich dazusein schienen, welche alle sich beständig veränderten und erneuerten, und welche doch alle Siddhartha waren. [...] er sah das Gesicht eines Mörders, sah ihn ein Messer in den Leib eines Menschen stechen—er sah, zur selben Sekunde, diesen Verbrecher gefesselt knien und sein Haupt vom Henker mit einem Schwertschlag abgeschlagen werden—er sah die Körper von Männern und Frauen nackt in Stellungen und Kämpfen rasender Liebe – er sah Leichen ausgestreckt, still, kalt,

schichte scheint in diesen Visionen begrenzt, wenn nicht vollkommen ausgeschlossen. Zwei Abschnitte später fragt das lyrische Ich in «Piedra de sol» denn auch nach den Konsequenzen, nach dem was bleibt, wenn die Zeit vergeht, und nach der Bedeutung der Menschen. Durch die vielen Interrogative und das metatextuell interpretierbare Paradoxon des «Sprechens ohne zu sprechen» (V484f) kritisiert das Gedicht die Gleichgültigkeit der Geschichte:

	¿y el grito	und der Schrei
483	en la tarde del viernes?, y el silencio	am Freitagnachmittag?, und die Stille
484	que se cubre de signos, el silencio	die sich mit Zeichen bedeckt, die Stille
485	que dice sin decir, ¿no dice nada?,	die sagt ohne zu sagen, sagt sie nichts?,
486	¿no son nada los gritos de los hombres?,	sind sie nichts, die Schreie der Menschen?,
487	¿no pasa nada cuando pasa el tiempo?	geschieht nichts, wenn die Zeit vergeht?

Was in den Versen 435 und 438 noch sicher schien – dass nichts geschieht – wird nun in Vers 487 infrage gestellt. Doch gleich darauf folgt in Strophe 28 erneut die Antwort: «es geschieht nichts, nur ein Blinzeln der Sonne» (V488). Angesichts der kosmischen Ereignisse ist die menschliche Zeit verschwindend kurz:

28)

488	– no pasa nada, sólo un parpadeo	– es geschieht nichts, nur ein Blinzeln
489	del sol, un movimiento apenas, nada,	der Sonne, kaum eine Bewegung, nichts,
490	no hay redención, no vuelve atrás el tiempo,	es gibt keine Erlösung, die Zeit kehrt nicht zurück,
491	los muerto están fijos en su muerte	die Toten stecken fest in ihrem Tod
492	y no pueden morirse de otra muerte,	und können keinen anderen Tod sterben,
493	intocables, clavados en su gesto,	unantastbar, festgenagelt in ihrer Geste,
494	desde su soledad, desde su muerte	aus ihrer Einsamkeit, aus ihrem Tod

---

leer – er sah Tierköpfe, von Ebern, von Krokodilen, von Elefanten, von Stieren, von Vögeln – er sah Götter, sah Krischna, sah Agni – er sah alle diese Gestalten und Gesichter in tausend Beziehungen zueinander, jede der andern helfend, sie liebend, sie hassend, sie vernichtend, sie neu gebärend, jede war ein Sterbenwollen, ein leidenschaftlich schmerzliches Bekenntnis der Vergänglichkeit, und keine starb doch, jede verwandelte sich nur, wurde stets neu geboren, bekam stets ein neues Gesicht, ohne daß doch zwischen einem und dem anderen Gesicht Zeit gelegen wäre [...] Und, so sah Govinda, [...] dies Lächeln der Gleichzeitigkeit über den tausend Geburten und Toten, [...]». Hermann Hesse: *Siddharta*, Kapitel «Govinda». Der Strom von Gesichtern lässt sich auch in der Literatur von Zeitgenossen wie Carlos Fuentes finden. In *La región más transparente* ist es das einfache Volk, die Masse, die als Fluss beschrieben wird: «Manuel los imaginó, idénticos, en todas las épocas, en todas la vidas. Como un río subterráneo, indiferente y oscuro, que corría por debajo de cualquier cambio o idea.» Carlos Fuentes: *La región más transparente*. Madrid: RAE 2008, S. 310. Vgl. zur Metapher des Flusses im Werk von Paz zudem: Maya Schärer-Nussberger: *Octavio Paz. Metaphern der Freiheit*, S. 40–45.

495 sin remedio nos miran sin mirarnos,	schauen sie uns an ohne Hoffnung,
496 su muerte ya es la estatua de su vida,	ihr Tod ist schon eine Statue ihres Lebens,
497 un siempre estar ya nada para siempre,	ein immer nichts sein für immer,
498 cada minuto es nada para siempre,	jede Minute ist nichts für immer,
499 un rey fantasma rige sus latidos	ein gespenstischer König regiert sein Pochen
500 y tu gesto final, tu dura máscara	und deine letzte Geste, deine harte Maske
501 labra sobre tu rostro cambiante:	prägt dein wandelbares Gesicht:
502 el monumento somos de una vida	das Monument eines Lebens sind wir
503 ajena y no vivida, apenas nuestra,	fern und nicht gelebt, kaum unseres,

Durch das Bild der Menschen als «Monumente eines Lebens» wird das Gedicht zu einer Art Menschheitsbiographie, das Gedicht wird selbst zu einem Stück Geschichtsschreibung, einem Kapitel im Buch des Kosmos. Das lyrische Ich wechselt konsequent zum Plural und übernimmt die Sprecherrolle für ein lyrisches Wir. Das Wechselspiel aus Fragen und Antworten geht weiter, allerdings bestehen die Antworten ab Vers 509 zumeist aus Paradoxa. Erneut finden sich mit dem «Brot der Sonne» (V511), dem «Tod, Brot aller» (V524), sowie mit der Negation des Ich und dem Selbstverständnis als Kollektiv (V521f) Szenen, die mit Brons als «urkommunistisch» bezeichnet werden könnten.[366]

29)

504 – ¿la vida, cuándo fue de veras nuestra?,	– das Leben, wann war es schon wirklich unser?,
505 ¿cuando somos de veras lo que somos?,	wann sind wir wirklich was wir sind?,
506 bien mirado no somos, nunca somos	auf den zweiten Blick sind wir nicht, sind nie
507 a solas sino vértigo y vacío,	ganz allein sondern Schwindel und Leere,
508 muecas en el espejo, horror y vómito,	Grimassen im Spiegel, Schrecken und Erbrochenes,
509 nunca la vida es nuestra, es de los otros,	nie ist das Leben unser, es ist das der anderen,
510 la vida no es de nadie, todos somos	das Leben gehört niemandem, wir alle sind
511 la vida – pan de sol para los otros,	das Leben – Brot der Sonne für die anderen,
512 los otros todos que nosotros somos –,	all die anderen die wir sind –,
513 soy otro cuando soy, los actos míos	ich bin ein anderer wenn ich bin, meine Handlungen
514 son más míos si son también de todos,	sind mehr meine wenn sie auch die aller sind,
515 para que pueda ser he de ser otro,	um sein zu können muss ich ein anderer sein,
516 salir de mí, buscarme entre los otros,	aus mir herausgehen, mich unter den anderen suchen,
517 los otros que no son si yo no existo,	die anderen, die nicht sind wenn ich nicht bin,
518 los otros que me dan plena existencia,	die anderen, die mir das volle Dasein geben,
519 no soy, no hay yo, siempre somos	ich bin nicht, ich gibt es nicht, immer sind wir

---

366 Vgl. Thomas Brons: *Octavio Paz. Dichterfürst im mexikanischen Korporativismus*, S. 222.

520 nosotros,	wir,
521 la vida es otra, siempre allá, más lejos,	das Leben ist ein anderes, immer weiter, noch ferner,
522 fuera de ti, de mí, siempre horizonte,	außer dir, außer mir, immer Horizont,
523 vida que nos desvive y enajena,	Leben das uns entlebt und entfremdet,
524 que nos inventa un rostro y lo desgasta, hambre de ser, oh muerte, pan de todos,	das uns ein Gesicht erfindet und es verbraucht, Hunger zu sein, oh Tod, Brot aller,

Verse wie «nunca somos a solas», «¿los otros todos que nosotros somos?, / soy otro cuando soy» oder der Chiasmus «los otros que no son si yo no existo, / los otros que me dan plena existencia» machen deutlich, dass auch das lyrische Ich es als notwendig betrachtet, sich in andere Subjekte hineinzuversetzen und sich als Teil der Menschheit zu begreifen. Dabei erinnert vor allem der Vers «para que pueda ser he de ser otro,» deutlich an die Denktagebücher von Hannah Arendt: «Ohne Denken keine Wahrheit, und Denken nur im Dialog meiner selbst mit mir selbst, wobei das Selbst durch einen Anderen vertreten werden kann».[367] Formal sind die Verse von Paz durch häufige Anaphern und Epiphora sehr eng verknüpft, hinzu kommen assonante Reime auf o-o (*somos / otros / todos / nosotros*). Vor allem die Verse ab 529f könnten politisch interpretiert werden, es ist ein deutliches Bekenntnis zu sozialer Zusammengehörigkeit:

30)

525 Eloísa, Perséfona, María,	Heloise, Persephone, Maria,
526 muestra tu rostro al fin para que vea	zeig endlich dein Gesicht damit ich
527 mi cara verdadera, la del otro,	mein wahres Gesicht sehe, das des anderen,
528 mi cara de nosotros siempre todos,	mein Gesicht von uns immer uns allen,
529 cara de árbol y de panadero,	Gesicht des Baums und des Bäckers,
530 de chófer y de nube y de marino,	des Chauffeurs und der Wolke und des Seemanns,
531 cara de sol y arroyo y Pedro y Pablo,	Gesicht der Sonne und des Bachs und Pedros und Pablos,
532 cara de solitario colectivo,	Gesicht des einsamen Kollektivs,
533 despiértame, ya nazco:	erwecke mich, schon werde ich geboren:

Durch die Struktur des Polysyndetons, mit der sich das lyrische Ich an dieser Stelle auch mit nichtmenschlichen Objekten identifiziert und einfache Berufe neben populäre Vornamen stellt, wirkt diese Passage allgemeingültig. Die Verse können wie folgt zusammengefasst werden: mein Gesicht ist das des Anderen, das Gesicht aller, reicher wie armer Menschen, und sogar das Gesicht der Natur.

---

[367] Hannah Arendt: *Denktagebuch*, S. 622. Vgl. auch: Christina Thürmer-Rohr: Zum «dialogischen Prinzip» im politischen Denken von Hannah Arendt.

Wie in der *Bhagavad Gita* und im Buddhismus zeigt sich in einem Gesicht die Vielfalt des Universums, das Individuum steht in diesen Versen für die gesamte Geschichte der Menschheit. Durch die folgende Apostrophe an ein lyrisches Du wird auch das weibliche Gegenüber zu einem Teil dieser Einheit. Kollektiv wird die Frau als Geliebte, Mutter und Heilige angesprochen, diesmal nennt das Gedicht die Namen Eloísa, Perséfona, María (V525–533).[368] Die regelmäßige Wiederholung von «rostro» und «cara» in fast jedem Vers der Passage erinnert verschiedene Kritiker an die antike Göttin Hekate, die häufig mit drei Gesichtern dargestellt wird,[369] könnte aber ebenso auf mehrgesichtige Götterdarstellungen aus der indischen Vorstellungswelt verweisen.[370] Durch die respektvolle Anrede erscheint die Frau als Weg zur Verbindung des Individuums mit der Welt.[371] Im Gedicht werden Dichotomien wie Mann und Frau, Du und ich, Zeit und Raum, Diesseits und Jenseits immer wieder infrage gestellt. In der folgenden Passage wird die Synthese nicht selbst erlebt, aber erwünscht und beschrieben. Durch die Vereinigung mit der Frau, beziehungsweise dem Tod, erhofft sich das lyrische Ich Frieden für den (dialektischen) Gedanken, der «gegen sich selbst erzürnt»:[372]

	vida y muerte	Leben und Tod
534	pactan en ti, señora de la noche,	verbünden sich in dir, Herrin der Nacht,
535	torre de claridad, reina del alba,	Turm der Klarheit, Königin der Morgendämmerung,

---

368 Vgl. José Emilio Pacheco: Descripción de ‹Piedra de sol›, S. 137; sowie: Gabriel Gómez López: Figuras mitológicas en ‚Piedra de sol' de Octavio Paz: «Eloísa expresa lo mismo que el poema gnóstico: Truena, mente perfecta: Yo soy la primera y la última. Soy la honrada y la escarnecida. Soy la puta y la santa. Soy la esposa y la virgen. Soy la madre y la hija. Soy conocimiento e ignorancia. Soy desvergonzada, estoy avergonzada. Soy necia, soy sabia. Yo no tengo Dios y soy una cuyo Dios es grande.»
369 Gómez López erinnert die Passage an Hekate: «Y Hécate la de triple rostro, hija, esposa y madre.» Gabriel Gómez López: Figuras mitológicas en ‚*Piedra de sol*' de Octavio Paz. Die Göttin mit den drei Gesichtern kann auch als Göttin der Wegkreuzungen verstanden werden, vgl.: Sarah Iles Johnston: Hekate. *Der Neue Pauly*.
370 Vgl. z. B. Darstellungen der Göttin Kali mit zehn Gesichtern, oder des Dämonenkönigs Ravana im Ramayana. Viele indische Gottheiten werden außerdem in unterschiedlichen Gestalten wiedergeboren, so bspw. Vishnu (Dasavatara).
371 Vgl. OP: «Vigilias: Diario de un soñador» (1938–1945), OC Bd. 13, S. 139–181, hier: S. 141: «La mujer es la forma visible del mundo. Ella nos lo hace transparente, agudo, ferozmente lúcido.»
372 Erneut erinnert die Passage an Hesses *Siddharta*: «Nicht mehr wissend ob es Zeit gebe, ob diese Schauung eine Sekunde oder hundert Jahre gewährt habe, nicht mehr wissend, ob es einen Siddhartha, ob es einen Gotama, ob es Ich und Du gebe, [...] im Innersten verzaubert und aufgelöst, stand Govinda [...] über Siddharthas stilles Gesicht gebeugt, [...] das soeben Schauplatz aller Gestaltungen, alles Werdens, alles Seins gewesen war.» Hermann Hesse: *Siddharta*, S. 471.

536 virgen lunar, madre del agua madre,	Mondjungfrau, Mutter des mütterlichen Wassers,
537 cuerpo del mundo, casa de la muerte,	Körper der Welt, Haus des Todes,
538 caigo sin fin desde mi nacimiento,	ich falle endlos seit meiner Geburt,
539 caigo en mí mismo sin tocar mi fondo,	falle in mich selbst ohne meinen Grund zu berühren,
540 recógeme en tus ojos, junta el polvo	sammle mich in deinen Augen auf, fege den zerstreuten Staub
541 disperso y reconcilia mis cenizas,	zusammen und versöhne meine Asche,
542 ata mis huesos divididos, sopla	binde meine geteilten Knochen, hauche
543 sobre mi ser, entiérrame en tu tierra,	über mein Sein, beerdige mich in deiner Erde,
544 tu silencio dé paz al pensamiento	deine Stille gebe dem Gedanken Frieden
545 contra sí mismo airado;	der gegen sich selbst erzürnt;

Ähnlich wie schon in Strophe 12 erfolgt auch hier eine Anrufung weiblicher Naturwesen (V534ff). Mit Formulierungen wie «señora de semillas que son días» klingt das Gedicht wie ein Bittgebet an eine mütterliche Instanz, eine Göttin, wie jene, der das Epigraph gewidmet ist. In der folgenden Passage erbittet das lyrische Ich nun die Gegenbilder zu Tod, Nacht und Sterben, nämlich Erwachen, Geburt, Sonnenaufgang und Unsterblichkeit:

abre la mano,	öffne die Hand,
546 señora de semillas que son días,	Herrin der Samen die Tage sind,
547 el día es inmortal, asciende, crece,	der Tag ist unsterblich, steigt, wächst,
548 acaba de nacer y nunca acaba,	wird gerade geboren und endet nie,
549 cada día es nacer, un nacimiento	jeder Tag ist Geborenwerden, eine Geburt
550 es cada amanecer y yo amanezco,	ist jedes Erwachen und ich erwache,
551 amanecemos todos, amanece	wir erwachen alle, die Sonne erwacht
552 el sol cara de sol, Juan amanece	mit dem Gesicht der Sonne, Juan erwacht
553 con su cara de Juan cara de todos,	mit seinem Gesicht von Juan dem Gesicht aller,

Trotz der sich überlagernden Metaphern findet in diesem Bild keine Auflösung statt, sondern jede Instanz erwacht in ihrer jeweiligen Erscheinung.[373] Zugleich

---

[373] Die Verse erinnern an die Apostrophe des Lucius, der bei Apuleius die Göttin Isis anrief und sie bat, ihn aus seiner Eselsgestalt zu befreien. Die «Herrin der Samen» könnte auf Ceres verweisen, die Erfinderin des Getreides, sie wurde häufig mit Demeter gleichgesetzt. Auch die Vielgestaltigkeit der Göttin gleicht dem Entwurf in «Piedra de sol». Vgl. Apuleius von Madaura: *Der goldene Esel*. Übers. von August Rode. Berlin: Propyläen-Verlag 1920, Buch 11: «Königin des Himmels! Du seist nun die allernährende Ceres, des Getreides erste Erfinderin, [...], oder Du seiest die himmlische Venus, [...] Oder Du seiest endlich die dreigestaltige Proserpina, [...]: Göttin! [...] unter welchem Namen, unter welchen Gebräuchen, unter welcher Gestalt Dir die Anrufung immer am wohlgefälligsten sein mag! Hilf mir in meinem äußersten Elende! stehe mir bei, daß ich nicht

spiegelt sich im individuellen Gesicht «das Gesicht aller». Wie schon mit dem Epigraph angedeutet, geht es bei Paz um die Heterogenität allen Seins. Die Apostrophen des vorliegenden Gedichts sind immer an mehrere Personen zugleich gerichtet, das lyrische Ich sieht die Gleichzeitigkeit aller historischen Existenz. In den nächsten beiden Strophen wird dies deutlich, wenn von der «Türe des Seins» die Rede ist:

31)

554	puerta del ser, despiértame, amanece,	Türe des Seins, erwecke mich, erwache,
555	déjame ver el rostro de este día,	lass mich das Gesicht dieses Tages sehen,
556	déjame ver el rostro de esta noche,	lass mich das Gesicht dieser Nacht sehen,
557	todo se comunica y transfigura,	alles kommuniziert und verwandelt,
558	arco de sangre, puente de latidos,	Bogen aus Blut, Brücke des Pochens,
559	llévame al otro lado de esta noche,	bringe mich an die andere Seite dieser Nacht,
560	adonde yo soy tú somos nosotros,	wo ich du bin wir wir selbst sind,
561	al reino de pronombres enlazados,	in das Königreich der verschlungenen Pronomen,

In flehenden Formeln wünscht das Ich, an die andere Seite der Nacht zu gelangen, wo Ich und Du zu einem Wir verschmelzen und zugleich jeder er selbst ist. Die vorletzte Strophe des Gedichts beginnt noch einmal mit der gleichen Anapher «puerta del ser», führt dann aber über die verschiedenen Gesichter hin zu einer «unsagbaren Gegenwart aller Gegenwarten». Konsequent endet die Strophe mit Auslassungspunkten, die das Unsagbare, das Staunen, das momentane Gegenwartserleben darstellen:

32)

562	puerta del ser: abre tu ser, despierta,	Türe des Seins: öffne dein Sein, erwache,
563	aprende a ser también, labra tu cara,	lerne auch zu sein, präge dein Antlitz,
564	trabaja tus facciones, ten un rostro	bearbeite deinen Ausdruck, hab ein Gesicht
565	para mirar mi rostro y que te mire,	um mein Gesicht zu sehen und dass es dich anschaue,
566	para mirar la vida hasta la muerte,	um das Leben bis zum Tod zu sehen,
567	rostro de mar, de pan, de roca y fuente,	Gesicht des Meeres, des Brots, des Felsens und der Quelle,
568	manantial que disuelve nuestros rostros	Brunnen der unsere Gesichter auflöst,
569	en el rostro sin nombre, el ser sin rostro,	in dem Gesicht ohne Namen, dem Sein ohne Gesicht,
570	indecible presencia de presencias…	unsagbare Gegenwart aller Gegenwarten …

---

gänzlich zugrunde gehe; [...] Nimm von mir hinweg die schändliche Tiergestalt! Laß mich wieder werden, was ich war; [...]». Vgl. zu Ceres: Fritz Graf: Ceres. *Der Neue Pauly.*

In direkten Kontrasten werden Tag und Nacht, Leben und Tod (V566) nebeneinandergestellt, es geht darum, das höchste Bewusstsein zu erlangen. Die Momente gehen ineinander über, die Zeit beginnt von neuem.[374] Am Ende des Gedichts werden die sechs Verse vom Anfang wiederholt. Das letzte Satzzeichen ist ein Doppelpunkt, so dass der Weg ohne Unterbrechung von vorn beginnen kann. Der Leser befindet sich an dieser Stelle gleichzeitig am Ende und am Ausgangspunkt des Gedichts.

33)

571	quiero seguir, ir más allá, y no puedo:	ich will fortfahren, weitergehen, und kann nicht:
572	se despeñó el instante en otro y otro,	der Augenblick stürzte in einen anderen und anderen,
573	dormí sueños de piedra que no sueña	ich schlief Träume aus Stein die nicht träumen
574	y al cabo de los años como piedras	und nach Jahren wie Steinen
575	oí cantar mi sangre encarcelada,	hörte ich mein eingesperrtes Blut singen,
576	con un rumor de luz el mar cantaba,	das Meer sang mit einem Rauschen aus Licht,
577	una a una cedían las murallas,	eine nach der anderen stürzten die Mauern,
578	todas las puertas se desmoronaban	alle Türen zerfielen
579	y el sol entraba a saco por mi frente,	und die Sonne plünderte meine Stirn,
580	despegaba mis párpados cerrados,	trennte meine geschlossenen Lider,
581	desprendía mi ser de su envoltura,	löste mein Sein von seiner Umhüllung,
582	me arrancaba de mí, me separaba	riss mich von mir, trennte mich
583	de mi bruto dormir siglos de piedra	von meinem brutalen Schlafen Jahrzente aus Stein
584	y su magia de espejos revivía	und ihre Magie von Spiegeln belebte
585/1	un sauce de cristal, un chopo de agua,	ein Weidenbaum aus Kristall, eine Erle aus Wasser,
586/2	un alto surtidor que el viento arquea,	eine hohe Fontäne, die der Wind verbiegt,
587/3	un árbol bien plantado mas danzante,	ein Baum, gut gepflanzt und der doch tanzt,
588/4	un caminar de río que se curva,	ein Flusslauf der sich schlängelt,
589/5	avanza, retrocede, da un rodeo	überholt, zurückweicht, umschweift
590/6	y llega siempre:	und immer ankommt:

Wie die Umlaufbahn der Venus und wie der Sonnenstein vollzieht der Text eine kreisförmige Bewegung, wenn er mit den gleichen Versen endet, mit denen er beginnt. Die Vorstellung der mexikanischen Mystiker der Venusgottheit als gefiederte Schlange sowie die Vertrautheit des Autors mit den antiken Mythen erlau-

---

374 Gómez López versteht den Leser gar als den Leiter des Rituals, das für die Erneuerung der Zeit vollbracht werden muss: «Al leer el Poema, el lector es ahora el oficiante del rito que revive la experiencia del Poeta con la Mujer eterna, la luz ilumina la piedra, el tiempo recomienza, Kukulkán ha retornado.» Gabriel Gómez López: Figuras mitológicas en ‚Piedra de sol‘ de Octavio Paz.

ben die Assoziation mit der Schlange Ouroboros, die sich selbst in den Schwanz beißt. Auf diversen historischen Reliefs ist auch Quetzalcóatl, die Gefiederte Schlange der mesoamerikanischen Symbolwelt, in Kreisform dargestellt.[375] Quetzalcóatl steht durch die jährliche Häutung der Schlange für die Erneuerung der Natur und vermittelt damit *per se* ein zirkuläres Element. Der ägyptischen, der nordischen, der indischen und der australischen Mythologie ist das Bild der kreisförmigen Schlange ebenfalls geläufig.[376] Inhaltlich ist es insofern aufschlussreich, als dass der Ouroboros die Gesamtheit des Kosmos symbolisiert, eine Bedeutung, die in der Formel *Hen to pan*, griechisch für «eins ist alles», ihren Ausdruck findet.[377] Dies führt zurück zu den Formulierungen aus «Piedra de sol»: Dabei gilt ein Vers wie «todos los siglos son un solo instante» (V150) natürlich auch umgekehrt: jeder einzelne Moment enthält alle Zeitalter; der Vers «lo que pasó no fue pero está siendo» (V192) verweist ebenfalls auf die Gegenwart aller Geschichte. Insgesamt ist das Gedicht somit Abbild einer dialektischen Lebenserfahrung zwischen Schöpfung und Zerstörung, in der Zeit zugleich als historisch und mythologisch erlebt wird.[378]

Aufgrund seines Status als wegweisendes poetisches Werk des 20. Jahrhunderts wird «Piedra de sol» häufig mit T.S. Eliots «The Waste Land» verglichen.[379] Paz selbst stritt Ähnlichkeiten ab.[380] Bis auf einige Eigennamen und das Epigraph, das im Original auf Französisch wiedergegeben wird, ist das Gedicht von Paz auf Spanisch verfasst, während «The Waste Land» in zahlreichen verschiede-

---

375 Vgl. Enrique Florescano: *Quetzalcóatl y los mitos fundadores de Mesoamérica*, S. 122: Abb. einer Fassade der Pyramide der Gefiederten Schlange in Xochicalco. Vgl. zudem: Miguel León-Portilla/Eduardo Matos Moctezuma u. a.: *Quetzalcóatl y su época*. Mexiko: Ed. México Desconocido 2002. Abb. S. 74: Ring aus dem traditionellen Ballspiel mit zwei ineinander verschlungenen Schlangen. Vgl. zu diesen Parallelen auch: Richard J. Callan: *Some Parallels between Octavio Paz and Carl Jung*, S. 916–926.
376 In der indischen Überlieferung wird die Zeit von einer kosmischen Schlange dargestellt, vgl. Wolfgang Bauer/Irmtraud Dümotz u. a.: *Lexikon der Symbole*, Abb. S. 46. Vishnu wird häufig schlafend auf einem Schlangenbett dargestellt, das zwischen den zwei Weltphasen auf dem kosmischen Milchozean dahintreibt.
377 Auch im Antiken Europa steht die Schlange in enger Verbindung mit den Vorstellungen von Zeit und dem Erlangen von Erkenntnis (vgl. den Äskulap): Ouroboros galt als Schlange der Ewigkeit. Wolfgang Bauer/Irmtraud Dümotz u. a.: *Lexikon der Symbole*, S. 46. Von Apollon finden sich Darstellungen als Herr der Zeit in Kombination mit einer Schlange mit drei Tierköpfen. Diese symbolisieren laut Bauer die drei Aspekte der Zeit: der Löwe steht für die Gegenwart, der Wolf für die Vergangenheit, der Hund für die Zukunft. s. Abb. Wolfgang Bauer/Irmtraud Dümotz u. a.: *Lexikon der Symbole*, S. 145.
378 Vgl. OP: «Crítica de la pirámide», LS (2011), S. 369–415.
379 Vgl. T.S. Eliot: «The Waste Land».
380 Vgl. dazu Víctor Manuel Mendiola: *El surrealismo de ‹Piedra de Sol›*, S. 15 und S. 25.

nen Sprachen aus kanonischen Texten zitiert, darunter Sappho, Pound, die Bibel, die Upanishaden, Byron, Huxley und viele mehr. Das Epigraph steht allerdings parallel zu jenem vor «The Waste Land», welches aus Petronius' *Satyricon* übernommen ist.[381] Mit Verweisen auf die Arthur-Sagen finden sich bei Eliot europäische Mythen, auf die Paz in seinem Gedicht weniger referiert.[382] Hinzu kommen bei Eliot onomatopoetische Verse, die auf eine solch radikale und virtuose Art mit der Sprache und ihren Kombinationsmöglichkeiten spielen, dass die Kritiker den Text häufig als Collage und Pastiche klassifizierten.[383] Gemeinsam ist beiden Gedichten indes neben der Länge der Versuch einer Erkundung des gegenwärtigen Moments, eines «instante», der alle Zeitalter umfasst.[384] Ebenso wie das lyrische Ich von Paz versteht auch jenes von Eliot Geschichte als Abfolge «zeitloser Augenblicke».[385] Die *Quartets* sind eine weitere Schlüssellektüre für das Verständnis von Paz, Verani betont den Einfluss Eliots auf den jungen Autor.[386] Es scheint, als wolle das lyrische Ich eben nicht zu «the most of us» gehören, sondern versuchen, «The point of intersection of the timeless / With time,» zu erleben.[387] Allein die Struktur von «Piedra de sol» ließe sich in den Versen von T. S. Eliot beschreiben: «In my beginning is my end. [...] / In my end is my beginning.» (Nr 2, I – Nr. 2, V); oder auch: «What we call the beginning is often the end / And to make an end is to make a beginning. / The end is where we start from.» (Nr. 4, V)[388]

---

381 T.S. Eliot: «The Waste Land».
382 Vgl. Eberhard Falcke: Nicht einmal Einsamkeit. In: *Deutschlandfunk* (21.12.2008), Rezension zu: T. S. Eliot: «Das öde Land». Engl. und dt. F.a.M.: Suhrkamp 2008.
383 Vgl. Pericles Lewis: *Cambridge Introduction to Modernism*. Cambridge: UP 2007, S. 129–151.
384 Vgl. Víctor Manuel Mendiola: *El surrealismo de ‹Piedra de Sol›*, S. 15; sowie OP: *El arco y la lira*, OC Bd. 1, S. 50.
385 T.S. Eliot: «Four Quartets» [1943]. San Diego [u. a.]: Harcourt 1971, Nr. 4, V. In dem vierten der «Four Quartets» aus dem Jahr 1944 heißt es in der fünften Strophe: «The moment of the rose and the moment of the yew-tree / Are of equal duration. A people without history / Is not redeemed from time, for history is a pattern / Of timeless moments.» Vgl. dazu Kap. 3.1.1.
386 Vgl. Hugo Verani: *Octavio Paz: el poema como caminata*, S. 33.
387 T.S. Eliot: «Four Quartets», Nr. 3, V: «Men's curiosity searches past and future / And clings to that dimension. But to apprehend / The point of intersection of the timeless / With time, is an occupation for the saint – / No occupation either, but something given / And taken, in a lifetime's death in love, / Ardour and selflessness and self-surrender. / For most of us, there is only the unattended / Moment, the moment in and out of time [...]»
388 Vgl. ebda. Nr. 1, I: «Time present and time past / Are both perhaps present in time future, / And time future contained in time past. / If all time is eternally present / All time is unredeemable. [...] / Time past and time future / What might have been and what has been / Point to one end, which is always present.»

Die Suche nach dem vollendeten Augenblick erinnert viele Kommentatoren an Goethes *Faust*, aber auch an Proust und seine *Suche nach der verlorenen Zeit* (1913–1927).[389] Die Gleichzeitigkeit von Sprachen und Zeiten, die Eliot in seinem poetischen Werk spiegelt, wird bei Paz auf die Spitze getrieben. Während die Modernisten, Eliot, Pound, Yeats oder Joyce, den gegenwärtigen Moment je als Krise darstellen, scheint bei Paz die ursprüngliche Bedeutung des griechischen Wortes im Vordergrund zu stehen, bei der die Krise als Wendepunkt oder Transformation erlebt wird, ähnlich wie im dramatischen Moment der *Hamartía*, welche die Einsicht des Helden in seinen Zustand einschließt. Wenn Falcke über Eliot schreibt, «das Chaos der Gegenwart [erhalte] für den Dichter Struktur und Dimension durch die Spiegelung im großen mythologischen Stoff» – so gilt dies im gleichen Maße für Paz: «Wie Siegmund Freud, Joyce, Ezra Pound, Thomas Mann und andere seiner Zeitgenossen hat Eliot die Wirrnisse der modernen Erfahrung mit dem Rettungsanker der Mythologie an die Grundmuster der Menschheitsgeschichte gebunden.»[390]

Die Modernisten thematisierten zumeist den ersten Weltkrieg entweder vorausschauend oder im Nachhinein als radikalen Bruch in der Geschichte.[391] Paz, 1914 in Mexiko geboren, erlebte erst den Spanischen Bürgerkrieg bewusst als einschneidendes Erlebnis – entsprechend prominent erwähnte er dieses Ereignis immer wieder in seinem Werk. Auch ein zunächst zeitlos anmutendes Gedicht wie «Piedra de sol» beinhaltet mit dem Verweis auf Madrid 1937 eine deutlich historische Dimension. Es verknüpft dabei antike Stoffe mit romantischen Idealen und modernem Fragmentationserleben und kann damit als exemplarischer Text des 20. Jahrhunderts gelesen werden. Zugleich ermöglicht das Aufzeigen von bestimmten historischen Konstellationen in Kombination mit dem Initiationsritus

---

389 Vgl. Gabriel Gómez López: Figuras mitológicas en ‹Piedra de sol› de Octavio Paz: «Poesía en la que, como Fausto, el Poeta busca el instante en que el tiempo se detenga, el tiempo sagrado que no se rige por ningún reloj; [...] Al no encontrar lo que busca [...] escribe; un ejercicio proustiano, no en busca del tiempo perdido, sino del tiempo ganado arrancado a la nada». Vgl. Bruno Bosteels: *Marx and Freud in Latin America*, S. 185: «Rather, the tearing asunder of history opens up a breach in which an absolute present can take place – that is, the timeless time of an eternal recurrence, following the cyclical rhythm of a mythico-political unconscious that is perhaps more Jungian than Freudian.»
390 Eberhard Falcke: Nicht einmal Einsamkeit.
391 Vgl. Pericles Lewis: *Cambridge Introduction to Modernism*, S. 147: «All these models [Yeats's gyres, Pound's vortex, Joyce's Vichian cycles] tend to emphasize the current moment as one of crisis, either preparing for or recovering from a radical break in history. This radical break certainly has something to do with the first world war, but it is also an aspect of the modernists' eschatological view of the world, that is their fascination with the problem of destiny and the last judgment.»

oder der Lebenswanderung, wie sie in «Piedra de sol» gezeichnet wird, eine Art Kosmovision.

In seinem Essay «Engagement» (1958), der nicht ohne Grund im gleichen Zeitraum wie das Gedicht von Paz entstand, erklärte Adorno, warum das künstlerische Moment der Dichtung gerade in dieser Dialektik zwischen konkreter Geschichtserfahrung und kreativer Imagination liege:

> Die Rudimente der Bedeutungen von draußen in den Dichtungen sind das unabdingbar Nichtkünstlerische an der Kunst. Nicht aus ihnen ist ihr Formgesetz herauszulesen sondern aus der Dialektik beider Momente. Es waltet in dem, worein [sic] die Bedeutungen sich verwandeln.[392]

In «Piedra de sol» wird dieser Gedanke gewissermaßen performativ ausgeführt. Dabei durchdringt die Dialektik auch solche Instanzen, die sonst meist als homogene Entitäten imaginiert werden: So zeichnet sich das lyrische Ich selbst als Anderes, als anonymes Unbewusstes. Sowohl der Sprecher als auch die angesprochene Person erscheinen als heterogene, hybride Figuren. In einem Schlüsselmoment des Gedichts spaltet sich das lyrische Ich in viele Fragmente seines Selbst auf, das Gesicht zerfällt in tausend Spiegelscherben.[393] Auf der anderen Seite wird das weibliche Gegenüber mit vielen Namen mythischer Frauengestalten angesprochen und dadurch ebenfalls als universelle Erfahrung gedacht. Das Individuum erscheint auf diese Weise sowohl aus der Innensicht als auch aus der Außenperspektive als plural, heterogen und divers. In der Mitte des Gedichts werden in einer Strophe sämtliche Grenzen zwischen Klassen, Körpern und Zeiten überschritten und Gegensätze erscheinen für kurze Momente als Einheit. Das Besondere an der Dichtung von Paz ist jedoch, dass es nie bei diesen momentanen Synthesen bleibt, sondern das lyrische Ich weiter «getrieben»[394] wird, die Dialektik offengehalten wird. Das Gedicht kombiniert kontemplative Momente mit konkreten historischen Situationen und Referenzen. Der Unterschied zwischen mythologischer und historiographischer Geschichtsschreibung ist zentral. In dem oben zitierten Text von 1994 schreibt Paz über «Piedra de sol»:

> El poema está impregnado de la visión mítica del tiempo, una visión circular; pero también de la visión lineal y sucesiva de la historia. La ley del mito es la repetición cíclica: lo que sucedió una vez volverá a suceder. La historia, invención del Occidente judeocristianismo,

---

[392] Theodor W. Adorno: Engagement, S. 409–430.
[393] Ähnlich wie in OP: «Libertad bajo palabra» (1949).
[394] Theodor W. Adorno: *Einführung in die Dialektik*, S. 48: «das Weitertreibende der Widersprüche».

es tiempo irreversible: lo que pasó una vez no volverá a pasar. La historia es el único mito del Occidente moderno, como el mito es la única historia que conoció la India antigua.[395]

Ganz im Sinne Adornos stellt das Gedicht die persönliche Erinnerung, die individuelle Erfahrung von «Pedro» und «Juan», dabei in den Mittelpunkt, und bildet damit einen poetischen Widerstand gegen historische und mythologische Narrative, in denen die Menschheit grundsätzlich als Kollektiv auftritt:[396]

> El sujeto de la historia no es el hombre concreto, real, Juan, Pedro, tú, yo, nosotros, sino un ente que llaman la Humanidad. El sujeto de los mitos tampoco es el hombre, porque los dioses juegan con los hombres como los niños con sus trompos y sus canicas. La historia y el mito son gigantescos solipsismos en los que la historia se dice a sí misma y el mito se cuenta a sí mismo.

Selbst «Liebe und Kontemplation» sind nur insofern von Bedeutung, als dass sie als mögliche Auswege aus der destruktiven Zeit der Geschichte oder der gespenstischen Zeit des Mythos gehandelt werden:

> ¿Pero dónde está la realidad real? ¿Cómo salir de la historia y de su tiempo asesino? ¿Cómo salir del mito y de su tiempo fantasmal? Quizá hay dos vías de salida, dos vías que en algún momento se unen: el amor y la contemplación.

Erst angesichts des Grauens wird die Liebe als historisch notwendige Qualität erlebt. Paz nennt «Piedra de sol» aus diesem Grund in seinem Kommentar ein «Erinnerungswerk», das auf der doppelten Erscheinungsform des Planeten Venus basiere:

> Para mí, a diferencia de los surrealistas, la memoria es el origen de la poesía. Por ser obra de la memoria, ‹Piedra de sol› es una larga frase circular. El poema acaba donde comienza. [...] Tiene 584 líneas porque el tiempo que tarda el planeta Venus – Quetzalcóatl para los antiguos mexicanos – en hacer la conjunción con el sol, es también de 584 días. El planeta Venus aparece como estrella de la mañana y como estrella de la tarde y esa dualidad ha impresionado a todos los hombres de todas las civilizaciones. El poema está fundado en esta dualidad, en esta ambigüedad.[397]

Auf eindrückliche Weise wird hier noch einmal deutlich, wie sehr das Gedicht die Dialektik auch auf symbolischer Ebene zum Thema macht. «Dass die Venus als

---

395 OP: «Fin de ciclo», zit. n. Anthony Stanton: Octavio Paz por él mismo (1954–1964).
396 Theodor W. Adorno: Rede über Lyrik und Gesellschaft, S. 50. Gerade die «Versenkung ins Individuierte» verleiht dem Gedicht Allgemeingültigkeit, vgl. Kap. 3.3.1 zu Individuum und Kollektiv.
397 OP: «Fin de ciclo», zit. n. Anthony Stanton: Octavio Paz por él mismo (1954–1964).

Abend- oder als Morgenstern erscheinen kann, ließ sie zum Sinnbild der Zwiegesichtigkeit des Universums werden» sagt auch Vogelsang.[398] Im zitierten Kommentar von 1994 beschrieb Paz den Entstehungsprozess des Gedichts als eine «Zusammenarbeit zwischen Bewusstsein und Unbewusstem, zwischen Erinnerung, Inspiration, Rationalität und historischer Erfahrung».[399] Auf diese Weise erklärt sich auch die Kombination der verschiedenen mythischen Anspielungen mit synkretistischen Elementen unterschiedlicher Religionen. Flüsse, Bäume oder Schlangen spielen dabei in Mythologien weltweit eine Rolle, nämlich überall dort wo Flora und Fauna diese Vorstellungswelten direkt beeinflussen. Erstaunlicher sind die Ähnlichkeiten zwischen Mythologemen wie Opfertoden, jungfräulichen Geburten, Reisen in die Unterwelt oder Wiederauferstehungen. In seinem Gedicht verweist Paz auf diesen unendlichen Reichtum überlieferter Bilder und Erzählungen, ohne dabei den Blick auf die Gegenwart des 20. Jahrhunderts zu verlieren.

Mit dieser Kombination konkurrierender Zeitkonzepte steht das Gedicht im Zeichen seiner Entstehungszeit und entspricht somit der Überlegung Adornos zum «Gedicht als geschichtsphilosophische[r] Sonnenuhr».[400] In seiner «Rede über Lyrik und Gesellschaft» versteht der Philosoph die lyrische Form als eine Manifestation ideologiefreier Sprache, aus der sich der historische Zustand einer Gesellschaft ablesen lasse. Die Lyrik sei die «ästhetische Probe auf das dialektische Philosophem»,[401] da im Gedicht Inhalt und Form, Kollektives und Individuelles, Subjekt und Objekt zusammenspielen: «[N]ur Kraft solcher Durchdringung hält eigentlich das lyrische Gedicht in seinen Grenzen den geschichtlichen Stundenschlag fest.»[402]

Mit dem für das Werk von Paz so charakteristischen Zugleich einer abendländischen linearen Historiographie und einer mythisch-zyklischen Zeitvorstellung veranschaulicht der Text das dialektische Prinzip seiner Ästhetik sowohl inhaltlich als auch auf formaler Ebene. Die im vorliegenden Text beschriebene Suche nach dem Augenblick ist zentral für das Verständnis des historischen

---

398 Fritz Vogelgsang in: OP: *Freiheit, die sich erfindet*, S. 93.
399 OP: «Fin de ciclo», zit. n. Anthony Stanton: Octavio Paz por él mismo (1954–1964): «Poco a poco el poema se fue haciendo, me fui dando cuenta de hacia dónde iba el texto. Fue un caso de colaboración entre lo que llamamos el inconsciente, y que para mí es la verdadera inspiración, y la conciencia crítica y racional. A veces triunfaba la segunda, a veces la inspiración. Otra potencia que intervino en la redacción de este poema: la memoria. Esta palabra quizá no es sino otro nombre de la inspiración.»
400 Theodor W. Adorno: Rede über Lyrik und Gesellschaft, S. 60. «[...] Gedicht als geschichtsphilosophische Sonnenuhr».
401 Ebda. 57.
402 Ebda. 60.

Denkens von Octavio Paz.[403] Jeder Moment beinhaltet für den Autor potentiell immer beides: Erfüllung und Scheitern, die gesamte Weltgeschichte und ein kurzes Blinzeln. In einem kurzen, flüchtigen Augenblick kann sich eine universale Ewigkeit offenbaren und dieser Moment ist zugleich omnipräsent und unauffindbar, er geschieht immer und nie. Dieses dialektische Denken stellt jedes Heilsversprechen infrage, sei es politisch oder theologisch.

---

403 In der Gegenwartsanalyse der Nobelpreisrede von 1990 greift der Autor den Gedanken noch einmal auf. Vgl. das folgende Kapitel 4.

4 «La búsqueda del presente» (1990): Sprache, Geschichte, Begriff

Die in dieser Studie unternommenen Lektüren der Gedichte von Octavio Paz haben deutlich werden lassen, wie eng deren offene Dialektik der Zeitkritik verpflichtet ist. In den ideologisch aufgeladenen Zeiten des Spanischen Bürgerkriegs, des Zweiten Weltkriegs und des Kalten Kriegs waren die Gedichte von Paz Dokumente von Mehrdeutigkeit, welche in seinen Texten nicht als Mangel, sondern als mentale Ressource erkundet wurde. Auf diese Weise erlaubte das poetische Werk von Paz Zeiterfahrung jenseits eindimensionaler weltanschaulicher Blöcke. Historische Fragen verlagerten sich dabei von der Textoberfläche in tiefere Schichten der Gedichte – als «sedimentierte Geschichte»[1] spiegelten sich diese Fragen auch in der poetischen Form. Die ästhetischen Verfahren von Octavio Paz sind Ausdruck einer Suche nach dem dialektischen Raum zwischen Engagement und Autonomie, Geschichte und Utopie, Augenblick und Ewigkeit, «Festigkeit und Fluss».[2] Sie sind, in den Worten des Autors, auf der Suche nach der Gegenwart. Diese Formulierung – «La búsqueda del presente»[3] – sollte 1990 zum Titel der Nobelpreisrede von Paz werden. In diesem Text, so die These, ist das Geschichtsverständnis des Autors *in nuce* enthalten. So kann eine erneute Lektüre dieser Rede auch dazu dienen, die wesentlichen Argumentationsstränge der vorliegenden Arbeit noch einmal abschließend zu bündeln.

Am Anfang des Textes steht, wie so oft im Werk des mexikanischen Nobelpreisträgers, Begriffsgeschichte: Aus dem ersten Dankeswort «Gracias» entfaltet der Autor einen weiten historischen und politischen Horizont, vor dem er sein Schreiben verortet sehen will. Es ist alles andere als Zufall, dass Paz 1990 in Stockholm das Verhältnis des amerikanischen Kontinents zu Europa in den Mittelpunkt seiner Überlegungen stellte. Mit dieser Wendung betonte Paz, dass

---

1 Theodor W. Adorno: Der Essay als Form, S. 19.
2 OP: *Mono gramático* (1974), OC Bd. 11, S. 463–519, hier: S. 467f: «La fijeza es siempre momentánea. [...] ¿Debo decir que la forma del cambio es la fijeza o, más exactamente, que el cambio es una incesante búsqueda de fijeza? Nostalgia de la inercia: la pereza y sus paraísos congelados. La sabiduría no está ni en la fijeza ni en el cambio, sino en la dialéctica entre ellos. Constante ir y venir: la sabiduría está en lo instantáneo. Es el tránsito. Pero apenas digo *tránsito*, se rompe el hechizo. El tránsito no es sabiduría sino un simple ir hacia... El tránsito se desvanece, solo así tránsito.» Vgl. dazu auch: Adolfo Castañón: El mono gramático: Cima y testamento. In: *Letras Libres* (19.03.2014).
3 OP: «La búsqueda del presente» (1990), in: *Les Prix Nobel; The Nobel Prizes 1990*. Herausgegeben von Tore Frängsmyr. Stockholm: Nobel Foundation 1991. Engl. Übers. von Anthony Stanton, ebda. Im Folgenden wird zitiert aus: OC Bd. 3, S. 31–41.

das Material des Dichters, die Sprache, zutiefst mit der historischen Erfahrung verwoben ist. Für den mexikanischen Autor ist das Verhältnis zum sprachlichen Material selbst dialektisch: das Spanische, die Sprache der Eroberer, ist inzwischen zur eigenen Sprache geworden. Ausdruck dieses Prozesses ist das literarische Werk: «Somos y no somos europeos. ¿Qué somos entonces? Es difícil definir lo que somos pero nuestras obras hablan por nosotros.»[4] Die Literaturen der Welt in englischer, spanischer und portugiesischer Sprache tragen Spuren der kolonialen Geschichte und des Eigenen, sind entsprechend Dokumente ideologischer Auseinandersetzung und damit unlösbar mit ihrer Entstehungszeit verbunden.[5]

Viele der in den Einzelkapiteln dieser Studie exemplarisch herausgearbeiteten Einsichten begegnen in der Nobelpreisrede noch einmal in kondensierter Form: Sei es die Vorstellung des Bruchs als zentrale Erfahrung des Menschseins im 20. Jahrhundert oder der Gedanke einer Gleichzeitigkeit verschiedener Zeiten in der historischen Erfahrung: «Simultaneidad de tiempos y de presencias»,[6] so formuliert es Paz. Dass die Vergangenheit fundamentaler Teil unserer Gegenwart ist, gehört zu den ästhetischen wie ethischen Überzeugungen des Autors. Die Aufgabe des Dichters sei es, die verschiedenen historischen Schichten in Worte zu fassen:

> Los españoles encontraron en México no sólo una geografía sino una historia. Esa historia está viva todavía: no es un pasado sino un presente. [...] Ser escritor mexicano significa oír lo que nos dice ese presente – esa presencia. Oírla, hablar con ella, descifrarla: decirla... Tal vez después de esta breve digresión sea posible entrever la extraña relación que, al mismo tiempo, nos une y separa de la tradición europea.[7]

Wie in der Analyse des 1950 veröffentlichten Essays «La dialéctica de la soledad» (Kapitel 3.1.1) herausgearbeitet, deutet Paz die Geschichte der Menschheit als vergeblichen Versuch, einen ersehnten ursprünglichen Idealzustand wiederher-

---

4 Ebda. S. 32.
5 Ebda.: «Aunque son muy distintas, las tres literaturas tienen un rasgo en común: la pugna, más ideológica que literaria, entre las tendencias cosmopolitas y las nativistas, el europeísmo y el americanismo. ¿Qué ha quedado de esa disputa? Las polémicas se disipan; quedan las obras. Aparte de este parecido general, las diferencias entre las tres son numerosas y profundas. Una es de orden histórico más que literario: el desarrollo de la literatura angloamericana coincide con el ascenso histórico de los Estados Unidos como potencia mundial; el de la nuestra con las desventuras y convulsiones políticas y sociales de nuestros pueblos. Nueva prueba de los límites de los determinismos sociales e históricos; los crepúsculos de los imperios y las perturbaciones de las sociedades coexisten a veces con obras y momentos de esplendor en las artes y las letras».
6 Ebda. S. 41. Vgl. zum Thema Gleichzeitigkeit die Kapitel 3.2.2 («Himno entre ruinas») und 3.3.2 («Piedra de sol») der vorliegenden Arbeit.
7 OP: «La búsqueda del presente», S. 33.

zustellen. Mit sich und der Geschichte eins zu werden sei ein wichtiger Impuls nachkolonialer Intellektualität. Die Vorstellung von Identität, das Denken etwa einer *Mexicanidad*, verstand er als Ausdruck dieser Sehnsucht. Doch so verständlich diese Sehnsucht sei, so sehr laufe sie stets Gefahr, in Essentialismus zu gerinnen. Die Blockkonfrontation habe den Blick für diese Gefahr verstellt: Die Erfahrung des Kalten Kriegs hat sich vor die kolonialen Gedächtnisse geschoben. In verwandelter Form haben sie dennoch versucht sich Geltung zu verschaffen. Doch ihre Anerkennung müsse auch ohne essentialistische Ausweichungen möglich werden. Darin bestünden Aufgabe und Verantwortung der Gegenwart:

> La conciencia de la separación es una nota constante de nuestra historia espiritual. [...] Cierto, el sentimiento de la separación es universal y no es privativo de los hispanoamericanos. Nace en el momento mismo de nuestro nacimiento: desprendidos del todo caemos en un suelo extraño. Esta experiencia se convierte en una llaga que nunca cicatriza. [...] Desde esta perspectiva, la vida de cada hombre y la historia colectiva de los hombres pueden verse como tentativas destinadas a reconstruir la situación original. Inacabada e inacabable cura de la escisión. [...] Subrayo que entre nosotros se manifiesta sobre todo en términos históricos. Así, se convierte en conciencia de nuestra historia.[8]

Es gelte nun, sich dem Gefühl, von der Gegenwart ausgeschlossen zu sein, und dem Bewusstsein, getrennt von der eigenen Geschichte zu leben, zu stellen. Weder Identitätssuche noch Nostalgie, sondern eine reflexive Gegenwartserfahrung in kritischem Bewusstsein für die Widersprüche der Geschichte sind das Fundament der Zukunft Lateinamerikas und der Welt: «Acepté lo inaceptable: fui adulto. Así comenzó mi expulsión del presente.»[9]

Dass diese Geschichtsreflexion immer wieder auf Marx bezogen wird, ist Teil der Spezifik des Werks von Octavio Paz. An die Seite von Marx tritt Freud; in der Nobelpreisrede ebenso wie im gesamten Werk.[10] Die kollektive Geschichte gehört für Paz zur eigenen Biographie, ihre Vergegenwärtigung ist Aufgabe jedes Individuums. Der künstlerisch gestaltete Text wird zu dem Ort, an dem beide Bereiche zugleich erfahrbar werden. So ist die autobiographische Passage in der Nobelpreisrede zu verstehen. Sie mündet in eine Reflexion der Suche nach der Gegenwart als Suche nach historischer Wahrheit: «La búsqueda del presente no es la

---

8 Ebda. Vgl. dazu: OP: «La nueva analogía. Poesía y Tecnología» (1967), OC Bd. 1, S. 313.
9 Ebda. S. 35. Zur Reife gehöre die Erfahrung der Entfremdung, der Ungehorsam, das Ausbrechen. Dieser Meinung ist auch Erich Fromm, der die Sünde als «Getrenntsein» beschreibt, welches eine Vereinigung, also eine (gesetzliche) Rückführung in die Einheit verlange. Als Gegenbewegung beschreibt Fromm die Sühne, im Englischen «atonement», at-one-ment, Vereinigung, wieder Eins werden. Vgl. Erich Fromm: *Haben oder Sein*, S. 148–155: «Sünde und Vergebung».
10 Vgl. dazu Kapitel 3.1.1 der vorliegenden Arbeit.

búsqueda del edén terrestre ni de la eternidad sin fechas: es la búsqueda de la realidad real.»[11] Dieser Satz ist zentral für das Verständnis des Œuvres von Octavio Paz: Anders als bei seinem Zeitgenossen Erich Fromm, der sich während seiner Zeit in Mexiko ganz ähnlichen Fragen stellte, geht es Paz nicht um den Entwurf eines «irdischen Paradieses» oder um die Wiederherstellung einer verlorengegangenen Einheit mit der Welt, es geht nicht um eine «Stadt des Seins»[12] wie bei Fromm, und auch nicht um die Hoffnung auf eine Erlösung durch den Marxismus. Das Werk von Paz ist der ästhetischen Erfahrung der Gegenwart mit all ihren historischen Tiefenschichten und Widersprüchen gewidmet. Um Geschichte zu begreifen, ist Dichtung ein privilegierter Modus: «Apenas ahora he comprendido que entre lo que he llamado mi expulsión del presente y escribir poemas había una relación secreta. La poesía está enamorada del instante y quiere revivirlo en un poema; lo aparta de la sucesión y lo convierte en presente fijo.»[13] Der «instante», der Augenblick, ist (wie auch im Kapitel 3.3.2 zu «Piedra de sol» aufgezeigt wurde) zentrales Denkmotiv im Werk von Paz – eben weil er Kristallisationspunkt seiner dialektischen Ästhetik ist.

Die ideologische Position von Octavio Paz ist bis heute Gegenstand vieler Debatten.[14] Dabei ist aus dem Blick geraten, dass mit Paz ein an Hegel und Marx geschulter Denker Fragen der Geschichte in poetischer Form zum Gegenstand gemacht hat, und zwar auf eine Weise, die keine ideologische Alternative versprach – weder politisch noch religiös. Vergleicht man die Nobelpreisrede von Paz etwa mit der durchaus ähnlichen dialektischen Gegenwartsreflexion von Martin Buber, dann wird das zutiefst säkulare Profil des Denkens von Paz deutlich:

> Es gibt Augenblicke des verschwiegnen Grundes, in denen Weltordnung geschaut wird, als Gegenwart. [...] Diese Augenblicke sind unsterblich, diese sind die vergänglichsten.[15] [...] Die «religiöse» Situation des Menschen, das Dasein in der Präsenz, ist durch ihre wesenhafte und unauflösbare Antinomik gekennzeichnet. Daß diese Antinomik unauflösbar ist, macht ihr Wesen aus. Wer die These annimmt und die Antithese ablehnt, verletzt den Sinn der Situation. Wer eine Synthese zu denken versucht, zerstört den Sinn der Situation. Wer die Antinomik zu relativieren strebt, hebt den Sinn der Situation auf.[16]

---

11 OP: «La búsqueda del presente», S. 35.
12 Erich Fromm: *Haben oder Sein*, S. 247.
13 OP: «La búsqueda del presente», S. 35.
14 Vgl. Kap. 1.1.3 und 1.2.
15 Martin Buber: *Ich und Du*, S. 31.
16 Ebda. S. 91.

4 «La búsqueda del presente» (1990): Sprache, Geschichte, Begriff — 287

Mit dem in dieser Studie für das Werk von Paz gewählten Schlüsselbegriff einer offenen Dialektik ist dieser Unterschied ebenso zu fassen wie er auch die Möglichkeit einer Loslösung von der Suche nach einer endgültigen ideologischen Einordnung des Autors eröffnet. Dass solch eine Suche sogar Gefahr laufen kann, die Konturen seines Schreibens misszuverstehen, gehört zu den Ergebnissen dieser Studie.

Die Nobelpreisrede von Paz versteht Geschichte als dialektisches Zusammenspiel von Vergangenheit, Gegenwart und Zukunft. Für die hier unternommene Untersuchung ist wesentlich, dass sich dieses Verständnis durchaus zu den dringlichen Fragen der Zeit verhält. Dies ist auch in folgendem Abschnitt der Rede nachzuvollziehen:

> México buscaba al presente afuera y lo encontró adentro, enterrado pero vivo. La búsqueda de la modernidad nos llevó a descubrir nuestra antigüedad, el rostro oculto de la nación. Inesperada lección histórica que no sé si todos han aprendido: entre tradición y modernidad hay un puente. Aisladas, las tradiciones se petrifican y las modernidades se volatilizan; en conjunción, una anima a la otra y la otra le responde dándole peso y gravedad.[17]

Nur in der Verflechtung von lokaler und globaler Geschichtsreflexion erscheint Zukunft für Paz denkbar. Das historische Denken als Phänomen der Moderne gilt es in seinen übernationalen Konsequenzen zu akzeptieren – in Europa wie in Mexiko – und multidirektional zu aktualisieren. So ist die Bemerkung in der Nobelpreisrede zu verstehen, dass das teleologische Denken bald durch eine neue Philosophie ersetzt werden müsse.[18] Die Zeit des Fortschrittglaubens sei vorbei, so Paz: «vivimos la crisis de las ideas y creencias básicas».[19] Dafür werden drei Argumente angeführt. Erstens: Es sei kein Verlass mehr auf die bisherigen Quellen von Reichtum, Natur und Naturwissenschaft: Die natürlichen Ressourcen neigten sich dem Ende zu, und die Instrumente des Fortschritts hätten gezeigt, wie schnell sie sich in Instrumente der Vernichtung verwandeln könnten: «los instrumentos del progreso – la ciencia y la técnica – han mostrado con terrible

---

17 OP: «La búsqueda del presente», S. 36f.
18 Ebda. S. 38: «El hombre moderno se ha definido como un ser histórico. Otras sociedades prefirieron definirse por valores e ideas distintas al cambio: los griegos veneraron a la Polis y al círculo pero ignoraron al progreso, a Séneca le desvelaba, como a todos los estoicos, el eterno retorno, San Agustín creía que el fin del mundo era inminente, Santo Tomás construyó una escala – los grados del ser – de la criatura al Creador y así sucesivamente. Una tras otra esas ideas y creencias fueron abandonadas. Me parece que comienza a ocurrir lo mismo con la idea del Progreso y, en consecuencia, con nuestra visión del tiempo, de la historia y de nosotros mismos.»
19 Ebda. S. 38.

claridad que pueden convertirse fácilmente en agentes de destrucción.»[20] Holocaust und Atombombe seien (zweitens) Belege dieser negativen Dialektik:

> Muy pocas veces los pueblos y los individuos habían sufrido tanto: dos guerras mundiales, despotismos en los cinco continentes, la bomba atómica y, en fin, la multiplicación de una de las instituciones más crueles y mortíferas que han conocido los hombres, el campo de concentración. Los beneficios de la técnica moderna son incontables pero es imposible cerrar los ojos ante las matanzas, torturas, humillaciones, degradaciones y otros daños que han sufrido millones de inocentes en nuestro siglo.[21]

Damit sei (drittens) das Vertrauen in die Versprechen der Rationalität gebrochen: «¿Un dios? Si, la razón misma, divinizada y rica en crueles astucias, según Hegel. La supuesta racionalidad de la historia se ha evaporado.»[22] Der Glaube an einen historischen Determinismus sei zum Anachronismus geworden, Paz beschreibt ihn als «kostspielige und blutige Phantasie».[23] Die heutige Gesellschaft habe ihren metahistorischen Konsens verloren, Überzeugungen hegten die Menschen inzwischen nur noch privat: «La nuestra [sociedad] es la primera que se apresta a vivir sin una doctrina metahistórica; nuestros absolutos – religiosos o filosóficos, éticos o estéticos – no son colectivos sino privados.»[24]

Wie grundsätzlich die Auseinandersetzung von Octavio Paz mit dem historischen Materialismus war, wird in der Nobelpreisrede ebenso deutlich, wie in seinem gesamten Werk: «El mercado es un mecanismo eficaz pero, como todos los mecanismos, no tiene conciencia y tampoco Misericordia.»[25] «Misericordia», «Barmherzigkeit» – dies ist hier religiöse und marxistische Formel zugleich und damit auf Wortebene beispielhaft für das Verfahren von Paz' offener Dialektik.

---

20 Ebda.
21 Ebda. S. 39.
22 Ebda.
23 Ebda. «[L]a ruina de todas esas hipótesis filosóficas e históricas que pretendían conocer las leyes de desarrollo histórico. Sus creyentes, confiados en que eran dueños de las llaves de la historia, edificaron poderosos estados sobre pirámides de cadáveres. Esas orgullosas construcciones, destinadas en teoría a liberar a los hombres, se convirtieron muy pronto en cárceles gigantescas. Hoy las hemos visto caer; las echaron abajo no los enemigos idelógicos sino el cansancio y el afán libertario de las nuevas generaciones. ¿Fin de las utopías? Más bien: fin de la idea de la historia como un fenómeno cuyo desarrollo se conoce de antemano. El determinismo histórico ha sido una costosa y sangrienta fantasía. La historia es imprevisible porque su agente, el hombre, es la indeterminación en persona.»
24 Ebda. S. 40.
25 Ebda.: «Una sociedad poseída por el frenesí de producir más para consumir más tiende a convertir las ideas, los sentimientos, el arte, el amor, la amistad y las personas mismas en objetos de consumo. Todo se vuelve cosa que se compra, se usa y se tira al basurero. Ninguna sociedad había producido tantos desechos como la nuestra. Desechos materiales y morales.»

Denn wenn Friedrich Engels die kapitalistische Ausbeutung als «die grausamste, die erbarmungsloseste von allen» markiert, dann wendet sich dies auch gegen die Illusionen der Moderne: «Die moderne Epoche, die behauptet, diese Fesseln gesprengt zu haben, hat in Wirklichkeit nur deren Form verändert. Sie hat diese alten Knechtschaftsformen nicht nur konserviert, sondern ihnen noch eine neue Form der Ausbeutung hinzugefügt».[26]

Doch ebenso markant formuliert Paz die Gefahren von Religion und politischem Fanatismus: «Los hombres podrían ser poseídos nuevamente por las antiguas furias religiosas y por los fanatismos nacionalistas.»[27] Um diesen Fangstricken überholten Denkens zu entgehen, ist für Paz der literarische Text, die poetische Form «el lugar de la prueba».[28] Das Gedicht ist der Ort, an dem das Aushalten von Widersprüchen ästhetisch erfahren werden kann, um immer wieder aufs Neue das kritische Denken als Modus geistiger Freiheit bewahren zu können: «Pensar el hoy significa, ante todo, recobrar la mirada crítica.»[29] Die Gegenwart ist Chronotop dieser Dialektik; Vergangenheit und Zukunft, Helligkeit und Dunkelheit, Aktion und Kontemplation können hier zugleich erfahrbar werden:

> La reflexión sobre el ahora no implica renuncia al futuro ni olvido del pasado: el presente es el sitio de encuentro de los tres tiempos. [...] Alternativamente luminoso y sombrío, el presente es una esfera donde se unen las dos mitades, la acción y la contemplación. [...] Es hoy y es la antigüedad más antigua, es mañana y es el comienzo del mundo, tiene mil años y acaba de nacer. [...] Simultaneidad de tiempos y de presencias [...] Así como hemos tenido filosofías del pasado y del futuro, de la eternidad y de la nada, mañana tendremos una filosofía del presente. La experiencia poética puede ser una de sus bases. ¿Qué sabemos del presente? Nada o casi nada. Pero los poetas saben algo: el presente es el manantial de las presencias.[30]

An verschiedenen Stellen dieser Studie ist der Dialog des Werkes von Octavio Paz mit dem Schreiben Erich Fromms diskutiert worden. Auch im Hinblick auf diesen Ausschnitt aus der Nobelpreisrede werden die Konvergenzen im Denken dieser so unterschiedlichen Intellektuellen des 20. Jahrhunderts deutlich: Die hier von Paz formulierte «Philosophie der Gegenwart» berührt die Wertschätzung des Seins

---

26 Friedrich Engels: Grußadresse an die Sozialisten Siziliens. 26.09.1894. Aus dem Italienischen. [*Critica Sociale* Nr. 16 (16.08.1895)] MEW Bd. 22, 1972, S. 476f.
27 OP: «La búsqueda del presente», S. 40. Auch diese Passage ähnelt einer Argumentation von Fromm, welcher außerdem die künstliche Weltflucht durch Drogen u.ä. aufzählt. Vgl. Erich Fromm: *Die Kunst des Liebens*, S. 98–122.
28 Vgl. Kap 3.2.1.
29 OP: «La búsqueda del presente», S. 40.
30 Ebda. S. 40f.

(im Gegensatz zum Haben) im Denken Erich Fromms.[31] Während jedoch Fromm mit *To have or to be* (1976) ein an Marx anschließendes Manifest formuliert, wie die Welt künftig zu gestalten sei, so dass jedes Individuum nach seinen Bedürfnissen leben könne, überlässt Paz diese Gestaltung dem einzelnen Individuum selbst.[32] Beide beziehen sich auf Marx als radikalen Humanisten.[33]

Auch vergleichen beide Autoren die marxistischen Erlösungsversprechen mit den religiösen Lehren Asiens.[34] Dabei klingt in der Nobelpreisrede von Paz der Text eines anderen Nobelpreisträgers durch, des bengalischen Dichters Tagore, der 1913 mit dem Literaturpreis ausgezeichnet wurde: «There is a sublime paradox that lies at the root of existence»,[35] so Tagore. Doch während Tagore von einer religiösen Erfahrung sprach, in der alle Gegensätze – Endlichkeit und Unendlichkeit, Positivität und Negativität, Zentripetal- und Zentrifugalkraft, Anziehung und Abstoßung[36] – aufgelöst werden, geht es Paz um historische Erfahrung. Eine Versöhnung der Extreme kann am Ende des 20. Jahrhunderts nicht mehr imaginiert werden, geschweige denn eine allumfassende Harmonie. Paz kann Geschichte nur dialektisch denken: In der Suche nach der Gegenwart findet der Dichter Vergangenheit, in der Moderne die Antike und im Vorwärts das Rückwärts.[37] Die Einsicht in diese offene Dialektik kann schließlich auch ein Moment der Versöhnung mit dem Bruch aufleuchten lassen, auch wenn dieser sich nie einstellt. So ist das Gegenwartserlebnis, das die poetischen Texte von Octavio Paz markiert, gerade durch deren offene Dialektik, deren unauflösbare Spannung zur zentralen Erfahrung des 20. Jahrhunderts gehört, nicht ohne Hoffnung.

---

31 Vgl. Erich Fromm: *Haben oder Sein*, S. 21. Auch Fromm geht davon aus, dass allein aus ökonomischen Gründen eine ethische Veränderung des Menschen ansteht, ganz ähnlich wie Paz im ersten Argument seiner Auflistung; und an anderer Stelle warnt Fromm ebenfalls vor Ersatzreligionen und Weltflucht, vgl. Erich Fromm: *Die Kunst des Liebens*.
32 Vgl. die Auflistung von Erich Fromm: *Haben oder Sein*, S. 102. Fromm zitiert Marx u. a. auf S. 68, das ganze Kapitel ist eine Art marxistische Lektüre der hebräischen Bibel.
33 Vgl. ebda. S. 29. Paz schreibt in seinem Essay «Nihilismo y dialéctica» (1967) OC Bd. 10, S. 575: «La naturaleza de Marx es histórica. La gran novedad fue la humanización de la materia.»
34 Vgl. Erich Fromm: *Haben oder Sein*, S. 205: «Das gleiche Prinzip der Wandlung, das die Lehre Buddhas kennzeichnet, liegt auch dem Marxschen Erlösungsbegriff zugrunde.»
35 Rabindranath Tagore: *Sadhana, The Realisation of Life*.
36 Ebda.: «We have what we call in Sanskrit *dvandva*, a series of opposites in creation; such as, the positive pole and the negative, the centripetal force and the centrifugal, attraction and repulsion. [...] They are only different ways of asserting that the world in its essence is a reconciliation of pairs of opposing forces. These forces, like the left and the right hands of the creator, are acting in absolute harmony, yet acting from opposite directions.»
37 OP: «La búsqueda del presente», S. 37: «Un día descubrí que no avanzaba sino que volvía al punto de partida: la búsqueda de la modernidad era un descenso a los orígenes. La modernidad me condujo a mi comienzo, a mi antigüedad.»

5 Literaturverzeichnis

5.1 Primärliteratur von Octavio Paz

Gedichtbände von Octavio Paz:
- *Luna silvestre*. Mexiko: Fabula 1933.
- *¡No pasarán!* Mexiko: Simbad 1936.
- *Raíz del hombre*. Mexiko: Simbad 1937.
- *Bajo tu clara sombra y otros poemas sobre España*. Valencia: Españolas 1937.
- *Entre la piedra y la flor*. Mexiko: Nueva Voz 1938.
- *A la orilla del mundo y Primer día; Bajo tu clara sombra; Raíz del hombre; Noche de resurrecciones*. Mexiko: Ars 1942.
- *Libertad bajo palabra*. Mexiko: Tezontle 1949.
- *¿Águila o sol?* Mexiko: Tezontle 1951.
- *Semillas para un himno*. Mexiko: Tezontle 1954.
- *Piedra de sol*. Mexiko: Tezontle 1957.
- *La estación violenta*. Mexiko: FCE 1958.
- *Agua y viento*. Bogotá: Ediciones Mito 1959.
- *Libertad bajo palabra: obra poética (1935–1958)*. Mexiko: FCE 1960.
- *Salamandra: 1958–1961*. Mexiko: Mortiz 1962.
- *Viento entero*. Delhi: Caxton 1965.
- *Blanco*. Mexiko: Mortiz 1967.
- *Discos visuales*. Mexiko: Era 1968.
- *Ladera este (1962–1968)*. Mexiko: Mortiz 1969.
- *La centena (Poemas: 1935–1968)*. Barcelona: Seix Barral 1969.
- *Topoemas*. Mexiko: Era 1971.
- *Vuelta*. Mexiko: El Mendrugo 1971.
- *Pasado en claro*. Mexiko: FCE 1975.
- *Poemas (1935–1975)*. Mexiko: Seix Barral 1979.
- *Prueba del nueve*. Mexiko: Círculo de Lectores 1985.
- *Árbol adentro*. Barcelona: Seix Barral 1987.
- *La otra voz: poesía y fin de siglo*. Barcelona: Seix Barral 1990.
- *La casa de la presencia: poesía e historia*. Mexiko: FCE 1994.
- *Delta de cinco brazos*. Barcelona: Galaxia Gutenberg 1998.

Essaybände von Octavio Paz:
- *El laberinto de la soledad*. Mexiko: Cuadernos Americanos 1950; FCE 1959.
- *Las peras del olmo*. Mexiko: UNAM 1957.
- *Corriente alterna*. Mexiko: Siglo Veintiuno Editores 1967.
- *Conjunciones y disyunciones*. Mexiko: Mortiz 1969.
- *El signo y el garabato*. Mexiko: Mortiz 1973.
- *Los hijos del limo: del romanticismo a la vanguardia*. Barcelona: Seix Barral 1974.
- *El mono gramático*. Mexiko: Seix Barral 1974.
- *In/mediaciones*. Barcelona: Seix Barral 1979.
- *Sor Juana Inés de la Cruz; o, Las trampas de la fe*. Barcelona: Seix Barral 1982.
- *Sombras de obras: arte y literatura*. Barcelona: Seix Barral 1983.

- *Tiempo nublado*. Barcelona: Seix Barral 1983.
- *Hombres en su siglo y otros ensayos*. Barcelona: Seix Barral 1984.
- *Pasión crítica*. Barcelona: Seix Barral 1985.
- *Primeras letras (1931–1943)*. Herausgegeben von Enrico Mario Santí. Barcelona: Seix Barral 1988.
- *Pequeña crónica de grandes días*. Mexiko: FCE 1990.
- *Al paso*. Barcelona: Seix Barral 1992.
- *Itinerario*. Mexiko: FCE 1993.
- *Un más allá erótico: Sade*. Mexiko: Vuelta/Heliópolis 1993.
- *La llama doble: amor y erotismo*. Barcelona: Editorial Seix Barral 1994.
- *Vislumbres de la India*. Barcelona: Seix Barral 1995.
- *Reflejos, réplicas: diálogos con Francisco de Quevedo*. Mexiko: Vuelta 1996.
- *Memorias y palabras: cartas a Pere Gimferrer 1966–1997*. Herausgegeben von Pere Gimferrer. Barcelona: Seix Barral 1999.
- *Por las sendas de la memoria: prólogos a una obra*. Barcelona: Galaxia Gutenberg 2002.

Paz, Octavio: *Obras completas*. Mexiko: FCE, 15 Bände.
- 1. *La casa de la presencia*. Poesía e historia. 1994.
- 2. *Excursiones / incursiones*. Dominio extranjero. 1994.
- 3. *Fundación y disidencia*. Dominio hispánico. 1994.
- 4. *Generaciones y semblanzas*. Dominio mexicano. 1994.
- 5. *Sor Juana Inés de la Cruz o las trampas de la fe*. 1994.
- 6. *Los privilegios de la vista I*. Arte moderno universal. 1994.
- 7. *Los privilegios de la vista II*. Arte de México. 1994.
- 8. *El peregrino en su patria*. Historia y política de México. 1994.
- 9. *Ideas y costumbres I*. La letra y el cetro. 1995.
- 10. *Ideas y costumbres II*. Usos y símbolos. 1996.
- 11. *Obra poética I (1935–1970)*. 1997.
- 12. *Obra poética II (1969–1998)*. 2004.
- 13. *Miscelánea I*. Primeros escritos. 1998.
- 14. *Miscelánea II*. 2001.
- 15. *Miscelánea III*. Entrevistas. 2003.

Paz, Octavio: *Obras completas*. Herausgegeben von Nicanor Vélez. Barcelona: Galaxia Gutenberg u. a. 8 Bände, 1999–2005.

5.1.1 Zitierte Essays

- [1931] Ética del artista [*Barandal*, t. 2, Nr 5 (05.12.1931)], OC Bd. 13, S. 185–188.
- [1931] «El imperio totalitario: Polifemo y sus rebaños», OC Bd. 9, S. 308–315.
- [1937] Carta a la juventud española. In: Alianza de Intelectuales Antifascistas para la Defensa de la Cultura (Hg.): *El Mono Azul*, Nr 32 (09.09.1937).
- [1937] Notas [*El Nacional* (08.05.1937), S. 1–3], OC Bd. 13, S. 192.
- [1938] «Pablo Neruda en el corazón», OC Bd. 13, S. 268–276.
- [1938–1945] «Vigilias: Diario de un soñador», OC Bd. 13, S. 139–181.

5.1 Primärliteratur von Octavio Paz — 293

- [1939] «Americanidad de España», OC Bd. 13, S. 193–196.
- [1943] «Poesía de soledad y poesía de comunión», OC Bd. 13, S. 234–245.
- [1943] «Don Nadie y Ninguno», OC Bd. 13, S. 339–340.
- [1943] Respuesta a un cónsul. In: *Letras de México,* VII, Nr. 8 (15.08.1943), S. 5.
- [1945] Los problemas de la paz. *Mañana* en la Conferencia de San Francisco. In: *Mañana,* Nr. 90 (19.05.1945), S. 24–26.
- [1950] «De la independencia a la revolución». In: LS (2011), S. 259–294.
- [1951], «Aniversario Español», OC Bd. 9, S. 433–437.
- [1951] «Los campos de concentración soviéticos», OC Bd. 9, S. 167–170.
- [1952] «Antonio Machado», OC Bd. 3, S. 339–344.
- [1955/1967] *El arco y la lira*, OC Bd. 1, S. 33–320.
- [1957] *Las peras del olmo*, Barcelona: Seix Barral, 1963.
- [1957] «Poesía mexicana moderna», OC Bd. 4, S. 60–68.
- [1957] Kommentar von Octavio Paz zu «Piedra de sol». In: *Revista Iberoamericana* (1974), S. 135f.
- [1965] «Los signos en rotación», OC Bd. 1, S. 247–273.
- [1967] «Revuelta, revolución, rebelión», OC Bd. 10, S. 588–592.
- [1967] «Nihilismo y dialéctica», OC Bd. 10, S. 573–577.
- [1967] «La nueva analogía. Poesía y Tecnología», OC Bd. 1, S. 299–317.
- [1967] «El punto final», OC Bd. 10, S. 624–630.
- [1967] *Claude Lévi-Strauss o el nuevo festín de Esopo*. Mexiko: Mortiz.
- [1968] Cartas alrededor del 68. In: *Itinerario crítico* (2014), S. 89–104.
- [1969] «Crítica de la Pirámide». In: LS (2011), S. 363–415.
- [1973] «Los centurios de Santiago» [28.09.1973], OC Bd. 9, S. 452–457.
- [1974] *Polvos de aquellos lodos*, OC Bd. 9, S. 179–198.
- [1974] «La seducción totalitaria», OC Bd. 9, S. 194–198.
- [1974] *Los hijos del limo*, OC Bd. 1, S. 325–484.
- [1975] «Gulag: entre Isaías y Job», OC Bd. 9, S. 199–206.
- [1977] «Discurso de Jerusalén», OC Bd. 10, S. 645–648.
- [1978] «Re/visiones: la pintura mural», OC Bd. 7, S. 188–227.
- [1978] «Literatura política», OC Bd. 9. S. 425–432.
- [1980] «Revuelta y resurrección», OC Bd. 9, S. 327–341.
- [1981] «Crónica de la libertad», OC Bd. 9, S. 207–221.
- [1983] ¿Y qué América Latina? [*Vuelta,* Nr 79 (Juni 1983)], OC Bd. 14, S. 367–368.
- [1984] «El diálogo y el ruido», OC Bd. 9, S. 458–466.
- [1985] «Poesía, revolución, historia» [06.01.1985], OC Bd. 9, S. 106–108.
- [1987] «El lugar de la prueba, Valencia 1937–1987», OC Bd. 9, S. 438–446.
- [1988] «El pan, la sal y la piedra: Gabriela Mistral», OC Bd. 3, S. 172–176.
- [1990] «La búsqueda del presente», OC Bd. 3, S. 31–41.
- [1991] «La democracia: lo absoluto y lo relativo», OC Bd. 9, S. 473–485.
- [1991] «La verdad frente al compromiso», OC Bd. 9, S. 447–451.
- [1993] «Preliminar», OC Bd. 13, S. 27–30.
- [1993] *La llama doble*. OC Bd. 10, S. 211–352.
- [1994] Chiapas: Hechos, Dichos y Gestos. In: *Vuelta,* Nr. 208 (März 1994), S. 57.
- [1994] «Nosotros: los otros», OC Bd. 10, S. 15–36.
- [1995] *«Vislumbres de la India»*, OC Bd. 10, S. 357–487.

Paz, Octavio: *El laberinto de la soledad* [1950]. Herausgegeben von Anthony Stanton. Manchester: Manchester UP 2008.
Paz, Octavio: *El laberinto de la soledad* [1950]. Herausgegeben von Enrico Mario Santí, 2. Aufl. Madrid: Cátedra 2011.
Kommentar von Paz zu «Piedra de sol». Vorwort der 1. Ausgabe, Mexiko 1957; *Revista Iberoamericana* (1974), S. 135f.
Paz, Octavio: „En el laberinto del tiempo. Palabras de Octavio Paz en memoria de Borges" [1986]. Englisch: ders.: In „Time's Labyrinth". In: *The New Republic* (03.11.1986). Übers. von Charles Lane. Sp. Rückübersetzung von Héctor Tajonar.
Kommentare von Paz zu seinen eigenen Gedichten: Stanton, Anthony (Auswahl und Zusammenstellung der Texte): Octavio Paz por él mismo (1954–1964), [*Reforma*, 10.04.1994, S. 12D-13D], *Revista Horizonte de Poesía Mexicana*, UNAM 1996.
Paz, Octavio: *Sueño en libertad: escritos políticos*. Herausgegeben von Yvon Grenier. Mexiko: Seix Barral 2001.
Paz, Octavio: *Itinerario crítico. Antología de textos políticos de Octavio Paz*. Herausgegeben von Armando González Torres. Mexiko: Senado de la República; Comisión de Cultura LXII Legislatura; Consejo Nacional para la Cultura y las Artes; Dirección General de Publicaciones 2014.
Übersicht der in *Vuelta* veröffentlichen Texte im Katalog des Archivs *Haroldo de Campos, Casa das Rosas, São Paulo*. Online: http://acervoharoldodecampos.phlnet.com.br (19.12.2017).

5.1.2 Zitierte Gedichte

- [1936] «¡No pasarán!», OC Bd. 13, S. 114–116.
- [1937] «Elegía a un compañero muerto en el frente de Aragón», OC Bd. 11, S. 92–94.
- [1937] «Los viejos», OC Bd. 11, S. 95–96.
- [1940] «Entre la piedra y la flor», [*Nueva Voz*, 1941, S. 1.], OC Bd. 13, S. 106–113.
- [1937 / 1976] «Entre la piedra y la flor», OC Bd. 11, S. 86–92.
- [1945] «La vida sencilla», OC Bd. 11, S. 84f.
- [1948] «Himno entre ruinas», OC Bd. 11, S. 195–197.
- [1949] «Libertad bajo palabra», OC Bd. 11, S. 23.
- [1955] «El cántaro roto», OC Bd. 13, S. 213–216.
- [1957] «Piedra de sol», OC Bd. 11, S. 217–233.
- [1967] «Carta a León Felipe», OC Bd. 11, S. 385–389.
- [1969] «Intermitencias del oeste II (Canción mexicana)», OC Bd. 11, S. 373.
- [1968] «Intermitencias del oeste III (México: Olimpiada de 1968)», [Delhi, 03.10.1968], OC Bd. 11, S. 374.
- [1969] «El otro», OC Bd. 11, S. 354.
- [1976] «Petrificada petrificante», OC Bd. 12, S. 42–47.
- [1976] «Aunque es de noche», OC Bd. 12, S. 122–124.
- [1976] «Nocturno de San Ildefonso», OC Bd. 12, S. 62–71.

Paz, Octavio: *Bajo tu clara sombra y otros poemas sobre España*. Herausgegeben von Manuel Altolaguirre. Valencia: Nueva Colección Héroe 1937.

Laurel: Antología de la poesía moderna en lengua española. Herausgegeben von Xavier Villaurrutia, Emilio Prados, Juan Gil-Albert und Octavio Paz. Mexiko: Editorial Séneca 1941.
Paz, Octavio: *Ladera este (1962–1968)*. Mexiko: Mortiz 1969.
Paz, Octavio: *Libertad bajo palabra*. Herausgegeben von Enrico Mario Santí. Madrid: Cátedra 1988.
Octavio Paz-Blanco, App (ausschließlich für iPads), Mexiko: FCE 2012. [https://itunes.apple.com/mx/app/octavio-paz-blanco/id484285852]. Best App Design, The Next Web/Startup Awards 2012.

5.1.3 Zitierte Übersetzungen

Paz, Octavio: *Freiheit, die sich erfindet*. Übers. von Fritz Vogelgsang. Berlin, Neuwied: Luchterhand 1971.
Paz, Octavio: *Blanco. Illuminations by Adja Yunkers*. Übers. von Eliot Weinberger. New York: The Press 1974.
Paz, Octavio: *Suche nach einer Mitte: die großen Gedichte*. Spanisch und Deutsch. Übers. von Fritz Vogelgsang. F.a.M.: Suhrkamp 1980.
Paz, Octavio: *Essays I und II*. Übers. von Carl Heupel und Rudolf Wittkopf. F.a.M.: Suhrkamp 1984.
Paz, Octavio: The Barricades and Beyond: Who Won the Spanish Civil War? In: *The New Republic*. Vol. 197, 19 (09.11.1987), S. 26.
Paz, Octavio: *Die andere Zeit in der Dichtung. Von der Romantik zur Avantgarde*. Übers. von Rudolf Wittkopf. F.a.M.: Suhrkamp 1989.
Paz, Octavio: *The Poems of Octavio Paz*. Übers. Eliot Weinberger. New York: New Directions 2012.

5.1.4 Zitierte Interviews

Rodman, Selden: «Tongues of fallen angels: conversations with Jorge Luis Borges, Robert Frost, Ernest Hemingway, Pablo Neruda, Stanley Kunitz, Gabriel García Márquez, Octavio Paz, [...]». New York: New Directions 1974.
Interview mit Claude Fell: «Vuelta al laberinto de la soledad» (1975). In: LS (2011), S. 417–443.
Paz und Borges in der Televisa Produktion, 26.8.1981. Gemeinsam mit Salvador Elizondo.
   Teil 1: https://www.youtube.com/watch?v=shw0TYaNEL4 (23.11.2017);
   Teil 2: https://www.youtube.com/watch?v=_y4s6Zd1wIM (23.11.2017).
Interview mit Gilles Bataillon: «Inventar la democracia», *Libération*, 06.01.1985.
Interview mit Héctor Tajonar und Luis Mario Schneider: «La Guerra Civil desde América: Un testimonio de Octavio Paz», Archiv der Casa América. Online: http://www.casamerica.es/contenidoweb/la-guerra-civil-desde-america-un-testimonio-de-octavio-paz (21.11.2016).

5.2 Primärliteratur anderer Autoren

Adorno, Theodor W.: *Minima Moralia. Reflexionen aus dem beschädigten Leben*. Berlin/F.a.M.: Suhrkamp 1951.
- *Noten zur Literatur I* [1958]. F.a.M.: Suhrkamp 1994.
  Darin:
  > Der Essay als Form [1958], S. 9–33.
  > Rede über Lyrik und Gesellschaft [1951], S. 49–68.
  > Engagement [1958], S. 409–430.
  > Offener Brief an Hochhuth [FAZ (10.6.1967)], S. 591–598.
- *Negative Dialektik*. F.a.M.: Suhrkamp 1966.
- *Vorlesung über Negative Dialektik. Fragmente zur Vorlesung 1965/66*. F.a.M.: Suhrkamp 2007.
- *Einführung in die Dialektik* [1958]. Berlin: Suhrkamp 2015.

Adorno, Theodor W./Horkheimer, Max: *Dialektik der Aufklärung: philosophische Fragmente* [1947]. 14. Aufl., F.a.M.: Fischer 2003.

Agamben, Giorgio: *Die kommende Gemeinschaft* [1990]. Berlin: Merve 2003.

Alberti, Rafael: *Poesía: 1939–1963, Obras completas*, Bd. 2. Herausgegeben von Luis García Montero. Madrid: Aguilar 1988.

Alighieri, Dante: *Die göttliche Komödie*. Übers. von Hermann Gmelin. München: dtv 1988.

Anonym: *Bhagavad Gita*, Übers. von Paul Deussen: *Der Gesang des Heiligen*, Leipzig: Brockhaus 1911.

Anonym: *Bhagavad Gita*. Übers. von Frank Ziesing. Bielefeld: Ramakrishna 2017.

Anonym: *Die Edda, die ältere und jüngere nebst den mythischen Erzählungen der Skalda*. Herausgegeben und übersetzt von Karl Simrock. Stuttgart: Verlag der J. G. Cotta'schen Buchhandlung 1878.

Anonym: *Das Gilgamesch-Epos*. Übers. von Hermann Ranke. Wiesbaden: Marix 2006.

Anonym: *Das Gilgamesch-Epos*. Übers. von Albert Schott. Zürich: Skepsis Verlag 2017.

Anonym: *Poopol Wuuj. Das heilige Buch des Rates der K'icheé – Maya von Guatemala*. Übers. von Jens Rohark. Ostrau: Hein 2014.

Anonym: *Tausend und eine Nacht*, Bd. 3, Teil 7–9, Nächte 295–536. Übers. von Max Henning, Leipzig: Reclam 1925.

Apuleius von Madaura: *Der goldene Esel*. Übers. von August Rode. Berlin: Propyläen-Verlag 1920.

Arendt, Hannah: *The Origins of Totalitarianism* [1951]. Orlando: Harcourt 1973.
- *Elemente und Ursprünge totaler Herrschaft*. F.a.M./Berlin: Ullstein 1986.
- *Eichmann in Jerusalem: ein Bericht von der Banalität des Bösen* [1964]. 6. Aufl. München [u. a.]: Piper 1987.
- *The human condition* [1958]. Chicago: University of Chicago Press 1998.
- *Denktagebuch* Bd. 1, 2. Aufl., München: Piper 2003.

Aub, Max: *Teatro completo*. Prólogo de Arturo del Hoyo. Mexiko: Ed. Aguilar 1968.
- El falso dilema (1949). In: ders.: *Hablo como hombre*. Herausgegeben von Gonzalo Sobejano. Segorbe: Fundación Max Aub 2002, S. 89–102.

Augustinus, Aurelius: *De civitate Dei*. Düsseldorf: Universitäts- und Landesbibliothek, 2011. Buch 12, Kap. 20.

Ausländer, Rose: *Wieder ein Tag aus Glut und Wind. Gedichte 1980–1982*. F.a.M: Fischer 1986.

Barthes, Roland: *Wie zusammen leben – Simulationen einiger alltäglicher Räume im Roman*. Vorlesung am Collège de France 1976–1977. Übers. von Horst Brühmann. Berlin: Suhrkamp 2007.
Baudelaire, Charles: *Les fleurs du mal. Tableaux Parisiens*. Mit dt. Übers. von Carl Fischer. Berlin: Luchterhand 1955.
Benjamin, Walter: *Berliner Kindheit um 1900*. F.a.M.: Suhrkamp 1950.
- *Ensayos escogidos*. Übers. von H. A. Murena. Buenos Aires: Sur 1967.
- *Gesammelte Schriften*. Vol. VI, F.a.M.: Suhrkamp 1979.
- *Das Passagen-Werk*. Herausgegeben von Rolf Tiedemann. F.a.M.: Suhrkamp 1983.
- *Über den Begriff der Geschichte* [1940]. Stuttgart: Reclam 1992.
- *Erzählen. Schriften zur Theorie der Narration und zur literarischen Prosa*. F.a.M.: Suhrkamp 2007.

Bergson, Henri: *Essai sur les données immédiates de la conscience* [1888]. Paris: Les Presses universitaires de France 1970.
Berlin, Isaiah: *Four Essays on Liberty*. Oxford: UP 1969.
- «La inevitabilidad histórica». In: *Cuatro Ensayos sobre la libertad*. Madrid: Alianza Universidad 1988.

Bhabha, Homi: *Die Verortung der Kultur*. Übers. von Michael Schiffmann und Jürgen Freudl. Tübingen: Stauffenburg 2000.
Blake, William: *The Marriage of Heaven and Hell* [1793]. Herausgegeben von Coral Gables, Miami: UP 1963.
Blanchot, Maurice: *Die uneingestehbare Gemeinschaft* [1983]. Berlin: Mattes & Seitz 2007.
Bloch, Ernst: Doppellicht Individuum und Kollektiv. In: *Das Prinzip Hoffnung*. Bd. 3, F.a.M.: Suhrkamp 1959.
- «Über Ungleichzeitigkeit, Provinz und Propaganda», *Kursbuch* 39, 1974. In: ders.: *Tendenz – Latenz – Utopie*. F.a.M.: Suhrkamp 1978, S. 209–220.
- *Erbschaft dieser Zeit*. F.a.M.: Suhrkamp 1979.

Brecht, Bertolt: *Schriften zur Politik und Gesellschaft*. F.a.M.: Suhrkamp 1967 (Gesammelte Werke, Bd. 20).
Breton, André: La beauté sera convulsive. In: *Minotaure* 5 (1934), S. 9–16.
Buber, Martin: *Ich und Du* [1923]. Stuttgart: Reclam 1995.
Daniel 5, 1–30. Übersetzung nach der Zürcher Bibel, Zürich: TVZ, 2008.
De la Cruz, Sor Juana Inés (1651–1695): *El Divino Narciso*. Alicante: Biblioteca Virtual Miguel de Cervantes, 1999. Digitale Ausgabe ausgehend von: *Teatro Hispanoamericano*. Bd. I, New York: Anaya Book 1972, S. 223–266.
Eichendorff, Joseph: *Sämmtliche Werke* [1837]. Bd. 1. Leipzig: Voigt & Günther 1864.
Eliot, T. S.: «The Waste Land» [1922]. Online mit Hyperlinks zu den Intertexten: http://eliotswasteland.tripod.com/ (20.03.2015).
- «Four Quartets» [1943]. San Diego [u. a.]: Harcourt 1971.

Enzensberger, Hans Magnus: Elogio de la normalidad, übers. von Sara Graue. In: *Vuelta*, Nr. 89 (April 1984), S. 15–19.
Espronceda, José de: *Obras poéticas I*. Madrid: Espasa-Calpe 1952.
Fehér, Ferenç/Heller, Agnes: ¿Poesía después del Holocausto? Übers. von Aurelia Álvarez. In: *Vuelta*, Nr. 171 (Feb. 1991), S. 48–51.
Freud, Sigmund: Der Dichter und das Phantasieren [1908]. In: ders.: *Kleine Schriften I – Kapitel 12*. Projekt Gutenberg 2013.
Fromm, Erich: *Escape from Freedom*, New York: Farrar & Rinehart 1941. Dt: *Die Furcht vor der Freiheit*. Zürich 1945; F.a.M.: Europ. Verlagsanstalt 1975.

- *The Art of Loving*. New York [1956]. Dt.: *Die Kunst des Liebens* [1971] Übers. von Liselotte und Ernst Mickel, 67. Aufl., Berlin: Ullstein 2008.
- *The Nature of Man*. New York: Macmillan Paperback 1968.
- Psychoanalytische Charakterologie in Theorie und Praxis. Der Gesellschafts-Charakter eines mexikanischen Dorfes [1970]. In: *Erich Fromm-Gesamtausgabe*. Herausgegeben von Rainer Funk. München: DVA, 1999, Bd. 3, S. 231–540.
- *To Have or to Be?* New York [1976]. Dt.: *Haben oder Sein* [1979]. Übers. von Brigitte Stein. Überarbeitet von Rainer Funk. 40. Aufl., München: dtv 2013.

Fuentes, Carlos: Brief an Octavio Paz, Mexiko, 20.05.1969. In: *Revista Iberoamericana*. Vol. XXXVII Nr. 74, Universidad de Pittsburgh, Pennsylvania (Jan-März 1971), S. 25.
- Mexico and Its Demons. In: *The New York Review of Books* (20.09.1973).
- *La región más transparente*. Madrid: RAE 2008.

Gide, André: *Retouches á mon retour de l'URSS*. Paris: Gallimard 1937.

Glantz, Margo: Las Hijas de la Malinche. In: dies.: *Esguince de cintura*, Mexiko: Conaculta 1994, S. 178–197.

Goethe, Johann Wolfgang von: *Faust. Der Tragödie Erster Teil* [1808]. Stuttgart: Reclam 2002.

Góngora y Argote, Luis de: *Fábula de Polifemo y Galatea*. Madrid: Cátedra 1983.

González de Alba, Luis: *Los días y los años*. Mexiko: Era 1971.
- Para limpiar la memoria. In: *Nexos* (01.10.1997).

Guillén, Jorge: *Aire nuestro*. Mailand: All'Insegna del Pesce D'Oro 1968.
- *Cántico* (1928–1950). Barcelona: Seix Barral 1974.

Guillén, Nicolás: «Una canción a Stalin». In: *Ofrenda lírica de Cuba a la Unión Soviética*. La Habana: Frente Nacional Antifascista 1942.

Habermas, Jürgen: La modernidad inconclusa. Übers. von Luis Aguilar Villanueva. In: *Vuelta*, Nr. 54 (Mai 1981), S. 4–9.
- *Die Moderne – ein unvollendetes Projekt: Philosophischpolitische Aufsätze 1977–1990*, Leipzig: Reclam 1990.
- Öffentlicher Raum und politische Öffentlichkeit. Lebensgeschichtliche Wurzeln zweier Gedankenmotive. In: NZZ (11.12.2004).

Hegel, Georg W.F.: *Enzyklopädie der philosophischen Wissenschaften im Grundrisse* [1817]. F.a. M.: Suhrkamp 1970.

Heidegger, Martin: *Aus der Erfahrung des Denkens*. Pfullingen: Neske 1954.

Heine, Heinrich: *Album. Originalpoesien*. Herausgegeben von Hermann Püttmann. Borna 1847.
- *Buch der Lieder* [1822]. Leipzig: Insel 1981.

Hernández, Miguel: *El hombre acecha (1937–1938)*. Madrid: Cátedra 1984.

Hesse, Hermann: *Siddharta* [1922]. Sämtliche Werke Bd. 3. Herausgegeben von Volker Michels. 1. Aufl., F.a.M.: Suhrkamp 2001.

Hobbes, Thomas: *De Cive* [1642]. Englische Ausgabe: *De cive or The citizen*. New York: Appleton Century Crofts 1949.

Homerus: *Omeru Odyssea*. Herausgegeben von Eduard Schwartz. Übers. von Johann Heinrich Voss. Berlin [u. a.]: Tempel-Verlag 1966.

Horkheimer, Max: Geschichte und Psychologie. In: *Zeitschrift für Sozialforschung*, Doppelheft 1/2, Leipzig: Hirschfeld (1932), S. 125–144.
- *Um die Freiheit*. F.a.M.: Europäische Verlagsanstalt 1962.

Hölderlin, Friedrich: *Sämtliche Gedichte und Hyperion*. Herausgegeben von Jochen Schmidt. Leipzig: Insel-Verlag 1999.

Ibárruri, Dolores: „No pasarán". Rede vom 19.07.1936.
- *El único camino*. Herausgegeben von María Carmen García-Nieto París. Madrid: Ed. Castalia [u. a.] 1992.

Jewtuschenko, Jewgeni: «Babi Jar». In: *Literaturnaya Gazeta* (1961). Übers. von Paul Celan: *Gesammelte Werke*. Bd. 5. Übertragungen II. F.a.M.: Suhrkamp 2000, S. 288ff.

Jiménez, Juan Ramón: *Elegías* [1918]. Madrid: Taurus Ediciones 1982.

Koestler, Arthur: *Sonnenfinsternis* [1940]. F.a.M.: Ullstein 1987.

Marcuse, Herbert: *Reason and Revolution. Hegel and the Rise of Social Theory* [1941], Boston: Beacon Press 1970. Darin: „A Note on Dialectics" [1960].
- Interview mit Herbert Marcuse von Brian Magee, übers. von Jorge Hernández Campos. In: *Vuelta*. Vol. III, Nr. 35 (Aug. 1979), S. 16–22.

Marx, Karl: Das Geld. In: Karl-Ernst Jeismann (Hg): *Wort und Sinn*. Paderborn: Schöningh 1973, S. 352–355.
- The first international. Inaugural Address of the International Working Men's Association, London (21.-27.10.1864).

Marx, Karl/Engels, Friedrich: *Manifest der Kommunistischen Partei*. London: Office der «Bildungs-Gesellschaft für Arbeiter» [1848].

Marx, Karl/Engels, Friedrich: *Werke*. Berlin: Dietz.
Darin:
- Marx, Karl: *Deutsch Französische Jahrbücher*. Brief an Ruge, Februar 1844. MEW Bd. 1, 1976, S. 337–338.
- Engels, Friedrich/Marx, Karl: *Die deutsche Ideologie*. MEW Bd. 3, 1969.
- Marx, Karl: *Das Kapital. Kritik der politischen Ökonomie*. MEW Bd. 3, 1988.
- Marx, Karl: *Der achtzehnte Brumaire des Louis Bonaparte* [1952]. MEW Bd. 8, 1972, S. 115–123.
- Engels, Friedrich: Die Entwicklung des Sozialismus von der Utopie zur Wissenschaft. MEW Bd. 19, 1973, S. 210–228.
- Engels, Friedrich: Grußadresse an die Sozialisten Siziliens. Geschrieben am 26.09.1894. [*Critica Sociale* Nr. 16 (16.08.1895)], MEW Bd. 22, S. 476f.
- Marx, Karl: *Ökonomisch-philosophische Manuskripte, Die entfremdete Arbeit*. MEW Bd. 40, 1968, S. 515.

Matthäus 6, 33. Übers. nach der Zürcher Bibel, Zürich: TVZ, 2008..
- Matthäus 19, 5–6.

Mistral, Gabriela: *Poesías completas*. Madrid: Aguilar 1966.

Nancy, Jean-Luc: *Die herausgeforderte Gemeinschaft*, Zürich/Berlin: Diaphanes 2007.

Neruda, Pablo: *España en el corazón. Himno a las glorias del pueblo en la guerra (1936–1937)*. Santiago de Chile: Ediciones Ercilla 1937.
- Neruda, Pablo, im Interview mit Alardo Prats: Un poeta levanta la voz. Visión poética del nuevo mundo. In: *Hoy*, Nr. 337 (07.08.1943), S. 24.
- *Las uvas y el viento*. Santiago: Editorial Nascimento 1954.
- *Odas elementales* (1954). Madrid: Cátedra 1988.

Nerval, Gérard de: *Les filles du feu. Les chimères* [1854]. Paris: Michel Lévy frères 1856.

Nietzsche, Friedrich: *Also sprach Zarathustra*. Leipzig: Kröner 1917.
- *Unzeitgemässe Betrachtungen. Vom Nutzen und Nachteil der Historie für das Leben*. Stuttgart: Kröner 1930.

Novalis: *Hymnen an die Nacht* [1797]. Berlin: Aufbau-Verlag 1983.
Orwell, George: *Animal farm*. New York, N.Y.: Harcourt 1946.
Ovid: *Metamorphosen*. Übers. von Erich Rösch. München: dtv 1990.
Plato: *Phaidon*. Göttingen: Vandenhoeck & Ruprecht 2014.
Platon: *Kriton*. (399–390 v.d.Zw.) Übers. von Friedrich Schleiermacher 1805.
Polybios: *Historiae*. Theodorus Büttner-Wobst nach L. Dindorf. Leipzig: Teubner 1893. Griechisch.
- *Historien*. Übers. von Hans Drexler. Düsseldorf: Artemis & Winkler 1990.
- *Geschichte* I, 14. Ältere Übers. von Adolf Haakh. Stuttgart: Hoffmann'sche Verlagsbuchhandlung 1858.
- *Historia de Polybio Megalopolitano*. Ältere sp. Übers. von Ambrosio Rui Bamba. Bd. I [Bd. III], Madrid: Imprenta Real 1789.
Poniatowska, Elena: *La noche de Tlatelolco*, Mexiko: Biblioteca Era 1971.
Ramos, Samuel: *El perfil del hombre y la cultura en México* [1934]. Madrid: Espasa Calpe S.A. 1951.
Rulfo, Juan: *El llano en llamas* [1953].. Madrid: Cátedra 1985.
- *Pedro Páramo* [1955]. Mexiko: FCE 1964.
Sabines, Jaime: *Recuento de poemas 1950/1993*. Mexiko: Mortiz 2014.
Sartre, Jean-Paul: *Qu'est-ce que la littérature?* [1948]. Paris: Gallimard 1980.
Scheler, Max: *Wesen und Formen der Sympathie* [1913]. 6., durchges. Aufl. von: Phänomenologie und Theorie der Sympathiegefühle. Herausgegeben von Manfred S. Frings. Bern/München: Francke 1973.
- Der Formalismus in der Ethik und die materiale Wertethik. Neuer Versuch der Grundlegung eines ethischen Personalismus. Sonderdruck aus: *Jahrbuch für Philosophie und phänomenologische Forschung*. Bd. I u. II. Herausgegeben von Edmund Husserl. Freiburg i. B./Halle a. d. Saale: Niemeyer 1916.
Scholem, Gershom: Israel: Los riesgos del mesianismo. Übers. von Enrique Krauze. In: *Vuelta*, Nr. 48 (Nov. 1980), S. 19–21.
Sebald, W.G.: *Austerlitz*. München: Hanser 2001.
Serrano Plaja, Arturo: Ponencia colectiva (10.07.1937). In: Manuel Aznar Soler/Luis Mario Schneider (Hg.): *II Congreso Internacional de Escritores Antifascistas (1937): Ponencias, documentos, testimonios*. Barcelona: Laia 1979, S. 185–195.
Shakespeare, William: *The Life of Timon of Athens* [1623]. Project Gutenberg 2000.
Solschenizyn, Alexander: *Archipel Gulag*. Paris: YMCA-Press 1973.
Stein, Edith: Individuum und Gemeinschaft. Beiträge zur philosophischen Begründung der Psychologie und der Geisteswissenschaften. Zweite Abhandlung. In: *Jahrbuch für Philosophie und phänomenologische Forschung* 5 [1922]. S. 116–283. Neudruck in Tübingen: Niemeyer 1970.
Tagore, Rabindranath: *Sadhana, The Realisation of Life* [1916]. Projekt Gutenberg 2013.
Taibo II, Paco Ignacio: *68*. Mexiko: Planeta 1991.
Vallejo, César: *Trilce*. Lima: Talleres de la Penitenciaría 1922.
- «España aparta de mí este cáliz». In: *Obras Completas*, Bd. 8, Barcelona: Editorial Laia 1977, S. 103–130.
Vasconcelos, José: *La Raza Cósmica* [1925]. Madrid: Espasa Calpe, S.A. 1948.
Vergil: *Aeneis*. (zw. 29–19 v.d. Zw.) Online Lat. und Dt.: http://www.gottwein.de/Lat/verg/aen06.php (20.03.2015).
Versch. Autoren: Lutherbibel, revidierter Text 1984, durchgesehene Ausgabe 1999. Stuttgart: Deutsche Bibelgesellschaft.

5.3 Sekundärliteratur

5.3.1 Sekundärliteratur zu Octavio Paz

Adame, Ángel Gilberto: Itinerario periodístico: Octavio Paz en España (1937). In: *Letras Libres* (22.12.2014). Online: https://www.letraslibres.com/mexico-espana/itinerario-periodistico-octavio-paz-en-espana-1937 (03.03.2018).
- *Archivo Octavio Paz*. Online: http://www.juristasunam.com/category/archivo-octavio-paz/ (07.05.2017).

Aguilar Mora, Jorge: *La divina pareja. Historia y mito en Octavio Paz*. Mexiko: Era 1991.

Ángel Flores, Enrique (Hg.): *Aproximaciones a Octavio Paz*. Mexiko: Joaquín Mortiz 1974.
  Darin:
- Fein, John M.: ‚Himno entre ruinas'. S. 165–170.
- García Ponce, Juan: La poesía de Octavio Paz. S. 19–27.
- Magis, Carlos H.: El símbolo en ‚la estación violenta' de Octavio Paz. S. 127–164.
- Segovia, Tomás: Una obra maestra: ‚Piedra de sol'. S. 171–172.
- Xirau, Ramón: ‚Himno entre ruinas': La palabra, fuente de toda liberación. S. 159–164.

Arroyo, Francesc: Octavio Paz aboga por la propuesta de Contadora como ‹única solución racional›. El escritor mexicano recibió en Francfort el Premio de la Paz que otorgan los libreros alemanes. In: *El País* (08.10.1984). Online: https://elpais.com/diario/1984/10/08/cultura/466038005_850215.html (12.01.2019).

Asiain, Aurelio: *Japón en Octavio Paz*. Mexiko: FCE 2014.
- Octavio Paz, diplomático en Japón. In: *Letras Libres* (07.10.2015). Online: https://www.letraslibres.com/mexico-espana/octavio-paz-diplomatico-en-japon (15.02.2018).

Batis, Huberto: La Pax Octaviana. In: *El Universal* (19.02.2017). Online: http://confabulario.eluniversal.com.mx/la-pax-octaviana/ (12.01.2019).

Bernard, Judith: Myth and Structure in Octavio Paz's ‚Piedra de sol'. In: *Simposium*, Nr. 21 (1967), S. 5–13.

Bosquet, Alain: Octavio Paz ou le surréalisme tellurique. In: ders.: *Verbes et vertige*. Paris: Hachette 1961, S. 186–192.

Bosteels, Bruno: ¿Marx o Paz? In: *Letras Libres* (30.06.1999). Online: https://www.letraslibres.com/mexico/marx-o-paz (09.06.2018).

Bradu, Fabienne/Ollé-Laprune, Philippe: *Una patria sin pasaporte. Octavio Paz y Francia*. Mexiko: FCE 2014.

Bradu, Fabienne: Lazos de sol y sombra. Octavio Paz y Chile. In: *Literatura Mexicana*, XXV 2 (2014), S. 75–91.

Brons, Thomas: *Octavio Paz. Dichterfürst im mexikanischen Korporativismus*. F.a.M.: Peter Lang 1992. (Reihe, Rafael Gutiérrez Girardot (Hg.): *Hispanistische Studien*, Bd. 23).

Callan, Richard J.: Some Parallels between Octavio Paz and Carl Jung. In: *Hispania*. Vol. 60, Nr. 4 (1977), S. 916–926.

Cantú, Irma Leticia: *La escritura de viaje desde la perspectiva latinoamericana: Octavio Paz y el caso mexicano*. Austin: Univ. of Texas 2006.

Castañón, Adolfo: ‚El mono gramático': Cima y testamento. In: *Letras Libres* (19.03.2014). Online: https://www.letraslibres.com/mexico/el-mono-gramatico-cima-y-testamento (12.12.2018).

Chemris, Crystal: A reading of Octavio Paz's ‹Himno entre ruinas› in light of the Góngora-symbolist parallel. In: *Cincinnati Romance Review,* 25 (2006), S. 149–158.
Chiles, Frances: *Octavio Paz. The Mythic Dimension.* New York: Peter Lang.
Concheiro, Luciano: El camino de Cambridge. In: *Literal. Voces latinoamericanas.* Ohne Datum. Online: http://literalmagazine.com/the-road-to-cambridge/ (19.01.2019).
Dhingra, Anil: La India en la obra de Octavio Paz. Algunas reflexiones. In: AIH Actas XIV Congreso. Vol. IV (2004), S. 161–168.
Domínguez Michael, Christopher: Octavio Paz en la India, 2002. In: *Letras Libres* (31.01.2003). Online: https://www.letraslibres.com/mexico-espana/octavio-paz-en-la-india-2002 (11.12.2018).
– Memorias del encuentro: ‹La experiencia de la libertad›. In: *Letras Libres* (30.11.2009). Online: https://www.letraslibres.com/mexico/memorias-del-encuentro-la-experiencia-la-libertad (11.12.2018).
– *Octavio Paz en su siglo.* Mexiko: Aguilar 2014.
Earle, Peter G.: Octavio Paz: Poesía e Historia. In: *Nueva Revista de Filología Hispánica,* T. 40, Nr. 2 (1992), S. 1101–1112.
Edelman, Olivia Maciel: *Surrealismo en la Poesía de Xavier Villaurrutia, Octavio Paz, y Luis Cernuda. México 1926–1963.* Lewiston, New York: Edwin Mellen Press 2008.
Escalante, Evodio: El tema del presente y de la presencia en la prehistoria poética de Octavio Paz. In: AIH Actas XI, Centro Virtual Cervantes 1992, S. 338–346.
– El instante versus la duración. La clave del tiempo en ‚La estación violenta' de Octavio Paz. In: *Círculo de poesía* (29.10.2009). Online: https://circulodepoesia.com/2009/10/el-instante-versus-la-duracion-la-clave-del-tiempo-en-la-estacion-violenta-de-octavio-paz/ (18.01.2019).
– *Las sendas perdidas de Octavio Paz.* Mexiko: Universidad Autónoma Metropolitana/Ediciones Sin Nombre 2013.
Fein, John M.: La Estructura de ‹Piedra de Sol›. In: *Revista Iberoamericana.* Vol. XXXVIII, Nr. 78 (Jan-März 1972), S. 73–94.
– *Toward Octavio Paz: a reading of his major poems 1957–1976.* Lexington, Ky 1986.
Fernández March, Sara Beatriz: La búsqueda del instante en ‹Piedra de sol›, de Octavio Paz. In: *Letras* Nr. 34, Buenos Aires (1996), S. 49–62.
Fuentes, Carlos: El tiempo de Octavio Paz. Vorwort zu Octavio Paz: *Los signos en rotación y otros ensayos.* Madrid: Alianza 1971, S. 7–13.
García Ramírez, Fernando (Hg.): *La experiencia de la libertad,* Mexiko: Vuelta 1991.
– La experiencia de la libertad. In: *Letras Libres* (31.12.2006). Online: https://www.letraslibres.com/mexico/la-experiencia-la-libertad (12.12.2018).
Giraud, Paul-Henri: *Octavio Paz hacia la transparencia.* Übers. aus dem Frz. von David Medina Portillo. Mexiko: Colmex 2014.
Gómez López, Gabriel: *Figuras mitológicas en ‚Piedra de sol' de Octavio Paz.* Univ. de Guadalajara 2007.
González, Javier: *El cuerpo y la letra. La cosmología poética de Octavio Paz.* Mexiko: FCE 1990.
González Torres, Armando: Octavio Paz en 1984: La querella del diálogo y el ruido. In: *Letras Libres* (05.10.2011). Online: https://www.letraslibres.com/mexico/octavio-paz-en-1984-la-querella-del-dialogo-y-el-ruido (05.08.2018).
– *Las guerras culturales de Octavio Paz.* Mexiko: Colmex 2014.

Grenier, Yvon: *Political Modernity Revisited: The Skeptical Liberalism of Octavio Paz.* Vortrag an der LASA, Guadalajara, Mexiko 1997.
- *From Art to Politics. Octavio Paz and the Pursuit of Freedom.* Lanham [u. a.].: Rowman and Littlefield 2001.

Grenier, Yvon/Maarten van Delden: *Gunshots at the Fiesta. Literature and Politics in Latin America.* Nashville: Vanderbilt UP 2009.

Grogan, Ruth A.: The Fall into History: Charles Tomlinson and Octavio Paz. In: *Comparative Literature.* Vol. 44, Nr 2, Durham: Duke UP (1992), S. 144–160.

Haubrich, Walter: Politischer Denker, poetischer Artist. Octavio Paz – zwischen den ideologischen Fronten. In: FAZ (06.10.1984).

Hölz, Karl: Lateinamerika und die Suche nach dem ‹Verlorenen Paradies›. Zur Theorie und Poetik eines Erlösungsmythos bei Octavio Paz. In: *Romanistisches Jahrbuch.* Vol. 33 (1984). Berlin: De Gruyter, S. 336–354.

Jaimes, Héctor: Octavio Paz: el mito y la historia en ‹El laberinto de la soledad›. In: *Revista Iberoamericana.* Vol. 67 (194) (06.08.2001), S. 267–280.
- *Octavio Paz: La dimensión estética del ensayo,* Mexiko: Siglo XXI 2004.

Kozlarek, Oliver (Hg.): *Octavio Paz: Humanism and Critique.* Bielefeld: transcript 2009.
Darin:
- Grenier, Yvon: Socialism in One Person: Specter of Marx in Octavio Paz's Political Thought. S. 47–64.
- Moreno, Hugo: Octavio Paz's Poetic Reply to Hegel's Philosophical Legacy. S. 217–230.
- Söllner, Alfons: Theodor W. Adorno and Octavio Paz – A Comparison of their Early Cultural-Philosophical Writings Published after the Second World War. S. 19–30.
- Vázquez, Rolando: On Visual Modernity and Poetic Critique, between Octavio Paz and Walter Benjamin. S. 99–110.
- Weinberg, Liliana: Luz inteligente: The Anthropological Dimension in Octavio Paz's First Essays. S. 179–214.

Krauze, Enrique: *Octavio Paz. El poeta y la revolución.* Mexiko: Random House 2014.
- Octavio Paz: la esencia del amor. In: *Letras Libres* (17.03.2014). Online: https://www.letraslibres.com/mexico-espana/literatura/octavio-paz-la-esencia-del-amor (03.04.2014).

Kristal, Efrain: Jorge Luis Borges y Octavio Paz: poéticas de la traducción y traducción poética. In: *Collana di testi e studi ispanici* (2002), S. 261–270.

Kunz, Marco: Octavio Paz o la conciencia política ante el acontecimiento histórico. In: *Boletín Hispánico Helvético* 24 (2014), S. 129–143.

Magis, Carlos H.: *La poesía hermética de Octavio Paz.* Mexiko: Colmex 1978.

Manea, Norman: Revuelta, rebelión, revolución. In: *Letras Libres* (20.05.2014). Online: https://www.letraslibres.com/mexico-espana/revuelta-rebelion-revolucion (20.06.2018).

Martínez Torrón, Diego: *Variables poéticas de Octavio Paz.* Madrid: Hiperion 1979.
- El surrealismo de Octavio Paz. In: OP: *La búsqueda del comienzo. Escritos sobre el surrealismo.* Madrid: Colección Espiral 1980, S. 5–25.

Medina, Rubén: *Autor, Autoridad y Autorización. Escritura y poética de Octavio Paz.* Mexiko: Colmex 1999.

Mendiola, Víctor Manuel: Octavio Paz y el debate sobre ‚Piedra de sol'. In: *Clarín* (29.09.2007).
- *El surrealismo de ‹Piedra de Sol›, entre peras y manzanas.* Mexiko: FCE 2011.

Mermall, Thomas: Octavio Paz: ‹El laberinto de la soledad› y el psicoanálisis de la historia. In: *Cuadernos Americanos*. Vol. 27 (156) (1968), S. 97–114.
Meyer-Minnemann, Klaus: Octavio Paz. In: Wolfgang Eitel: *Lateinamerikanische Literatur der Gegenwart: in Einzeldarstellungen*. Stuttgart: Alfred Kröner Verlag 1978, S. 384–405.
- Octavio Paz in den dreißiger Jahren. Rekonstruktion einer mexikanischen Avantgarde. In: Karl Hölz (Hg.): *Literarische Vermittlungen. Geschichte und Identität in der mexikanischen Literatur*, Tübingen: Niemeyer 1988, S. 121–136.
- Octavio Paz, David Rousset und das Universum der Straflager. In: Dieter Ingenschay/ Gabriele Knauer u. a. (Hg.): *El pasado siglo XX. Una retrospectiva de la literatura latinoamericana*. Homenaje a Hans-Otto Dill, Berlin: Ed. Tranvía 2003, S. 47–63 (span. Fassung in: *Literatura Mexicana*, 13 (2002), S. 149–172).
- Octavio Paz y el Surrealismo. In: *Literatura Mexicana*, XXVII 2 (2016), S. 73–95.
Monsiváis, Carlos: Octavio Paz y la izquierda. In: *Letras Libres* (30.04.1999). Online: https:// www.letraslibres.com/mexico/octavio-paz-y-la-izquierda (03.02.2019).
Moreno, Javier Rico: *La historia y el laberinto. Hacia una estética del devenir en Octavio Paz.* Mexiko: Bonilla Artigas Editores 2013.
Moya Ávila, Francisco: Octavio Paz y su Laurel: Lector de Rubén Darío y Juan Ramón Jiménez. In: *Philologia hispalensis*, 29 (3/4) (2015), S. 41–53.
Mueller, Enrique: Octavio Paz: ‹Nunca he elogiado ninguna dictadura›. In: *El País* (20.08.1984). Online: https://elpais.com/diario/1984/08/20/cultura/461800805_850215.html (03.02.2019)
Müller-Bergh, Klaus: La Poesía de Octavio Paz en los Años Treinta. In: *Revista Iberoamericana*. Vol. XXXVII Nr. 74, Universidad de Pittsburgh, Pennsylvania (Jan-März 1971), S. 117–133.
Nalbantian, Suzanne: Nin, Borges and Paz: Labyrinthine Passageways of Mind and Language. In: dies.: *Memory in Literature. From Rousseau to Neuroscience*. New York: Macmillan 2003, S. 117–134.
Neumeister, Sebastian: Die Selbstaufhebung der Moderne. Fortschritt und Gegenwart im Denken des mexikanischen Dichters Octavio Paz (*Los hijos del limo*, 1974). In: ders.: *Europa in Amerika. Annäherungen und Perspektiven*. Berlin: Walter Frey 1998, S. 163–174.
Nugent, Robert: Structure and Meaning in Octavio Paz's ‚Piedra de sol'. In: *Kentucky Foreign Language Quarterly*, Nr. 13 (1966), S. 138–146.
Ohne Autor, gezeichnet von der Redaktion: La polémica Paz-Monsiváis. In: *Proceso* (27.06.2010). Online: https://www.proceso.com.mx/81254/la-polemica-paz-monsivais (02.02.2019).
Ota, Seiko: Una consideración sobre RENGA de Octavio Paz. In: *Hispánica* No. 40 (1996), S. 195–211.
Pacheco, José Emilio: Descripción de ‹Piedra de sol›. In: *Revista Iberoamericana*. Vol. XXXVII, Nr. 74 (Jan-März 1971), S. 135–146.
Peña, Cynthia Marcela: *¿Águila o sol? de Octavio Paz y variaciones sobre Tema Mexicano de Luis Cernuda: El poema en prosa y el planteamiento de una poética. Concordancias y Discordancias*. Texas: Tech University 2002.
Piña Zentella, Marta: *Modelos geométricos en el ensayo de Octavio Paz*. Mexiko: UNAM Editorial Praxis 2002.
Poniatowska, Elena: *Octavio Paz. Las palabras del árbol* [1998]. Mexiko: Debolsillo 2004.
Pouzet, Isabelle: ‚Barandal' (1931–1932): ¿una revista de vanguardia?. In: *Babel*, 26 (2012), S. 231–245.
Rodríguez Ledesma, Xavier: El pensamiento político de Octavio Paz. Mexiko: UNAM 1996.

Rodríguez Munguía, Jacinto: La renuncia que nunca fue. La trampa de Octavio Paz. In: *emeequis* (05.04.2015). Online: http://www.m-x.com.mx/2015-04-05/las-trampas-de-paz-int/ (02.01.2019).

Rojas Fernández, Juan Carlos: Octavio Paz y el surrealismo: una mirada desde el psicoanálisis. In: *Revista Colombiana de Psiquiatría*. Vol. XXXIII, Nr. 4 (2004), S. 399–408.

Román-Odio, Clara: *Octavio Paz en los debates críticos y estéticos del Siglo XX*. Galicia: tresCtres 2006.

Ruy Sánchez, Alberto: *Una introducción a Octavio Paz* [1990]. Mexiko: FCE 2003.

– *Octavio Paz: cuenta y canta la higuera. Una historia biográfica ilustrada*. Mexiko: Ediciones SM 2014.

Ruy Sánchez, Andrea/Priscila Vanneuville: Octavio Paz. Semblanzas, territorios y dominios. In: *Limulus*, Online Magazin, Mexiko, ohne Datum.

Salgado, Dante: *Camino de ecos. Introducción a las ideas políticas de Octavio Paz*. Mexiko: Praxis 2002.

Sánchez Zamorano, José Antonio: Historia y poesía en Octavio Paz. In: *Anales de literatura hispanoamericana* 28, 2 (1999), S. 1205–1221.

Santí, Enrico Mario: Introducción. In: LBP (1988).

– *El acto de las palabras. Estudios y diálogos con Octavio Paz*. Mexiko: FCE 1998.

– *Luz espejante: Octavio Paz ante la crítica*. Mexiko: Era 2009.

– *Octavio Paz, Pasado y presente en claro: 20 años del Premio Nobel*. Mexiko: Conaculta/FCE 2010.

– Introducción. In: LS (2011).

Schärer-Nussberger, Maya: *Octavio Paz. Metaphern der Freiheit*. Hamburg: Europ. Verlagsanstalt 1991.

Sheridan, Guillermo: Octavio Paz en Yucatán. In: *Letras Libres* (31.01.2001). Online: https://www.letraslibres.com/mexico/octavio-paz-en-yucatan (03.02.2019).

– *Poeta con paisaje: Ensayos sobre la vida de Octavio Paz*. Mexiko: Ediciones Era 2004.

– De nuevo, la limpidez. In: *El Universal* (28.10.2014). Online: http://www.eluniversalmas.com.mx/editoriales/2014/10/73037.php (02.02.2019).

Silva-Herzog Márquez, Jesús: El alma de Stalin. In: *Estudios*, Nr. 74, Mexiko: ITAM 2005, S. 128–132.

Solano, Patricio Eufraccio: Octavio Paz. In: *Repertorio de Ensayistas y Filósofos*, Proyecto Ensayo Hispánico, University of Georgia 2000.

Sorensen Goodrich, Diana: Lectura de ‹Himno entre ruinas›. In: *Texto crítico* Xalapa, Jahr 8, Nr. 24/25. Centro de Investigaciones Lingüístico-Literarias. Humanidades Univ. Veracruzana (1982), S. 221–228.

Stanton, Anthony: Huellas precolombinas en ‹Semillas para un himno› de Octavio Paz. In: AIH, Actas XI 1992, S. 11–20.

– Models of Discourse and Hermeneutics in Octavio Paz's ‹El laberinto de la soledad›. In: *Bulletin of Latin American Research*. Vol. 20, Nr. 2 (2001), S. 210–232.

– La poesía de Octavio Paz durante la Guerra Civil de España. In: AIH Actas XIV Congreso. Vol. IV (2004), S. 649–657.

– Pablo Neruda y Octavio Paz: encuentros y desencuentros. In: *escritural. Écritures d'Amérique latine*. Univ. de Poitiers, Nr. 1 (März 2009). Online: http://www.mshs.univ-poitiers.fr/crla/contenidos/ESCRITURAL/ESCRITURAL1/NERUDA/STANTON/Stanton.html (02.02.2019).

- Octavio Paz: entre poética y política. Mexiko: Colmex 2009.
- Lectura de ‹Himno entre ruinas› de Octavio Paz. In: Patrizia Botta (Hg.): *Rumbos del hispanismo en el umbral del Cincuentenario de la AIH*. Vol. VI, Hispanoamérica. Rom: Bagatto Libri 2012.
- *El río reflexivo. Poesía y ensayo en Octavio Paz* (1931–1958). Mexiko: FCE, 2015.
- ‚La estación violenta' y su poema inicial ‹Himno entre ruinas›. In: César Cansino Ortiz/Omar M. Gallardo u. a. (Hg.): *Octavio Paz sin concesiones: 15 miradas críticas*. Benemérita Universidad Autónoma de Puebla 2016, S. 91–109.

Tajonar, Héctor: Fundación Octavio Paz: Lo que Limón se llevó. In: *Proceso* (05.05.2014). Online: https://www.proceso.com.mx/371442/fundacion-octavio-paz-lo-que-limon-se-llevo (03.02.2019).

Teschke, Henning: Octavio Paz: Poetik und Praxis der ‚otredad'. In: *Iberoromania*. Vol. 64, 2 Berlin: de Gruyter (2007), S. 113–131.

Torres Fierro, Danubio: *Octavio Paz en España, 1937*. Mexiko: FCE 2007.

Verani, Hugo: Octavio Paz and the Language of Space. In: *World Literature Today, Vol 56, Nr. 4, Homage to Octavio Paz,* engl. Übers. von David Draper Clark. Neustadt Laureate (1982), S. 631–635.
- *Octavio Paz: el poema como caminata*. Mexiko: FCE 2013.
- *Octavio Paz: bibliografía crítica (1931–2013)*. 3 Bände. Mexiko: El Colegio Nacional 2014.

von Wedemeyer, Catarina: Dis/continuidades históricas. Octavio Paz – Intermitencias del oeste III, México: Olimpiada de 1968. In: Marco Kunz/Rachel Bornet u. a. (Hg.): *Acontecimientos históricos y su productividad cultural en el mundo hispánico*. Zürich [u. a.]: Lit Verlag 2016.
- Rezension: Stanton, Anthony: El río reflexivo: poesía y ensayo en Octavio Paz (1931–1958), Mexiko: FCE 2015. In: *Romanische Forschungen. Vierteljahrsschrift für romanische Sprachen und Literaturen*. Bd. 129, Heft 1 (2017),. S. 104–143. Herausgegeben von Franz Lebsanft/ Cornelia Ruhe. F.a.M.: Vittorio Klostermann Verlag 2017.

Xirau, Ramón: *Octavio Paz: el sentido de la palabra*. Mexiko: Mortiz 1970.
- Octavio Paz: Images, Cycles, Meaning. In: *Books Abroad*. Vol. 46, Nr. 4. Übers. von Nick D. Mills (1972), S. 601–606.

Zaid, Gabriel: ¿Para las letras mexicanas? In: *Letras Libres* (29.04.2014). Online: https://www.letraslibres.com/mexico-espana/las-letras-mexicanas (30.04.2014).

5.3.2 Sekundärliteratur zu anderen Autoren

«Adja Yunkers», *Guggenheim Museum*, New York. Online: http://www.guggenheim.org/new-york/collections/collection-online/artists/bios/532 (21.12.2013).

Amorós, Mario: *Neruda; el príncipe de los poetas*. Barcelona: B, Grupo Zeta 2015.

Aznar Soler, Manuel: *República literaria y Revolución, 1920–1939*. Prolog von José-Carlos Mainer. Sevilla: Renacimiento 2010, S. 638f Fn 144.

Costa, René de: *The Poetry of Pablo Neruda*. Cambridge, Mass.: Harvard UP 1979.

Cummings, Paul: Oral history interview with Adja Yunkers. In: *Archives of American Art*. Smithsonian Institution (09.12.1969).

Falcke, Eberhard: Nicht einmal Einsamkeit. In: *Deutschlandfunk* (21.12.2008), Rezension zu: T. S. Eliot: «Das öde Land». Engl. und dt. F.a.M.: Suhrkamp 2008.

Feuerstein, Georg: *Introduction to the Bhagavad-gītā: its philosophy and cultural setting*. London: Rider 1974.
Frühwald, Wolfgang: Die Erneuerung des Mythos. Zu Eichendorffs Gedicht ‚Mondnacht'. In: Wulf Segebrecht (Hg.): *Gedichte und Interpretationen*. Bd. 3. Stuttgart 1987, S. 395–407.
Funk, Rainer: *Mut zum Menschen. Erich Fromms Denken und Werk, seine humanistische Religion und Ethik*. Mit einem Nachwort von Erich Fromm. Stuttgart: DVA 1978.
– *Erich Fromm – Liebe zum Leben. Eine Bildbiographie*. Stuttgart: DVA 1999.
Grunenberg, Antonia: Interview. In: *Philosophie Magazin* (Juni 2016), S. 70–75.
Grünbein, Durs: Weshalb ‹The Waste Land› das große, prophetische Poem unserer Zeit ist. In: *Die Zeit* (16.10.2008).
Hesse, Eva: *T.S. Eliot und ‚Das wüste Land'*. F.a.M.: Suhrkamp 1973.
Klengel, Susanne: ‚Algo sobre la particularidad': Gabriela Mistrals Beitrag zu einer kulturpolitischen Debatte im Kriegsjahr 1939/1940. In: David Schidlowsky/Olaf Gaudig u. a. (Hg.): *Zwischen Literatur und Philosophie. Suche nach dem Menschlichen. Festschrift zum 60. Geburtstag von Victor Farías*. Berlin: Wissenschaftlicher Verlag Berlin 2000, S. 207–220.
– Gabriela Mistral 1945 – Intellektuelle und Nobelpreisträgerin. In: dies.: *Die Rückeroberung der Kultur: lateinamerikanische Intellektuelle und das Europa der Nachkriegsjahre (1945–1952)*. Würzburg: Königshausen & Neumann 2011, S. 137–151.
– Literarische Beziehungen und Erfahrungswelten zwischen Lateinamerika, Europa und Indien: Bewegungen, Akteure, Repräsentationen Süd-Süd. In: Martina Kopf/Sascha Seiler (Hg.): *Komparatistische Blicke auf Europa und Lateinamerika*. Heidelberg: Winter 2016, S. 49–61.
Krebs, Angelika: *Zwischen Ich und Du – Eine dialogische Philosophie der Liebe*. Berlin: Suhrkamp 2015.
Küpper, Joachim: Zum romantischen Mythos der Subjektivität: Lamartines Invocation und Nervals ‚El Desdichado'. In: *Zeitschrift fur Französische Sprache und Literatur*. Vol. 98, Iss. 2 (1988), S. 137–165.
– ‹Erlebnis› und Dichtung in Gérard de Nervals ‚Voyage en Orient'. In: Dieter Ingenschay/Helmut Pfeiffer (Hg.): *Werk und Diskurs*. München: Fink 1999, S. 251–309.
Mateo, José Manuel: Realidad literaria y ficción jurídica. Sobre el proceso judicial contra José Revueltas por su participación en el movimiento estudiantil de 1968. Publikation steht noch aus. Online: https://www.academia.edu/37375168/REALIDAD_LITERARIA_Y_FICCI%C3%93N_JUR%C3%8DDICA (03.02.2019).
Merquior, José Guilherme: *Arte e Sociedade em Marcuse, Adorno e Benjamin. Ensaio crítico sobre a escola neohegeliana de Frankfurt*. Rio de Janeiro: Tempo Brasileiro 1969.
Philosophie Magazin, Sonderausgabe: Hannah Arendt – Die Freiheit des Denkens. Berlin (Juni 2016).
Provencio, Pedro: Rezension zu Palenzuela: El Hijo Pródigo y los exiliados españoles de Nilo Palenzuela. In: *Letras libres* (31.03.2002). Online: https://www.letraslibres.com/mexico-espana/libros/el-hijo-prodigo-y-los-exiliados-espanoles-nilo-palenzuela (11.11.2018).
Reyna Chávez, Mariana Elizabeth: *Erich Fromm en México. El psicoanálisis humanista y sus aportaciones a la cultura mexicana, 1949–1973*. Universidad Michoacana de San Nicolás de Hidalgo, Facultad de Historia 2010.
Rodríguez Gallardo, Adolfo: *José Vasconcelos: alfabetización, bibliotecas, lectura y edición*. Mexiko: UNAM, Secretaría de Desarrollo Institucional 2015.
Ruy Sánchez, Alberto: *Tristeza de la verdad: André Gide regresa de Rusia* [1991] Penguin Random House Grupo Editorial México 2017.

Sánchez Fernández, Juan Antonio: Bolaño y Tlatelolco. In: *Études Romanes de Brno* 33, 2 (2012), S. 132–143.
Sánchez Prado, Ignacio M.: Reading Benjamin in Mexico. Bolívar Echeverría and the Tasks of Latin American Philosophy. In: *Discourse*, 32.1 (Winter 2010), S. 37–65.
- *Intermitencias americanistas. Estudios y ensayos escogidos (2004–2010)*. Mexiko: UNAM 2012.
Santí, Enrico Mario: *Pablo Neruda: the poetics of prophecy*. Ithaca [u. a.]: Cornell UP 1982.
- Los dos Nerudas (1904–1973). In: *Letras Libres* (31.08.2004). Online: https://www.letras libres.com/mexico/los-dos-nerudas-1904-1973 (31.10.2018).
Schings, Hans-Jürgen: Käte Hamburger: ‹Die Logik der Dichtung› oder die andere Mimesis. Vortrag an der FUB (20.06.2017).
Stavans, Ilan: *The Poetry of Pablo Neruda*. New York: Farrar, Straus and Giroux 2003.
Thürmer-Rohr, Christina: Zum ‹dialogischen Prinzip› im politischen Denken von Hannah Arendt. In: *Zeitschrift für politisches Denken; Journal for political Thinking*. Ausgabe 1, Vol. 5 (Nov. 2009).
Vidaurre Arenas, Carmen V.: *Tlatelolco 1968, en tres obras literarias mexicanas*. Morelia: Univ. Michoacana de San Nicolás de Hidalgo 2008.
Young, Dolly J.: Mexican Literary Reactions to Tlatelolco 1968. In: *Latin American Research Review*, (01.01.1985), 20, 2; ProQuest, S. 71–85.
Zantop, Susanne: *Zeitbilder: Geschichte und Literatur bei Heinrich Heine und Mariano José de Larra*. Bonn: Bouvier 1988.
Zepp, Susanne: *Jorge Luis Borges und die Skepsis*. Stuttgart: Steiner 2003.

5.3.3 Geschichte, Literaturtheorie

Aguayo González, Olga Leticia: Disolución Social en México. In: *México: Enciclopedia Jurídica Online* (30.06.2015).
Arikha, Noga: *Passions and Tempers: A History of the Humours*. New York: Ecco 2007.
Asociación para la recuperación de la memoria histórica (ARMH), Spanien.
Aznar Soler, Manuel (Hg.): *El segundo congreso internacional de escritores para la defensa de la cultura (Valencia, Madrid, Barcelona, Paris, Juli 1937)*. Valencia: Generalitat Valenciana 1987.
Barba Ahuatzin, Beatriz/Blanco Padilla, Alicia (Hg.): *Iconografía mexicana VII. Atributos de las deidades femeninas*. Mexiko: INAH 2007.
　　Darin:
　　　- Barba Ahuatzin, Beatriz: Chalchiuhtlicue, diosa del agua. S. 67–81.
　　　- Cravioto Rubí, José de Jesús Alberto: Citlallicue, la de la falda de estrellas. S. 115–128.
Barraclough, Solon L.: The Legacy of Latin American Land Reform. In: NACLA (North American Congress on Latin America) (Hg.): *Report on the Americas*. Vol. 28, Iss. 3, New York: Routledge 1994.
Bauer, Wolfgang/Dümotz, Irmtraud u. a.: *Lexikon der Symbole*, 5. Aufl., Wiesbaden: Fourier 1984.
Bayerlein, Peter/Wahls, Werner: *Harenbergs Personenlexikon 20. Jahrhundert: Daten und Leistungen*. Dortmund: Harenberg Lexikon-Verlag 1992.
Bernecker, Walther L.: *Krieg in Spanien 1936–1939*. Darmstadt: Wiss. Buchgesellschaft 1991.
Bernecker, Walther L./Pietschmann, Horst: *Geschichte Spaniens: von der frühen Neuzeit bis zur Gegenwart*. Stuttgart [u. a.]: Kohlhammer 1993.

Bernecker, Walther L./Braig, Marianne u. a. (Hg.): *Mexiko heute. Politik, Wirtschaft und Kultur.* F.a.M.: Vervuert 2004.
Darin:
- Braig, Marianne: Fragmentierte Gesellschaft und Grenzen sozialer Politik. S. 271–308.
- Tobler, Hans Werner: Die Revolution und die Entwicklung Mexikos im 20. Jahrhundert. S. 65–85.

Bonfil Batalla, Guillermo: *México profundo: Una civilización negada*, Mexiko: Grijalbo 1990.

Borsò, Vittoria: *Mexicanidad als Identitätsdiskurs in den 30er Jahren.* In: dies.: *Mexiko jenseits der Einsamkeit. Versuch einer interkulturellen Analyse; kritischer Rückblick auf die Diskurse des magischen Realismus.* F.a.M.: Vervuert 1994, S. 128–140.

- Mexiko 1910–1968: Der Mythos der Revolution. In: Michael Rössner (Hg.): *Lateinamerikanische Literaturgeschichte.* Stuttgart/Weimar: Metzler 1995. S. 263–283.

Bosteels, Bruno: *Marx and Freud in Latin America. Politics, Psychoanalysis, and Religion in Times of Terror.* London/New York: Verso 2012.

Braig, Marianne: Benito Juarez. In: Nikolaus Werz (Hg.): *Populisten, Revolutionäre, Staatsmänner. Politiker in Lateinamerika.* Madrid/F.a.M.: Iberoamericana/Vervuert 2010, S. 126–142.

Braig, Marianne/Müller, Markus-Michael: Das politische System Mexikos. In: Klaus Stüwe/Stefan Rinke (Hg.): *Die politischen Systeme in Nord- und Lateinamerika. Eine Einführung.* Wiesbaden: VS-Verlag 2008, S. 388–415.

Broué, Pierre/Témime, Émile: *Revolution und Krieg in Spanien. Geschichte des spanischen Bürgerkrieges.* F.a.M.: Suhrkamp 1975.

Bronner, Yigal: *Extreme poetry the South Asian movement of simultaneous narration.* New York: Columbia UP 2010.

Brütting, Richard (Hg.): *Italien-Lexikon: Schlüsselbegriffe zu Geschichte, Gesellschaft, Wirtschaft, Politik, Justiz, Gesundheitswesen, Verkehr, Presse, Rundfunk, Kultur und Bildungseinrichtungen.* Berlin: Schmidt 1995.

Buhr, Manfred/Klaus, Georg: *Philosophisches Wörterbuch.* Bd. 2, Berlin: Verlag Das Europäische Buch 1970.

Bureau of Intelligence and Research, secret intelligence note: Mexican Student Riots Highly Embarrassing But Not a Threat to Stability (06.08.1968). Online: https://nsarchive2.gwu.edu/NSAEBB/NSAEBB99/ (08.02.2018).

Castañon, Adolfo u. a. (Hg.): *Academia Mexicana de la Lengua.* Online: http://www.academia.org.mx/Octavio-Paz (22.11.2017).

Cenotes. In: *Enciclopedia Yucatanense.* 2. Aufl., Mexiko: Gobierno de Yucatán 1977.

Centro Cultural Universitario Tlatelolco, Mexiko.

Chichén Itzá – The motions of Venus. In: *Exploratorium.* Online: http://www.exploratorium.edu/ancientobs/chichen/HTML/caracol3.html (09.10.2014).

Cohn, Deborah: *The Latin American Literary Boom and U. S. Nationalism During the Cold War.* Nashville: Vanderbilt UP 2012.

Cornils, Ingo/Waters, Sarah (Hg.): *Memories of 1968: International Perspectives.* Oxford: Peter Lang 2010.
Darin:
- Brewster, Claire: A Crisis of National Identity. S. 149–178.
- Fenoglio-Limón, Irene: Reading Mexico 1968: Literature, Memory and Politics. S. 299–319.

De Vos, Cornelis J.: *Heiliges Land und Nähe Gottes. Wandlungen alttestamentlicher Landvorstellungen in frühjüdischen und neutestamentlichen Schriften.* Göttingen: Vandenhoeck & Ruprecht 2012.
Debord, Guy: *Die Gesellschaft des Spektakels.* [1967] Berlin: Edition Tiamat 1996.
Der Neue Pauly. Cancik/Schneider/Landfester (Hg.). Brill Online 2015.
Derrida, Jacques: Die Struktur, das Zeichen und das Spiel im Diskurs der Wissenschaften vom Menschen [1976]. In: Dorothee Kimmich/Rolf G. Renner u. a. (Hg.): *Texte zur Literaturtheorie der Gegenwart.* Stuttgart: Reclam 1996, S. 304–317.
DFG-Schwerpunktprojekt 1688: *Ästhetische Eigenzeiten. Zeit und Darstellung in der polychronen Moderne.* Online: http://www.aesthetische-eigenzeiten.de/ (22.09.2016).
Día de Muertos. In: *Comisión Nacional para el Desarrollo de los Pueblos Indígenas,* Mexiko (18.10.2016). Online: https://www.gob.mx/cdi/articulos/conoces-el-significado-de-los-elementos-de-una-ofrenda-de-dia-de-muertos (31.07.2017).
Día de Muertos. In: *Excelsior* (26.10.2016). Online: http://www.excelsior.com.mx/nacional/2016/10/26/1124553 (31.07.2017).
Díaz del Castillo, Bernal: *Historia verdadera de la conquista de la Nueva España* [1568/1632], Mexiko: Editorial Pedro Robredo 1939.
Díaz, Carlos Eduardo: El gran muro de cráneos. El hallazgo del tzompantli de Tenochtitlan. In: *Revista Mexicanismo* (31.08.2015). Online: http://www.mexicanisimo.com.mx/el-gran-muro-de-craneos/ (14.01.2019).
Diccionario de la Real Academia Española (DRAE), Nachschlagewerk zur spanischen Sprache.
Diner, Dan: *Das Jahrhundert verstehen.* 2. Aufl., F.a.M.: Fischer 2001.
Doyle, Kate: The Corpus Christi Massacre. Mexico's Attack on its Student Movement, 10.06.1971. In: *National Security Archive of the George Washington University* (10.06.2003). Online: https://nsarchive2.gwu.edu/NSAEBB/NSAEBB91/ (14.01.2019).
– The Tlatelolco Massacre. U. S. Documents on Mexico and the Events of 1968. In: *National Security Archive of the George Washington University* (10.10.2003). Online: https://nsarchive2.gwu.edu/NSAEBB/NSAEBB99/ (14.01.2019).
Duden, Nachschlagewerk zur deutschen Sprache.
Yucatán. In: *Encyclopedia of the nations, Encyclopedia of Mexican States, Michoacán – Zacatecas.* Online: http://www.nationsencyclopedia.com/mexico/Michoac-n-Zacatecas/Yucat-n.html (16.09.2015).
Flood, Gavin: *An introduction to Hinduism.* Reprint., Cambridge: Cambridge UP 2000.
Florescano, Enrique: Muerte y resurrección del dios del maíz. In: *Nexos* (01.04.1993). Online: https://www.nexos.com.mx/?p=6742 (03.06.2018).
– *Quetzalcóatl y los mitos fundadores de Mesoamérica.* Mexiko: Taurus 2012.
Fonoteca Nacional. Online: http://www.fonotecanacional.gob.mx/ (14.03.2014).
Foster, David William: *Mexican Literature: A History.* Austin: University of Texas Press 1994.
Gallagher, Catherine/Stephen Greenblatt: *Practicing New Historicism.* Chicago: University of Chicago Press 2000.
Gallo, Rubén: *Freud en México. Historia de un delirio.* Übers. von Pablo Duarte. Mexiko: FCE 2013.
Gandler, Stefan: *Peripherer Marxismus. Kritische Theorie in Mexiko.* 1. Aufl., Hamburg/Berlin: Argument-Verlag 1999.
García, Horacio/Herrera, Norma: *Los señores del tiempo. Sistemas calendarios en Mesoamérica.* Mexiko: Pangea Ed. 1991.

García, Luis Ignacio: Escuela de Frankfurt en Sur. Condiciones y derivaciones de un incidente editorial. In: *Revista Sociedad*, Buenos Aires: Facultad de Ciencias Sociales (UBA) y Editorial Prometeo (2008), S. 153–173.
Gilcher-Holtey, Ingrid: *Eingreifendes Denken: die Wirkungschancen von Intellektuellen.* Weilerswist: Velbrück 2007, S. 86–124.
Gómez, Francisco/Otero, Silvia: Echeverría, bajo prisión preventiva domiciliaria. In: *El Universal* (01.07.2006). Online: http://archivo.eluniversal.com.mx/nacion/140139.html (14.01.2019)
Greenblatt, Stephen: *Was ist Literaturgeschichte?* F.a.M.: Suhrkamp 2000.
Graf, Philipp: Ante el Holocausto. El exilio comunista germano-parlante en la Ciudad de México, 1941–1946. In: Michaela Peters/Giovanni di Stefano (Hg.): *México como punto de fuga real o imaginario de la cultura europea en la víspera de la Segunda Guerra Mundial,* München: Peter Lang 2011, S. 239–259.
Grijalva, Aidé: Participación estudiantil y política nacional universitaria. La creación de la Escuela de Derecho de la Universidad Autónoma de Baja California. In: David Piñera Ramírez (Hg.): *La educación superior en el proceso histórico de México*, Bd. 3, Mexicali: UABC 2002.
Guevara, Ernesto Che: El socialismo y el hombre en Cuba. In: *Marcha* (12.03.1965). Online: https://www.marxists.org/espanol/guevara/65-socyh.htm (02.02.2019).
Gumbrecht, Hans Ulrich: *Eine Geschichte der spanischen Literatur.* F.a.M.: Suhrkamp 1990.
– *Nach 1945: Latenz als Ursprung der Gegenwart.* Übers. von Frank Born. 1. Aufl., Berlin: Suhrkamp 2012.
Hamburger, Käte: *Die Logik der Dichtung.* [1957] 2., stark veränd. Aufl., Stuttgart: Klett 1968.
Hinck, Walter: *Geschichtsdichtung.* Göttingen: Vandenhoeck & Ruprecht 1995.
Ibarra Marquez, Sebastian: Yucatán, tierra de maravillas (10.10.2014). Online: http://ciudaddeyucatan.blogspot.de/ (23.09.2016).
Jaeger, Friedrich/Rüsen, Jörn: *Geschichte des Historismus: eine Einführung.* München: Beck 1992.
Jay, Martin: *The Dialectical Imagination. A history of the Frankfurt School and the Institute of Social Research 1923–1950.* Canada: Little Brown & Co 1973.
Judt, Tony: *Das vergessene 20. Jahrhundert. Die Rückkehr des politischen Intellektuellen.* F.a.M.: Fischer 2011.
Klee, Nemo: Kollektives Gedächtnis, Herrschaft und Befreiung. Theoretische und persönliche Überlegungen. In: *Grundrisse 16,* Wien (17.03.2006). Online: http://www.grundrisse.net/grundrisse16/16nemo_klee.htm (02.02.2019).
Klengel, Susanne: *Amerika-Diskurse der Surrealisten. ‚Amerika' als Vision und als Feld heterogener Erfahrungen.* Berlin/Heidelberg: Metzler 1994.
Klengel, Susanne/Ortiz Wallner, Alexandra: A New Poetics and Politics of Thinking Latin America / India. Sur / South and a Different Orientalism. In: dies. (Hg.): *Sur/South: Poetics and Politics of Thinking Latin America /India.* Madrid: Vervuert 2016, S. 7–26.
Koenen, Gerd: *Traumpfade der Weltrevolution. Das Guevara-Projekt.* Köln: KiWi 2008.
– *Was war der Kommunismus?* Göttingen: Vandenhoeck & Ruprecht 2010.
König, Hans-Joachim: *Kleine Geschichte Lateinamerikas.* Stuttgart: Reclam 2006.
Koselleck, Reinhart: *Zeitschichten. Studien zur Historik.* F.a.M.: Suhrkamp 2000.
Krumpel, Heinz: *Die deutsche Philosophie in Mexiko. Ein Beitrag zur interkulturellen Verständigung seit Alexander von Humboldt.* F.a.M.: Peter Lang 1999.
Kühn, Detlef: Der neue Mensch. Zur trügerischen Vision menschlicher Vollkommenheit. (16.12.2014). In: Bundeszentrale für politische Bildung (Hg.): *Aus Politik und Zeitgeschichte,* Jahresband 2014.

Küpper, Joachim: Tradierter Kosmos und Neue Welt. Die Entdeckungen und der Beginn der Geschichtlichkeit. In: Maria Moog-Grünewald (Hg.): *Das Neue. Eine Denkfigur der Moderne*. Heidelberg: Winter 2002, S. 185–207.
Labastida, Jaime: La poesía mexicana (1965–1976). In: *Revista de la universidad*. Mexiko: UNAM 1976, S. 1–9.
Latorre, Robert: *Matanza de Tlatelolco*. Tomlinson-De Onis Productions for Discovery Channel Latin America/USH 2010.
León-Portilla, Miguel: *Tiempo y realidad en el pensamiento maya*. Mexiko: UNAM 1968, Neuauflage 1986.
– *Visión de los vencidos. Relaciones indígenas de la Conquista*, Mexiko: UNAM 2008.
León-Portilla, Miguel/Matos Moctezuma, Eduardo u. a.: *Quetzalcóatl y su época*. Mexiko: Ed. México Desconocido 2002.
Lévi-Strauss, Claude: *Mythologiques*. Paris: Plon, Bd. I-IV erschienen zwischen 1964–1971.
– *Anthropologie Structurale*. Paris: Plon 1974.
Lewis, Pericles: *Cambridge Introduction to Modernism*. Cambridge: UP 2007.
López Austin, Alfredo/Millones, Luis: *Dioses del norte, dioses del sur: religiones y cosmovisión en Mesoamérica y los Andes*. Lima: IEP, Inst. de Estudios Peruanos 2008.
Lugschitz, Renée: *Spanienkämpferinnen. Ausländische Frauen im spanischen Bürgerkrieg 1936–1939*. Münster: Lit Verlag 2012.
Mannheim, Karl: *Wissenssoziologie*. Herausgegeben von Kurt H. Wolff. Berlin: Luchterhand 1964.
Martínez Ahrens, Jan: La pareja que bailaba entre los cadáveres. In: *El País* (12.10.2014). Online: https://elpais.com/internacional/2014/10/12/actualidad/1413144418_433976.html (03.02.2019).
Matos Moctezuma, Eduardo/Solís, Felipe: *El calendario azteca y otros monumentos solares*. Mexiko: Conaculta, Azabache 2004.
Matos Moctezuma, Eduardo: *La Piedra del Sol*. Mexiko: FCE 2000.
Mendez Ortiz, Alfredo: Giran orden de aprehensión contra Echeverría Alvarez por genocidio. In: *La Jornada* (30.11.2006). Online: https://www.jornada.com.mx/2006/11/30/index.php?section=politica&article=020n1pol (03.02.2019).
México. Cultura, Ciudades, Naturaleza. Guías TresD. Madrid: Anaya 2007.
Meyer, Lorenzo: *Historia general de México*. Mexiko: Colmex 1976.
Mulsow, Martin/Stamm, Marcelo (Hg.): *Konstellationsforschung*. F.a.M.: Suhrkamp 2005.
Museo Antiguo Colegio de San Ildefonso, Mexiko. Online: http://www.sanildefonso.org.mx/acerca_de.php (14.01.2017).
Museum der Belgischen Nationalbank, Brüssel. Online: http://www.nbbmuseum.be/de/2013/03/kakao.htm (02.10.2015).
Museo del Templo Mayor, Mexiko. Online: http://www.templomayor.inah.gob.mx/salas-del-museo/sala-4-huitzilopochtli (04.10.2016).
Nobelprize.org. Nobel Media AB 2014.
Noticias Bolivarianas. Online: https://vulcano.wordpress.com/2007/08/08/la-democracia-lo-absoluto-y-lo-relativo-por-octavio-paz/ (22.11.2016).
Oettl, Barbara: *Weiss in der Kunst des 20. Jahrhunderts; Studien zur Kulturgeschichte einer Farbe*. Regensburg: Schnell & Steiner 2008.
Ohne Autor: Krawtschenko-Prozess: In vielen schönen Worten. In: *Der Spiegel* (09.04.1949), S. 12–13.

Ordaz, Pablo: El ex presidente Echeverría, absuelto de los cargos de genocidio por la matanza de Tlatelolco. In: *El País* (27.03.2009). Online: https://elpais.com/internacional/2009/03/27/actualidad/1238108412_850215.html (03.02.2019).
Ortega, Roberto Diego: 1968: El ambiente y los hechos. Una cronología. In: *Nexos* (01.09.1978). Online: https://www.nexos.com.mx/?p=3199 (03.02.2019).
Pierer's Universal-Lexikon, Bd. 1. Altenburg 1857, S. 179. Online: http://www.zeno.org/nid/20009314210 (13.12.2015).
Probst, Maximiliam: Ich, wir, sie. In: *Die Zeit*, Nr. 28 (06.07.2008). Online: https://www.zeit.de/2008/28/ST-Gemeinschaft-NL (03.02.2019).
Raunig, Gerald: Etwas Mehr als das Commune. Dividuum und Condividualität. In: *Grundrisse, zeitschrift für linke theorie & debatte*, Nr. 35 Wien (2011). Online: http://www.grundrisse.net/grundrisse35/Etwas_Mehr_als_das_Commune.htm (03.02.2019).
Romero, Nicolás: El chinaco. In: *El Informativo*, ohne Datum. Online: http://elinformativo.mx.tripod.com/nromero/id4.html (03.02.2019).
Roscher, Wilhelm Heinrich: *Beiträge zur Zahlensymbolik der Griechen und anderer Völker* [1904]. Hildesheim [u. a.]: Olms 2003.
Rothenburg, Franz: UdSSR: Mörderin und doch Mutter? Lehre des Rousset-Prozesses. In: *Die Zeit* (18.01.1951). Online: https://www.zeit.de/1951/03/udssr-moerderin-und-doch-mutter (03.02.2019).
Sloterdijk, Peter: *Sphären II – Globen*. Berlin: Suhrkamp 1999.
Sontag, Susan: Walter Benjamin: el último intelectual. Übers. von Tomás Segovia. In: *Vuelta*, Nr. 30 (Mai 1979), S. 4–12.
Stöver, Bernd: *Der Kalte Krieg, 1947–1991. Geschichte eines radikalen Zeitalters*. München: Beck 2007.
Tenorio, Rafael: Las matanzas de Badajoz. In: *Tiempo de Historia*, Nr. 56 (Juli 1979), S. 4–11.
Tlatelolco Museum, Mexiko. Online: http://www.tlatelolco.unam.mx/exposiciones/memorial-68/. (15.03.2014).
Todorov, Tzvetan: Cortés y los signos. In: *La conquista de América. El problema del otro*, Mexiko: Siglo Veintiuno 1987, S. 106–136.
Valle, Gustavo: Monte Avila: el aporte argentino. Un premiado escritor venezolano revela el fundamental papel que cumplieron los traductores argentinos en el desarrollo de una importante editorial de su país. In: *Clarín* (24.09.2012).
Verein für kritische Geschichtsschreibung e.V. (Hg.): *Die Farbe «weiß»*. Essen: Klartext 2005.
Wardropper, Bruce W.: The Poetry of Ruins in the Golden Age. In: *Revista Hispánica Moderna*, Jahr 35, Nr. 4 (1969), S. 295–305.
Weiss, Sandra: Tödlicher Wahlkampf in Mexiko. In: *Der Standard* (31.05.2015) Online: https://derstandard.at/2000016632424/Toedlicher-Wahlkampf-in-Mexiko (03.02.2019).
Wiggershaus, Rolf: *Die Frankfurter Schule: Geschichte, theoretische Entwicklung, politische Bedeutung*. München [u. a.]: Hanser, dtv 1988.
Wilke, Jürgen: *Das Zeitgedicht*. Meisenheim am Glan: Anton Hain 1974.
Winkler, Heinrich August: *Geschichte des Westens* [3], *Vom Kalten Krieg zum Mauerfall*. München: C. H. Beck 2014.
Xochicalco. Online: http://whc.unesco.org/en/list/939 (27.03.2015).
Zermeño, Sergio: *México, una democracia utópica: el movimiento estudiantil del 68*. [1978] Mexiko: Siglo XXI 2003.

6 Anhang

6.1 Gedichte von Octavio Paz

6.1.1 «La vida sencilla» (1945)

Llamar al pan y que aparezca
sobre el mantel el pan de cada día;
darle al sudor lo suyo y darle al sueño
y al breve paraíso y al infierno
y al cuerpo y al minuto lo que piden;
reír como el mar ríe, el viento ríe,
sin que la risa suene a vidrios rotos;
beber y en la embriaguez asir la vida,
bailar el baile sin perder el paso,
tocar la mano de un desconocido
en un día de piedra y agonía
y que esa mano tenga la firmeza
que no tuvo la mano del amigo;
probar la soledad sin que el vinagre
haga torcer mi boca, ni repita
mis muecas el espejo, ni el silencio
se erice con los dientes que rechinan:
estas cuatro paredes – papel, yeso,
alfombra rala y foco amarillento –
no son aún el prometido infierno;
que no me duela más aquel deseo,
helado por el miedo, llaga fría,
quemadura de labios no besados:
el agua clara nunca se detiene
y hay frutas que se caen de maduras;
saber partir el pan y repartirlo,
el pan de una verdad común a todos,
verdad de pan que a todos nos sustenta,
por cuya levadura soy un hombre,
un semejante entre mis semejantes;
pelear por la vida de los vivos,
dar la vida a los vivos, a la vida,
y enterrar a los muertos y olvidarlos
como la tierra los olvida: en frutos...
Y que a la hora de mi muerte logre
morir como los hombres y me alcance
el perdón y la vida perdurable del polvo,
de los frutos y del polvo.

6.1.2 «La calle» (1946)

Es una calle larga y silenciosa.
Ando en tinieblas y tropiezo y caigo
y me levanto y piso con pies ciegos
las piedras mudas y las hojas secas
y alguien detrás de mí también las pisa:
si me detengo, se detiene;
si corro, corre. Vuelvo el rostro: nadie.
Todo está oscuro y sin salida,
y doy vueltas y vueltas en esquinas
que dan siempre a la calle
donde nadie me espera ni me sigue,
donde yo sigo a un hombre que tropieza
y se levanta y dice al verme: nadie.

6.1.3 «Nocturno de San Ildefonso» (1975) Teil 3

El muchacho que camina por este poema,
entre San Ildefonso y el Zócalo,
es el hombre que lo escribe:
       esta página
también es una caminata nocturna.
         Aquí encarnan
los espectros amigos,
      las ideas se disipan.
El bien, quisimos el bien:
       enderezar al mundo.
No nos faltó entereza:
     nos faltó humildad.
Lo que quisimos no lo quisimos con inocencia.
Preceptos y conceptos,
      soberbia de teólogos:
golpear con la cruz,
      fundar con sangre,
levantar la casa con ladrillos de crimen,
decretar la comunión obligatoria.
       Algunos
se convirtieron en secretarios de los secretarios
del Secretario General del Infierno.
        La rabia
se volvió filosofía,
    su baba ha cubierto al planeta.
La razón descendió a la tierra,

tomó la forma del patíbulo
                          —y la adoran millones.
Enredo circular:
              todos hemos sido,
en el Gran Teatro del Inmundo;
jueces, verdugos, víctimas, testigos,
                                    todos
hemos levantado falso testimonio
                              contra los otros
y contra nosotros mismos.
                        Y lo más vil: fuimos
el público que aplaude o bosteza en su butaca.
La culpa que no se sabe culpa,
                              la inocencia,
fue la culpa mayor.
                  Cada año fue monte de huesos.

Conversiones, retractaciones, excomuniones,
reconciliaciones, apostasías, abjuraciones,
zig-zag de las demonolatrías y las androlatrías,
los embrujamientos y las desviaciones:
mi historia,
            ¿son las historias de un error?
La historia es el error.
                       La verdad es aquello,
más allá de las fechas,
                      más acá de los nombres,
que la historia desdeña:
                       el cada día
—latido anónimo de todos,
                         latido
único de cada uno—,
                   el irrepetible
cada día idéntico a todos los días.
                                  La verdad
es el fondo del tiempo sin historia.
                                   El peso
del instante que no pesa:
                        unas piedras con sol,
vistas hace ya mucho y que hoy regresan,
piedras de tiempo que son también de piedra
bajo este sol de tiempo,
sol que viene de un día sin fecha,
                                 sol
que ilumina estas palabras,
                          sol de palabras
que se apaga al nombrarlas.

         Arden y se apagan
soles, palabras, piedras:
           el instante los quema
sin quemarse.
        Oculto, inmóvil, intocable,
el presente —no sus presencias— está siempre.

Entre el hacer y el ver,
          acción o contemplación,
escogí el acto de palabras:
           hacerlas, habitarlas,
dar ojos al lenguaje.
       La poesía no es la verdad:
es la resurrección de las presencias,
             la historia
transfigurada en la verdad del tiempo no fechado.
La poesía,
   como la historia, se hace;
            la poesía,
como la verdad, se ve.
      La poesía:
         encarnación
del sol-sobre-las-piedras en un nombre,
             disolución
del nombre en un más allá de las piedras.
La poesía,
   puente colgante entre historia y verdad,
no es camino hacia esto o aquello:
             es ver
la quietud en el movimiento,
         el tránsito
en la quietud.
     La historia es el camino:
no va a ninguna parte,
        todos lo caminamos,
la verdad es caminarlo.
        No vamos ni venimos:
estamos en las manos del tiempo.
         La verdad:
sabernos,
   desde el origen,
        suspendidos.
Fraternidad sobre el vacío.

6.1.4 «Piedra de Sol» (1957)

La treizième revient... c'est encore la première;
et c'est toujours la seule – ou c'est le seul moment;
car es-tu reine, ô toi, la première ou dernière?
es-tu roi, toi le seul ou le dernier amant?
Gérard de Nerval (Arthémis)

1   un sauce de cristal, un chopo de agua,
2   un alto surtidor que el viento arquea,
3   un árbol bien plantado mas danzante,
4   un caminar de río que se curva,
5   avanza, retrocede, da un rodeo
6   y llega siempre:
                    un caminar tranquilo
7   de estrella o primavera sin premura,
8   agua que con los párpados cerrados
9   mana toda la noche profecías,
10   unánime presencia en oleaje,
11   ola tras ola hasta cubrirlo todo,
12   verde soberanía sin ocaso
13   como el deslumbramiento de las alas
14   cuando se abren en mitad del cielo,
15   un caminar entre las espesuras
16   de los días futuros y el aciago
17   fulgor de la desdicha como un ave
18   petrificando el bosque con su canto
19   y las felicidades inminentes
20   entre las ramas que se desvanecen,
21   horas de luz que pican ya los pájaros,
22   presagios que se escapan de la mano,

23   una presencia como un canto súbito,
24   como el viento cantando en el incendio,
25   una mirada que sostiene en vilo
26   al mundo con sus mares y sus montes,
27   cuerpo de luz filtrado por un ágata,
28   piernas de luz, vientre de luz, bahías,
29   roca solar, cuerpo color de nube,
30   color de día rápido que salta,
31   la hora centellea y tiene cuerpo,
32   el mundo ya es visible por tu cuerpo,
33   es transparente por tu transparencia,

34   voy entre galerías de sonidos,
35   fluyo entre las presencias resonantes,
36   voy por las transparencias como un ciego,

37 un reflejo me borra, nazco en otro,
38 oh bosque de pilares encantados,
39 bajo los arcos de la luz penetro
40 los corredores de un otoño diáfano,

41 voy por tu cuerpo como por el mundo,
42 tu vientre es una plaza soleada,
43 tus pechos dos iglesias donde oficia
44 la sangre sus misterios paralelos,
45 mis miradas te cubren como yedra,
46 eres una ciudad que el mar asedia,
47 una muralla que la luz divide
48 en dos mitades de color durazno,
49 un paraje de sal, rocas y pájaros
50 bajo la ley del mediodía absorto,

51 vestida del color de mis deseos
52 como mi pensamiento vas desnuda,
53 voy por tus ojos como por el agua,
54 los tigres beben sueño de esos ojos,
55 el colibrí se quema en esas llamas,
56 voy por tu frente como por la luna,
57 como la nube por tu pensamiento,
58 voy por tu vientre como por tus sueños,
59 tu falda de maíz ondula y canta,
60 tu falda de cristal, tu falda de agua,
61 tus labios, tus cabellos, tus miradas,
62 toda la noche llueves, todo el día
63 abres mi pecho con tus dedos de agua,
64 cierras mis ojos con tu boca de agua,
65 sobre mis huesos llueves, en mi pecho
66 hunde raíces de agua un árbol líquido,

67 voy por tu talle como por un río,
68 voy por tu cuerpo como por un bosque,
69 como por un sendero en la montaña
70 que en un abismo brusco se termina
71 voy por tus pensamientos afilados
72 y a la salida de tu blanca frente
73 mi sombra despeñada se destroza,
74 recojo mis fragmentos uno a uno
75 y prosigo sin cuerpo, busco a tientas,

76 corredores sin fin de la memoria,
77 puertas abiertas a un salón vacío
78 donde se pudren todos lo veranos,
79 las joyas de la sed arden al fondo,
80 rostro desvanecido al recordarlo,

81 mano que se deshace si la toco,
82 cabelleras de arañas en tumulto
83 sobre sonrisas de hace muchos años,

84 a la salida de mi frente busco,
85 busco sin encontrar, busco un instante,
86 un rostro de relámpago y tormenta
87 corriendo entre los árboles nocturnos,
88 rostro de lluvia en un jardín a obscuras,
89 agua tenaz que fluye a mi costado,

90 busco sin encontrar, escribo a solas,
91 no hay nadie, cae el día, cae el año,
92 caigo en el instante, caigo al fondo,
93 invisible camino sobre espejos
94 que repiten mi imagen destrozada,
95 piso días, instantes caminados,
96 piso los pensamientos de mi sombra,
97 piso mi sombra en busca de un instante,
98 busco una fecha viva como un pájaro,
99 busco el sol de las cinco de la tarde
100 templado por los muros de tezontle:
101 la hora maduraba sus racimos
102 y al abrirse salían las muchachas
103 de su entraña rosada y se esparcían
104 por los patios de piedra del colegio,
105 alta como el otoño caminaba
106 envuelta por la luz bajo la arcada
107 y el espacio al ceñirla la vestía
108 de una piel más dorada y transparente,

109 tigre color de luz, pardo venado
110 por los alrededores de la noche,
111 entrevista muchacha reclinada
112 en los balcones verdes de la lluvia,
113 adolescente rostro innumerable,
114 he olvidado tu nombre, Melusina,
115 Laura, Isabel, Perséfona, María,
116 tienes todos los rostros y ninguno,
117 eres todas las horas y ninguna,
118 te pareces al árbol y a la nube,
119 eres todos los pájaros y un astro,
120 te pareces al filo de la espada
121 y a la copa de sangre del verdugo,
122 yedra que avanza, envuelve y desarraiga
123 al alma y la divide de sí misma,

124 escritura de fuego sobre el jade,
125 grieta en la roca, reina de serpientes,
126 columna de vapor, fuente en la peña,
127 circo lunar, peñasco de las águilas,
128 grano de anís, espina diminuta
129 y mortal que da penas inmortales,
130 pastora de los valles submarinos
131 y guardiana del valle de los muertos,
132 liana que cuelga del cantil del vértigo,
133 enredadera, planta venenosa,
134 flor de resurrección, uva de vida,
135 señora de la flauta y del relámpago,
136 terraza del jazmín, sal en la herida,
137 ramo de rosas para el fusilado,
138 nieve en agosto, luna del patíbulo,
139 escritura del mar sobre el basalto,
140 escritura del viento en el desierto,
141 testamento del sol, granada, espiga,

142 rostro de llamas, rostro devorado,
143 adolescente rostro perseguido
144 años fantasmas, días circulares
145 que dan al mismo patio, al mismo muro,
146 arde el instante y son un solo rostro
147 los sucesivos rostros de la llama,
148 todos los nombres son un solo nombre
149 todos los rostros son un solo rostro,
150 todos los siglos son un solo instante
151 y por todos los siglos de los siglos
152 cierra el paso al futuro un par de ojos,

153 no hay nada frente a mí, sólo un instante
154 rescatado esta noche, contra un sueño
155 de ayuntadas imágenes soñado,
156 duramente esculpido contra el sueño,
157 arrancado a la nada de esta noche,
158 a pulso levantado letra a letra,
159 mientras afuera el tiempo se desboca
160 y golpea las puertas de mi alma
161 el mundo con su horario carnicero,

162 sólo un instante mientras las ciudades,
163 los nombres, lo sabores, lo vivido,
164 se desmoronan en mi frente ciega,
165 mientras la pesadumbre de la noche
166 mi pensamiento humilla y mi esqueleto,
167 y mi sangre camina más despacio

168　y mis dientes se aflojan y mis ojos
169　se nublan y los días y los años
170　sus horrores vacíos acumulan,

171　mientras el tiempo cierra su abanico
172　y no hay nada detrás de sus imágenes
173　el instante se abisma y sobrenada
174　rodeado de muerte, amenazado
175　por la noche y su lúgubre bostezo,
176　amenazado por la algarabía
177　de la muerte vivaz y enmascarada
178　el instante se abisma y se penetra,
179　como un puño se cierra, como un fruto
180　que madura hacia dentro de sí mismo
181　y a sí mismo se bebe y se derrama
182　el instante translúcido se cierra
183　y madura hacia dentro, echa raíces,
184　crece dentro de mí, me ocupa todo,
185　me expulsa su follaje delirante,
186　mis pensamientos sólo son sus pájaros,
187　su mercurio circula por mis venas,
188　árbol mental, frutos sabor de tiempo,

189　oh vida por vivir y ya vivida,
190　tiempo que vuelve en una marejada
191　y se retira sin volver el rostro,
192　lo que pasó no fue pero está siendo
193　y silenciosamente desemboca
194　en otro instante que se desvanece:
195　frente a la tarde de salitre y piedra
196　armada de navajas invisibles
197　una roja escritura indescifrable
198　escribes en mi piel y esas heridas
199　como un traje de llamas me recubren,
200　ardo sin consumirme, busco el agua
201　y en tus ojos no hay agua, son de piedra,
202　y tus pechos, tu vientre, tus caderas
203　son de piedra, tu boca sabe a polvo,
204　tu boca sabe a tiempo emponzoñado,
205　tu cuerpo sabe a pozo sin salida,
206　pasadizo de espejos que repiten
207　los ojos del sediento, pasadizo
208　que vuelve siempre al punto de partida,
209　y tú me llevas ciego de la mano
210　por esas galerías obstinadas
211　hacia el centro del círculo y te yergues
212　como un fulgor que se congela en hacha,

213 como luz que desuella, fascinante
214 como el cadalso para el condenado,
215 flexible como el látigo y esbelta
216 como un arma gemela de la luna,
217 y tus palabras afiladas cavan
218 mi pecho y me despueblan y vacían,
219 uno a uno me arrancas los recuerdos,
220 he olvidado mi nombre, mis amigos
221 gruñen entre los cerdos o se pudren
222 comidos por el sol en un barranco,

223 no hay nada en mí sino una larga herida,
224 una oquedad que ya nadie recorre,
225 presente sin ventanas, pensamiento
226 que vuelve, se repite, se refleja
227 y se pierde en su misma transparencia,
228 conciencia traspasada por un ojo
229 que se mira mirarse hasta anegarse
230 de claridad:
      yo vi tu atroz escama,
231 Melusina, brillar verdosa al alba,
232 dormías enroscada entre las sábanas
233 y al despertar gritaste como un pájaro
234 y caíste sin fin, quebrada y blanca,
235 nada quedó de ti sino tu grito,
236 y al cabo de los siglos me descubro
237 con tos y mala vista, barajando
238 viejas fotos:
      no hay nadie, no eres nadie,
239 un montón de ceniza y una escoba,
240 un cuchillo mellado y un plumero,
241 un pellejo colgado de unos huesos,
242 un racimo ya seco, un hoyo negro
243 y en el fondo del hoyo los dos ojos
244 de una niña ahogada hace mil años,

245 miradas enterradas en un pozo,
246 miradas que nos ven desde el principio,
247 mirada niña de la madre vieja
248 que ve en el hijo grande un padre joven,
249 mirada madre de la niña sola
250 que ve en el padre grande un hijo niño,
251 miradas que nos miran desde el fondo
252 de la vida y son trampas de la muerte
253 ¿o es al revés: caer en esos ojos
254 es volver a la vida verdadera?,

255 ¡caer, volver, soñarme y que me sueñen
256 otros ojos futuros, otra vida,
257 otras nubes, morirme de otra muerte!
258 esta noche me basta, y este instante
259 que no acaba de abrirse y revelarme
260 dónde estuve, quién fui, cómo te llamas,
261 cómo me llamo yo:
                    ¿hacía planes
262 para el verano – y todos los veranos –
263 en Christopher Street, hace diez años,
264 con Filis que tenía dos hoyuelos
265 donde bebían luz los gorriones?,
266 ¿por la Reforma Carmen me decía
267 »no pesa el aire, aquí siempre es octubre«,
268 se lo dijo a otro que he perdido
269 yo lo invento y nadie me lo ha dicho?,
270 ¿caminé por la noche de Oaxaca,
271 inmensa y verdinegra como un árbol,
272 hablando solo como el viento loco
273 y al llegar a mi cuarto – siempre un cuarto –
274 no me reconocieron los espejos?,
275 ¿desde el hotel Vernet vimos al alba
276 bailar con los castaños – »ya es muy tarde«
277 decías al peinarte y yo veía
278 manchas en la pared, sin decir nada?,
279 ¿subimos juntos a la torre,
280 vimoscaer la tarde desde el arrecife?
281 ¿comimos uvas en Bidart?, ¿compramos
282 gardenias en Perote?,
                         nombres, sitios,
283 calles y calles, rostros, plazas, calles,
284 estaciones, un parque, cuartos solos,
285 manchas en la pared, alguien se peina,
286 alguien canta a mi lado, alguien se viste,
287 cuartos, lugares, calles, nombres, cuartos,

288 Madrid, 1937,
289 en la Plaza del Ángel las mujeres
290 cosían y cantaban con sus hijos,
291 después sonó la alarma y hubo gritos,
292 casas arrodilladas en el polvo,
293 torres hendidas, frentes esculpidas
294 y el huracán de los motores, fijo:
295 los dos se desnudaron y se amaron
296 por defender nuestra porción eterna,
297 nuestra ración de tiempo y paraíso,
298 tocar nuestra raíz y recobrarnos,

299 recobrar nuestra herencia arrebatada
300 por ladrones de vida hace mil siglos,
301 los dos se desnudaron y besaron
302 porque las desnudeces enlazadas
303 saltan el tiempo y son invulnerables,
304 nada las toca, vuelven al principio,
305 no hay tú ni yo, mañana, ayer ni nombres,
306 verdad de dos en sólo un cuerpo y alma,
307 oh ser total...
      cuartos a la deriva
308 entre ciudades que se van a pique,
309 cuartos y calles, nombres como heridas,
310 el cuarto con ventanas a otros cuartos
311 con el mismo papel descolorido
312 donde un hombre en camisa lee el periódico
313 plancha una mujer; el cuarto claro
314 que visitan las ramas de un durazno;
315 el otro cuarto: afuera siempre llueve
316 y hay un patio y tres niños oxidados;
317 cuartos que son navíos que se mecen
318 en un golfo de luz; o submarinos:
319 el silencio se esparce en olas verdes,
320 todo lo que tocamos fosforece;
321 mausoleos de lujo, ya roídos
322 los retratos, raídos los tapetes;
323 trampas, celdas, cavernas encantadas,
324 pajareras y cuartos numerados,
325 todos se transfiguran, todos vuelan,
326 cada moldura es nube, cada puerta
327 da al mar, al campo, al aire, cada mesa
328 es un festín; cerrados como conchas
329 el tiempo inútilmente los asedia,
330 no hay tiempo ya, ni muro: ¡espacio, espacio,
331 abre la mano, coge esta riqueza,
332 corta los frutos, come de la vida,
333 tiéndete al pie del árbol, bebe el agua!,

334 todo se transfigura y es sagrado,
335 es el centro del mundo cada cuarto,
336 es la primera noche, el primer día,
337 el mundo nace cuando dos se besan,
338 gota de luz de entrañas transparentes
339 el cuarto como un fruto se entreabre
340 estalla como un astro taciturno
341 y las leyes comidas de ratones,
342 las rejas de los bancos y las cárceles,
343 las rejas de papel, las alambradas,

344 los timbres y las púas y los pinchos,
345 el sermón monocorde de las armas,
346 el escorpión meloso y con bonete,
347 el tigre con chistera, presidente
348 del Club Vegetariano y la Cruz Roja,
349 el burro pedagogo, el cocodrilo
350 metido a redentor, padre de pueblos,
351 el Jefe, el tiburón, el arquitecto
352 del porvenir, el cerdo uniformado,
353 el hijo predilecto de la Iglesia
354 que se lava la negra dentadura
355 con el agua bendita y toma clases
356 de inglés y democracia, las paredes
357 invisibles, las máscaras podridas
358 que dividen al hombre de los hombres,
359 al hombre de sí mismo,
se derrumban
360 por un instante inmenso y vislumbramos
361 nuestra unidad perdida, el desamparo
362 que es ser hombres, la gloria que es ser hombres
363 y compartir el pan, el sol, la muerte,
364 el olvidado asombro de estar vivos;

365 amar es combatir, si dos se besan
366 el mundo cambia, encarnan los deseos,
367 el pensamiento encarna, brotan las alas
368 en las espaldas del esclavo, el mundo
369 es real y tangible, el vino es vino,
370 el pan vuelve a saber, el agua es agua,
371 amar es combatir, es abrir puertas,
372 dejar de ser fantasma con un número
373 a perpetua cadena condenado
374 por un amo sin rostro;
                    el mundo cambia
375 si dos se miran y se reconocen,
376 amar es desnudarse de los nombres:
377 »déjame ser tu puta«, son palabras
378 de Eloísa, mas él cedió a las leyes,
379 la tomó por esposa y como premio
380 lo castraron después;
                    mejor el crimen,
381 los amantes suicidas, el incesto
382 de los hermanos como dos espejos
383 enamorados de su semejanza,
384 mejor comer el pan envenenado,
385 el adulterio en lechos de ceniza,
386 los amores feroces, el delirio,

387 su yedra ponzoñosa, el sodomita
388 que lleva por clavel en la solapa
389 un gargajo, mejor ser lapidado
390 en las plazas que dar vuelta a la noria
391 que exprime la substancia de la vida,
392 cambia la eternidad en horas huecas,
393 los minutos en cárceles, el tiempo
394 en monedas de cobre y mierda abstracta;

395 mejor la castidad, flor invisible
396 que se mece en los tallos del silencio,
397 el difícil diamante de los santos
398 que filtra los deseos, sacia al tiempo,
399 nupcias de la quietud y el movimiento,
400 canta la soledad en su corola,
401 pétalo de cristal en cada hora,
402 el mundo se despoja de sus máscaras
403 y en su centro, vibrante transparencia,
404 lo que llamamos Dios, el ser sin nombre,
405 se contempla en la nada, el ser sin rostro
406 emerge de sí mismo, sol de soles,
407 plenitud de presencias y de nombres;

408 sigo mi desvarío, cuartos, calles,
409 camino a tientas por los corredores
410 del tiempo y subo y bajo sus peldaños
411 y sus paredes palpo y no me muevo,
412 vuelvo donde empecé, busco tu rostro,
413 camino por las calles de mí mismo
414 bajo un sol sin edad, y tú a mi lado
415 caminas como un árbol, como un río
416 caminas y me hablas como un río,
417 creces como una espiga entre mis manos,
418 lates como una ardilla entre mis manos,
419 vuelas como mil pájaros, tu risa
420 me ha cubierto de espumas, tu cabeza
421 es un astro pequeño entre mis manos,
422 el mundo reverdece si sonríes
423 comiendo una naranja,
                              el mundo cambia
424 si dos, vertiginosos y enlazados,
425 caen sobre la yerba: el cielo baja,
426 los árboles ascienden, el espacio
427 sólo es luz y silencio, sólo espacio
428 abierto para el águila del ojo,
429 pasa la blanca tribu de las nubes,
430 rompe amarras el cuerpo, zarpa el alma,

431 perdemos nuestros nombres y flotamos
432 a la deriva entre el azul y el verde,
433 tiempo total donde no pasa nada
434 sino su propio transcurrir dichoso,

435 no pasa nada, callas, parpadeas
436 (silencio: cruzó un ángel este instante
437 grande como la vida de cien soles),
438 ¿no pasa nada, sólo un parpadeo?
439 y el festín, el destierro, el primer crimen,
440 la quijada del asno, el ruido opaco
441 y la mirada incrédula del muerto
442 al caer en el llano ceniciento,
443 Agamenón y su mugido inmenso
444 y el repetido grito de Casandra
445 más fuerte que los gritos de las olas,
446 Sócrates en cadenas (el sol nace,
447 morir es despertar: »Critón, un gallo
448 a Esculapio, ya sano de la vida»),
449 el chacal que diserta entre las ruinas
450 de Nínive, la sombra que vio Bruto
451 antes de la batalla, Moctezuma
452 en el lecho de espinas de su insomnio,
453 el viaje en la carretera hacia la muerte
454 el viaje interminable mas contado
455 por Robespierre minuto tras minuto,
456 la mandíbula rota entre las manos –,
457 Churruca en su barrica como un trono
458 escarlata, los pasos ya contados
459 de Lincoln al salir hacia el teatro,
460 el estertor de Trotsky y sus quejidos
461 de jabalí, Madero y su mirada
462 que nadie contestó: ¿por qué me matan?,
463 los carajos, los ayes, los silencios
464 del criminal, el santo, el pobre diablo,
465 cementerio de frases y de anécdotas
466 que los perros retóricos escarban,
467 el delirio, el relincho, el ruido obscuro
468 que hacemos al morir y ese jadeo
469 de la vida que nace y el sonido
470 de huesos machacados en la riña
471 y la boca de espuma del profeta
472 y su grito y el grito del verdugo
473 y el grito de la víctima...
                                    son llamas
474 los ojos y son llamas lo que miran,
475 llama la oreja y el sonido llama,

476 brasa los labios y tizón la lengua,
477 el tacto y lo que toca, el pensamiento
478 y lo pensado, llama el que lo piensa,
479 todo se quema, el universo es llama,
480 arde la misma nada que no es nada
481 sino un pensar en llamas, al fin humo:
482 no hay verdugo ni víctima...
                                  ¿y el grito
483 en la tarde del viernes?, y el silencio
484 que se cubre de signos, el silencio
485 que dice sin decir, ¿no dice nada?,
486 ¿no son nada los gritos de los hombres?,
487 ¿no pasa nada cuando pasa el tiempo?

488 no pasa nada, sólo un parpadeo
489 del sol, un movimiento apenas, nada,
490 no hay redención, no vuelve atrás el tiempo,
491 los muerto están fijos en su muerte
492 y no pueden morirse de otra muerte,
493 intocables, clavados en su gesto,
494 desde su soledad, desde su muerte
495 sin remedio nos miran sin mirarnos,
496 su muerte ya es la estatua de su vida,
497 un siempre estar ya nada para siempre,
498 cada minuto es nada para siempre,
499 un rey fantasma rige sus latidos
500 y tu gesto final, tu dura máscara
501 labra sobre tu rostro cambiante:
502 el monumento somos de una vida
503 ajena y no vivida, apenas nuestra,
504 ¿la vida, cuándo fue de veras nuestra?,
505 ¿cuando somos de veras lo que somos?,
506 bien mirado no somos, nunca somos
507 a solas sino vértigo y vacío,
508 muecas en el espejo, horror y vómito,
509 nunca la vida es nuestra, es de los otros,
510 la vida no es de nadie, todos somos
511 la vida – pan de sol para los otros,
512 los otros todos que nosotros somos –,
513 soy otro cuando soy, los actos míos
514 son más míos si son también de todos,
515 para que pueda ser he de ser otro,
516 salir de mí, buscarme entre los otros,
517 los otros que no son si yo no existo,
518 los otros que me dan plena existencia,
519 no soy, no hay yo, siempre somos nosotros,
520 la vida es otra, siempre allá, más lejos,

521　fuera de ti, de mí, siempre horizonte,
522　vida que nos desvive y enajena,
523　que nos inventa un rostro y lo desgasta,
524　hambre de ser, oh muerte, pan de todos,

525　Eloísa, Perséfona, María,
526　muestra tu rostro al fin para que vea
527　mi cara verdadera, la del otro,
528　mi cara de nosotros siempre todos,
529　cara de árbol y de panadero,
530　de chófer y de nube y de marino,
531　cara de sol y arroyo y Pedro y Pablo,
532　cara de solitario colectivo,
533　despiértame, ya nazco:
　　　　　　　　　　　vida y muerte
534　pactan en ti, señora de la noche,
535　torre de claridad, reina del alba,
536　virgen lunar, madre del agua madre,
537　cuerpo del mundo, casa de la muerte,
538　caigo sin fin desde mi nacimiento,
539　caigo en mí mismo sin tocar mi fondo,
540　recógeme en tus ojos, junta el polvo
541　disperso y reconcilia mis cenizas,
542　ata mis huesos divididos, sopla
543　sobre mi ser, entiérrame en tu tierra,
544　tu silencio dé paz al pensamiento
545　contra sí mismo airado;
　　　　　　　　　　　abre la mano,
546　señora de semillas que son días,
547　el día es inmortal, asciende, crece,
548　acaba de nacer y nunca acaba,
549　cada día es nacer, un nacimiento
550　es cada amanecer y yo amanezco,
551　amanecemos todos, amanece
552　el sol cara de sol, Juan amanece
553　con su cara de Juan cara de todos,

554　puerta del ser, despiértame, amanece,
555　déjame ver el rostro de este día,
556　déjame ver el rostro de esta noche,
557　todo se comunica y transfigura,
558　arco de sangre, puente de latidos,
559　llévame al otro lado de esta noche,
560　adonde yo soy tú somos nosotros,
561　al reino de pronombres enlazados,
562　puerta del ser: abre tu ser, despierta,
563　aprende a ser también, labra tu cara,

564 trabaja tus facciones, ten un rostro
565 para mirar mi rostro y que te mire,
566 para mirar la vida hasta la muerte,
567 rostro de mar, de pan, de roca y fuente,
568 manantial que disuelve nuestros rostros
569 en el rostro sin nombre, el ser sin rostro,
570 indecible presencia de presencias...

571 quiero seguir, ir más allá, y no puedo:
572 se despeñó el instante en otro y otro,
573 dormí sueños de piedra que no sueña
574 y al cabo de los años como piedras
575 oí cantar mi sangre encarcelada,
576 con un rumor de luz el mar cantaba,
577 una a una cedían las murallas,
578 todas las puertas se desmoronaban
579 y el sol entraba a saco por mi frente,
580 despegaba mis párpados cerrados,
581 desprendía mi ser de su envoltura,
582 me arrancaba de mí, me separaba
583 de mi bruto dormir siglos de piedra
584 y su magia de espejos revivía
585 un sauce de cristal, un chopo de agua,
586 un alto surtidor que el viento arquea,
587 un árbol bien plantado mas danzante,
588 un caminar de río que se curva,
589 avanza, retrocede, da un rodeo
590 y llega siempre:

www.ingramcontent.com/pod-product-compliance
Lightning Source LLC
Chambersburg PA
CBHW031755220426
43662CB00007B/417